HER WORLD
她们的世界

100 位继母的访谈故事
NARRATIVES OF 100 STEPMOTHERS

刘志军　朱月　等　著

人民出版社

目 录

总论：继母的当代类型、身份认同与社会认知

绪　论　　　　　　　　　　　　　　　　　　　　　　　　003

卷一：现实觅踪——继母生活总览

卷首语	这是最好的时代，也是最坏的时代	029
第一章	深海鱼的眼泪：重组家庭无法跨越的隔阂	032
	1. 后妈与青春期的孩子	032
	2. 我真的很想融入这个家	035
	3. 为他好他却总是不领情	037
	4. 总归是个外来的	040
	5. 后妈难当	042
	6. 遗憾的再婚	046
	7. 是社会要求太多，还是……	050
	8. 我该如何来爱你	053
	9. 不合格的后妈	056
	10. 幸福到底在哪里？	060
	11. 父辈的糊涂，孩子的灾难	063
	12. 残酷的真相	066

第二章　格林的谎言：继母同样可以很幸福　　070
    1. 走近后妈群体　　070
    2. 我要你以我的母亲的身份上台，可以吗？　　073
    3. 现实生活中的"家有儿女"　　077
    4. 我不是灰姑娘里的后妈　　081
    5. 你缺失的情感，我来填补　　084
    6. 一声"妈咪"圆了后妈的"女儿梦"　　087
    7. 聆听后妈的声音——最珍惜的是安稳的幸福　　090
    8. 半百"后妈"的幸福新生活　　092
    9. 非主流后妈　　094
    10. 有一种母爱叫做"后妈之爱"　　098
    11. 我现在的生活很幸福　　101
    12. 因为懂得，所以慈悲　　103
    13. 自己掌握人生的选择权　　106

卷二：当代继母图鉴——继母的自我身份认同

卷首语　走近那些形形色色　　113

第一章　初婚继母们：人生知否柳明暗　　117
    1. 这个后妈有点"酷"　　117
    2. 舆论的对立面　　120
    3. 真心才能换真心　　123

第二章　再婚继母们：月有阴晴圆缺　　126
    1. "后妈"角色的排斥者　　126
    2. 尴尬的境地　　133
    3. 当后妈的花姐　　136
    4. 后妈的圆满并不能弥补家庭的缺憾　　139
    5. 我想有个家　　142
    6. 难言的抉择　　145
    7. 现代"后妈"对于传统观念的改变　　148

	8. 半路夫妻的家庭	151
	9. 更多尊重，更多理解	153
	10. 一个普通后妈的心路历程	156
	11. 如人饮水，冷暖自知	159
	12. 后妈的难题	162
	13. 用真心与平和换来的和谐	165
	14. 你要看看太阳	168
	15. 女强人的"后妈修炼手册"	170
第三章	准继母们：世间安得双全法	174
	1. 为爱执着甘当后妈	174
	2. 准后妈的踟蹰	177
	3. 我要如何来爱你	181
	4. 重塑"后母"标签：90后准后妈的故事	183
第四章	祖辈继母们：似曾相似燕归来	187
	1. 后妈群体的社会变迁	187
	2. 谁愿天生作恶？	190
	3. 鳏寡结合的家庭生活	194

卷三：继母身边的关系人物群像

卷首语	花季？花祭？	199
第一章	"独木桥"与"双行道"：继子女的抉择	203
	1. 我只有一个妈妈	203
	2. 重新感受到母爱	207
	3. 继子口中的"妈妈"	209
	4. 命运终究还是由自己选择	212
	5. 后妈有时比亲妈好	217
	6. 我就是不幸的那一个	220
	7. 继子与第三者上位的继母难以共洽	223
	8. 我终将拥有自己的生活	226

9. 你没有错　　229
　　10. 复杂的生活　　232
第二章　"造梦者"还是"毁梦人"：丈夫的角色　　235
　　1. 父亲的角色　　235
　　2. 后妈的"成长"　　238
　　3. 和谐小家的背后　　241
　　4. 压力与期望　　245
　　5. 别说我命苦　　248
　　6. 从后妈个体到家庭重构　　252
　　7. 如何当好一个后妈　　256
第三章　"当局者"或"旁观者"：周遭亲友的目光　　260
　　1. 当一个普普通通的后妈　　260
　　2. 婆媳问题　　263
　　3. 天下后妈真的都一般黑吗？　　266
　　4. 后妈心，黄连心？　　271
　　5. 亲妈后妈，对孩子好的都是好妈　　274
　　6. "后妈"——从多角度来认知　　277
　　7. 若以诚心相待，亦以诚心相报　　281
　　8. 令我改观的一位后妈　　283

卷四：殊方剪影——不同地域的继母剪影

卷首语　何处安心是吾乡　　289
第一章　山河诉情：全国各地的继母剪影　　291
　　1. 甘肃·断臂的维纳斯，不完美的完美　　291
　　2. 山东·摇摇欲坠的地基　　295
　　3. 湖北·唯懂爱，方幸福　　300
　　4. 贵州·宝贝，该怎么给你安全感　　304
　　5. 江苏·愧疚而幸福的陌生人　　306
　　6. 北京·一句"那谁"，道尽冷漠　　309

7. 重庆·走向幸福的必经之途 312
8. 深圳·难以消除的刻板印象 314
9. 新疆·难受时抬头望望天，望着望着我就忘了 317
10. 台湾·春天后母心 321
11. 上海·精诚所至，金石为开 325
12. 浙江台州·为了生活的继续 330
13. 浙江绍兴·她就在那儿 333
14. 湖南·家庭婚姻破灭，孩子买单 335
15. 安徽·一样温暖的家 338
16. 河南·后妈难当 340
17. 云南·无法触碰 344
18. 四川·思想的桎梏 347
19. 河北·"奶奶家""爸爸家"与"我的家" 349
20. 四川&山东·两位后妈的共性 353

第二章　海外清音：异国他乡的继母剪影 356
1. 德国·跨国重组家庭的后妈 356
2. 韩国·当父母原来是这么累的一件事情 359
3. 韩国·后妈访谈记录 364
4. 美国·持续的冲突 366
5. 乌克兰·当后妈好吗？ 368

参考文献 372
附　录：60个家庭样本信息来源（天涯论坛帖子） 374
后记一：一期一会 377
后记二：一花一世界 379

总论：
继母的当代类型、身份认同与社会认知*

---

* 本部分内容经精简修改，已发表在《浙江大学学报》（人文社科版）2017 年第 2 期。

绪　论

所谓"继母",广义上是指有非婚生子女的再婚家庭中的母亲,另有"后妈""后娘""后母""如母""假母""假继""继亲"等称呼,其中较为书面、中性的常用词为"继母"。由于成年子女已具备完全行为能力,其与继母的关系相对比较自由、平等,大家谈论最多的"继母"往往指称有未成年非婚生子女的再婚家庭中的母亲,本书也将在这一意义上做出探讨[①]。

继母作为女性的特殊形象,往往在家庭角色关系中处于较为尴尬的位置。人们对于这个身份,也蕴含着太多复杂的感情,其中最为人熟知的就是邪恶继母的负面刻板印象(Salwen, 1990; Levin, 1997)。这种刻板印象的载体,以各民族的文学作品和民间故事为代表。中国的上古时期,就有舜帝后母不善的史载(朱圣明,2011)。在西方,邪恶继母的故事主题早在公元九世纪就已发端(Ceglian & Gardner, 2000),此后持续存在(Dainton, 1993),至今依然长盛不衰(Levin, 1997; Christian, 2005),对当代的继母想象具有强烈影响(Salwen, 1990),尤其对儿童心目中的继母印象产生着持续的负面影响(Claxton-Oldfield, 2000)。

不少学者采用文本分析法,对各类媒介中的继母形象做出了梳理,结果都无一例外地论证了继母以负面为主的刻板印象。鹿忆鹿以二十四孝故事和灰姑娘故事为主,梳理了继母角色的普遍形象,发现继母的故事性格有偏心、自私、傲慢、愚

---

① 上述这些同义称呼词并非仅有口头称呼与正规称呼之分,也具有鲜明的感情色彩。其中,"后妈""后娘"这类称呼带有明显的负面内涵,像"后娘养的"更是很常见的骂人词汇。而"继母"这一称呼则显得较为文雅、中性,常用于正式的书面表述。为行文方便,后文将根据上下文使用不同的称谓,但以"继母"这一称呼为主。

昧、爱慕虚荣、严苛、狠心、自私自利、恶毒、善妒、心狠手辣、冷血无情、有心机、心肠坏、抹黑事实、攀图富贵等（鹿忆鹿，2003）。章立明对《格林童话》《安徒生童话》两部童话集311篇故事的文本分析发现，共有68个巫婆或继母形象，其中38个是巫婆兼继母，她们凶狠、恶毒、嫉妒心强（章立明，2011）。赵艳丽从涉及11个民族，横跨30余年的74本中国民间故事集/选/集成中选取48篇涉及继母角色的民间故事文本，分析结果显示，设计谋害非亲生子女并最终遭受惩罚的坏继母有39个，占81%；善良并智慧的好继母3个，频率为6%；最终悔悟、由坏变好的继母4个，频率为8%；另有2篇故事未交待结局（赵艳丽，2014）。

总体来看，继母群体在传统文学的描写中鲜有光鲜形象，污名化的继母形象根深蒂固。戈夫曼将"污名"定义为人们在群际互动中具有的某种令人"丢脸"的特征，这种特征使其拥有者具有一种"受损身份"（欧文·戈夫曼，2009：3），至今广为流传的邪恶继母形象就是一种典型的污名。

其实，这种局面在当代的新闻媒体和影视剧中虽有改观，但也不容乐观。克拉克斯顿·奥德菲尔德（Claxton-Oldfield）与巴特勒（Butler）对当时电影的检索显示，没有任何一部以一种明确的积极方式来描绘继父母，且"三分之一以上的关于继母的介绍里将其描述为凶残的、爱虐待的"甚至将其描述为"贪恋金钱的或令人讨厌的"（Claxton-Oldfield & Butler, 1998）。米勒（Miller）则注意到还有众多戏剧依然被邪恶继母这一迷思所笼罩（Miller, 1992）。马藜梳理了中国影视剧中的后母形象，发现总体上依然是受难的天使型形象或令人憎恶的恶魔化形象（马藜，2008）。吴益民对2003年1月1日至2007年12月31日人民网、新华网、中新网和凤凰网与"继母"有关的285篇新闻报道做了梳理，结果表明，呈现"继母"中性形象的文章116篇，占总篇数的41%，呈现"继母"倾向性形象的文章169篇，占总篇数的59%，而这些倾向性形象中，负面形象文本数占绝对多数，所占比重远远超过了"正面形象"和"受侵害形象"，"正面形象"文本仅占总数的11%（吴益民，2010）。国外新闻媒体也大抵如此，亚非情报线（The Asia Africa Intelligence Wire）报道了"邪恶继母因继子受虐致死被捕"的故事，欧洲情报线（The Europe Intelligence Wire）以"邪恶继母因疏于照顾被管控"为头版标题（克里斯汀 Christian, 2005）。

不过，随着时代的变迁，人们对于继母的偏见多多少少有所改善，尤其在当今社会，各种思潮流派兼容并蓄，童话中的继母也在慢慢转变中。千篇一律的恶继母让读者感到厌倦、乏味，取而代之的是同样有着喜怒哀乐的普通人①。电视荧屏上无私大爱的继母形象也渐渐进入观众们的视线，《春天后母心》《悠悠寸草心》《继母后妈》《幸福来敲门》《家的N次方》，都打破了人们传统观念中将继母妖魔化的印象②（马藜，2008）（陆吉星，2011）。王竹英对22名高二学生的一项小调查就显示，认为继母"不好"的12人、认为应该视具体情况而定的7人、认为"好"的有3人，已有接近50%的同学开始理智地做出思考，开始打破长期以来对于继母的思维定势（王竹英，2012）。

随着现代经济的发展以及多元文化观念的冲击，人们的生活方式和价值观念也随之改变，家庭结构逐渐多元化。不断走高的离婚率，意味着重组家庭的数量也会急剧上升。根据民政部发布的社会服务发展统计公报显示，2014年全国共依法办理结婚登记1306.7万对，同一年依法办理离婚手续的则有363.7万对，比上年增长3.9%③。这是自2004年以来，我国离婚率连续11年递增。与此同时，随着社会包容度的进一步提升，再婚逐渐成为一个愈发普遍的现象，"继母"作为再婚家庭的产物，亦会越来越频繁地出现在人们的生活当中。

在这一时代背景下，探讨继母群体的当代状况及其社会认知就显得非常必要。对于继母，孩子多少都存在戒备和敌意，如果继母这一形象依旧持续着原有的污名，家庭的重组可能会因为继母角色的污名而困难重重，社会的有色眼镜则会进一步加深这种关系的鸿沟。对继母本身而言，面对孩子的敌意、家庭的敌意、社会的敌意，在一切行为都被恶意解读的情况下，难免产生"破罐子破摔"的想法，不满情绪的流露会使得家庭的关系更加恶化。继母作为一种社会现象，其家庭作用与社会作用如果不被重视，那么其所承担的历史文化功能则无法实现，从而酿成许多家庭的不睦与社会的不尽和谐。本书即试图基于个案资料，对继母群体的当代情况做出梳理，分析其类型、身份认同及社会认知，以期为公众更好地认识继母这一群体做些许努力。

关于继母刻板印象的成因，诸多学者从不同角度已有过论述。

---

① 参见李若愚：《古典童话里的继母形象》，硕士学位论文，上海师范大学，2009年。
② 另参见宋玉红：《新世纪以来家庭伦理剧中的母亲形象研究》，硕士学位论文，南京师范大学，2013年。
③ 详见民政部官网（http://www.mca.gov.cn/article/sj/tjgb/201506/201506008324399.shtml）。

缺乏天然的血缘联系这一原因是大家很自然就想到的。认为当继母作为一个"外来人员"进入家庭时，就决定了她在家庭中的特殊地位，由于无血缘纽带，继亲子关系总是有自身不能克服的硬伤①，因而在所难免会存在很多隔阂与矛盾(朱圣明，2011)。故事里面的恶毒后妈，对待自己的亲生子女则是非常慈爱的，可见无血缘关系是根本原因（李娟，2008）。古人对此也早有论述，《淮南子》有云："亲母为其子治扢秃，而血流至耳，见者以为其爱之至也；使在于继母，则过者以为嫉也。事之情一也，所从观者异也"（刘文典，1989:366）。同一件事情发生在亲生母子之间体现为爱之深，发生在继母与继子之间便是一种利益关系了。

有人从母性的两面性及其割裂做出了探讨。美国民族学家布鲁诺·贝特尔海姆在弗洛伊德的心理分析理论的基础上，认为后母的意像是从亲生母亲身上分裂、变形而来的（B. Bettelheim, 1989）。如果回溯历史，可以追溯到人类早期遍及地中海地区的大母神（The Great Mother）崇拜，大母神的原型就是把母亲的双重属性如生/死、善良/邪恶、仁慈/血腥等统一为一个整体。随着人类认识从善恶同一到善恶分立的漫长演化，大母神原型中的正面价值和负面价值被区别对待，于是"各国的故事与传说都让继母充当母性残忍一面的化身"（西蒙娜·德·波伏娃，1998:204）。

也有人从实际利益冲突的角度做出了解释。针对中国古代的情况，李静蓉认为继母子之间的矛盾斗争本质上源于嫡庶（这里指前妻之子与后妻之子）关于家庭财产争夺的利益冲突（李静蓉，2005）。张紫晨也从财产继承上重视直系血亲的亲子而排斥非直系血亲的他生子的角度有所论述（张紫晨，1986）。而在韩国古代家庭小说中，施虐恶母与被虐子女之间也是由于经济利益、家庭地位、社会地位等而起冲突（李娟，2008）。

还有人从道德需求角度做出分析，认为这主要是人类社会发展中长期的道德需求造成了"后母"所蕴含的人性与妻性、母性的割裂，而这种人性与道德的分离是男性占主导地位的人类历史长河中的一个必然结局（仝品生，2008）。

本书主要从定性和简单定量的角度对继母身份的现代建构与社会认知进行系统解读，从而考察继母群体在现代社会的生活现状及其发展态势。本书分析所用的访谈个案，由浙江大学2015年夏季学期选修《文化人类学》课程的学生完成，共获得185个重组家庭案例。这些案例除8%来自网络平台之外，其余均取材于访谈者

---

① 参见任益莉：《唐宋时期继母的礼法与社会地位探析》，硕士学位论文，辽宁大学，2013年。

的周边生活（78%来自熟人好友，13%来自亲戚，1%为自身所在家庭），可信度较高，也从一个侧面印证了继母在现代生活中已比较常见。

但是，上述案例无法呈现当代社会大众对后妈群体所抱持的态度，加上一些敏感的问题或许在访谈中难以深入，我们也通过网络采集了相关的资料。通过浏览和比较天涯、贴吧、猫扑、豆瓣、知乎等几大网络论坛中的帖子，最后选定天涯论坛作为样本采集平台。这主要是因为天涯社区的相关样本量以及网友互动量远远高于猫扑、豆瓣和知乎，其综合性又强于贴吧。2015年1—4月，笔者通过关键词搜索了相关帖子，然后按照回复数进行排序，在剔除与我们的研究内容不符或无关的帖子后，按顺序选取了60个帖子作为本研究的补充样本（详见附录）。此外，我们在浙江大学学生当中进行了以"如何看待后妈群体"为主题的问卷调查，共计发放问卷200份，回收有效问卷178份，有效回收率为89%[①]。问卷所得资料仅做为探讨部分议题的参考。

一、继母的当代类型

在中西方传统文化中，继母群体作为蒙受污名者，往往因为特殊的污名化叙事方式而呈现出一个道德卑下、易于越轨的形象。这一刻板印象的根深蒂固使得公众并不期待继母群体表现出道德高尚的一面。但是，随着继母群体的发展壮大和女性地位的提升，她们表达出了更新传统的污名化形象、还原其独立人格和中性本质的"诉求"。本书将基于访谈个案和网络贴吧的资料，对现代社会中继母进入家庭的方式与重组家庭的结构模式进行分析，以便从总体上对继母群体的现状有所呈现。

（一）继母进入家庭的方式

过去的继母大部分源于续弦，而现在大多来源于家庭解体后的婚姻重组，其中有一部分还是以所谓"第三者"身份介入的。基于我们掌握的资料，认为可以将当今继母进入新家庭的方式划分为"传统续弦""正常二次婚配"和"第三者上位"三种类型。

---

① 本次问卷调查由张钟、王禄两位同学设计实施并分析，特此说明。

1. 传统续弦

在中国传统文化中，续弦指的是男子丧妻后再娶。根据这一定义，笔者将样本中所有男方丧偶后再娶的家庭均归入"续弦"这一方式。通过续弦方式进入新家庭的继母，在当今社会中的绝对数量或许并不少，但是从整个继母群体的构成来看，所占比重并不高。在185个课程样本中，"续弦"家庭所占比率仅为17%。从现有情况来看，续弦多分为两种：一是考虑孩子年纪较小，为孩子寻找一位母亲；二是丧偶男子年岁渐长，希望找寻一位伴侣。其中第二种情况，进入新家庭的女性更多承担的是伴侣角色而非母亲角色，故不在本书的考虑范围内。丧偶父亲在续弦时总是顾虑重重，从中也可体现出后妈污名化影响的深远：

> 当年瑶瑶的亲生母亲去世后不到一年，水奶奶给水叔叔介绍对象，希望他能够再婚，结果被水叔叔严声厉色地拒绝了，并且要求她不要再做这样的事。……水叔叔和江阿姨的结合是在瑶瑶五岁的时候。水叔叔说他之所以要再婚，是瑶瑶说了想要个妈妈。（蓝同学访谈录《别说我命苦》）

天涯网友"苦茶亦甜"也是一位年轻的丧偶父亲，他也为此颇感烦恼，就是否应该为4岁的女儿找寻一位母亲而向广大网友征询意见。在他看来，孩子对于母亲的向往以及女孩的成长发育过程都需要他及时为孩子找寻一位新母亲，但是"后妈"这一敏感词汇又令其犹豫不决。从网友的回复来看，大部分网友都支持其为孩子找寻一位新母亲：

"只有放下过去，才能抱紧未来，趁现在孩子还不叛逆，还可以接受的情况下，给孩子找个后妈吧，但是一定要对宝宝好的后妈哦！"（天涯网友：疯子很Crazy）"我也是单身爸爸，能找的时候就给宝宝找个妈妈吧，毕竟孩子需要母爱。"（天涯网友：第七刀）

续弦的特点在于原夫妻的婚姻不曾破裂，对于那些年轻的丧偶父亲而言，续弦最基本、最重要的一个功能就是帮助孩子健康成长。网友的回复也基本建立在为孩子考虑的基础之上。

2. 正常二次婚配

正常二次婚配是现代继母的主要来源，在185个课程样本中，所占比重最大，高达75%。而在天涯论坛的60个家庭样本中，正常二次婚配的家庭所占的比率也超过50%。在这一方式中，男方婚姻的解体与继母无关，属于"顺理成章"型。无论何种情况，在正常二次婚配的家庭中，继子女至少不会因为原家庭的解体而责难继母。从课程样本中可发现，这类重组家庭中，继亲子关系比较好的家庭比率达63%（另有21%一般、12%较差、4%很差）。由此可见，这种类型的重组家庭，其和谐程度并不低。从天涯论坛的案例来看，如果继母在新家庭中较好地承担起母亲的职责和义务，那么大众并不会局限于其继母身份而吝于好评。比如天涯网友"兔纸的吐槽小马甲"开贴"晒"自己与后妈的日常幸福生活，回贴的网友纷纷表示羡慕：

"好可爱的晒幸福贴。楼主的后妈真是一个大智若愚的好女人。"（天涯网友：胖胖的雨伞）"嗯，善良的后妈还是很多很多滴。人心都是肉长的，祝天底下这些好后妈好孩子永远快乐幸福呀。"（天涯网友：寒雪孤鸿）

与此同时，也有不少网友抒发自己的感慨：

"其实天涯把后妈妖魔化了，好的后妈很多啊，我表姐就是。我表姐三十八岁离异后嫁的表姐夫有一个十六岁的儿子，这孩子非常叛逆啊，但现在非常听我表姐的话。"（天涯网友：转手玫瑰）"主要是后妈有一点不好就容易被记住。比如后妈虐待孩子，一般会说，后妈就没一个好人。其实亲妈虐待孩子的更多，打啊骂啊那个自由自在啊，但不会说，亲妈没一个好人。"（天涯网友：天百里）

3. 由第三者演变而来的继母

改革开放以来，因为婚恋观的开放，越来越多的第三者演变为原来家庭的女主人。在回收的178份问卷中，问及"你眼中的后妈来源"时，选择"第三者上位"的比重高达60%，比"正常二次婚配"高出近20个百分点。但是，在课程样本中，这一比率仅为8%。出现这一差距，或许有两个方面的原因，一是因为人们出于对后妈的污名化想象而更多地将其与第三者联系在一起，二是做为第三者类型的后妈不太愿意接受访谈，因而在访谈个案中鲜少出现。

凡是属于"第三者上位"的继母，网友的评价往往是负面的。更有甚者，有跟贴网友大骂主楼里的后妈，在被其他网友提醒该后妈并非第三者而属正常二次婚配后，继而改口表示理解该后妈的行为。有关主题为第三者后妈的帖子，网友的评价更多集中于"第三者"而非"后妈"：

"就该第三者进来勾搭啊！什么逻辑！别人有配偶你跟人勾搭就是不要脸！就是贱人！"（天涯网友：铮然开拨）"楼主母亲在40多岁被一个20多岁的女人夺走了老公失去了幸福，做子女的不会像没有发生任何事情，还和这个第三者和平共处。要是真的那么做了，就是狼心狗肺。"（天涯网友：静恩）"纵是二奶是如何的好如何的善良，偶也会鄙视二奶的，只要她做了二奶！"（天涯网友：爱憾交加）

因为拆散了原本完整的家庭，这些继母与继子女的矛盾往往难以调和。由此，这类家庭中的继母与孩子之间的矛盾更容易被刻意放大，引起广泛关注。第三者问题的加持，是继母群体在现代社会背负骂名的一个重要原因。

（二）重组家庭的结构模式[①]

继母进入新家庭后，由于自身情况的不同，会形成不一样的家庭格局。继母是否带有孩子，与其自身的婚姻状况有关。从185个课程样本中可见，现今继母以二婚居多，达65%[②]。不过初婚继母的比重也不小，占34%。从年龄来看，虽然成为继母时的年龄主要集中在30—39岁，但30岁以下者日渐增多，占185个样本的33%，这与初婚继母的比重相符[③]。由于继母群体相对应的是继子女群体，所以在下文所述的家庭中均默认男方带有孩子。一般而言，可以根据成为继母时是否带有孩子将继母所在的家庭划分为两大类型，各类型下面又可以做进一步的区分。

1.继母带着孩子进入新家庭

《格林童话》中《森林中的三个小人儿》《小弟弟和小姐姐》等故事中的继母就属于这一类型。这种情况下，继母婚前已有孩子，并将孩子带入新家庭，由此组建的家庭格局便为父母以及至少两个不存在血缘关系的孩子。在185个课程样本中，这一类型的比率为28%。热播情景喜剧《家有儿女》就是在讲述这一类型家庭的故事。从剧情来看，刘梅作为继母，对于自己与孩子之间、孩子与孩子之间的关系的处理非常到位，是重组家庭的理想模型。在现实生活中，也有类似的家庭：

我第一次去X家吃饭的时候，可能因为有对重组家庭的成见，所以内心还是十分忐忑的，但是经过相处之后，我发现他们家庭和普通家庭似乎没什么两样，姐弟俩都亲切地叫C阿姨老妈毫无违和感，而X也称呼她的继父老爸甚至有时候是老爹，奶奶也十分慈祥，X还说，若C阿姨和Y叔叔吵架，大多是以Y叔叔道歉结尾，

[①] 这一部分，笔者借鉴了李若愚（2009）对于古典童话中常见的后妈类型的分类模式。李若愚将常见的后妈类型分为"带着孩子改嫁的继母""嫁给父亲后又生了孩子的继母"以及"没有带着孩子结婚、婚后也没有生育孩子的继母"三类，为了方便论述，笔者将其改为"后妈进入新家庭时有自己的孩子"和"后妈进入新家庭时没有自己的孩子"两类，再由这两大类引出各自的子类别。

[②] 另有34%为初婚，1%为三婚。

[③] 其余年龄层分布为：40—49岁占8%，50岁及以上占1%，另有3%年龄不明。

所以家庭关系十分和睦。（谢同学访谈录《现实生活中的家有儿女》）

但是因为人口多，关系复杂，这样的家庭也往往会存在很多矛盾，继母与继子女之间的关系、继母亲生子女与继子女之间的关系等均是众人关注的焦点。如何处理好这些矛盾是对继母们的重大考验，处理不当则很容易引来骂名：

> 谈到小云时，王阿姨说，自己并没有区别对待小红和小云，但小红是自己亲生的，情感上对小红是爱多于怜，对小云是怜多于爱，但理性上还是将她们一视同仁的。当小红和小云小学毕业以后，小红被送进了县城里较好的初中就读，而小云是在镇上的初中就读。这件事常常被别人诟病。但王阿姨说是因为进城里较好的初中不仅需要关系，还有比较高的成绩要求，而小云因为成绩不够优异，因而没能入读。（林同学访谈录《用心良苦与矛盾激化》）

同时，从笔者掌握的资料来看，在这类家庭中，因为生育政策、家庭规模、年龄、考虑孩子感受等原因，继母与现任丈夫再孕育小孩的可能性比较低，所以整个家庭格局大致会维持重组后的局面。一位家有三位小孩的女士说道："女儿们也很喜欢孩子，曾问她怎么不再生一个，她哈哈大笑，说自己已经过了那个年纪了，家里三个孩子已经很热闹了，再生一个就太累了"。（严陈歆访谈录《我不是灰姑娘里的后妈》）另一位有两个孩子的沈女士也持同样的想法，"可能我们不会再生，毕竟已经有了两个孩子，而且我们的经济状况和精力也不允许我们再生一个"。（朱同学访谈录《理解第一》）

上述例子并非特殊个案，对185个课程样本的统计分析表明，"后妈是否带孩子进入家庭"与"后妈是否孕育新的小孩"这两个变量的Pearson相关系数为−0.46，双尾检验表明其在0.01的水平上显著相关。

2. 继母未带孩子进入新家庭

重组家庭的第二种情况是继母在进入新家庭时无亲生孩子。在185个课程案例中，这一类型的比率为72%。其中60%并无小孩，原因有初婚、在之前的婚姻中不想生育或无法生育等；另外12%虽育有小孩但未带入新家庭，原因有孩子交由前夫抚养、不幸夭折等。具有生育能力的继母，在进入新家庭后，又会出现两种情况：一是孕育新的孩子，如《格林童话》里的《爱人罗兰》《德·塞居尔夫人童话》中的《金发公主》等故事中的继母那样。二是因为丈夫已有孩子或其他各种原因，放弃生育，如《格林童话》里的《白雪公主》《羊羔和小鱼》等故事中的继母那样。前一类情况下，还将面临如何处理继子与亲生孩子之间的关系的问题。不过，继母在有了自己的孩子之后依旧对继子女很好、继子女也接受新生孩子的和谐融洽家庭在现实中同样存在：

  "我怀上均均的时候她特别高兴。家里人告诉她妈妈肚子里有个小弟弟了，她连来看我的时候都会蹑手蹑脚的，还小心翼翼地问我说会不会吵到小弟弟睡觉，整天缠着我问东问西的，一会儿说小弟弟会不会陪她玩啊，一会儿又说把自己的玩具熊给弟弟玩，特别像个小大人。……现在均均也四岁多了，婷婷到哪都不忘记这个弟弟"。（方同学访谈录《现代"后妈"对于传统观念的改变》）

但也有可能继子女会因这个新生命的到来而产生一种不安的担忧情绪：

  我其实也是比较关注社会上这类关于后妈和继子女之间关系的信息的，说实在的，我对于新的生命的到来，可以说有一种担心，怕妈妈（后妈）不再尊重我。（李同学访谈记录）

如果继母不能生育或者继母进入新家庭后放弃生育自己的孩子，便会成为继子女的专属继母，出于母爱，继母可能会对孩子关爱有加，也可能出于妒忌、看着不顺眼等各种原因而并不善待孩子。但前者往往占据主流，并有不少继母因此做出了自我牺牲：

  血缘关系也只是爱的一种借口，既然我爱孩子如同亲生的一样，为什么还一定要用血缘关系来牵绊呢？其实当初我是想要自己生一个孩子的。但刚巧那时候明明刚上高中，成绩下滑得厉害，我为了不顾此失彼，辞了工作在家专门督促他学习，我怕那时候如果生了孩子就没法兼顾明明的学习了。（程同学访谈记录）

二、继母的身份认同

长期以来，"后妈"这一符号所传递的信息往往是令当事人"丢脸"的。因为自身群体的污名化形象，继母们在日常互动中常常刻意回避或隐瞒自己的身份，甚至在与继子女互动时，也往往对继子女提及自己是后妈而非亲妈的语言信息分外敏感在意：

  我记得刚开始的时候我们的关系比较尴尬，小施很长时间都没有正面称呼我，后来开始叫我阿姨，我当时觉得非常不适应，但时间长了也就适应了。（孙同学访谈录《在困境中寻找》）

受访者在被问及这一话题时,也往往表现出一种下意识的敏感,即便他们口头上依然表示对此不太介意:

访谈者:问一个不太礼貌的问题,上次见到您的两个孩子时,我听见他们叫您"阿姨"不是"妈妈",对于这个您介意吗?杜女士(听到这个问题停顿了一下,笑容也收敛了一些):哦,这个我不介意的,因为他们的确有自己的亲妈妈,她与孩子们的联系也很密切,大概每两三周就会来看他们一次。(靳同学访谈记录)

她们在与家庭外群体互动时,一般也不会主动提及自己的继母身份:

开始的几年,我甚至都不敢对外界公布我找了一个结过婚的人。你知道的啊,这年头再婚通常都是贬义,哪怕理由再正当,也会有好事之徒出来搬弄是非。(程同学访谈记录)

戈夫曼在研究中发现,蒙受污名者往往非常在意别人是否接受他们,当继母群体未能感受到外界的完全认同时,便会影响该群体内部的自我认同,甚至出现行为越轨,人际关系便会受到损害。因此,社会其他人群尤其是最亲近的亲友对继母群体的身份认同以及继母群体的自我身份认同,均与继母群体的污名化相关。鉴此,笔者拟从自我认同、家庭主要成员的认同两个方面重点考察现代社会中继母群体的身份认同现状,以从多个维度反映现代社会中继母群体的身份建构状况。

(一)自我认同

母亲身份是继母群体在家庭中的主要社会身份,但是继母毕竟不是亲生母亲,存在着社会"妈妈"这个虚拟身份与生物"妈妈"这个真实身份的脱节所带来的巨大张力,继母群体的污名化便是源于这种差距为社会其他群体所知并过分警觉,造成了继母们自身社会身份认同的损害,进一步影响到了其行为表现。由此,我们可以做出假设,当继母群体中的多数个体意识到虚拟的社会身份与真实的生物身份之间的矛盾,通过群体内部高度的自我认同,推动全社会将"妈妈"这种社会身份清晰地划分为生物意义与社会意义合一的妈妈、仅仅是生物意义上的妈妈、仅仅是社会意义上的妈妈这三种类型,继母群体的污名化状态便可得到消减。那么,在现代社会,继母群体本身是否已经有着这方面的自我意识呢?下文将结合案例材料,分析继母们在自我认同方面的各种表现。总体来看,继母对所处群体的认同一般可以分为以下四种情况:

1. 认同畏惧

这一情况以准继母群体为主，她们即将成为继母群体的一分子，说明她们在一定程度上认同继母这一群体，但是因为社会舆论的导向、现实生活的挑战等问题，她们对成为该群体的一分子存有疑虑。所以，在各大网络论坛上，与继母相关的帖子，必然有一部分的内容是"准后妈害怕进入后妈群体特向网友征询办法"之类。百度贴吧中有一个"后妈吧"[①]，笔者于2015年3月18日登录该贴吧，该日该吧前10页共500个帖子中，以"准后妈问询办法"为主题的帖子占据10%左右。准后妈的问题往往是"爱情与孩子无法兼得"，换句话说，准后妈的认同疑惑之处在于"不介意后妈的称谓"但是"介意和继子女相处"，也就是说准后妈们认同后妈所蕴含的夫妻间身份，但是并不认同甚至害怕后妈身份所蕴含的虚拟亲子身份，担忧如何才能行使好对于继子女的权利和责任。

整个访谈过程中，马女士都表现出她在即将成为孩子后母、与孩子相处上面压力很大，男友对她现在对待孩子的表现也不满意，还一直暗示她做得不够好。虽然一开始的时候，马女士一直说自己与孩子相处起来还是不错的，但从字里行间却流露出一种勉强的意味，并且反复强调外人不能理解。（吴同学访谈录《不是我不想爱她，只是我无法爱她》）

从天涯搜集的帖子来看，当遇到准后妈问询建议时，网友更多地表示出"后妈难当""建议分手"等诸多负面信息。当然这只是一种情况，有的准后妈即使认同存惑，也依旧抱有美好的憧憬：

冷静面对现实，即将成为继母的方女士已经感受到了生活的压力。然而她并不畏惧"后妈"这个角色的挑战。她说，"孩子都没有错，他们是上帝派给这个世界的天使。真正把他当成你的孩子，撇开那些小爱，用大爱去融化一切"。（王同学访谈录《重塑"后母"标签：90后准后妈的故事》）

而一旦正式成为继母群体中的一员，她们便会在经历一段时间的努力、挣扎和调适后，进入认同放弃或认同融入的状态。当然也有人一开始就拒绝做出认同的努力。

[①] 笔者于2019年8月7日登录"后妈吧"，网页显示"根据相关法律法规和政策，本吧暂不开放"。

2. 认同放弃

一部分继母们在经历过虚拟社会身份与真实生物身份的脱节所带来的种种烦恼和压力之后，表达出"后妈无法成功进入家庭""后妈无法和继子女和谐相处"等负面的认知，开始放弃弥合身份裂痕的努力，则认同失败。以下案例便很典型：

> 在她自己真正加入后妈这个群体之后才发现，这世上最难当的就是"后妈"了。好的、不好的都可以被认为是后妈做的，不仅要用笑脸相迎家人还要承受来自邻里或者是亲戚方面的压力与指指点点。最委屈的是，总是做一些吃力不讨好的事情，她现在觉得"后妈"就是"吃力不讨好"这个俗语的代名词。她不知道是不是真的有那些虐待继子女、不孝敬公婆的后妈存在，但是她自己绝对是一样用心来对待家人的后妈。因为经历过一次失败的婚姻，所以对家庭就会更加地小心翼翼，尽自己的所能来维护这个家庭，但是有时候就是天不遂人愿。最后，她跟笔者说，女人一定要尽可能地躲开"后妈"这个头衔。（陆同学访谈录《后妈难当》）

从中可见，后妈与继子女之间的关系建构，并不会一厢情愿地那么顺畅，很多人在自己的努力不奏效后便会逐步放弃。

3. 认同拒绝

从案例材料来看，也有一些有着强烈个性的女性，只强调与丈夫之间的夫妻关系，不愿接受因这类婚姻而附带的虚拟亲子关系（继亲子关系），因而自始至终都不认同后妈这种既难担当又被污名化的社会角色：

> 依女士在第一份回复我的网帖中开宗明义地表示，她不认同"后妈"这个身份。她强调自己与继女之间并没有血缘关系，因此，她与继女之间永远不可能产生真正的母女感情。此外，她认为自己首先是现任丈夫的妻子，而不是丈夫前妻的女儿的"后妈"。她还提到，当她的丈夫询问该让继女叫她什么好时，她只要求继女称呼她为"阿姨"；继女的学校要填表格，"母亲"那一栏里她也不要求填写自己的名字。她无法接受被没有血缘关系的继女称为"妈妈"这样的事情。当她丈夫提起"你是她（继女）妈妈"时，她本人会"火冒三丈"。依女士坚持认为，所有对于非亲生子女的付出都是不会获得回报的。（李同学访谈录《"后妈"角色的排斥者》）

4. 认同融入

在185个课程样本中，继母与继子女关系较好的家庭占58%，由此可见，和谐的重组家庭同样存在，而且比率并不低。经由材料分析发现，家庭幸福的继母往往都拥有一个良好的心态，对自己所扮演角色的定位也非常清晰：

  别人的话不是很清楚，只是觉得杨绛小说里写得有些太夸张了。我自己倒是觉得多了个孩子，又能有新的家庭是一件很幸福的事，因为我很珍惜，所以总在尽我所能地对家里的每一个人好，尽力做好身为人母的本分。对于那种很自私的后妈我也很反感，大概她们不止是做后妈时很坏，人品应该也不大好吧。总之我觉得"后妈"，本身并不能将一个人定义或者改变，好人做后妈还会是好人，坏人即使是亲妈也不一定合格。（毛同学访谈记录）

  从这类后妈的自述可见，当家庭经营成功后，后妈对自身所在群体会产生认同，笔者认为，这些后妈认同的不是社会其他群体期待的后妈的虚拟社会身份，而是基于自身情况实现的虚拟社会身份与真实生物身份之间的一种平衡状态。

5. 小结

  由上文分析可以看出，不少继母（或准继母）依然有着希望成为继子女全部意义上的妈妈的潜意识，力图"爱情与孩子兼得"，因此才会出现认同畏惧、认同放弃的问题。有些女性则走向另一个极端，对社会妈妈的角色也不愿担当，只认夫妻关系，不愿接受附带的虚拟亲子关系，从而拒斥继母这一身份标签。而那些能对生物意义与社会意义上的"妈妈"有所区隔，并相应调整自己的行为期待的继母，才能较好地融入继母这一社会身份，营造比较良好的继亲子关系。从 185 个课程样本来看，后者已经占据主流，这说明当代的继母群体，多数已有着比较理性的自我定位，能清晰看待社会妈妈、生物妈妈的异同，并以社会妈妈的身份与继子女保持一种比较和谐友爱的关系。这对于继母身份的逐步去污名化，将具有重要意义。

（二）家庭成员的认同

1. 继子女的认同

  继亲子关系是考量继子女对继母身份认同与否的一个重要指标。为检测继亲子关系的影响因素，笔者以天涯论坛中 60 个家庭样本为分析对象，将"继子女年龄""继子女性别""后妈进入家庭时的年龄""后妈婚姻次数""家庭孩子状况""后妈进入家庭的方式"等变量分别与"后妈与继子女的关系"进行相关分析，发现"后妈进入家庭的方式"和"后妈与继子女的关系"[①] 这两个变量显著相关，两者的 Pearson 相关系

---

① 前者划分为"正常二次婚配、传统续弦、第三者上位"三类，后者分为"好、中、差"三类。

数 r=0.24，可见继子女会因为继母由第三者演变而来而降低对其的认同度。

对 185 个课程案例的分析则发现，继母进入家庭时继子女的年龄大小与继亲子关系①存在显著相关关系，两者的 Pearson 相关系数 r=0.45。后妈进入家庭时继子女的年龄越小，越易于获得认同，并构建和谐的关系：

由于刘女在孙某与刘某结婚时只有一岁，因而对孙某来说，融入刘某的家庭较为容易。孙某十分爱护刘女，把刘女当作自己的亲生女儿来看待。孙某有次带刘女和刘子一起出门，碰到了刘女生母的妹妹，她询问了刘女的情况后，对刘女受到的良好照顾感到惊讶并表示感谢。甚至刘女一直认为，孙某是其生母，而非其继母（邢同学访谈记录）。

除此之外，继亲子关系还与继母对继子女的行为态度有关。在百度贴吧的"后妈吧"中，一位网友设置了一次以"大家觉得自己的后妈是什么样的"为主题的投票，因为"后妈吧"的定位是"有后妈的孩子可以进来诉苦"，所以该主题的投票选项均为负面，但该项投票可以表明继母与继子女的主要矛盾类型。该项投票截止于 2013 年 9 月 5 日，参与投票者共计 325 人，其中选择"当面一套背后一套，卑鄙无耻"的人数最多，约占 78.8%，其次是"家里她是老大，全家人都听她的，就是个母老虎""后妈想霸占我们的房产""会把好吃的都藏起来给自己的孩子吃"分别占了 24%、21.8% 和 20.6%，最后是"经常在家大吵大闹，会摔家里的东西""经常打骂自己的孩子，而且打得非常狠"这两个选项，占了 9.2% 和 5.5%。从中可见，继子女讨厌后妈的最主要原因在于"当面一套背后一套"，而传统文化中典型的打骂继子女的恶毒后妈在今天已经非常少见了。在该投票的讨论区，也有部分继子女表示自己的继母相当不错。

2. 丈夫的认同

俗语说，"有后娘就有后爹"，作为将继母引入家庭的主角，当继母与继子女出现矛盾时，扮演父亲和丈夫双重角色的男性便处于一个相对尴尬的位置。李若愚在研究古典童话时发现，凡是出现后妈的家庭，父亲的角色往往是被弱化的，经常呈现出"懦弱的父亲""外出的父亲"以及"冷眼旁观或助纣为虐的父亲"等形象，正是因为父亲角色的弱化直接导致了继子女地位的低下和处境的悲惨②。

---

① 分为"很好、较好、一般、较差、很差"五类。
② 参见李若愚：《古典童话里的继母形象》，硕士学位论文，上海师范大学，2009 年。

在现代社会中，这一状况已经发生很大改变。从笔者掌握的资料来看，重组家庭建立前，男性对于即将做继母的女性的态度往往表现出两种倾向：倾向孩子与倾向自我。倾向孩子者更侧重父亲角色，而倾向自我的男性则更侧重丈夫角色。不同的角色侧重自然影响了对于继母的态度。倾向孩子的男性，将继母引入家庭的主要目的在于给孩子一个完整的家庭，鉴于继母群体污名化的事实，在选择继母的过程中会着重考虑"是否应该为孩子寻找后妈""寻找怎样的后妈更有利于孩子成长"、"后妈是否真的会善待我的孩子"等各种问题，比如前文中提到的天涯网友"苦茶亦甜"便是典型的"倾向孩子"型丈夫，该类型的丈夫对继母这个群体的认同接受程度实则并不高。而倾向自我的男性更注重的是与新妻子之间的爱情，比如很多引入"第三者"的男性，他们在新家庭中的父亲角色其实是被弱化的，对于他们而言，"后妈"这一角色其实后于"妻子"的角色，那么无论他们对继母群体是否抱持接受的态度，都无法改变他们做出同样的选择。

重组家庭建立后，丈夫/父亲在新家庭中的角色类型又可分为冷漠型、助阵型等。冷漠型的丈夫/父亲往往疏于对整个家庭的关注和协调，如果继亲子关系并不好，则会导致整个家庭的疏离和尴尬：

而他的父亲——这个本来应该调和双方关系的重要角色——却一直没有意识到自己的责任。父亲也没有想要处理家庭关系、父子关系的这种想法和意愿。所以直到现在，他父亲都以为他与继母的关系十分融洽。（朱同学访谈录《我终将拥有自己的生活》）

助阵型的丈夫/父亲则恰恰相反，会积极关注家庭的氛围和关系，如果该丈夫/父亲又是善于理解、强于沟通的人，那么便能起到极好的家庭润滑剂的作用：

Grace 由于感受到了丈夫在孩子问题上对自己的信任，所以感受到自己是这个家庭的一分子从而更加积极地和继子建立感情。并且 Grace 在与公婆就孩子教育问题发生分歧的时候得到了丈夫支持，所以没有让这种矛盾进而影响到 Grace 和继子的关系（高同学访谈录《继母所要面对的不只是亲子关系那么简单》）。

3. 父母、公婆与其他亲戚的认同

从现有资料来看，如果是初婚，女方父母基本上都会对女儿嫁给有孩男性持反对态度。由此可见，初婚便成为继母者的父母对于继母群体的认同度并不高，同时深受传统观念的影响：

小怡的老公曾是她工作上的客户，先前因为一些无法解决的问题和前妻离婚，

后来和小怡交往，小怡的爸妈自然是一万个不同意，甚至在得知小怡怀孕后强行让小怡拿掉孩子。（张诗雨访谈录《爱本不分亲疏，真心跨越血缘》）铃兰则几乎是在众叛亲离的背景下依旧选择跟老公结婚的。她当时虽然也有28岁了，但也不是真正意义上嫁不出去的大龄剩女，因此家里非常反对，她的母亲没有要聘礼、没有来参加婚礼、没有准备嫁妆，只说丢了祖宗的脸。（周同学访谈录《精诚所至 金石为开》）

男方父母对继母的态度往往建立在儿子与孙辈的利益考量之上，他们对继母的行为期待往往包括"服侍老公、伺候子女"两个方面，并以能否照料好继子女为主：

刚开始我婆婆嫌我没给她孙女做好饭，后来她来我们家住一段时间，体会到什么叫"不好吃"，也就不说我了。雪地认为，她的婆婆排斥的不是她这个人，而是"后妈"的身份。在老一辈人眼中，"后妈"几乎就是一个贬义词，被戴着有色眼镜的人观察，怎么做都是错的。（胡同学访谈记录）

一些后妈便是因为被疑心对孩子不好而烦恼不已："婆婆和小姑总是怀疑我在虐待孩子，奶粉冲烫了不行，冲淡了也不行；甚至她们不让我单独抱康康出门，怕我趁机拐走康康，溜之大吉。"（董同学访谈录《我想有个家》）另一位后妈"花姐"也因此类问题耿耿于怀："公公婆婆虽然对我很好很客气，但是在心里还是存着戒心，老公把家里的财政大权都交给了我，公公婆婆虽然表面上没说什么，但是私下对儿子劝诫再三。在孩子的一些问题上，老两口也时不时地会干涉，总觉得我好像没有完全替孙子考虑，要出来说所谓的'公道话'。"（章同学访谈记录）

其他亲戚因为仅属于家族成员而非现代家庭内部成员，对继母的认同则更多体现在主观印象及对孩子利益的考量上：

这么多年来，我们这边的亲戚普遍都觉得她对小余的态度不够好，后妈毕竟是后妈。小孩子未成年，一方面需要照顾生活起居，一方面主观意识比较强，对后妈的抵触心理大，长期相处容易起摩擦。当小孩子进入叛逆期，生活上顾及到了，心理上总是有力所不能及的。（罗同学访谈记录）

三、继母的社会认知及其原因分析

在传统社会里，继母群体作为蒙受污名者，始终呈现出一个非常负面的刻板形象。随着社会的发展与观念的变迁，社会其他群体对继母的态度理应有所改变，但这种改变究竟如何呢？在我们针对大学生的小范围问卷调查中，问及"你对后妈群体的总体印象"时，仅有5.1%的人选择"好"，48.3%的人选择"没什么感觉"，46.6%的人则选择"不好"，虽然这一结果不具有普遍的代表性，但也从侧面显示出很多人对于继母群体的接受程度依然不高，继母形象依然存在污名化的事实。不过，从185个课程案例来看，继母与继子女相处比较融洽、家庭氛围较为和谐的占58%（其余23%一般、14%差、5%很差）。由于问卷调查仅涉及人们对于继母群体的主观印象，而案例是真实的故事，两者之间的差距虽然有样本误差的原因，但如此大的差距本身，也足以说明继母形象确实是被污名化了。而晋珊珊、李燕临通过对影视剧中的40位和现实生活中的45位继母形象的统计和分析，发现两者存在很大差异，也佐证了这一污名化事实。

（一）继母形象的社会认知

继母形象污名化实则是社会其他群体对继母群体在母亲角色扮演过程中出现的行为偏差"敌意合理化"的过程。长期存在的邪恶继母的刻板印象，导致社会大众对继母群体的认知与对鲜活的继母个体的认知相分离，从而产生消极的情感反应。在现代社会，刻板印象在继母身份建构的过程中依旧起着重要的作用，但与此同时也出现了"另类的看法"，大众也开始关注继母群体中不同个体间的差异。

在我们的问卷调查中，针对"你是否会接纳后妈"这一问题，选择"会"与"不会"的人数相近，均占22.5%，剩余55%选择的是"看她怎么对我"。从中不难发现，年轻一代们对于继母群体的认同度与继母个体的具体行为相关，这也就表明，不少人在潜移默化中已经从借由刻板印象完全拒绝接受继母的行为转变为关注继母的个体差异，并针对不同个体采取相应的行为态度。

一个有力的例证就是，当网络上出现后妈"晒幸福"的帖子时，众多网友均诚挚地给予祝福。笔者认为，这是社会其他群体对继母身份予以认同的一种表现形式。同时，通过对所收集的60个网络样本进行影响因素的相关分析表明，"发帖主体"和"网友对后妈的态度"[1]这两个变量显著相关[2]。当发帖主体为后妈时，网友

---

[1] 前者分为"后妈、准后妈、孩子父亲、路人、孩子"五类，后者分为"多数正面、正面和负面态度数差不多、多数负面"三类。

[2] Pearson 相关系数 r=0.39，在 0.01 水平（双尾）上显著相关。

易对后妈群体出现正面评价。即便发帖主体不是后妈自身，人们对于后妈的负面态度也主要是出于道德、动机方面的考量。同样以天涯论坛中的60个家庭样本为例，"后妈进入家庭的方式"和"网友对后妈的态度"两个变量也显著相关[①]。如果一位后妈是通过传统续弦或正常二次婚配的方式进入新家庭的话，就会承受较少的社会压力。

随着继母形象在人们心目中的去刻板化，大众传媒也越来越多地呈现一些立体的、有血有肉的后妈故事，或对经典的关于后妈的故事做出新的诠释。2015年，《灰姑娘》电影被重新搬上大荧幕。新电影在内容和角色方面在很大程度上忠实于原著，但在细节部分对原有叙事方式做了相应更改，特别是关于后妈的形象塑造方面。细节的改动与演员的演绎改变了恶毒后妈在社会大众心中的形象和地位。电影上映后，相关新闻纷纷就后妈进行了报道[②]。大众的评价也多集中于"整部电影的颜值就靠后妈了""后妈加油""多少人爱上了后妈""后妈霸气"等。笔者将《灰姑娘》在古典童话中的叙事与2015电影版中的叙事之间的差异做了整理，详见表1-1。

表1-1 《灰姑娘》在古典童话叙事与2015电影版叙事中的差异

	古典童话《灰姑娘》	2015迪士尼电影版《灰姑娘》
外貌	没有具体描述	美艳动人、美丽优雅
性格	刻薄、善妒、恶毒	邪恶、个性、成熟历练
对待继女灰姑娘	嘲讽、刁难、欺凌、虐待灰姑娘，令其穿破旧的衣服、睡炉灶旁	仅保留言语嘲讽，指使其伺候穿衣饮食
对待亲生女儿	让女儿削脚趾、足跟，以穿上水晶鞋	剔除古典童话中的这一情节
行为原因	没有具体描述	经历两次不幸婚姻，为生存不择手段

从表1-1可见，继母首先在外貌上被正名，电影将继母的美丽优雅直观地表现出来。在传统文化中，继母的刻板印象更多地与"丑陋"的标签联系在一起，电影

---

① Pearson相关系数r=0.32，在0.05水平（双尾）上显著相关。
② 《南方都市报》《不一样的〈灰姑娘〉：姑娘不落泪 后妈有苦衷》、腾讯时尚《〈灰姑娘〉领衔"后妈团" 颜值爆表 美艳绝伦》、芭莎娱乐《可别羡慕灰姑娘，她后妈美艳了全世界》、网易新闻《现在的观众咋都爱"狠毒"后妈》等。

能够将继母的美丽表现出来，而并不是一味地抹黑，体现的是对继母群体的尊重。电影同时剔除了继母让自己的亲生女儿"削足适履"的黑暗元素，仅保留"言语嘲讽以及指使其伺候穿衣饮食"作为欺负灰姑娘的行为，将继母的形象建构得更贴近现实。而且，通过对背景的刻画，解释了继母"变坏"的理由，这一理由亦在情理之中，易为观众所接受，让人们能了解到继母也有自己的苦衷。笔者认为，当人们开始思考继母行为的原因时，便能够逐渐从传统的刻板印象中跳脱出来，重新认知继母这一群体。《灰姑娘》的电影改编以及中国大众的评价足以表明，中西方社会对继母群体的认知已在悄然改变，不再一味采取传统的污名化叙事方式，不再固守传统的刻板印象。

由此可见，继母群体在现代社会实则已呈现出一种去污名化的趋势。社会其他群体对继母群体的关注逐渐从整体趋向于个体、从固守刻板印象趋向于关注个性差异，也即开始关注其立体性的社会身份和真实的生物身份，不再以"后妈"这个单一的虚拟社会身份来要求每一位继母。当一个重组家庭的继亲子关系出现问题时，社会舆论也不仅仅只责怪继母，而逐渐开始从家庭其他成员（丈夫、继子女、公婆等）身上寻找原因。从笔者收集的资料来看，这个社会存在支持继子女"对付"恶毒后妈的观点，同时也存在支持继母合理管教继子女、甚至"收拾"无理取闹的继子女的观点。当继母群体日益变得常见，"悲剧"不再是指代拥有继母的重组家庭的唯一标签。社会大众开始接受有继母的家庭，同时如果继母在新家庭中生活幸福，那么大众还能给予祝福。目前，"后妈家庭幸福"不再只是个案，而是呈现出平常化的发展态势。

（二）继母形象去污名化的原因分析

"后妈"之所以被逐步地去污名化，总体而言是社会发展到一定阶段的产物，如果做进一步的细分，则可以从社会、家庭和个人三个层面加以解析。

1. 社会原因

随着社会的发展，再婚率的日渐上升，继母群体扩大，去污名化需求迫在眉睫。因为任何群体一旦发展到一定的规模，且属于社会的必不可少的群体，并成为影响较多社会成员生活的组成部分，这必然需要被正名，以保障其社会功能的有效发挥，否则将面临较大的社会张力。传统社会对继母群体的刻板印象及污名化标签，已根深蒂固地烙刻在集体记忆和文化产品之中，给很多再婚家庭的继亲子关系带来严重困扰。对于没有血缘关系的继母，出于本能，孩子多少都存在戒备和敌意，如果继母这一形象依旧承受着原有的不加区分的污名，那么继子女对于继母的信任度与接受度可想而知，家庭的重组可能会因为继母角色的污名化而遭遇重重障碍，影响到需要母亲角色的大量儿童的正常社会化。

从保护孩子的角度考虑，如果说在传统社会中，对继母群体进行污名化的主要目的是为了减少后妈和警示后妈，以保护那些继承家族宗祧的继子女，那么在个体主义盛行、继母增加趋势不可逆转的现代社会，就不能不在接受继母群体的基础上寻求新的解决方案，即给予继母正常的社会地位，保障其母亲角色的更好发挥，给继子女关系的营造提供更有利的社会舆论环境，唯其如此，才能更好地保护继子女的利益。此外，由于继母数量的日益扩大，人们已能够在日常生活中很容易地接触到生活在身边的有血有肉的"后妈"，而不像以前因数量较少而停留在道听途说的极易被添油加醋和极端化过滤的层面，这种继母群体与其他社会群体的沟通隔阂正逐渐被打破，公众对继母群体的认知进一步加深，也推动了继母群体的去污名化进程。

2. 家庭原因

继母群体的扩大意味着有越来越多的后妈进入重组家庭扮演母亲和妻子的角色，而母亲和妻子在一个家庭中承担着抚养者、教育者和家庭维系者的功能。如果继母群体被持续污名化，则必然影响继母群体的自我认同以及配偶、继子女及其近亲属对继母群体的认同。对一个重组家庭而言，如果继母和配偶、继子女及其近亲属之间充满矛盾，那么便无法较好地发挥自己在家庭中的文化功能。其中尤其重要的是，继母作为母亲，在家庭中占据重要的地位，其言行会影响孩子的身心成长与发展。当继母并不认同自身所处的群体时，便会影响自身的归属感以及自尊，不良的情绪在无意中会感染孩子，也会影响整个家庭的和谐发展。而将继母做为一个关键家庭成员来看，母亲是家庭中必不可少的维系者，对于继母群体而言，她们也需要充分发挥这一功能。

此外，随着现代社会的发展，家庭的功能重心已不再局限于传宗接代，逐步从亲子轴为主转向亲子轴和夫妻轴并重，儿童也不再被视为父母个人的私有财产，而是有着独立人格和主体资格的社会成员。在这种背景下，儿童的养育、照料和社会化，不再需要家庭独自承担，学校、社会机构甚至大众传媒都在发挥相应的作用，继母在继子女的成长中扮演的作用也相应减弱。还有一个值得注意的现象就是，随着越来越多的女性走上职场，很多丈夫甚至取代女性在家庭中的功用。因此，传统社会中污名化继母群体的诸多原因正在逐步消解。

3. 个人原因

在传统男权社会中，继母群体被污名化的原因之一在于男性通过自身的主导地位控制着社会对女性的态度与认知。继母作为母亲的一种类型，在传统社会中往往被期待成为集温柔、顺从、慈爱、善良等各种优秀品质于一身的天使，一旦继母所表现出的角色行为不符合这样的角色期待，便不被社会所承认，污名化由此产生。换句话说，在以男性为中心的社会视角下，女性是男性的附属品，继母群体被污名化有其历史必然性。但是，随着社会经济的发展以及思想观念的开放，女性开始走出家庭，走向社会，经济地位的提高促进了女性社会地位的提高，观念的开放促进了继母群体自我意识的觉醒，她们开始反抗男性社会的绝对权威，开始表达自我的内心诉求。因此，在新形势下，继母群体的构建社会身份正从完美无缺的天使型向客观、公正、可实现的方向发展，由此新构建的社会身份会更切合继母群体的真实生物身份和多重性的社会身份，因不合理的角色行为期待带来的预期落差也就相应消减，去污名化也就水到渠成了。

（三）后妈群体去污名化的制约因素

不过，从社会现实来看，继母群体的污名化状况依旧不乐观，这一修复过程依旧受到各种因素的限制而发展缓慢。发展受限的原因，首先，在于继母群体与继子女群体之间的根本矛盾，这一根本矛盾基于如何实现没有血缘关系的亲情，而这一造成继母群体污名化的重要原因却是无法更改的既定事实。同时，现代社会第三者兴起，更是加深了继母与继子女情感敌对的鸿沟。第三者作为典型的家庭和婚姻稳定的破坏者，是不少继母的来源，这种类型的继母是最不容易被社会认可的，因为她们挑战了社会的道德底线，这种继母与继子女之间几乎存在不可调和的矛盾。现代社会很多人对继母的怨恨实则是对第三者的怨恨，第三者问题的加持影响了继母群体的去污名化进程。

其次，是因为传统文化具有延续性和变迁滞后性。文化的影响是潜移默化的，其发展变迁往往不能与经济、社会的发展同步，因此传统文化中关于继母的污名化观念深入人心，时至今日依旧起着重要作用。关于恶毒后妈的民间传说、童话故事、民谣俗语在今天依旧存在很大的生命力，一定程度上阻碍了继母群体的去污名化进程。再者，随着大众传媒的发展，为了吸引眼球、提升竞争力而做的对于恶毒后妈的夸张宣传，也容易使人们的理性被感情遮蔽，在未接触继母群体前便对其采取了以偏概全的负面行为态度，由此损害了推动继母群体去污名化的群众基础。如果社会各界，尤其是主流媒体对于后妈的曲解和片面报道不那么突出，那么"后妈是坏人"的观念也不会像现在一样继续流行。正是因为还有着这样的社会舆论压力，部分继母背负的心理负担过于沉重，容易使得她们通过行为越轨来缓解自己的压力，继而进一步坐实了继母群体的污名化。

最后，虽然女权运动有所发展，女性地位得到提升，女性的主体人格日益受到尊重，但是不能忽视现代社会男性依旧占据主导地位的事实。从笔者收集的资料来看，现在的继母群体自身还不够自信，很多女性对自身所处的继母群体的认同度并不高，往往会选择社会其他群体看待自身所在群体的方式看待自己，换言之，这在无形之中降低了她们自身对这个群体的认同感和归属感，由此也降低了她们为自己所在群体的地位改善和提升而努力的意愿。总的来说，现代社会继母群体的去污名化实践将会经历一个漫长而曲折的过程。

结　语

概而言之，继母群体在当代呈现类型多样化、认同多元化、形象去污名化的特点，其中去污名化是最值得关注的发展态势。而无论是以往对于继母群体的污名化抑或当今的去污名化，其实都是一个社会建构的动态过程。随着社会的发展，其去污名化的发展趋势与继母群体的发展壮大、女性意识的觉醒、婚姻家庭等社会观念的变迁、公众认知的日益立体和理性等因素紧密相连，是不同群体之间良性互动的结果。继母群体的发展壮大使得继母在日常生活中更为频繁地出现在公众的视野内，人们能够近距离地观察了解到有血有肉、立体性的继母形象，历史形成的刻板的污名化"后妈"形象便逐步被消减，加上女性主体意识的觉醒和女权主义的进一步发展、日益开放的社会对于离婚和再婚的广泛接受，继母的去污名化是大势所趋。这是社会所需，也是历史必然。

当然，由于文化变迁的滞后性、观念转变的缓慢性，继母群体的去污名化将经历一个漫长的过程，需要社会各群体、各种大众传媒的共同行动。不过，这种共同行动需要建基于对继母之所以曾经被污名化、依然被污名化的来龙去脉的了解上。

我们即希望通过对实证资料的分析，做出这方面的努力。研究从社会学视角切入，基于戈夫曼的污名理论，对继母形象的当代表现及其发展态势做出了初步的梳理和探讨，希望能推动社会大众对于继母群体的全面了解、理解和接纳。不过，此次研究所用的家庭样本来源于网络论坛和浙江大学选修《文化人类学》课程的学生所做的访谈个案，不具有随机抽样意义上的代表性，由此得出的相应结论，或将存在一定的局限性，还有待今后通过对更多重组家庭的深入访谈，对该议题做更为深入的探讨。此外，也有待比较中西方历史上不同时期对继母的形象塑造以及现代社会对继母形象的塑造，从发展与变迁的角度描绘中西方继母形象塑造的变化与历史发展脉络，同时对中西方同时间段的继母形象塑造进行对比研究，分析不同文化背景对于继母形象塑造的作用，以推进该议题的纵深研究。

卷一：
现实觅踪——继母生活总览

卷首语
这是最好的时代，也是最坏的时代

"这是最好的时代，也是最坏的时代"，英国文学家狄更斯曾这样描述工业革命发生后的世界。而如今，我们依然生活在这样一个矛盾的世界中。不论是物质财富的不断累积，还是贫富差距的持续扩大；不论是日新月异的科技进步，还是此起彼伏的地区冲突；不论是人类文明前所未有的辉煌，还是未来世界不甚确定的走向，我们所处的时代，既像阿里巴巴的山洞，又似潘多拉的魔盒。矛盾隐藏在每一粒细小的尘埃中，对于我们要谈的"继母"这一身份，亦然。

所谓"继母"，乃己母早卒或被出之后，继续己母，即生父再婚后的妻子。又称"后母"，口语中又称"后妈""后娘""晚娘"等。在历史的竹简中，"继母"一直以来都不是一个光彩的身份，每每提及，总伴随着诸如"后妈总归不是亲妈，永远隔层纱""云里日头，后娘拳头""人生最苦有后娘，多数怀揣坏心肠，不是亲生关怀少，只要不打就算强"等言论。

国外亦是如此。德语中，对"继母"的称呼，也被用来表示满是刺的巨大仙人球。在被称为"世界童话经典之作"的《格林童话》中，《白雪公主》《灰姑娘》《聪明的兄妹》《森林里的三个小仙人》……无一不乏继母的身影，而且这些继母往往以极其恶毒的形象出现。不是派人追杀继女白雪公主又骗其吃下毒苹果的皇后，就是恶毒对待、随意差使继女灰姑娘的后母；不是一直唆使丈夫抛弃继子女的后妈，就是逼着继女在下雪的冬日到森林里摘草莓的晚娘……而这些狠毒继母的下场，均不得善终，无一例外地大快人心。

"继母"群体的污名标签已尽人皆知，并延续至今。且看现在的新闻报道，仅搜索"后妈"字样，满目皆是《云南后妈杀害8岁继女案：犯罪嫌疑人已被批捕》《24岁男孩瘦成皮包骨无家可归 只因父亲娶了后妈》《网传柏溪一女孩儿被后妈虐打满身伤痕，记者县医院核实情况》《济南15岁男孩被父亲殴打致死　村民指责"后妈"长期虐待孩子》《连云港高三女生因家庭矛盾被后妈掐死，案犯逃亡5天后被抓》……连篇累牍而又触目惊心。新闻报道固然是基于客观现实，我们也必须承认，在现实生活中，这类令人发指的继母虐待事件确实存在，但是仅凭这些事件就能定义"继母"整个群体吗？

对于大多数人而言，"继母"这一身份存在的价值，不过是茶余饭后的一个谈资。在那些众口铄金的人中，又有多少真正走近过、详细了解过一位继母的生活，一个拥有继母的重组家庭的生活？

现今时代，可以说每个人都有了发言权，而且这种发言权已不再是虚设的名头，我们能真正感受到"言论自由"及言论的力量，在微博等新媒介的应运而生后表现得尤为明显。正如庞勒在《乌合之众》一文中提及："当我们悠久的信仰崩塌消亡之时，当古老的社会柱石一根又一根倾倒之时，群体的势力便成为唯一无可匹敌的力量，而且它的声势还会不断壮大。"我们已处于一个"群体时代"，但这究竟是一个明智的时代，还是一个愚昧的时代？我们展现的，是"群众的智慧"，还是"集体无意识"？对于"继母"这一群体，我们给予的到底是什么？或许，这便是本书的意义所在。

在这一卷中，我们将走近那些重组家庭，去寻觅继母的生活踪迹。你会看到"深海鱼的眼泪"：传说没有人见过深海鱼流眼泪，就以为它不会悲伤，那是因为它生活在深深的海底，它的眼泪，人们看不到而已。无奈的"深海鱼"，可能是继母，可能是孩子，也可能是家庭中的其他人。所谓"家家有本难念的经"，重组家庭的困境到底在哪里？那些困难重重的重组家庭究竟会去往何方？另一方面，网络流行语"童话里都是骗人的"，歌曲《童话镇》便为我们描述了经典童话完全不同的故事走向，曾经我们一"听说白雪公主在逃跑"，便把责任归咎于她的皇后继母，而事实是"只有睿智的河水知道，白雪是因为贪玩跑出了城堡"。在2015年上映的电影《灰姑娘》中，继母这一角色被着力刻画，解释了后母的苦衷，也让观众了解到继母讨厌灰姑娘的合理性。"格林的谎言"一章将为我们展示的是那些幸福圆满的重组家庭，虽说"不幸的家庭各有各的不同"，但"幸福的家庭也并非家家相似"，不妨通过这些真实的访谈记录，去了解那些幸福家庭的内在乾坤。

我们所处的时代究竟是光明的季节，还是黑暗的季节？是希望之春，还是失望之冬?

　　现在看来，这是最好的时代，也是最坏的时代。好坏转换之间，机遇与挑战并存。于每个人而言，所需要思考的便是，我们能够做些什么?

第一章
深海鱼的眼泪：重组家庭无法跨越的隔阂

1. 后妈与青春期的孩子

[访谈背景]

后妈李女士今年32岁，与48岁的杨先生结婚8年。李女士此前未结过婚，杨先生是二婚，并有一个现年15岁的女儿小晗。

李女士与杨先生的结合属于正常二次婚配，杨先生在和前妻离婚后与李女士相知相识，组建了新的家庭。两人现在与杨先生的母亲、女儿四人一起居住，暂时没有要一个新的孩子的打算。

李女士认为自己与小晗的关系还比较好，特别是刚刚嫁给杨先生的那几年，自己经常带孩子出去玩，在孩子身上倾注了很多心血，但这两年来，或许是自己精力缺乏，或许是孩子进入了青春期，多方面的原因导致了两个人关系恶化，关系急需修复。

小晗的亲生母亲在与杨先生离婚时没有能力、也不愿意抚养小晗，后来再次结婚，又生了一个孩子，但现在二次离婚，孤身一人带着孩子。小晗在寒暑假的时候会去亲生母亲的地方住一段时间，平时偶尔打电话联系。小晗的亲生母亲是超市的售货员，挣钱不多，但经常会给小晗带一些礼物。

[访谈内容]

李女士22岁的时候与38岁的杨先生相识，虽然俩人年龄相差比较大，但志趣相投，李女士被杨先生的幽默风趣和出众口才深深吸引，两年后决定嫁给他。女儿小晗负气的时候曾说过后妈是为了家里的钱和房子才选择与自己的父亲结婚。但正如李女士所言，两人结婚的时候杨先生正处于人生的低谷期，甚至没有工作，后来家庭情况才渐渐好起来，杨先生也开辟出了新的事业。访谈结束的时候杨先生不无感慨地说，妻子刚进家门的时候跟着自己受了不少苦，每天既要工作，看管不懂事的孩子，还要照顾哮喘的老父亲，起早贪黑，消瘦了一大圈，妻子对自己的这份情谊会一直记在心上。

  李女士24岁的时候嫁给了杨先生，在这个年纪，大多数人的心智都不够成熟，本身还需要别人去照顾，更不要说成为一个女孩的后妈。毕竟不是亲生的女儿，没有血缘之间的羁绊，这种深浅不一的感觉，来回的纠结和琢磨容易让人逃避现实，但李女士面对重重困难并没有选择放弃，而是努力用自己的诚意来打动孩子。在问及李女士这么年轻有没有信心当好一个后妈的时候，她说了一句让我非常感动的话："我觉得以心换心就能做好继母。"后妈并不是一个什么特异的群体，真心爱一个男人，心甘情愿成为孩子的后妈。人心都是肉做的，真诚地对孩子好，虽然可能比不上亲妈，但孩子的心中肯定也会有一把公平的秤，或多或少对继母的陪伴怀有感恩的心理。李女士的心愿很简单，她希望家里人现在每天能够开开心心坐在桌前一起吃晚饭，幸福快乐，而自己老了的时候，丈夫和孩子都能够对她好。

  因为考虑到如果两个人再要一个孩子，势必有亲有后，害怕家里婆媳、母女之间的矛盾更多，结婚前两人就约定好不要孩子。李女士曾经两次怀孕，打胎对身体不好，内心也万分纠结过，但最终还是把肚子里的孩子打掉了。

  夫妻关系相当融洽，孩子曾经说爸爸对后妈比对自己好得太多了，因为夫妻两人有时候会单独去外面玩还引发了孩子的不满。

  婆婆也觉得儿媳妇对自己很好，儿媳妇亲自帮忙洗脚洗澡，怕老人无聊，时常陪她打牌聊天，她觉得儿媳妇非常孝顺。家里的矛盾主要集中在孩子身上，奶奶觉得孙女这几年变化很大，学习成绩非常差。孩子玩得太晚太疯不回家吃饭，媳妇曾经拿笤帚打不听话的孩子，奶奶对于此事不太乐意，认为骂孩子可以，但不应该打她，但奶奶也说即使是亲妈打孙女她也心疼，也会跟亲妈吵架。

  最近两年来，李女士与小晗的关系渐渐僵化。小晗结交了很多奇怪的朋友，没有心思学习，成绩在班级中排名倒数，李女士查了手机记录后发现她两个月发了2180条短信，经常发短信发到凌晨12点，凌晨四点又开始发。小晗时常不跟家人说就出门，到约定的时间也不回家，甚至到了需要靠报警请警察一起寻找孩子的地步，在有一次和孩子爸爸一起严厉地批评小晗后，小晗在 qq 上写了希望继母赶紧去死这种话，导致了关系的进一步僵化。李女士说自己这两年来确实对两人之间的关系感到有些无所适从，孩子遇到事情也不愿意与父母商量，自己又无法管得太严，对小晗诅咒自己死这件事也是感到非常生气和无奈。

小晗正处于青春叛逆期，再加上后妈毕竟不可能像亲妈那样用心去关照孩子，包容孩子的一切缺点，母女之间的关系还是需要找到好的方法去改善。

问到小晗对后妈这个群体怎么看的时候，小晗说自己从这个妈妈一进家门的时候就知道后妈肯定是比不上亲妈的。但不同于大多数小孩的想法，小晗似乎并不害怕失去爸爸妈妈的宠爱，希望父母能够再生一个弟弟或者妹妹，分散一下父母对自己的注意力和管教。小晗特别讨厌的是后妈给爸爸打小报告或者翻看自己的日记、QQ 等。

可以说，母亲对孩子的爱是非理性的，而继母对孩子的爱是非常理性的。李女士在孩子的事情上习惯了事事与杨先生商量，其实完全可以单独与女儿沟通。因为与父亲之间的性别界限，青春期的女孩与父亲并不太亲近。私下里，女孩更容易接受来自母亲的建议，对于女孩的小秘密，能出谋划策，直接解决最好，很多时候就不需要去跟孩子的父亲说了。作为母亲，特别要做到保护孩子的隐私。

杨先生是家中的核心，联系三个女人的纽带。他非常注重小晗的成长与教育，密切关注着孩子的动态，可以说，在这个家里，杨先生、李女士和孩子的奶奶都是站在同一个立场上的，孩子一个人要同时接受来自三个家长的压力。杨先生只看重孩子的学习成绩，一定程度上忽略了青春期女孩的心理和成长，孩子觉得爸爸只会在她做得不好的时候提出严厉批评，平时根本不关心她。我觉得对缺少亲生母亲关爱的女孩，父亲应该负起更重的责任，不仅要扮演好严父的责任，还要懂得鼓励孩子，引导孩子，给孩子一份温柔。在孩子与后妈产生矛盾的几次中，杨先生大多站在了自己妻子的那一边，责骂小晗不懂事，这也进一步导致了孩子与后妈关系的恶化。

在对后妈群体的观点上，杨先生和孩子奶奶都没有什么偏见，但小晗的大姑、小姑等远房的亲戚一直觉得后妈并不可能真的对孩子好，即使表面上看温柔亲近，应该只是在装装样子。这种对后妈的观念其实是非常普遍的，小时候看的灰姑娘等童话故事给人们留下了太过根深蒂固的印象，好像后妈都是蛇蝎心肠。

一直以来，再婚家庭中继母与子女的关系都是一个非常敏感的话题，在很多人的固有观念中，"后妈"就是一个贬义词。其实我认为，随着时代的发展，更多的女性接受了高等教育，她们也开始懂得如何更好地与孩子交流接触，新时代的后妈定义应该被刷新。

青春期孩子由于生理上的急剧变化，出现各种各样的心理反应，大部分是自我意识觉醒的表现形式。他们试图冲破约束和管教是正常的，甚至犯一些错误也是成长需要付出的代价。青春期孩子的教育问题一直是家长十分头疼的事，更不要说作为一个没有血缘关系的继母，但将心比心地付出努力，一定可以处理好与孩子之间的关系。

2. 我真的很想融入这个家

[访谈背景]

此次访谈安排在 2015 年 6 月 21 日 13 时，我的访谈对象是一个重新组合的新家庭和附近邻居。21 号吃过午饭后，我坐了一个小时的城乡大巴终于到达了目的地。这个村落是浙江文化名村，民风淳朴、文化底蕴浓厚，满村尽是晚清民居、小桥流水、长廊古亭，似乎每个人都在平和悠闲地生活着。

我采访的这户人家是双方丧偶后重组的，男方有两个孩子，女方有三个，但是两人并无共同的孩子。家家有本难念的经，纵使在这样一个民风淳朴的文化名村，谁也不能道尽他人背后的心酸和难处，本次访谈的女主人公就是这样。

[访谈内容]

这家女主人公姓戴，江西人，今年 42 岁。14 岁时戴妈就被同村人带到浙江打工，后来嫁给当地人，生了二女一子。不幸的是前任丈夫很早就生病过世了，所以她一个异地孤身女人努力学习青田话，从早到晚挑着水果篮过街串巷卖水果，以此抚养三个孩子。她不仅要忍受他人的冷眼相看，还要容忍夫家人对其的闲言碎语，当戴妈回忆起这段心酸的往事时，不禁痛哭起来，坐在一旁的丈夫也是沉默不语。

后来经人介绍戴妈认识了现任丈夫陈先生，夫家也同意了。现任丈夫是农民出身。他的前妻在生下小儿子后看了孩子一眼便撒手人世，陈爸也是一个男人辛辛苦苦把两个子女拉扯大。因为此地是著名的侨乡，有一半人口分布在世界各地，出国风气较盛，所以陈爸的大女儿 20 多岁时就出国打工了，后来嫁给了西班牙的一个侨领独子，使得陈家的生活从此变得相当宽裕。

戴妈和陈爸已经结婚 5 年，刚嫁过来时陈爸的女儿 23 岁、儿子 10 岁，戴妈的大女儿 18 岁、二女儿 13 岁、小儿子 11 岁。本来辛苦大半辈子的两个不幸之人结合后应该相互珍惜、勉励，然而事情并没有那么简单。后来戴妈跟我讲起了这其中的症结：2011 年的一天晚上，陈爸的二姐打来电话，跟陈爸谈了将近一个小时，这时他们已经结婚快一年了。陈爸的二姐和他谈了很多，比如"你们都是半路夫妻，女儿外国带回来的钱要自己放好，免得被她捏在手里""知人知面不知心，要千万盯着点自己的小儿子，不要被她欺负"等，陈爸听后只是做了"嗯""哦"一些简单的回复，因为他想毕竟已经结为夫妇了，有些东西没有必要计较。但不巧的是陈爸家的电话有一个分机，戴妈在客厅与卧室里的陈爸同时接起了电话，听完了谈话的整个过程！也因此，戴妈和陈爸的二姐大吵了一架，并且和陈爸也闹翻了。最后，气愤、伤心过度的戴妈拿起农药就喝，陈爸急忙将她送往县医院，后来经过医院及时抢救才活了下来。从这件事情以后，陈爸的亲戚和戴妈的矛盾就愈演愈烈了，而陈爸 20 多岁的大女儿最早对父亲和后妈的结合就无好感，加上从小姑姑们添油加醋，也是从不把后妈放在眼里；小儿子处在小升初的阶段，对于家庭这些乱七八糟的事情看在眼里，心理也产生了很大的阴影，尤其是看到陈爸拦车将喝了农药的后妈送往医院的那一幕。

因为有些无奈的现实和家人的教导，戴妈的三个孩子叫陈爸都叫爸爸，而陈爸的孩子叫戴妈都叫阿姨。戴妈说这些都无所谓，我只是想要他们能接受我，而不是一开始就打心底抗拒我。然而五年过去了，情况似乎也没有很大的改善，更令人痛心的是戴妈的小儿子在去年出车祸被撞死了，这让我更加同情这个不幸的女人。

后来我单独和陈爸的儿子边走边聊，他让我叫他阿文。阿文今年已经 15 岁了，在乡中学上初二，成绩很差，每天就和一群乡上的小混混厮打在一块。阿文说："书读不起来没事，反正姐姐经常会汇钱给我，而且她还说以后要带我出国。"当问及他和戴妈的关系时，他和我说："她对我还好，姐姐让我最好不要理她，如果被她打骂的话要马上跟姑姑和姐姐讲。"听了这些话后我内心很难受，也许是太同情戴妈了。后来我采访几个附近的邻居，他们都对戴妈评价很好，觉得她既会护持家，对外又会做人，我想这也是为什么陈爸纵使听了那么多闲言碎语还是决心和戴妈一起生活的原因吧，只是他夹在中间很难做人，为难了他。

访谈的最后我希望能加陈爸大女儿的微信和远在西班牙的她聊一聊，可是被戴妈拒绝了，她不想我去打扰她。我很能理解，一方面戴妈十分想得到认可，而另一方面当有人试图想调和她们时她又感觉条件还不具备，不敢去面对。五年，说长不长，说短不短，希望陈爸的孩子们能早日理解和接纳戴妈，不要让她等得太久了，她会心碎。

我认为戴妈是不幸的，整个访谈过程她几乎一直是红着眼圈，而且数度大哭，我可以看出她想得到这个新家庭所有成员认同的真诚感和迫切感。这次访谈对于我最大的触动是，为什么陈爸的亲人们对戴妈充满敌意？每天为陈爸和孩子们做饭洗衣服的是戴妈不是你们，而且夫妻间本来就要讲求信任，为什么人家丈夫都不介意而你们外人却对其极力挖苦？难道后妈就真的要忍受一些不可理喻而又无法改变的偏见和歧视吗？还是说因为这个家庭的特殊性使得这个问题变得尤为突出？其实在整理访谈之时我才想起一个问题，因为起初我把关注点都放在了"后妈"这件事情上，而忘记去考虑另一个非常重要的东西，那就是戴妈自己孩子的想法：从小丧父；妈妈为维持生计挑水果篮卖水果；到一个新家庭叫另一个男人爸爸，他的孩子却叫自己妈妈阿姨；妈妈喝农药自杀被送医院抢救……他们委屈吗？他们真的不难受吗？

一提"后妈"人们往往就会有一种先入为主的观念，虽然我们知道这样不对，但现实生活中就是存在那么多对后妈有偏见的人。在一个新的家庭中，如果后妈遇上了如陈爸的二姐和大女儿这样的人怎么办？我们能否不要不分青红皂白就去给"后妈"判死刑；是否可以理智地给予"后妈"更多的宽容与理解，而不是一味地苛责和带有偏见。每个人都有善良的一面，不妨去听一听心里话。

3. 为他好他却总是不领情

［访谈背景］

此次访谈安排在 2015 年 6 月 5 日，我的访谈对象是孙阿姨及其继子小 Q。

就访谈者多年的生活经验而言，在当地二婚常常被视作不正经与不幸福的标志，对于女性的偏见犹盛，继母在面临家庭内部问题的同时往往还要经受坊间流言的困扰，无论是作风问题还是对待继子的态度问题都会被放大。加上这里本身作为沿海地区较为发达的县级市，吸引一大批外来人口流入，受到一部分低文化素质的外来人口的影响，当地人对于外来人口大多带有些许歧视性偏见。可以说当地对于继母，特别是非本地继母，所抱的偏见相当严重。本次访谈正是在这样的背景下展开。

孙阿姨一家是移居于此的四川人，孙阿姨的丈夫张叔叔在当地一家民营企业做技术顾问，工作繁忙，孙阿姨则在家当全职太太，料理家事照料孩子。阿姨今年40岁，五年前与现任丈夫成婚，这也是她的第二次婚姻，双方属于正常二次婚配。阿姨是在与前夫离异两年后才结识张叔叔的，并跟随他来到这里定居。继子小Q今年15岁，在当地一所公立初中上初三，为通校生，每天回家吃晚饭并在家过夜。小Q与孙阿姨的关系一般，并不亲密，存在着比较大的隔阂。特别需要指出的是，孙阿姨与前夫也育有一女，且拥有抚养权，但孙阿姨并未将女儿带来这里，带入新家庭，而是将她寄养在四川的外婆家。

[访谈过程]

我通过同学的介绍认识了孙阿姨，我按约定时间来到阿姨家，阿姨热情地把我迎进门去，客厅桌上摆好了水果和零食，整个家的布局小而整洁。阿姨笑称家里太小，又身处异乡，恐怕招待不周，若是在老家一定能更好地招待我。

而提到为何要移居的问题，阿姨却陡然羞涩起来，表示全都是因为张叔叔工作的原因才来到这里，同时表示叔叔是个很靠谱的人，希望能够好好过下去，互相做个伴。但是因为张叔叔常年出差的原因，搬来这里也是聚少离多，阿姨的神情开始显得有些落寞，坦言其实在这里有些孤单，周围邻居遇见时会打一声招呼，却也没有多少共同话题，家里的孩子也不愿意跟自己亲近，感觉挺闷的。自己也有考虑过找工作，但是一来找不到适合的工作，二来家里没人整理，做饭也挺晚的，怕小Q饿着，也就搁置了下来。

关于小Q是个怎样的孩子，阿姨彻底打开了话匣子。总的来说，小Q是个蛮听话的孩子，成绩也挺不错，但是就是很倔，"很多时候我给他的建议一概不理，我让他多带件衣服去学校怕他冷这样的小事也不听，让他收拾收拾自己的房间就更不用说了，明明就是为他好，但是他啊就是不领情。"讲到这里，阿姨似乎意识到了她的抱怨口吻，歉意地笑了一笑，补充说自己也不是说他坏话，也能够理解小孩子对于后妈肯定带有一点抵触心理，但是自己的好意经常被回绝还是比较受伤。她也承认后妈肯定难当，需要花费更多的心力，但是真的坏到要虐待继子的后妈毕竟也是少数，正常人肯定是想好好过日子，有一个和谐快乐的家庭。但是对后妈的偏见实在有些令她害怕，小Q的爷爷奶奶也是对她千防万防，时常打电话来监督；自己的父母倒是对自己当后妈表示理解，但在当初离婚时就对她表示过未来的路也不轻松。也是出于这种种偏见的考虑，孙阿姨才将自己的女儿留在了外婆家寄养，避免小Q以及夫家亲戚认为自己会偏心女儿，但是结果却并没有她所想象的那么圆满。

而问及张叔叔对于这个问题的态度时，孙阿姨则显得有些无奈。张叔叔因为经常出差，对于孙阿姨与小Q的问题少有了解，又因为时常不在家，也很难起到调解作用。再加上张叔叔本身也比较木讷，与儿子的沟通也不多，所以即使有心改善也难以取得有效的效果，最多也只是教育几句，让小Q要多与阿姨沟通，但这反而会加重小Q与孙阿姨的隔阂。

对于是否考虑过如何解决与小Q的隔阂，孙阿姨略略调整了坐姿，叹了口气，无奈地表示在最开始的时候尝试着通过对他的全面的照顾来拉近距离，但是小Q总是抱有抗拒的态度，关系并没有改善；后来也尝试着与他聊天，但是也总是自己在挑起话题，气氛十分冷淡。闭门羹吃得多了也就丧失了尝试的兴趣，加上青春期的关系，只能还是尽力照顾好他的起居，尽量少对他管教，希望他长大后能体会到后妈的好。

在对孙阿姨的访谈结束后，为了更全面地了解孙阿姨同小Q的关系，但同时又考虑到小Q对陌生人可能抗拒，本次访谈只能另外采访了与小Q关系较好的同学彭某。通过她的描述，大体了解到，爷爷奶奶以及生母的"如果后妈欺负你了就来告诉我们"的言论的影响，以及知道他有后妈后对他抱有同情的同学，都使小Q相当反感后妈的存在。但同时小Q也承认孙阿姨对他很照顾，为了他放弃工作也没有将女儿带来身边，也知道很多时候都是为他好，除了常将"为他好"一词挂在嘴边令他十分不舒服之外，并没有坊间流传的后妈那么恐怖。但是自己还是觉得她很遥远，没有亲近感，尽管一起生活了五年也觉得完全不了解，之前后妈找他聊天也只是一些很无聊的话题，难以持续对话，而稍稍长大一些想要改善关系却又总觉得隔着代沟以及某种隔阂，难以说出很亲近的话。

可以看出，孙阿姨与继子小Q之间确实存在着比较大的隔阂，关系比较一般，小Q认同孙阿姨作为家庭成员的身份，但同时也对她"后妈"这个身份存在着抵触心理。

孙阿姨与小Q的问题很可能是很多重组家庭共同存在的问题。双方并没有明显的冲突，却也存在着隔阂，难以像正常家庭的父母与子女一样相处。而实际上，双方都承认对方没有恶意，也理解对方的苦衷，但还是因为缺乏沟通而产生嫌隙。这里的沟通并不是简单的聊天或是对话，而应该是有效沟通。尽管孙阿姨尝试着与小Q沟通，但却是按照自己的标准去沟通，对话自然难以延续，这就是无效的沟通。双方尝试改善关系的关键应该在于有效沟通，应该事先了解对方的兴趣所在，减少代际差异，真正敞开心扉，以真诚的心态来进行交流，排除对于碰壁的恐惧，排除他人灌输的思想干扰，沟通与检讨双方存在的问题，理解双方对于某些事件与行为的好恶程度，形成对于对方更深入的了解。只有这样才能够将自己的心意有效传达给对方，建立起正常和谐的家庭关系。

4. 总归是个外来的

[访谈背景]

一直以来无论是在影视剧还是小说中后妈总是被塑造成卑劣自私的形象。此次近距离采访，让我更深入地了解了一个后妈的内心世界。

这一次，我采访了自己村里的一个后妈和她的邻居。这位后妈一共结过两次婚。第一个老公出意外早死，抛下她和她的儿子，儿子还小，一个人领着他出来打工。后来要上学，外地人毕竟无法和本地人一样容易上学，再加上学费等一批额外费用的增加，她觉得仅凭自己一个人打工另外还要负担房租、生活费，又没时间照顾孩子，生活挺困难。相比之下再找个本地人也是不错的选择。因此托了媒人找了户人家就带着儿子嫁过来了。在媒人口中她也大致了解过这家人的情况，知道这家还有个小女孩，不过是领养来的。这家的男人有点残疾，一直没有结婚。此为背景。

[访谈内容]

一开始知道我要采访她时，她有点不乐意，不过看在曾经和我家一起住过的份上还是答应了下来。她在访谈中并不多话，基本上属于我问一句，她就答一句。对于之前如何打算处理"后妈"这个问题，她略一苦笑，表示其实没想这么多，自己总是后来的，肯定是有些问题的，再者自己当时又是一个外地人，相比起本地人肯定要受到双重歧视，"这种事情么想想好喽"，她以此结束了这个话题。

不过后来被问及与继女、丈夫的关系时，她倒是对我说了挺多的。总之她的丈夫对她一般，继女在小时候就和她不是很亲密。虽然偶尔会打骂继女，总的来说继女还是算听话的，但是越长大"脾气越来越大"。她丈夫死后，继女多次和她发生冲突，两人之间的关系也不断降温。尤其是当她毕业找了工作后，"一直在城里，一年到头有得看见的啊？"现在还是处于冷战之中。看得出来，她对于这个继女是一肚子不满。关于两者之所以会出现多次冲突，她认为是有人在背后说三道四。这些人虽然在表面上觉着她在这一直生活了这么多年，但心里还是认为她是个外来的。正是因为这些人在背后教唆，继女才经常和她不和。另外她觉得继女没良心，虽然之前有过几次冲突，但毕竟自己养了她十多年了，她丈夫死后还一直供继女上大学，她现在能得到这么好的工作总是有自己的一份力的，结果，现在说不好就不好，完全是断绝往来了。她表示女儿"总是认为自己的亲生爹娘好，就算对他们再好，他们也老想着找自己的爹娘，她不过是苦于找不到自己爹娘罢了"。

对于现在的生活，她也表示习惯了，只是有点为她的儿子担心。她儿子现在正在读高中，以后读大学要钱，再过些年他就要结婚了，房子总是要重新盖一栋的，要是可以她还打算给儿子买辆车，只是现在单凭她一人起早贪黑地做恐怕也不一定够。听她这番话不得不让人想起她的继女，显然其中还是有几分埋怨的意味的。

和她之间的采访差不多到此告一个段落，临走前看了一下周围，确实感觉有些寒碜。他们住的是以前黑瓦白墙的低矮老房子，周围围绕着这个小小的四合院老屋的是几排四五层楼的居民楼。这块地方后边的老屋也已经在"空心村整治活动"中推翻了，满地的破砖碎瓦。回去后打听了一下，听说她已经将周围几块老屋的地皮买下来了，只是还没有动手建新屋，想必是要等到他儿子成家吧。

之后我在与周围的人的谈话中了解到了导致她们母女两人关系变坏的几个主要原因。据说当时佳佳（化名）正在读高中时，她爹就死了。虽然是领养的，但是从当初的襁褓里的婴儿到这么大，这么些年佳佳还是挺孝顺的，父女俩的关系也还行。远在当初阿强（化名）还没有娶女人时，他就为自己这个女儿打了几样金首饰，等将来为她做陪嫁。但是娶了这个女人后，为表示相互信任，他把这些东西都交给她保管，死后也一直在她手上。佳佳被人告知这件事后就有些别扭，因此有时就不像以前那样听话。不过继母显然对此很生气，两人关系才变坏。

周围的人还非常生动地给我描述了当时发生的一件事情。当时佳佳周末回家，因为晚上看完书没有熄灯，被阿花（继母化名）看见，她当即就劈头盖脸骂了佳佳一顿。佳佳大了，当然容不得被骂这么惨，开始就顶嘴回了几句，阿花骂得更厉害，还作势要打，佳佳拼命往外逃，结果被阿花一把抓住头发往里面拖，最后还是大家一起劝架才散的。他们表示当时看上去佳佳被打得很惨，阿花很厉害。不过虽然佳佳与阿花的关系很坏，佳佳和阿花带来的那个小孩关系倒是一直不错，不和阿花来往后，听说佳佳倒是经常去看望这个弟弟。以前也经常给她弟弟辅导功课，劝他要好好学习。

从上述描述中也可以看出周围的人都是站在佳佳一边，对于阿花，可以被描述为一个自私、打骂继女、很厉害的女人。虽然我不是处于佳佳或者阿花的立场，但是可以想象在这样一种不利于劝和母女矛盾的情况下，两者之间的矛盾肯定不会这么容易消减。同时也隐隐约约印证了之前阿花讲的，背后的人的教唆确实是一个离间母女之情的重要原因。无论这种教唆是有意还是无意，这对于一个继女来说心理上对她的"母亲"总是有一道防线。她在心理上对于继母的行为会更加敏感，甚至有时会反应过激，这都是可以理解的。另外跟阿花的接触虽然少，她的话也不算太多，但是看得出她是一个脾气性子都挺直的人，而不是一个有什么问题都会耐着性子慢慢说的人。两者的冲突确实是可以猜想的。在一个要提防继母，甚至支持对抗继母的舆论影响下，还会有多少人能平静地处理这种继子女和继父母的关系？

再者从阿花的话中还可以看出她对自己儿子的关爱显然大于对佳佳的关爱。她认为继子女总是不如亲生的，这个想法恐怕是她或者整个后妈的共同之处。在这种想法下，即便在某些方面，如自认为公平地对待继子女和自己的子女，同样地供他们读书，总是不可避免地会向自己的子女偏心，虽然她们经常会否认这样的行为。

5. 后妈难当

[访谈背景]

受访者是安徽人，22 岁辗转到这里（我的家乡）开始打工。因前任丈夫经常在外工作，不经常回家。而她因为只会讲普通话不怎么会讲方言而与公公婆婆交流有困难，本应该作为中间协调人的丈夫又因为工作忙碌而没有顾及家里的状况。久而久之，公公婆婆和她之间产生了隔膜，公婆有点看不起她。再加上，当地的一些思想观念问题，对外来打工人员持有的偏见，让她感受到在那个家庭里没有地位，感受到了家人和邻里之间异样的眼光以及对她所持有的一种轻视的态度，让她觉得特别不受尊重。所以，在结婚两年后与前任丈夫离婚。然后，于 28 岁那一年，与现任丈夫经人介绍相识。受访者以传统续弦的方式进入现在的家庭，现在的丈夫因为妻子去世，而受访者也刚好是离婚状态，在此情形下组成新的家庭。进入新家庭后和现在的丈夫生育一男孩，现年13岁。

[访谈内容]

受访者说，当她即将再次迈入婚姻状态时，她父母给她的建议是：她自己已经离过婚，还那么年轻，当然还要找一个男人过下半辈子。她自己的想法是，第一步已经走错了，接下来找一个过得去的、对她好的男人就够了。与现任丈夫结婚之前，并不是没有想过他有一个五岁儿子的问题，但是当时她想，只要把他当成自己亲生儿子那样对待，那么自然而然继子也会和她处好关系的。在这种自我安慰之下与现任丈夫结了婚，成了后妈群体中的一员。

她说道，当了后妈才知道后妈的难处，困难和烦恼层出不穷。主要存在于两个方面：第一是和继子的关系问题；第二是和丈夫的前任妻子相比较的问题。这两个问题一直使她备受苦恼，但是至今都还没有找到恰当的方法处理。说到第一个和继子的关系问题的时候，她觉得这是每一个有继子女的后妈都会苦恼的问题，她也十分能够理解。一方面，丈夫对这个继子是心存愧疚的，因为亲生母亲在他仅有四岁的时候就意外去世，觉得他很可怜想要尽可能地对他更好。另一方面，作为后妈这个后来进入这个家庭的她来说，她当然也希望和继子处好关系，毕竟现在继子女和后妈是一个很敏感的问题，只有和继子女处好了关系才能在这个家里和睦地生活下去。但是，她说，继子在她刚开始进入这个家庭的时候就对她有所抵触，态度也是十分冷淡的那种。她说，可能是因为性格的原因，这点比较像他爸，平时不怎么喜欢说话，又因为从小没有了妈比较自卑。她也十分努力地想要对继子好，小的时候也给他买各种衣服买吃的，生病的时候照顾他。但是两人的关系依旧没什么进展，从小到大，继子只会叫她阿姨，有时候甚至见了面也不打招呼。这种隔膜式的关系一度让她觉得很崩溃，因为她觉得自己作为一个后妈已经尽可能地对继子关心和爱护了，但是付出的往往得不到回报。有时候，因为两者僵持的这种关系，丈夫和公公婆婆还会埋怨几句。在和丈夫说到这个问题的时候，丈夫也觉得十分无奈，只是安慰她，让她多理解这个大儿子，毕竟很可怜。公公婆婆始终是站在继子的角度上思考问题，看到他们两人这种尴尬的关系，总是觉得是她这个后妈对继子不够好，不够关心。前几年，她和丈夫一起搬到新房子里住的时候，继子不愿意和他们一起住，还是在老家和爷爷奶奶一起住，这样一来就更加拉远了他们的关系。现在，继子已经上高中马上要考大学，因为高中在市里，离他们的新家比较近，她也时常让继子周末回家的时候去新家住。继子也只是偶尔一两次会去新家，而且还是挑他爸爸在家的时候。但是，她自己也还是做一个后妈应该做的事情，帮他洗衣服给他零花钱，她自己觉得作为一个后妈已经很尽心尽力了，现在这种依旧冷淡的关系已经不是她所能控制的了。

关于第二个问题，受访者讲起来的时候非常激动。她说，家里人不管是丈夫还是公公婆婆都会时不时在暗地里拿她和死去的前妻作比较。公公婆婆虽然没有在表面上表现出来，但是她始终觉得他们有时候就会嫌弃她没有前一个儿媳妇儿那样贤惠、温柔、能干、体贴人。而有时候和丈夫因为一些琐碎的事情吵架的时候，从他的口中也会透露出一丝这样的味道。她觉得对于这样的比较她真的非常委屈也很无奈。她说，虽然她可能真的没有丈夫的前妻那样贤惠能干，但是拿一个死去的人和她作比较对她也是十分不公平。特别还要把这种不满"埋怨"到她身上的时候，她有时候觉得当后妈比生孩子还痛苦。

在说到现阶段的生活状态和对未来生活的期待的时候，她觉得只要像现在这样不出很大的矛盾也就这样过下去算了，毕竟知道后妈并不是那么好当的。有时候睁一只眼闭一只眼就过去了，就是有时生气的时候难过一些。但是这么多年以来也已经"免疫"了，她有些冷笑地说道。上面她讲的那些困难和烦恼有时候不去想要怎么解决的时候，有时候自我心理安慰忽略那些问题的时候，她也还是觉得生活就可以这么平平淡淡勉勉强强过下去的。

在她自己真正加入后妈这个群体之后才发现，这世上最难当的就是"后妈"了。好的、不好的都可以被认为是后妈做的，不仅要用笑脸相迎家人还要承受来自邻里或者是亲戚方面的压力与指指点点。最委屈的是，总是做一些吃力不讨好的事情，她现在觉得"后妈"就是"吃力不讨好"这个俗语的代名词。她不知道是不是真的有那些虐待继子女、不孝敬公婆的后妈存在，但是她自己绝对是一样用心来对待家人的后妈。因为经历过一次失败的婚姻，所以对家庭就会更加地小心翼翼，尽自己的所能来维护这个家庭，但是有时候就是天不遂人愿。最后，她跟笔者说，女人一定要尽可能地躲开"后妈"这个头衔。

作为受访者继子的表姐，笔者曾经问过她对后妈的看法。继子大概读初中的时候，因为班级里的同学说他有个后妈而和别人打了起来，被打得鼻青脸肿。那时候表姐疏导他，刚开始问他他都不说话。后来在软磨硬泡之下总算说出了实情，而当时他对表姐提出的要求是不能和任何人说。从那个时候起，表姐知道了他为何对后妈那样的敏感与抵触。他说，因为很小的时候就没了妈妈所以对妈妈的印象并不是很深。所以后妈刚刚嫁给他爸爸的时候并不觉得后妈的必要性，他觉得后妈并不是一个必要的家庭角色。反而有了后妈之后，爸爸对他的关心就少了。那时候他觉得是后妈抢了他的爸爸。因为从小没有了妈妈，父亲在他的眼中就是妈妈和爸爸的一个集合体，当看到别人左手牵着妈妈右手牵着爸爸的时候他就会特别地羡慕。所以他特别珍惜以及看重他那唯一的爸爸，别人不能和他抢爸爸。长大一点上了小学懂事之后，在同学面前，他会因为有一个后妈而感到自卑。因为在小孩子的眼中，他就是一个"另类"，别人都是亲生的父母，而他却有一个后妈。不管后妈怎么对自己表现出来的关心和爱护，在他心中始终隔了一层膜，那层膜是他的心理障碍。他说，小时候的一件事情让他特别地受伤。那时候他暗地里喜欢一个他们班的小女孩，那个小女孩在他们班特别地受欢迎。所以他想和那个小女孩做朋友，但是那个小女孩的一句话让他的心跌到了谷底。那个小女孩说，我不和有后妈的小孩子做朋友。那时候他觉得都是因为后妈惹的祸，没有后妈就好了。所以他把这些怨念都强加到了后妈的身上，从此对她态度越来越不好，爱理不理的，希望她早点消失。长大后，希望靠自己的努力尽可能地远离他们。

据受访者说，丈夫对于她的看法是这样的：丈夫一方面是体谅她的，作为后妈真的很不容易，他也能够理解，有时候受到委屈的时候也会安慰她。但是在继子和她之间，丈夫总是偏爱继子更多一点。他总是认为，继子还是一个小孩子，而大人需要关心这小孩子一点，多体谅包容他一点。因为继子而受委屈的时候，丈夫从来都不会去教育继子，只是在言语上安慰她几句。再加上继子的学习成绩很好，丈夫对他更是十分溺爱。有时候，继子跟她不打招呼或者是不叫阿姨也是睁一只眼闭一只眼就过去了。

受访者说，在嫁过来之前，她的父母就跟她说过关于后妈的一些要注意的事情。她的父母认为，后妈是一个被人瞧不起的群体，因为正常的家庭都是结一次婚，而她们显然与"正常"不搭边。而且在农村的一些地方，后妈更是受到歧视，她作为一个不是本地人的后妈更加困难重重。

说实话，在刚接触到这个访谈话题的时候，我的内心是忐忑而又不安的。以"后妈"这个话题进行个案访谈，不管访谈的内容是什么、访谈的方式是什么，在我心中这个访谈主题就决定了我这次访谈的艰难性。"后妈"这个话题向来就是敏感的，少有人搬到台面上来说，因为这可能牵涉到家庭之间不能挽回的"痛"或者是一些见不得人的"丑闻"。在我的家乡，"后妈"家庭更是受到一些有意无意的指指点点或者是歧视。而悲哀的是，在大部分的家庭中，女性的角色扮演依旧是弱势的。随着现代社会的发展，后妈群体也在慢慢地"成长"，有些后妈在家庭中是幸福的，家庭成员之间的关系是和和睦睦的；而有些后妈在家庭中却是有苦难言，生活在水深火热之中。这些不同的"后妈"家庭状况牵涉到的不仅仅是"后妈"这个角色扮演的问题，其实和每个家庭成员都紧密相关，当然可能还涉及所处地区的一些思想观念与民风民俗问题。

6. 遗憾的再婚

[访谈背景]

　　一次偶然的机会，我了解到一位高中同学（暂称为小 a）父母离异后跟父亲生活，且父亲再娶。我向她表达了想要采访她后妈的请求，她回复与自己后妈的关系并不是非常亲密，无论是她代我采访还是由我直接提问都非常尴尬，但是她也提到自己的亲生母亲离开后再嫁成为后妈，表示愿意代我进行电话采访。在我发给她采访问题不久后她就详细回复了答案，同时作为自己后妈的继女，在一些问题上她也写到自己的一些亲身经历与看法。

　　在此非常感谢小 a 愿意帮助我，也非常感谢她妈妈 A 和她的理解与配合，她们是这次访谈个案中最重要的贡献者，我也希望这篇整理与分析能够在这个问题上有所实证，为看待后妈与继子女关系有所借鉴来回馈她们的善心。因涉及隐私问题，本文中主要人物使用字母代号区别。

[访谈内容]

　　（一）后妈自我认同情况

　　（1）再婚以前

　　在经历第二次婚姻以前，A 表示完全没有想过可能会给别的孩子当后妈，虽然认为影视剧大多是假意虚构的，也还是为其中后妈恶毒的形象气愤。

　　A 一开始并不考虑与离异带孩子的人结婚，但是认为继夫人很好，想到二婚不带孩子也是少数，也就释然。婚前有跟继子 L 接触过一段时间，但也没有多设想、研究如何处理与继子之间的关系，心中认为当后妈应该也不难，到时候只要当成自己的孩子，好好对待就不会有问题。

（2）再婚以后

婚后情况与婚前设想的差不多，一开始与继子关系虽然平淡，但也没有什么冲突，继夫对自己很好，婆婆除了一起吃饭平时也不会有太多的交流，认为如果不是后来有比较多的矛盾的话，这次婚姻还是挺满意的。后来慢慢地就变得不好了，猜测可能是一些小问题，因为一起生活而发生很多次心里也会不舒服，到后来感觉婆婆对自己的意见还是蛮大的，A 觉得这次婚姻失败有很大一部分是和继子有关系。

在对继子的生活方面，A 认为继子平时话不多，L 和亲生女儿小 a 年纪差不多，只小一点。成绩不太好，但是也不是属于调皮的那种，玩电脑的时候戴着耳机和游戏的人话很多，比较挑食。与继子的关系一开始还行，A 会带着 L 一起去买衣服，L 不吃的菜基本不会上桌。但是 A 会觉得继子 L 没有自己女儿小 a 乖，比如 A 认为小孩子做点家务是正常的，但继子 L 认为后妈是不喜欢他才让他洗碗、拖地。后来关系就越来越不好。

在孩子教育方面，继子 L 上初三以后是住校的，那时 A 还偶尔管管他的学习，让他少玩电脑多看看书，高中考得好一点能够离家近一些，但是继子并没有听进去，说多了还感到厌烦。一直到 L 高三刚开学的时候 A 与继夫分开，L 上高中的两年时间几乎没有与 A 有什么太多的交流，A 只是负责继子 L 的衣穿吃食，自己感觉像是继子的保姆，而不像是妈妈。

A 认为可能是和继子的关系不怎么好，最后和继夫的感情也出了问题（当然也有一些其他的原因）。A 认为继夫盲目宠儿子，任他玩电脑、不干活，让 A 也不用管继子，A 觉得这样一直下去不对，最后就协议离婚了。

（3）二婚结束，再次离婚以后

刚刚和平分手时，A 与原继夫还是会有联系，但前继子的态度更恶劣了，让 A 不要影响自己爸爸再婚。

在现阶段生活、对未来婚姻的打算方面，A 目前单身，但还是希望能再婚。因为感到自己现在一个人住着，以后老了生病也没人知道，十分孤独。虽然有女儿小 a，但是她也会有自己的家庭、事业。不过经历过这次婚姻以后，A 心里更想找一个不带着小孩的，虽然以后没有子女赡养，至少两个老的相互照顾也会比一个人好得多。当然 A 也想到 40 多岁没有小孩的还是很少的，觉得还是顺其自然。

总的来看，这段继子关系还是带给 A 比较大的影响，当后妈并没有想象中的简单、平淡，并不是自己做好就能拥有美满的结局。第二次婚姻对 A 来说是遗憾的，也让她感到有些无奈与意冷。A 对后妈群体的看法由无感转为有所感触，最后的看法还是比较客观的。

（二）后妈家庭认同情况

（1）再婚以前

在结婚以前，A 的继夫会带着儿子 L 和 A 一起吃饭、逛街之类的先接触一下，也是在双方都觉得可以相处的时候才结婚的。但是后来的表现让 A 感到失望，也不知道继夫有没有缓和自己与 L 的关系。

在问到娶继妻之前，丈夫有对"后妈"这个群体是否有了解时，A 说继夫是不了解的，而且认为一般大家都不会特意地去了解这个群体，但是提到继夫的姐姐、嫂子会在背后跟继夫说后妈会对孩子不好之类的话。

A 也觉得对于将到来的后妈与自己将产生的亲密生活关系，继子的心情应该是平淡或者抵触的，至少当时是不欢迎自己的。

（2）再婚以后

A 提到与继夫结婚以后，继子 L 一开始就是直接称呼继母为"妈妈"的，但是并不主动与 A 交流，比较喜欢自己一个人在楼上玩电脑。（因为小 a 在父母离异后父亲再娶，也有了后妈，在这个问题上她提到自己在家里会主动和后妈交流，但是感觉还是和亲妈不一样。因为有时候没事会给自己妈妈打电话联系一下，但没事不会给后妈打电话，总还是不像跟亲妈一样亲密。）

在新生活中，关于后妈、丈夫、继子女三方的相处模式，A 觉得后妈是想按照自己的想法努力管好这个新家庭，但是继子并不想别人来管着他，而丈夫则比较偏向自己儿子，比如 A 想让继子少玩点电脑多看看书，或者帮忙做点家务，继子自己不肯，丈夫也不管，后妈 A 成为单势力的一方。同时丈夫也不怎么喜欢继妻再与亲生女儿小 a 多接触，觉得继妻既然进入新家庭，就不该与过去多联系。（这方面小 a 提到，为了避免让继夫不高兴，自己妈妈 A 如果带自己买了 800 元的衣服，就让自己跟叔叔说是 400 多的。小 a 觉得自己的妈妈有工作，花的是自己挣的钱，照顾亲生女儿是很正常的，也不用这样小心翼翼。）

(3) 二婚结束,再次离婚以后

分手后虽然过节、有事 A 还是会和原继夫有联系（不过一般也没什么事），但 A 不知道原继夫与原继子 L 对后妈的态度有什么样的改变。A 的原继夫在与 A 离婚以后，又找了新的妻子，新继妻带了三个孩子到他们家，算是变成一家七口了，A 也不太清楚原继子 L 是怎么看待这个更复杂的状态的。

(三) 其他关系人的认同情况

当问到 "'后妈'的父母或亲戚朋友或亲生子女，当得知自己的女儿/朋友/亲生母亲将会成为别人的后妈时，反应如何？"时，A 提到自己的哥哥当时是非常反对自己再婚，特别是与一个带着孩子的人结婚。但 A 觉得自己可以试试。亲生女儿小 a 则鼓励自己的妈妈追求幸福，在妈妈带自己去叔叔家（A 的新家庭）时也很乖，有时也会给自己妈妈提些处理继子关系的建议。

关于 "上述对象是否了解'后妈'在新生活中的关系？在'后妈'可能碰到处理困难时，态度如何" 问题，A 说自己的哥哥一直觉得后妈很难做，对于二婚也不看好，觉得如果二婚还有继子女的话感情很难走到头，所以再婚后自己也很少和哥哥说生活中的事，等再次离婚的时候感觉哥哥都不想搭理自己了，可能觉得离几次婚太丢脸了。

而小 a 说，虽然不怎么去亲生妈妈那里（毕竟去多了自己的后妈也会不开心），但是大概还是知道一点情况，妈妈 A 也会和女儿提起一些。当去叔叔家时自己也感到妈妈与 L 的关系不太好，也会想办法帮妈妈缓和一下关系，也会安慰她。当 A 想离婚的时候，也问过女儿小 a 的建议。

对于小 a 来说，对后妈最早的看法大概就是灰姑娘、白雪公主等童话里的印象，不过也觉得真正的后妈也没有那么坏。在自己亲生妈妈 A 成为后妈以前，小 a 的父亲已经再娶，自己也有了后妈，可能因为自己性格比较乖，所以和后妈相处还可以，至少在后妈与继子女群体中应该算是不错的。小 a 认为做后妈和继子女都不容易，很多时候因为缺少了血缘关系的依赖，很多时候不能依着自己的性子来，相互理解很重要。

大众对于 "后妈" 的看法大部分还是反感、怀疑的，虽然这是正常会产生的想法（毕竟大家都有感触陌生人与真正的亲人还是不一样的），但是它确确实实给实际生活中重组家庭关系的处理带来威胁。我建议在决定再婚以前，"准后妈"可以多单独和继子女接触、交往一下，因为很多问题在公共场合以及有男方在的时候是很难表现出来的。再婚以后,后妈和继子女应该多交流、沟通,后妈和亲妈最大的区别不就在于"血缘依赖"么,同时,丈夫应该起到调和的作用,促进双方的沟通。最后,希望重组家庭的亲戚、朋友能够理解、关心这样脆弱的关系,如果觉得有问题,最好提出来大家一起解决,而不是私下里单方的反映,这容易形成不必要的、狭隘的怨怼。我相信,后妈和继子女的关系即使做不到亲密无间,也完全可以像同居的朋友一样和谐,毕竟人们再婚,也是想追求一个美满的、完整的家庭。

7. 是社会要求太多,还是……

[访谈背景]

我是通过百度的后妈贴吧以及后妈QQ群联系到圆圆的闺蜜,然后了解到圆圆的经历的。

圆圆(化名)出生于1987年,本科为航空专业,研究生为法律专业。在研究生毕业后,她与现在的丈夫阿万(化名)相识,那时阿万处于离婚单身状态。在两年恋爱关系后,圆圆与阿万缔结婚姻关系,一起来和圆圆生活的还有阿万12岁的儿子。结婚三年,圆圆与阿万育有一女,现在一岁多了。

圆圆在婚前知道阿万和孩子的事。在孩子三岁时,阿万因为前妻婚内出轨而与前妻离婚。为了争夺财产权,前妻选择了抚养孩子,但在得到财产并组建自己的家庭后,她又将孩子的监护权交还给了阿万。但这并没有影响圆圆的选择。她觉得阿万老实,连前妻出轨都是保姆告诉他的,之后又在财产之争中占了下风。她相信阿万是值得相信并托付一生的人。

回想起过去,她坦言,那个时候年轻,比较天真;家里又自由,只要她做出了决定,父母就会尊重她的选择。虽然有压力,但觉得继子与继母的关系并没有那么可怕,婆媳关系也一样,都是可以处理好的。

[访谈内容]

后妈不是圣母,会心冷

圆圆说,在最开始,她是想把阿万的儿子视如己出的。日常照顾、陪写作业、心理开导、陪玩……有一次孩子腿受伤了,圆圆把他从地铁站背回了家。那时圆圆110斤,孩子比较胖,她说真的很累。

但孩子还是不接受她,在晚上和圆圆吵架,当着圆圆母亲的面发脾气。圆圆回想三年前,阿万同学聚会,他们三人一起从广州坐高铁去武汉。她觉得自己没有做什么,但孩子突然发飙要打她,被阿万制止了。圆圆当时没有生气,觉得还是个孩子。后来在同学会时,孩子当着全年级几百个人的面,用鞋把手机踢到了桌上,圆圆当时觉得很尴尬,又觉得品行和孩子的生母有关。她说孩子的生母当时和公公婆婆的纷争也比较多,对自己的母亲也不太好。可能因为三岁至六七岁的时候都和亲生母亲一起生活,所以孩子受生母影响比较大。而且孩子和阿万也不亲,孩子在三岁之后就没有叫过阿万爸爸。

和孩子一起生活的一年,几乎吵了一年,后来去医院看病,圆圆发现自己因为长期生气导致气血郁结,内分泌失调,可能以后无法怀孕。那段时间正在备孕,阿万就让孩子搬出去住。过了两三个月,她就怀孕了。

孩子则搬去了租来的房子里,由他的姑姑照顾。孩子在需要用钱或者学校需要家长出面的时候会联系阿万。圆圆也提到孩子生活和教育的费用都是他们家庭出的,以广州的消费水平,再加上房租,一年需要四五万,以他们家庭的水平,需要省吃俭用才行。但是圆圆觉得孩子把一切都视作理所应当,平时需要用钱就联系阿万,还在学校惹事,对照顾他的姑姑不好,对婆家人也不礼貌。

婆家对于圆圆也颇有微词。对他们来说,孙子总是自己的,儿媳妇则是外人。婆婆今年八十岁,人也瘫痪了,平常与阿万的小家庭基本不联系,但是圆圆和公公在电话里吵过两次。婆家觉得后妈应该承担起对孩子的责任,孩子还小,也不是不感激,只是不知道表达方式。

但圆圆说,她只能接受一种互相尊重的生活方式。孩子15岁,也不小了。如果孩子回来能叫她一声阿姨,她能够对孩子说一声"回来了""吃饭了",那这种犹如一家人的氛围就很好;但如果每天都要在吵架中度过,那强行住在一起也没有什么意思。圣母玛利亚是神,后妈只是人。如果孩子把一切当做理所应当,不尊重她,她也是心冷了。

血缘关系是最强大的

孩子的生母没有为孩子的教育与生活付过钱,但孩子还是喜欢生母。圆圆说,现在放假,孩子又去找他的生母了。当初孩子搬出去时也希望和生母一起住,只是被生母拒绝了。圆圆觉得,生母是担心孩子影响自己现在的家庭,所以不愿意接纳孩子。其实当初孩子也不愿意跟着父亲,所以才会不愿意叫阿万爸爸。我问,孩子知道生母对他的态度吗？但圆圆说，血缘关系是最强大的，亲生的就是亲生的，不是亲生的就不是亲生的，有些感情是写在基因血缘里的。就像婆媳关系中，女儿再懒也是自己的女儿，但婆婆不能接受媳妇懒一样。当初她觉得，我心换你心，是可以感动孩子的，但现在她愈发发现她是错的。再付出后妈也抵不过亲妈，抵不过血缘。

继子总是要占走丈夫心里的一部分

圆圆和阿万不吵架，如果吵架就是因为继子，之前让孩子搬出去住也是有保护两人感情的考虑。就在7月10日中午，我了解到，他们又吵架了，正在闹离婚。其实两人闹离婚也不是一次两次了，之前双方谈谈也就和好了，只是从来没有谈出过解决办法来，就在7月7日傍晚，两人还聊天，决定搁置争议，因为也谈不出结果，就不必谈这个话题伤感情了。

之前吵架是因为孩子的花钱问题，对他们没有感情的问题，或者是孩子平时在学校惹祸，需要老公去管；这次是因为阿万骗圆圆出差，实际去帮儿子办事去了。圆圆觉得孩子不感激，平时没有给她打过电话，过年也不发短信，平时阿万还要去看孩子。如果她和一个没有孩子的男人缔结婚姻，丈夫就能够百分百地对她好，而现在，就算阿万再爱她，还是不可避免地会花心思在继子身上，这是除了离婚没有办法解决的。她现在的生活还可以，但不会圆满。

闺蜜说

圆圆的闺蜜是后妈群的代理群主，遇到了闺蜜的例子，她的身边还有很多后妈。她劝说过很多人别当后妈，也劝说已经成了后妈的人开心过日子。看多了后妈的故事，她对后妈有深深的情感与祝福。

她觉得后妈是最无辜的。后妈刚融入了新的家庭，又要照顾丈夫和别的女人的孩子，这在心理上就是一道坎。他们的生活还会受到孩子和前妻的打扰，后妈还要面临世人的看法，这些针对的是善良的后妈，世界上也不能排除存在一些极端的人。

对孩子来说，父母在一起自然是最好的，但父母已经离婚了，他们注定不能享受有父母陪伴的圆满生活。这是亲生父母的责任，不能怪罪到后妈身上。后妈接受孩子是做出了努力的，不是所有人都会对孩子那么好的。

她也希望社会更多关注"不要轻易结婚，不要轻易生孩子"，而不是单纯的"后妈污名化"，因为后妈问题是社会根深蒂固的观念造成的。她觉得，作为父母，如果不能对孩子的一生负责,至少要等到孩子 18 周岁。离婚对孩子是一种伤害,父亲、母亲关注自己后来的家庭与孩子对孩子也是一种伤害。这也是许多后妈家里有继子却不愿意离婚的原因,他们担心自己的孩子也会遇到继母与继父的问题。

轻易选择离婚是很草率的一种决定。但是一个不幸的家庭的紧张与不愉快气氛比公开的决裂更有害,因为后者至少可以教育孩子,人能够靠勇敢的决断结束一种不可容忍的生活状态。她说她的闺蜜圆圆,是真的想要离婚的。

后记

我遇到了一个很理智的后妈和一个很理智的闺蜜,她们对彼此和后妈群体抱有很深的感情。以一种旁观者的视角为闺蜜不平,她说后妈问题是一个没有答案的问题,它是因为某种嫉妒心理、某种社会观念导致的。现状大家都知道,但还是没有办法解决,我们能做的也许只有避免这种现象的发生,做不到就应以更信任的态度对待后妈。

但是孩子的心理也是很复杂的,即便是对父亲与后妈没有好感的孩子,在面对生活时也希望得到更多的宠溺与爱意,希望有人给予他更多的包容,而不只是被要求感恩。被动的感恩有时是出于一种弱势与低下的心理。

但是孩子的这种心理可以被世人理解,后妈的心理却很难被世人接受。世人觉得是后妈做得不够好,所以孩子还不愿意接受,认为孩子是受到了父母离婚的创伤还没有恢复,认为孩子还只是个孩子,是会有点小脾气,但这近乎是对圣人的要求了。也许有这样的后妈,但只是特例,人总归是有自己的情绪。后妈选择了一段感情与一段婚姻,连接起来的却是对方的全部,为此,甚至要与人性做抗争。

对我而言,这是一个知道世人要求怎么做、知道理想模型、知道要理解孩子、知道怎样可以感天动地传为佳话,却不愿意违心、活得那么累的过程。

8. 我该如何来爱你

[访谈背景]

X,男,18 岁,高二辍学,父亲曾为其入伍当兵投入不少钱。X 脾气很火爆,易怒,在校期间常因打架受到各类处分,并被三所学校劝退,目前处于无业游民状态。这些情况我都有所耳闻,但是关于这个"暴力少年"的家庭,我也是第一次接触和了解。

X的父亲黄先生是一个很有钱的公司高管（跟黑社会有点关系），在我就读中学期间，曾听说他为了教训和儿子起冲突的同学，特地带了很多人去"报仇"，因此在同学之间相传的各类说辞还是有一些的，因此我对他们的印象就仅仅是暴力层面。2011年，黄先生的原配妻子因病去世，留下丈夫和15岁的儿子。在妻子去世后，黄先生一度精神萎靡，身体抱恙，期间由刘女士悉心照料，之后两人发展感情，并最终结为连理。

妹妹M和X同岁，是X的伯伯的女儿，两人从小一起长大，关系甚好。X对妹妹很温柔，从没凶过，经常一起聊天或是一起出去玩，和对外人的态度截然不同。这样的一个刺猬似的男孩子，究竟有着什么样的家庭呢。我与X的妹妹是高中隔壁班同学，因此邀请她成为我的访谈对象，她欣然接受了。

（一）访谈对象

X，男，18岁，生母过世，父亲为某公司高层，现独自一人居住于一高档小区的一栋别墅，爸爸、后妈、弟弟共三口人居住在同小区的小高层。

刘女士，女，41岁，与黄先生（现任丈夫）结婚3年，两人均为二婚，婚后育有一子，2岁。

注：因无法联系到当事人X及其后妈，采取对X的妹妹M进行访谈的方式。因两家关系十分亲密，兄妹两人彼此了解。

（二）访谈时间

2015年5月19日晚。

（三）访谈方式

微信访谈。

[访谈内容]

访谈之前我列了一份访谈提纲，并把访谈期间的一些相关内容整理后填入提纲内，看上去或许能明了一些。

为使访谈记录更明了易懂，特将后妈部分以第一人称的口吻进行记录，再次作特殊说明。

访谈一开始，X的妹妹就有些感慨，称自己的哥哥这几年都挺不容易、挺可怜的，让我更想细探其因。

X目前一个人住在先前一家三口（生母在的时候）住的那栋别墅里，会有保姆阿姨定期打扫卫生，更多的时候自己解决吃饭问题。在过去的十几年里，X 一直以桀骜不驯的姿态示众，结交各色社会青年，打架什么的时常发生。

访：你哥哥的性格一直都是这样子的吗？

M：嗯，从小脾气就爆，在外面爆，在家里也爆。没办法，我叔叔婶婶脾气也爆，从小教育的问题，男女混合双打。

访：X 在有了后妈之后脾气有发生什么改变吗？

M：没有，跟以前差不多。

访：X 和爸爸、后妈为什么分开住？单纯因为脾气差吗？平时交集多吗？

M：小高层有点小，我哥也不愿意去住。不过我哥偶尔会去吃饭，如果他们叫他了的话。我叔有时候很生气就不会给我哥钱，我哥都没饭吃，后妈就会偷偷塞给他钱。她（后妈）不敢对我哥太差，怕被打。

访：你哥会对后妈动手吗？

M：当然会的，我哥以前连亲妈都打。

访：X 和后妈的相处模式是怎么样的？

M：我哥对她（后妈）态度还可以，尊敬还是有的。但也不是出于真心，我哥都跟我吐槽过了，说她（后妈）假惺惺。

访：假惺惺？怎么体现？

M：她（刘女士）在人前对我哥表现都挺客气的，但是私下里也不怎么待见他。毕竟我哥没什么出息，脾气还爆，她（刘女士）也不想招惹。她（刘女士）自己也是很强势的人，我叔很听她的。

访：X 的爸爸对他怎么样？

M：我叔还是挺疼我哥的，在我哥身上花了超多钱，想让他读书、当兵什么的。基本我哥一有好转迹象，想好好去找工作了，我叔叔就给他买各种好东西。

访：当初黄先生要和刘女士结婚的时候，你哥是什么态度？

M：我哥那时候肯定表示同意的，虽然会很难过，不然我叔也不会娶的。

访：妈妈去世的时候，X 和爸爸是怎么相处的？

M：两个大男人，那段日子，真的是我哥哥给我叔叔烧饭洗衣服。家里亲戚经常过去陪他们，我爸老是给我哥买衣服鞋子。我叔真的伤心绝了，我婶婶拉去火葬的时候，我叔叔整个人都要扑在那车上了，不肯让她走。不过现在还不是一样活得好好地。心疼我哥……

刘女士在 X 的眼中是一个强势的、假惺惺的后妈的形象，她为了旁人的眼光对 X 尽到表面上的关心，但自己更注重照顾自己两岁的小儿子。亲骨肉和继子，本就是容易变成对立的双方，但其实也可以和睦共处。后妈面对的是一个暴躁的、不愿交流的少年，两个人的性格像是针尖对麦芒，目前还没有找到最合适的相处方法。

正当青春期时，X 眼睁睁看着亲生母亲离自己而去，在一个十五岁的男生眼里，他有愤怒，有伤心，他不知如何表达，只能把心里所有积压的情绪通过不羁表现出来。在缺少母爱的情况下，X 一生中最容易被塑造的时期几乎是自己一个人度过的。家庭的教育没有让他成为一个足够优秀的人，无论是在性格上，还是在生活中。

父亲对 X 来说只是一个提款机，为自己保障了生活所需，但在精神上，X 感受到的父爱并没有那么浓烈。父亲可以再找一个自己喜欢的对象，但是对于 X 来说，母亲就只有一个，哪怕挨打，都没有一个可以替代母亲动手的人。

面对后妈，X 有着对失去生母的痛苦、有着对父亲的埋怨，无法将自己的感情全盘寄予父亲和后妈的 X 是孤独的。他学会了用最极端的方式——暴力向他人宣泄自己的情感，并且让自己变得糟糕。在我看来，不论对刘女士，还是对 X，这都是一种两败俱伤。在彼此都很难前进一步的时候，也许都能在心里思考一句，我该如何来爱你？

9. 不合格的后妈

[访谈背景]

在小陈 6 岁的时候，父母离异，12 岁时父亲再娶，也就是后妈钱某。现在，小陈 21 岁，就读于南京审计学院，听从于父亲，选择了会计专业。平日里比较内向，不太参加社团活动，但是会勤工俭学，闲时看书、逛街。

钱某是小陈的后妈，成为后妈时 28 岁，现 37 岁，成为后妈之前并无婚姻，在与小陈父亲婚后一年育有一子，现 8 岁，读小学。钱某婚前在一家私人公司做出纳，婚后无业，偶尔在小陈父亲的小公司帮忙。

小陈初中至今均在学校寄宿，因此，与后妈钱某的交往主要是在假期。家里复合式装修，小陈和父母不在一个楼层，因此生活起居分开，各自比较独立。

[访谈内容]

（一）关于后妈

后妈钱某和小陈父亲是经人介绍认识的，进入小陈的家庭时，并未有过婚姻，对于如何做母亲，而且是做一个后妈是陌生的，因此据小陈介绍，刚开始两人几乎没有什么交集，最多见面寒暄几句，后妈对自己也没有什么照顾，气氛比较尴尬。直到后来，两人才慢慢聊开来，但也都是些无关紧要的话题。在后妈没有自己的孩子前，两人的关系，至少是在表面上，是比较和睦的。

钱某与丈夫的关系在刚开始很稳定，一个在公司上班，一个在家，有时去公司帮忙。因为钱某与小陈的关系比较和睦，所以小陈的父亲基本不操心小陈和后妈的关系。

后妈钱某的态度，是在自己与小陈父亲育有一子后有所转变的。在这之前，钱某基本不干家务，洗衣物和小陈的父亲也是各洗各的，更别说小陈的衣物了，生了孩子之后，在家里更是什么都不操心，据小陈描述，父亲后来十分厌恶后妈这一点，两人也经常因此吵架。

有了自己的孩子后，钱某对待小陈的态度由表面的和谐转为冷漠，基本没有问候，小陈的生活学习问题也全由本需要照顾公司的父亲解决。相反地，钱某对待自己的儿子是比较关心的，生活起居的照顾全由自己完成。

另外，据小陈回忆，弟弟开始上学的那个阶段，后妈钱某对家庭的财务非常在意，由原本不关心小陈的生活费，到小陈父亲给小陈生活费时，在旁边会唠叨几句，表达不满。假期小陈和朋友出去旅游，因经费问题被后妈阻拦，拒绝原因是可以等弟弟长大后，全家一起去。小陈无奈地表示，这一承诺至今也没有实现。

虽说如此，后妈钱某在家里基本上说不上话，因为毕竟是没有工作，在家又基本不操心，小陈的父亲高兴时会听听她的意见，但是多数情况下，钱某的意见无关紧要。碍于面子，私下里父亲也会多给小陈塞生活费。

小陈表示，虽然自己并不喜欢后妈钱某，但是有时也会比较同情她，因为自己父亲有时醉酒，一旦和钱某吵起来会动手打人。"有时候，的确是那个女人的错，因此父亲打她或是骂她时，我也无所谓。但是如果是父亲自己醉酒乱发脾气，那我确实也很同情那个女人。"小陈在笔者面前经常称她的后妈为"那个女人"，她之所以同情后妈是因为父亲的无理以及打闹的频繁。

（二）关于小陈

小陈是个很成熟的女生，6岁就面临父母离异，跟随父亲的她，其实是缺少母爱的，但是她一直强调，这些对于她而言，早已麻木，并没有什么不方便之处。其实在后妈钱某刚进入家门的时候，她便开口叫了钱某"妈妈"，没有叛逆的行为，一直和后妈相处得比较和谐。

童年的记忆不是非常深刻，但是她知道，自己父母离婚的很大原因是母亲的不管不顾和父亲的坏脾气，由于时间已经相隔很远，所以她对这些不是非常在意，因此后妈进门时，虽然谈不上欢迎，但是她也不排斥，她觉得父亲有个人陪伴也不是坏事。

一直以来，在小陈眼里，后妈没有工作，在家里也是好吃懒做的。小陈没有父母为自己打理生活，很小开始就是自己洗衣服，假期回家也是叫外卖，或者是父亲外面给带回来点吃的，偶尔去奶奶家吃一些，因此她没有享受到很多普通家庭的孩子能够得到的正常的父母关怀。

在后妈有了自己的孩子之后，后妈对待小陈的态度更加冷漠，虽然两人表面上和谐，但实则内心彼此是不认同的，如果有什么分歧，虽然不会明里争吵，但是两人都会向中间人——小陈的父亲抱怨。小陈的父亲自知对小陈有所亏欠，所以也会护着小陈，尽力当着两人的"和事佬"。说到这里，小陈略显无奈，她说，自己本身就是个不喜争吵的人，也体谅父亲的难处，如果不是实在看不惯后妈的做法，她也不会去打扰父亲。

现在，小陈说，后妈和父亲的关系大不如前，主要是父亲实在看不惯后妈好吃懒做，又对家里的财务指指点点，加上父亲酒后发脾气，后妈也无法容忍父亲，两人久而久之矛盾越来越多，时常打骂，动不动闹离婚。"我无所谓，我看到的话也不会劝架，主要都跟我没什么关系，要是真离了，我也不在乎。"小陈说。

（三）其他人对后妈的看法

父亲陈某：

陈某由于公司事务忙碌，回复不过寥寥几句，但可以看出，刚开始娶钱某的时候，顾虑是比较多的，但考虑到一是自己找个伴，二是自己始终没有办法为小陈代替母亲的角色，因而最终娶了钱某。

他对女儿是很好的，但是由于自己是个男人，心思不够细腻，很多地方都不能把小陈照顾好。娶了钱某后，有些失望，因为钱某并没有把小陈照顾好，其他陈某没有多说,但是可以看出,他对钱某,目前的态度并不是很好,未来怎样不得而知,笔者也不便把小陈诉说的争吵之事询问陈某。

小陈的奶奶:

对于小陈奶奶的看法,笔者完全是听小陈口述的。在钱某刚进家门时,小陈的奶奶十分不看好这个儿媳,认为完全是图陈某的钱,有时会在小陈面前唠叨。父亲陈某听到后,会和小陈的奶奶争吵。后来,钱某为小陈的父亲生下一子,小陈的奶奶渐渐也没有什么异议了,态度大概就是,小陈的父亲喜欢就好。

(四)后记

因为童年的经历,小陈本身对于外事外物都比较冷漠,虽然她一直强调她对后妈无所谓,但是不难看出,她实则是不喜欢这位后妈的。她一直比较理性,不愿引起纠纷,因此,维持表面的和平对于她来说,再好不过。初中至今,她一直在外寄宿,无疑也使得她免去了许多家里带给她的烦恼。

在访谈过程中,她一直不愿意提及后妈的孩子,也就是她同父异母的弟弟,因为这位弟弟对于她而言,是分走了她父爱的小孩,当我问道:"你后妈和你父亲的争吵是否对你弟弟产生不好的影响?"小陈有些不耐烦,她一直不愿意承认这是她的弟弟,因此,她也表示,她弟弟怎样,与自己无关。

就这一点上来说,这个后妈的存在还是给小陈,甚至是这个家庭带来很大影响的,小陈对于后妈的态度,很大程度上,影响了她对这位弟弟的态度。对于小陈而言,后妈毕竟是长辈,为了不让父亲心烦,小陈在维持表面上的和谐,但是,弟弟却是最直接和她分享父亲的人,哪怕有一天父亲和后妈离婚,但是弟弟也始终是父亲的骨肉,这一关系是无法脱离的。

当然,对于小陈这个后妈,其实笔者也是同情的。毕竟,她的第一次婚姻就面临着给小孩做后妈,这对她来说,压力无疑是巨大的。生了孩子之后,一心维护自己的小孩,生怕他会在这样一个家庭中受到伤害,任何一个母亲会有这样的顾虑,都是能够理解的。但是,她在家中不作为的态度,实则不该,一个完整的家庭,她作为一个母亲,作为一个孩子的后妈,理应对继子女有适当的照顾,而不是不管不顾,不把她当作自己的小孩。

家家有本难念的经,至少,现在后妈与小陈表面上仍然是和谐的,至于今后如何,还未知。

10. 幸福到底在哪里？

［访谈背景］

2010年的一天，一位老师路过教室，看到有个接近中年的女人在教室外面哭。上前询问，得知这个女人是班里小张同学的妈妈，离婚后就没有再见过孩子，好不容易从其他家人问到了孩子的学校班级，来到孩子面前，亲生儿子却不敢认她了。由这个故事，开始了我对这个家庭的关注。

（一）访谈对象

李某（30岁）：小张（7岁）的继母，张先生的再婚妻子。

诸某（32岁）：小张的生母。

陆某（44岁）：小张的老师。

荀某（32岁）：小张的老师。

（二）访谈时间

2015年6月7日中午及6月8日晚7：00—9：30。

（三）访谈方式

与李某：用电话征得同意后，用QQ及电话进行正式访谈。

与诸某：用电话征得同意后，用QQ进行正式访谈。

与陆某、荀某：用电话访谈。

［访谈内容］

前几天晚上，我采访了小张的后妈李女士，这位30岁的继母，向我讲述了她成为后妈的前后，由于采访在QQ上进行，她的回答简单而质朴，给我的第一感觉是，与普通的大学生习惯的聊天风格截然不同。

采访先从李某本身的情况谈起，她说，她大专毕业后在万达工作，经家人介绍认识了她的第一任丈夫。4年后，因为自己不能生育，丈夫强行办理了离婚。离婚时，她就知道自己"这辈子只能给人家当后妈了"。后来通过婚介所，她结识了现在的丈夫，离异的张先生，得知他有车有房，还带着个儿子，于是两人很自然地走到了一起。

从张先生的前妻诸女士处获悉，他们的离婚是因为张先生怀疑她有外遇，所以经常殴打她，她不堪忍受提出离婚。诸女士是做保险销售业务的，由于业务能力强，年收入有数十万，家里的房子和车子主要来自她的收入。离婚时，诸女士为了能顺利脱身，将车和房产都给了张先生，自己几乎净身出户。由于害怕孩子跟着自己生活不稳定，也怕带着孩子再婚会更困难，因此把孩子的抚养权也给了张先生，自己每月支付抚养费。

李某说，自己在结婚前就与小张有过接触，当时觉得，这是个很安静的孩子，几乎不会主动说话，让他叫妈妈，他也很乖地马上叫了。当她第一次听到有小孩子叫自己"妈妈"时，当时就落下了眼泪。每次想起来，都觉得那是她得知自己不能生育后最开心的时刻。张先生的前妻与这个家脱离关系后，就再也没有登门过。她很享受自己目前拥有的丈夫、儿子和房子、车子，但是这个家庭也有很多的烦恼，例如家里要还房贷、要维护车子、老人身体不好还有小张的教育问题。她对小张的要求只有"听话，不要惹是生非"。笔者问，"那您对小张的健康、学习、社交等方面有什么要求么？"李某说，那是当然了，"希望他健康成长，好好学习，不要随便跟朋友瞎闹"。

从5岁起，小张就一直在后母李某的照顾下生活，就与小张的班主任（笔者的妈妈）的沟通来看，小张成绩很一般，早晨经常很晚才去学校，问他为什么到得这么晚，他总是说"我妈（后母李某）不让我早睡"。

尤其令人印象深刻的是，小张身体比较瘦弱，经常在学校有头疼脑热的情况，打电话给继母李某，李某从来不去接孩子。换做是一般的母亲，听说孩子在学校身体不舒服，一定会第一时间赶到学校接孩子去医院。此外，李某平时对家里的钱看管很紧，每次小张的学校需要交钱，不论数额大小，哪怕是只交一元钱，李某都要打电话给小张的班主任确认。后来小张分班后，成为小张新的班主任的苟老师说，小张上学期甚至偷拿爸爸的钱，被后妈李某发现后追到学校问责打骂，虽然她也打过自己的孩子，但是看到李某打小张耳光的时候，心里有说不出的难受。

自诸女士在学校见到了小张，诸女士作为孩子的亲生母亲，看到儿子胆怯的神情、瘦弱的身体和邋遢的衣服，心里非常难过。隔三岔五就会去学校给儿子送衣服和零食等。有时会委托小张的班主任老师转交给小张。但是，该老师对笔者说，小张的亲生母亲送的衣服，小张从没有穿过，问他为什么，小张回答："妈妈（后妈李某）不给我，她不让我穿。"

后来有一次，小张的妈妈给儿子送了一些比较昂贵的书籍，小张带回家后，继母李某勃然大怒，第二天带着诸女士送的书来到学校，甚至闹到了校长室。

为了避免李女士拒绝继续接受访问，笔者没有向她询问这场冲突的始末，但是从诸女士处得知，这场冲突后，她采取法律手段，准备要回孩子的抚养权，但是遭到了李女士索要大额经济补偿，只有满足李女士的经济要求，才能要回孩子。后来事情就这样停滞了下来。现在，诸女士已经再婚（丈夫未结过婚），并且怀孕，预产期为9月底。她说，这一次，自己希望在一个完整的家庭里看着孩子长大，诸女士从来没有做过后妈，也不想自己的孩子再由后妈抚养长大了。

据该校老师说，学校里看到这种离异家庭的事情非常多，许多家长会闹到学校里来，家庭的矛盾蔓延到学校里，其实最可怜的还是孩子。对于小张，在太小的年龄就遇到了一个不正常的家庭环境，后妈太强势，父亲角色也很模糊。事实上，从没当过母亲的李某，没有体会过真正的做母亲的心情，缺乏责任心，很多想法过于偏激、过于拜金。小张的爸爸也比较多疑、在重组家庭中没有足够的话语权，因为与小张生母的经济纠纷，很难对孩子的成长施加正向的影响。在这样的家庭中，孩子始终缺乏关爱，就变得非常脆弱胆怯，不会进行情感反馈，很少表达自己的想法，在与人相处的过程中，因为性格上的缺陷极容易与同龄孩子发生冲突，甚至养成其他坏习惯。

李某说，她觉得，有时候成为继母是无可奈何的选择，后妈经常缺乏安全感，所以在家里要么很随意，让大家都喜欢自己。但是自己文化水平也不高，脾气很直，在家里家外做不到让大家都认可，因此，她选择严格，就是不让自己再次被家庭抛弃。

诸女士说，她觉得后妈在本来属于别人的家里开始自己的生活，永远不可能作为这个家庭的正常成员对待孩子和丈夫。

在访谈前，由于笔者征求了小张的两位老师对这个家庭各个成员的意见，预判李某是一个相对直率的人。因此在访谈中，笔者始终问得相对含蓄，也没有在矛盾点上问得太直接。但是从她有限的回答中，仍可以看出，她对母亲这个角色还是缺乏认识的，甚至把继母当作争夺经济利益的筹码。但她又是个善良的人，自己已是无法成为母亲的不幸者，显然难以体验真正的母亲的心情，同时她对家庭负有责任，关注到了家中每个人的生活。结合不同受访者对她的评价看，对她的恶评不是无缘无故的，但她的苦处也是不言自明的。

然而，人们对后母有着本能的恐惧和在基因上被编译的厌恶，这也是毋庸置疑的。甚至于相对于乱伦的禁忌，这种本能可能还要更强、更普遍一些，并且很难随着后天经验或文化而弱化。也许，因为人人都会由衷地恐惧自己在孩童时如果失去了母亲，在继母手中长大的、宛如切肤之痛的不安全感。

对于后妈这个特殊的家庭角色，本身就需要更多的心理准备和实际沟通。不同的后妈，可能背负着截然不同的故事，具有千差万别的性格，而这些都会作用在全新的家庭生活中，尤其会对继子女产生影响。笔者之前在选取采访样本时，简要地采访了3个重组家庭，这些家庭的后妈有固执蛮横的，也有通情达理的，孩子们有天真无邪、不了解家庭真相的，也有性格非常封闭、难以沟通的。在中国广阔的土地上、纵深的城市中，有形形色色的家庭和各式各样的幸与不幸。

11. 父辈的糊涂，孩子的灾难

［访谈背景］

"后妈"现象向来并不鲜见。尤其在婚姻自由的现代，更加成为一种近乎普遍的现象。重组的家庭是否一样充满亲情，可以理解包容酸甜苦辣？继子女与后母之间的关系如何？……这些都是必须关注的问题。

这次个案访谈主要为朋友的表妹A。朋友的叔叔共结过3次婚，用朋友的话就是"没想到第三任还是现任"，听到这样的评论就隐约觉得这个家庭成员间的关系很复杂。而我也就该"后妈"对朋友进行一次采访。

A的后妈今年35岁，8年前二婚嫁给A的爸爸。A时年6岁，还在读小学。问及A当时的感触，她只说"大概只想要个妈妈"，别的小孩都有妈妈，而她的妈妈走了一个又一个。通过朋友我了解到A的生父与生母都是戏班里的演员，一个敲鼓板，一个唱老生，志同道合的结合最终在"婆媳大战"中终结。这期间他们生了个女儿就是A，A的生母想带走孩子但无奈没有能力养育便把A留给了她的爸爸。过了一年A的爸爸就给女儿找了个后妈，但由于种种原因这段婚姻也很快走到了尽头。直到8年前，已经成了戏班子老板的A的爸爸娶了戏班里跑龙套的小演员，也就是现在A的后妈。A的后妈嫁过来时带来了自己的女儿B，B比A大两岁。4年前，A的爸爸跟后妈又生了个女儿。从此，A的家里就有了爸爸、后妈、姐姐、妹妹还有爷爷。

[访谈内容]

（一）有妈妈的"野孩子"

对于抛过去的第一个问题："你现在好吗？"A 的反应让我不知该如何形容。"很好吧。可以上学，有饭吃，有钱花，有男孩子可以偷偷喜欢，有爸爸，有妈妈。"像任何一个初中小女生一样天真烂漫，但眼睛里的自卑、羞怯与漫不经心都让人痛心。通过采访中 A 闪闪躲躲的回答与从朋友那里得到的信息，只能残忍地得出结论：这不过是一个有妈妈的"野孩子"。虽然后妈现象越来越普遍，对后妈的正名也越来越多，但是后妈对继子女的漠然显然还是存在的。

A 的姐姐是家里的"公主"。"因为她漂亮，唱起歌很好听，会让爸爸跟妈妈开心。"在朋友的描述里就是：B 渴了 A 去买雪糕然后在旁边眼巴巴地等着 B 让她舔一口，路边有小狗 A 负责护着 B 安全经过……经典的"灰姑娘"的故事，但是却不能因为它是个童话就觉得这些事只能在童话里发生。A 心甘情愿地做着陪衬，姐姐穿比她好看的衣服，有比她更多的零花钱……直到前段时间心高气傲的姐姐未婚先孕早早嫁了人。可是，A 仍然不是家里的"公主"，因为家里在 4 年前迎来了真正的"小公主"。原本就不对孩子上心的爸爸关心的对象就更不是 A 了。

对于继子女而言父亲的冷漠才是最让人痛苦的。一个连生父都不关心的孩子，后母会如何对待？可想而知。为了不勾起 A 的伤心事，便没有在这方面继续追问，只能鼓励她认真学习认真生活，希望她可以开心地长大。

（二）后妈最大

A 的后妈几乎每天都在麻将桌前过日子，家里的饭没烧过几次。要么赢了钱去饭店里吃，要么输了钱让赢的人请客。在家的日子也是饭店里打包，连洗碗的事都省了。几年前 A 的三爷爷因为 A 几乎无法受到好的照料，跑到 A 的家里大闹了一通（A 的爷爷因为十几年前的一场车祸至今精神状态不好），但也被 A 的后妈叉着腰从院子里骂到了大门外。与其他本家类似的大大小小的事情不计其数。

而最夸张的事情发生在去年。趁着丈夫不在家，A 的后妈竟然给 A 的姑姑打电话让把公公接到她家里去。商讨不成竟然直接把公公带到 A 的姑姑家里，然后自己扭头就走。A 的姑姑积攒已久的愤怒终于爆发，哭哭闹闹逼着弟弟再次离婚，而 A 的后妈则是又哭又闹又忏悔又发誓说要做个好妻子好妈妈好儿媳，事情因此平息，只是几天后她还是再次出现在了麻将桌边。她继续忽视着 A 与 A 的爷爷，过着自己的日子。

对于这种"后妈最大"的现象，作为丈夫的 A 的爸爸为什么放任其如此？即使她伤害到了自己的亲人？或许是因为重组家庭本来就矛盾重重，他已经做好了如此的心理准备，并且，倘使再一次离婚将面临更多的麻烦。

（三）对后妈群体的认知

年龄尚小的 A 认为只有离过婚的人才有可能成为后妈，在对她做了解释后，她低着头说："反正我不要做后妈，以后我的孩子也不能有后妈。"继而便是长久的沉默。

一个接受了大学教育的女性朋友也摇摇头说："基于对人性的客观了解，也还是很难接受后妈，将来绝不愿意成为后妈。"朋友认为人性的自私很难将别人的孩子看做亲生的对待。尤其是掺杂了爱情的自私性在里边，好好对待一个丈夫与她人生的孩子，她觉得自己很难做好，但不排除有人可以做好。生母与后妈的区别在于：生母疼爱孩子是天性，后妈的疼爱却是一定程度上的疏离；生母打骂孩子是关心，后母的打骂却是虐待。这是社会的普遍认知。做后妈太难了，难到自己无法设想自己将会处于那个位置。

（四）我的看法

维系家庭关系的因素影响家庭。对于尚未经历婚姻的我们，对于婚姻与家庭的认知多是来源于自己的家庭、文学作品或是他人的告知。但是，很明显无论是爱情或是亲情最终成为婚姻的主导，"爱"都是维系家庭关系的最关键的因素。如果一个家庭缺乏"爱"，单纯是因为不希望家庭破碎而维持，那么每个成员对于家庭的态度必然是漠然的，在家庭中的位置也是自私的。这是很多家庭不幸的重要原因，这是该个案中家庭不幸的原因。一家人都抱有的是"只要一个家就好了"的心态，但是却不知没有爱就不是家。

道德品质影响后妈与重组家庭成员的关系。后妈是一个十分尴尬难以担当的角色。很多女性唯恐避之不及。因为与继子女天然的隔膜与社会的舆论以及其他的原因，都使得想成为一个好的后妈难之又难。但是作为成年人，一个女性在决定接受这一角色时就应该做好充分的准备，给予继子女足够的爱。但是很明显一个人的道德品质决定了她会如何处理自我与他人的关系。仅仅以自我为中心就造成了重组家庭的悲剧。

父辈的糊涂，孩子的灾难。多数重组家庭的产生都是因为夫妻离异。由于对自我和自我责任的认知还未达到一定程度，一些匆匆忙忙结婚的年轻人发现双方矛盾后又匆匆忙忙地离婚。在结婚前没有冷静思考、认真规划，离婚后又急着寻找下一段婚姻，使得孩子必然成为继子女去面对继父母。由于成年人的糊涂，造成了孩子的悲剧。

12. 残酷的真相

[访谈背景]

受访对象：小余的姨妈

访谈时间：2015年6月27日

访谈方式：QQ

人物关系：

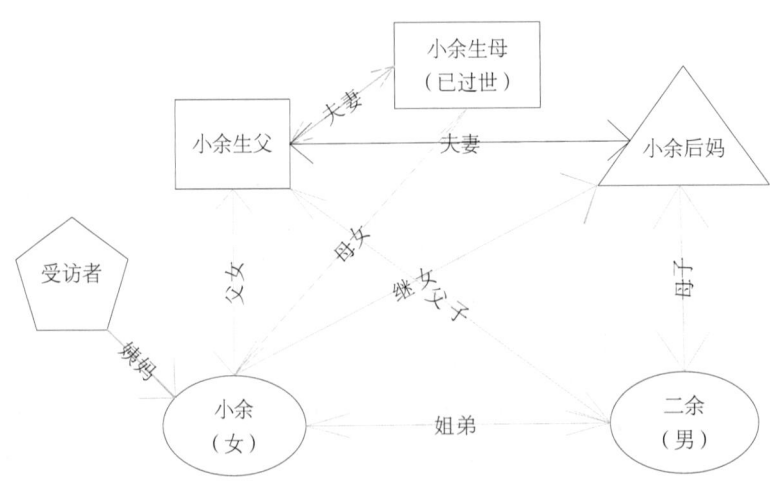

[访谈内容]

小余现年29岁，已婚。小余生母在她很小的时候因病过世，在其九岁那年，小余父亲经人介绍再婚，属于传统续弦。小余后妈37岁时嫁进余家，现在已经57岁。她之前有过一次婚姻，"前段婚姻，由于她太强势，性格又比较不随和，与丈夫经常吵架，最终离婚了。前段婚姻育有一子，但离婚时归了男方"。

小余后妈嫁入余家时，"没有遇到什么反对或是阻力，我们这边的亲戚也没什么想法"。一开始，她积极地想要进入这个新家庭，因为她原来的家住得离小余家不远，她的为人附近的人也都清楚，怕小余父亲不喜欢她，所以有点讨好小余的意思。小余也并不是很排斥抗拒后妈，两人相处还是可以的。

后来，随着年龄增长，小余进入了叛逆期，逐渐地对后妈产生了抵触情绪，而后妈也不了解小孩叛逆期的心理，从此便开始对她冷漠起来。"小时候，小余的衣服都是她奶奶洗的。有邻居反映说，小时候，到清明节了，小余脚上还穿着保暖鞋，可见后妈对她生活不怎么关心。还有一年六一儿童节，小余去文艺表演，要穿白衬衫，小余就去问她新妈妈要衣服，可见后妈比较小气"。随着时间的流逝，小余对后妈对待自己采取长期漠不关心的态度很不满，对她也更加敌视，于是双方就陷入了恶性循环，关系很僵硬。

小余后妈跟小余生父相处其实不是很融洽。后妈很强势，两人又性格不合，经常吵架，这种情况与她前次婚姻有点类似。她跟小余奶奶（小余爷爷很早就过世了）相处也存在着很深的隔阂。

"有一次礼拜天，我带着我女儿去小余家上班，在她家吃中饭。吃中饭时候由于一下子多了好几个人，筷子不够用了。小余后妈就让小余去三楼拿新筷子，而小余爸爸让小余去她奶奶那里拿一下。但小余后妈说小余奶奶家的筷子太脏，两个人因为这事吵起来了。"这次的事件就很集中地体现了大人之间的紧张关系。

小余后妈在新家庭中与家庭成员关系不和睦的原因有两个。

其一是她的性格与为人。小余后妈性格孤僻，"因为拿筷子那件事，我觉得她比较不会顾全大局，有点故意为难小余和她爸的意思，让我们在场吃饭的每个人都很难堪"。她做事比较虚伪，当面一套背后一套。"小余初中时候是走读的，每天骑自行车上下学，跟后妈相处时间算是多的。她对小余总是看不顺眼，那段时间我正好在她家工作，能感受出来，但她在我们这些小余的亲戚面前表现得很到位。过年过节的时候，该送的礼啊，该走的亲戚啊，礼数都不会少，办岁酒需要人帮忙她也总是过来搭把手的。我的女儿与外甥女一些小辈去她家住几天，会买零食、玩具啊，招待得还是很周到的。"

其二是家庭的经济问题，也是最为主要的原因。这正应了那句俗语"贫贱夫妻百事哀"。那时候，小余家个体户经营，雇几个工人，小余奶奶与后妈也在其中干活，把自己家当工厂仓库，做衣服、跑生意，经济条件并不是很宽裕。小余后妈进入新家庭后，又育有一子。"当时小余上大学的时候，想要考驾照，缺驾校报名费，但小余后妈以没必要考为由，就没给她钱，经济上比较小气。但她给她自己的亲生孩子以后规划得很好，筹足了钱。"至于小余的事情，后妈基本不会过问，都推给小余父亲去管。

小余父亲在家庭中的核心地位并不明显，但还算有话语权。这样的局面跟小余后妈很强势有莫大关系。后妈跟小余关系不好，对小余态度也不和善，一旦发生矛盾争执时，小余父亲就总是护着小余，于是矛盾就转到小余父亲和后妈之间，两个人又开始吵起来。小余父亲对两个亲生孩子倒没有特别地厚此薄彼，女儿出嫁时候的婚礼酒席办得还是很体面的，"饭桌上的海鲜、酒水都是比较好的，喜糖、喜钱、媒人红包、伴娘礼品都挺多的，该花的钱都花了，在小余身上没有很抠"，为儿子将来结婚买房也攒了笔钱。"男孩子以后用钱的地方比女孩子多，就准备得多了些，普通家庭既有女儿也有男孩的，多半也是这么个计划"。

小余后妈比较会做生意，会赚钱，现阶段经济上没有以前那么拮据了，加上继女出嫁、儿子在外地读书，家里就剩下小余父亲和她两个人，比较清闲。对未来生活的期望，她主要还是寄托在儿子身上，现在儿子已经20岁，刚去外地读大学，就希望她儿子能读书成才，找个好工作，有个好生活。

亲戚方面对于后妈的反应

笔者：小余那边的亲戚，或者就您个人而言，对小余后妈怎么看？

受访者：这么多年来，我们这边的亲戚普遍都觉得她对小余的态度不够好，后妈毕竟是后妈。

笔者：当后妈进入家庭时，继子女还未成年，你是如何看待这类后妈与继子女的关系状况？

受访者：小孩子未成年，一方面需要照顾生活起居，一方面主观意识比较强，对后妈的抵触心理大，长期相处着容易起摩擦。当小孩子进入叛逆期，生活上顾及到了，心理上总是有力所不能及的。虐待行为，这个一看就能判断出来，但是生活某些事情，比如说同样的教育孩子，采取的态度不太好，如果是亲生妈妈做的，小孩的长辈一般都不过问的，但是后妈这么做，不光小孩的长辈，有时候就是隔壁邻居也会有非议的，很难说清楚对错。后妈与继子女的关系还是比较微妙的。

笔者：那您是如何看待后妈这整个群体的呢？

受访者：我觉得后妈很难当，一方面是传统思想的原因，虽然时代在进步，后妈也不再是凶婆的代名词了,但潜移默化的影响还是存在的,一说起来,大家第一反应就是倾向于负面的。另一方面是现实因素,实际生活中后妈凶的还是多数,真心对继子女好的那就更少了,尤其又有了第二个孩子,公平问题就不好办了。

笔者:那现在新闻媒体后妈虐待继子女的报道,对于社会公众对于后妈群体的认知有什么影响吗?

受访者:这些报道无形中又加深了我们对于后妈比较差的固有印象。新闻说的是真实情况,一传播开大家都知道了。这样一来,刚才提到的两方面相互影响得就更加厉害,坏的后妈多,后妈多是坏的结论就下定了。

我虽与小余熟识,但很多事情我也是通过这次访谈才得知的。小余在我心目中一直是一个性情随和、活泼开朗的人,小余后妈对我们一向也是不错的。想不到她们二十多年来的家庭生活并不幸福,恍然间觉得真相非常残酷,让人难以接受。

第 二 章
格林的谎言：继母同样可以很幸福

1. 走近后妈群体

〔访谈背景〕

社会上对于后妈这个群体的舆论几乎可以说是一边倒的，大家的普遍印象都是负面的。但笔者通过此次后妈个案访谈，第一次真正走近后妈这个群体，对后妈这两个字有了重新的定义。本文通过记录访谈过程中提到的后妈的心路历程、重组家庭的现状和未来、家庭成员的关系等方面，呈现了一个生动的后妈案例，为后妈正名。

〔访谈内容〕

（一）后妈的自我认同情况

（1）成为后妈的原因

薛姐是中学的历史老师。她的第一段婚姻即使在今天看来也是充满着戏剧色彩的。她从师范院校毕业之后就遇到了前任丈夫施某。当他俩要结婚的时候，薛姐的妈妈是反对的。"我妈就说这个男人的成分比较复杂，用他们老一辈的话说就是跑社会的人心思比较野。我当时陷得很深，当然什么都听不进去，为这件事跟我妈也有点闹翻了。"薛姐不顾家人反对而与前夫结婚之后，很快就怀了孩子。就在这个看似幸福的阶段悲剧就发生了。"就在我怀乐乐大概四五个月的时候，我前夫就跟第三者跑了，他之前什么话都没有跟我说，我真的不知道我到底做错了什么，他就这么带着所有的财产走了，我可以说是净身出户的。"

这样一个被抛弃的怀孕妇女是极易被人说三道四的,特别是在薛姐那个小镇上。薛姐的妈妈顾及舆论的压力,试图劝说她打掉孩子。"但是我当时死活不肯,我就是要把孩子生下来,孩子并没有做错什么。"薛姐说从小她的父母就比较偏心她的姐姐,因为自己天生就有弱视,而且性格比较内向,姐姐比较招人喜欢。薛姐的姐姐在物流公司工作,家庭幸福美满,还生了一对双胞胎兄弟(也是笔者幼儿园和小学的同学)。相比之下薛姐就更加不幸了,"怀孕那段时间我跟我妈的关系降到了冰点。"生下乐乐之后薛姐就一个人抚养了他11年。乐乐天生也有弱视,从小就戴着小眼镜,薛姐本来并没有打算再婚,但是后来乐乐的一句话触动到了她。

"乐乐的小学班级里每个孩子都有一本家长联系本,里面写着每天的家庭作业,下面需要爸爸和妈妈各签一个名字,但是每次爸爸那栏都是空着的,乐乐以前倒没说什么,越长大他就越明白,有一次他跟我说有同学在背后说他是个没有爸爸的小孩。我当时一听眼泪就差点掉下来了。"为了给乐乐找个爸爸,薛姐决定二婚。而当时她的身边早已出现了现任丈夫王某。

王某在小镇上开了一家小工厂生产塑料瓶,因为炒股赔了很多钱进去,他的前妻提出了离婚,儿子小远判给他抚养。薛姐说从乐乐三四岁的时候王某就一直挺照顾他们母子俩的,乐乐也一直叫他王叔叔。"他也挺不容易,陪在我身边那么多年,后来我就想既然决定要二婚了,那么他是最合适的人选。所以2013年那年我们就领证了。我就成了你要找的这个后妈了。"薛姐笑谈。

(2)新家庭的生活状态

建立好重组家庭之后,薛姐就开始了新的家庭生活。婚后两年里,薛姐和王某向父母尽孝,也尽心尽力照顾两个儿子,可以说这个重组家庭在磨合中越来越融洽。这个家庭表面上看上去挺幸福,但其实薛姐自己的内心承受了很多。"一开始跟我丈夫接触的时候就知道他有一个儿子,比乐乐还大,心理压力还是挺大的,会担心那个孩子能不能接纳自己,我能不能当好两个儿子的妈妈。但是现在已经想开了,他有一个儿子,我也有一个儿子,我们两个是同病相怜,好好过日子就没什么难的。"

薛姐现在最大的心愿是希望自己的父母能放下成见,真心接纳他们这个重组家庭。"我妈是那种特别传统的人,对于我这样的情况她心里很不是滋味,我妈是那种特别怕别人指指点点的人。"但是薛姐感到欣慰的是王某对薛姐的父母挺上心的,有一次薛姐的妈妈生病也是王某将她及时送到医院治疗,并付了医药费。薛姐家里有什么困难，王某总能尽力帮忙，这让两代人之间的隔阂越来越小。

(3) 家庭成员关系情况

薛姐现在的家庭成员包括丈夫王某、继子小远还有亲生儿子乐乐。薛姐坦言，重组这个家庭之初自己最担心的倒不是自己儿子乐乐的反应，而是丈夫的儿子小远。

"乐乐从小就知道有王叔叔这个人，虽然他知道王叔叔不是自己的亲生爸爸，但是由于从小的陪伴，乐乐对他已经没有防备了，可以说乐乐对有了新爸爸是很开心。但是小远年龄正在青春期，我担心会比较叛逆，而且他跟他亲生妈妈一直相处，对于我，他是很陌生的。"薛姐的担心不无道理，因此她对小远尽心尽力，为他购置新衣和生活用品，还为他的学业费心，一心想弥补他失去的母爱。

小远现在 16 岁，刚刚中考完，是一所离家较远的寄宿制学校，平时也只有周末会回家，薛姐跟他的相处时间并不多。在跟王某结婚之前，小远一直称呼薛姐为薛阿姨，表面上礼貌客气，但薛姐依旧能察觉出言语中流露出的尴尬和别扭。"其实小远是个特别懂事的孩子，读书很用功，但是毕竟正在青春期，我怕家庭的这种变化对他的影响会比较大。"

但是让薛姐宽慰的是，小远并没有为难她。他们领证之后几天就是母亲节，小远特地给薛姐写了卡片，上面的称呼从"阿姨"变成了"妈妈"。这一个细小的举动让薛姐感动不已，"不管他是真心的还是故意装出来不让大人担心，我都很心疼这个孩子，也会把他当成自己的亲生儿子来看待"。

(4) 如何看待后妈群体

当笔者问起薛姐如何看待后妈这个身份时，她坦言人的思想是会转变的，"就像我年轻的时候也会想当然地对后妈有心狠手辣的印象，可能是受电视剧的影响，但是生活并没有那么复杂，如今我也当了后妈，跟以前真没什么不同，后妈也可以是温暖而善良的。"

社会上普遍对后妈这个群体持有偏见，甚至认为后妈的人品有问题，二婚之后家庭关系一定是混乱疏远的，但是薛姐却不这么认为，她认为后妈这个身份会促使她对孩子更加体贴和关心。"因为后妈的一举一动在别人眼中都会被放大，如果对孩子稍稍不耐烦就可能被人说成虐待继子。为了保护我的孩子们，我必须做得更好。"

(二) 后妈的家庭认同情况

丈夫王某非常感谢薛姐为这个家庭的付出，也认为薛姐是一个难得的好妈妈。

对于重组家庭的看法，王某认为薛姐承担了更多的压力。"婚姻对于一个女人来说非常重要，晓梅跟我结婚，成了别人眼中的后妈，虽然她嘴上不说，但是心里的顾虑肯定很多，我这个做丈夫的也要尽量使这个家庭能够融洽。"王某也承认自己平时工作太忙，很多家里的事情都是薛姐在张罗。当然薛姐的工作也很忙，但她是那种家庭事业兼顾型的贤妻良母。"她心思特别细，把家里照顾得特别好，比如我的衬衫皱了，我体谅到她工作太累，就没说，但是第二天她还是会自己帮我熨平。两个孩子的家长会很多时候都是她去参加的，还帮他们庆祝生日，我是一个不善于表达的人，但是我内心真的很感激她。"

继子小远在电话中也跟父亲一样，表现出了内秀的性格，不过对于薛姐作为他新妈妈的看法，他一下子打开了话匣子。小远最初得知爸爸想找个新妈妈的时候内心几乎是崩溃的，他不想让一个陌生人进入自己的家庭，也绝不相信还有人会比自己的亲生妈妈还要好。薛姐最初去王某家里的那几次小远都一声不吭地回到自己的房间，避免跟薛姐直接接触。但是慢慢地他发现，自从薛姐出现之后，他们的家庭发生了改变。"因为我的初中是寄宿制学校，一周只能回家一次，妈妈她怕我吃得不好，每次回学校都让我带上大包小包的水果、零食。我的爸爸也跟以前不一样了，妈妈离开之后，爸爸就不太会照顾自己，常常有污渍的衣服自己洗了之后还没洗干净就又穿上了，工作很忙的时候也顾不上吃饭。但是有了妈妈在爸爸身边之后，爸爸就精神了很多，也开心了一点。"就是因为这些改变，小远对薛姐放下了戒心。"其实后妈也没那么可怕，至少妈妈是一个好妈妈。"小远说到这里也笑了。

与后妈有关的负面评价大多是来自于影视剧的影响或刻板印象，但随着社会的发展，我们也看到近年来离婚率在不断地升高，人们对于婚姻自由的传统观念已经慢慢地发生改变，后妈这个群体也从背后被指指点点搬到了学者研究层面，这代表着社会对于后妈这个群体的正视。我相信，在这样理智的心态下，后妈这个群体会逐渐摆脱原先的负面印象，还原真实鲜活的群体特征和重组家庭的幸福生活。我想，这也是文明进步的一种标志吧。

2. 我要你以我的母亲的身份上台，可以吗？

[访谈背景]

李阿姨今年 50 岁，专职家庭主妇。如今的她有一个令所有人羡慕的家庭，老公是房产开发商,一双儿女大学毕业都在银行工作,也有了幸福的小家庭,如果不说,没有人知道他们是重组家庭。

李阿姨 30 岁与第一任丈夫离婚,独自抚养 6 岁的儿子小冉(当时名字叫做李 XX)。后经人介绍认识了现在的老公冉叔叔,当时冉叔叔经历过一次失败的婚姻并有一个 10 岁的女儿名叫冉 A,随他生活。两人见面感觉不错,在经过一年的相处后,俩人领了结婚证。结婚后,老公在外拼搏,老婆在家相夫教子,共同抚养和培育两个孩子,两个孩子都成功考入重点大学并找到好工作。

二十几年来,现实生活中必然经历了不少磨难,但也都苦尽甘来。女儿三年前和从高中开始相恋八年的男友成家,儿子一年前和从初中开始相恋十年的女友结婚。一家人一直相亲相伴,幸福生活。

[访谈内容]

我:李阿姨不好意思,耽误您啦,今天的话题比较敏感,我能大胆地问吗?

李阿姨:没关系,你想问什么就问吧,我啥都给你说。

我:李阿姨,您还记得第一次见冉 A 的情景吗?

李阿姨:当然记得,那个时候还和你冉叔叔认识没多久,我们都觉得对方还挺好的,于是就决定先让我的儿子和他的女儿一起见个面。

我:第一次见面尴尬吗?

李阿姨:说不上尴尬,可能也有一点吧。主要是冷场了几次,特别是我送给她礼物的时候,她并没伸手接,让我有点不知所措。

我:所以说第一次的接触,她是有点排斥你的?

李阿姨:不算排斥吧,我感觉她从一开始对我就没有敌意,只是还需要一个理解和接纳的过程。我第一眼见她就觉得她是一个善解人意的小姑娘。

我:李阿姨,那么您和冉叔叔结婚这件事,您和叔叔的家里人都支持你们吗?

李阿姨:我家里大多数人还是比较支持我,我爸觉得我一个女人养儿子不容易,有个家庭必然是好的,我妈觉得我带两个孩子会很辛苦但一个人带儿子更辛苦。你冉叔叔的家里大多数人在当时还是不太支持的,毕竟我自己又带了一个孩子,这肯定会加重家庭负担,而且由于年龄和当时经济状况问题,我俩之间再有孩子肯定也是不现实的。当然,我和你冉叔叔从一开始就没想再生了,只是他父母思考的比较多一点。不过你冉叔叔的性格本来就比较强,都是自己的事自己决定。而且,可能我相对来说也不是很差吧，那时我还是比较踏实又勤快的，所以他们虽说不是很支持但是也没有反对。

我：那结婚之后你和公婆以及其他冉家亲戚的关系如何？

李阿姨：结婚后，和他们关系就一直比较融洽的。慢慢的相处过程中，我和我的小姑子在性格和爱好上有很多共同点所以关系处得特别好，她比较认可我，所以在公婆面前也帮我美言不少。当然，结婚后我也是尽力孝顺公婆，可能真心换来了真心吧！当然，我觉得最重要的还是冉A对我的认可，才让他们真真正正接受我。

我：那么李阿姨，您作为继母，在与继女相处的过程中，是如何得到她对你的认可的？

李阿姨：我不太喜欢继母、继女这个称谓（此处采访者不停向阿姨道歉），我是妈妈，她是女儿，虽然我没有生她，但从她10岁起，我们就在一起生活，她和我儿子一样是我的心头肉。说到对我的认可，刚开始的那几年我觉得她对我是一种所谓女儿对"后妈"的敬畏之情，不抱怨不挑事也不亲近不交心。而说起她真正向我敞开心扉的事，我这一辈子都不会忘记。那个时候，是和你冉叔叔结婚的第三年，冉A上初中，学习很紧张导致身体出现问题，整个人消瘦了很多，我和你叔叔两个人心急如焚不知道怎么办。之后，我思考了很久于是做出了放弃工作专门回家照顾孩子的决定。

我：啊，放弃工作？这个决定一定很艰难吧？

李阿姨：是有一点艰难，因为不仅是加重了你冉叔叔的负担，而更难的是我要放下我的工作。经历第一次离婚后，尤其又在这样一个重组家庭里，我认为女人在家庭里必须要有独立的经济能力，而当时要我放弃工作做回全职太太是很不容易的。但是，作为一个妈妈，就感觉这是本能的决定，照顾好自己的孩子义不容辞。那晚开完家庭会宣布这个决定后，冉A感动得哭了。我安慰她时，她紧紧地搂住我的脖子哭得更伤心。

（访谈到此时，我的情绪也有点控制不住了，眼前的李阿姨的形象高大许多。社会上的重组家庭有很多，但像李阿姨这样的妈妈又有几个呢？我平复了一下情绪，继续下面的话题）

我：那么李阿姨，小冉哥哥呢，他是如何认可冉叔叔的？我知道小冉哥哥是自愿改名的。

李阿姨：是的，他自愿的，而且是他主动提出来的。其实你冉叔叔他不怎么会表达，他一直在外面打拼事业回家时间也不多，但是每次回来他都会关心小冉的各种情况。而且，冉 A 很疼这个弟弟，什么事都想到他，姐弟感情越来越好，再加上我和你叔叔还有冉 A 感情也越来越好，他就逐渐认可了。你知道小冉他刚提出来改名字的时候我有多惊讶吗？对他，我从来不强求他做任何事，叫出第一声"爸爸"和改姓"冉"都是他自己的决定。我当时听完他的这个决定，心里的那种感觉真的是没办法用语言形容的，那时他才刚高中毕业就这么懂事，真的，我感觉实在太幸运了。（阿姨哽咽了）

我：李阿姨您好棒，能不能多讲一些您和冉 A 姐姐、小冉哥哥的故事？

李阿姨：的确有很多值得回忆的往事，我给你讲讲吧。有一次，我带他们姐弟俩一起逛超市，冉 A 想买几盒音乐磁带我很爽快地答应了，小冉看到自己喜欢的玩具我没买给他。路上姐姐一直在安慰弟弟，回家以后姐姐冉 A 递给我一张纸条，上面写道："妈妈，您应该像爱我一样爱弟弟。"那一刻，我感到非常欣慰，两个没有血缘关系的姐弟却胜似亲姐弟。还有一次，我和她父亲闹矛盾，我说了一些狠话，她爸爸负气离家出走，我四处寻找也不见踪影。当时冉 A 正在读高三，学习很紧张，为了不让她担心，我找了一个理由叫她周末不要回家。没想到第二周星期一她居然和她爸爸一起回到了家，并对我说："妈妈，我把爸爸带回来了，今后他再也不会不回家了。"看到父女俩回来，我忍不住泪水直往下流。后来才知道冉 A 那两天一直托人在找她爸爸，找到爸爸后对他说，男人要大气，你如果不回家我就选择要妈妈。

我：真是太暖心了，恐怕这世界上有像您和冉 A 姐姐一样亲密关系的人是不多的。记得姐姐结婚的时候，是邀请您作为母亲的身份上台并致辞。你当时是不是十分感慨？

李阿姨：我从来没想过会是我。就算不是她亲生母亲上去讲话也应该是她父亲，但是她毫不犹豫地选择了我。那是她结婚的十天前，她说："妈妈，我要你以我的母亲的身份上台，可以吗？"

访谈到最后，李阿姨已经哽咽到说不出话来了，她说这些事情一回忆就实在太深刻了。从我对李阿姨有记忆起，她已经和冉叔叔在一起了，小冉哥哥和我也是从小一起玩的伙伴，能够见证这个重组家庭的成功真的是一件很幸运的事。

整个访谈中她重复的最多的一句话是："我实在太幸运了！"而我认为这个家庭的幸福是必然的，是四个人共同经营起来的——冉叔叔的努力拼搏、李阿姨的真心经营、冉A姐姐的尽力理解、小冉哥哥的倾力体谅。而这个家庭中,后妈和继女之间犹如亲生母女的关系恐怕在整个中国是罕见的。当然,从中我们可以看出后妈的真情实意是基础,而这里的情感是从心底里发出的。当然,继女的敞开心扉是重点,继女并没有先入为主地认为"后妈都是坏人"。同时,还有和谐的家庭氛围作为前提,所以这个家庭的成功既是幸运的也绝对是必然的,我坚信他们一定会相亲相爱走到最后!

也许有人质疑,因为这是一个重组家庭,双方都带着小孩而结成婚姻,处在一个夫妻双方平等的基础上。也许这个家庭组合的最大原因是孩子,对对方的孩子好对方才会对自己的孩子好,但是我想说,如果一个女人在成为后妈前没有想好要对对方的孩子好,那么她这个家庭最终会失败,然而上述的这个家庭,发展到如今早就超越了所谓为了孩子而组合的意义。

后妈,不该成为社会抨击的对象,不该成为家庭关注的焦点,更不该成为被歧视的弱势群体,那些戴着有色眼镜去看后妈的人才是破坏本应美好家庭的真正"坏人"!

3. 现实生活中的"家有儿女"

[访谈背景]

相信很多人都看过《家有儿女》这部电视剧,虽然电视剧讲述的是重组家庭的故事,但是看过之后大家都真心喜欢并且羡慕那其乐融融的五口之家。而我要谈的也是一个重组的五口之家,可谓是翻版的"家有儿女"。

我的访谈对象是X和她的后妈C阿姨。因为种种原因难以对其进行直接的采访,所以我换一种方式,征得了X的同意,主要就一些基本信息询问了她,再加上我作为旁观者经过一些接触对他们家的了解和感受,包括一些家庭其他成员的看法,来谈一谈我对C阿姨以及他们家的一些看法。

[访谈内容]

(一)基本信息

(1)后妈基本信息

C阿姨今年43岁,在她那个年代算是受过比较高的教育的,一直在医院工作,是个很有涵养魅力的知识女性。2004年在她32岁的时候和现任丈夫Y叔叔结婚，成为Y叔叔两个孩子的后妈，这是她的第二段婚姻。

(2) 继子女基本信息

C阿姨和Y叔叔组建的新家庭有三个孩子，其中X也就是我的同学是C阿姨的女儿，而C阿姨的继子女是一对姐弟，X刚好在他们中间排行老二。

姐姐今年25岁，在美国读研后已经留美工作一年了。弟弟今年19岁，正在国内某所知名985高校读大一。

(3) 后妈进入家庭的方式

C阿姨和她现任丈夫属于经人介绍的正常二次婚姻，C阿姨是因为和前夫感情不和离婚，而她现任丈夫Y叔叔则是因为丧偶续弦。C阿姨带着女儿X和Y叔叔结婚，因为本身Y叔叔就有一儿一女两姐弟，再加上C阿姨和X组成了五口之家，所以两人再婚后并没有生育孩子。

(4) 后妈与继子女关系

C阿姨作为后妈和她的继子女的关系是很好的，那对姐弟我也认识，他们都是性格非常好的人，作为一个旁人，我觉得他们的相处很和谐，至少在称呼这块都是喊"老妈"的，平时的交流亲密程度也和普通的母女母子差不多，并没有什么区别。

(二) 家庭生活状况

(1) 家庭成员

虽然说C阿姨带着女儿和Y叔叔带着一对子女组成了五口之家，但实际上家里有六个人，Y叔叔的妈妈和他们一起生活，也就是三代人的六口之家。奶奶今年74岁，Y叔叔今年49岁，C阿姨今年43岁，姐姐今年25岁，X今年20岁，弟弟今年19岁。

三个孩子读书都非常好，其中姐姐已经研究生毕业在美国工作了，X和弟弟都在知名高校读大学，因为X和弟弟学校离家比较近，所以两人基本每个月都会回家一次。

(2) 家庭条件

C阿姨他们家的家庭条件应该是高于平均水平，比较富裕。Y叔叔经营企业，C阿姨也一直在医院工作，在供姐姐出国之后，姐姐毕业后也很快在美国找到了一份很好的工作。

(3) 家庭和谐程度

我第一次去X家吃饭的时候，可能因为有对重组家庭的成见，所以内心还是十分忐忑的，但是经过相处之后，我发现他们家庭和普通家庭似乎没什么两样，姐弟俩都亲切地叫 C 阿姨老妈毫无违和感，而 X 也称呼她的继父老爸甚至有时候是老爹，奶奶也是十分慈祥，X 还说，若 C 阿姨和 Y 叔叔吵架，大多是以 Y 叔叔道歉结尾的，所以家庭关系十分和睦。但是这种和谐的气氛并不是一开始就产生的。

C 阿姨和前夫因为种种原因离婚，离婚后可以说是净身出户，独自带着 X 辛苦工作，至于她为什么会和 Y 叔叔走到一起我并不是很清楚，只是知道她经人介绍认识了 Y 叔叔，彼此了解后两人最终决定再婚。

两人刚结婚时，姐姐十四岁已经比较大了，X 和弟弟都还比较小，分别是 9 岁和 8 岁，听 X 讲述，当时她和弟弟因为年纪比较小，都各自很快接受了新爸爸和新妈妈，弟弟和 C 阿姨的关系一直很好，但是对于姐姐而言，这个过程却有些困难。

姐姐那时读初二，已经进入叛逆期了，之前因为亲生妈妈的去世受到一些打击，对于 C 阿姨这个新来的后妈并没有好感，经常会和她起冲突，也会偶尔和 X 这个新来的妹妹起争执，每当这个时候，C 阿姨总会帮姐姐，Y 叔叔则站在 X 这边，两个人互相"偏袒"，达到平衡，再加上 C 阿姨性格温和，知性大方，家庭生活上的琐事都是由 C 阿姨来做主的，对于一家人的照顾无微不至，井井有条，让姐姐又重新感受到了缺失的母爱，终于姐姐在高中的时候对 C 阿姨改口了，也让 C 阿姨的付出没有白费。

当然作为重组家庭还是始终不可能做到和真正的普通家庭一样，在某些方面 C 阿姨作为后妈还是有为难的地方。比如说在对子女的教育上，弟弟还好，但是对于姐姐，C 阿姨都比较难以用严苛的态度对待，可能更多的还是迁就，另外对于姐姐而言很多事情也更喜欢向自己的爸爸倾诉，可能在姐姐心里 C 阿姨和亲妈妈还是有区别。

但是总体来说，这个重组家庭是幸福的，奶奶慈祥，父母感情和睦，养育的三个孩子都事业学业有成，姐弟关系和谐，很少需要大人操心，年初姐姐从美国回来过年时还给一大家子的人每人带了好多礼物，而很快今年暑假，他们全家都要出游美国，看望姐姐。

我也听 X 说他们家正在乡下造房子，未来等 C 阿姨和 Y 叔叔年纪大了他们就打算搬到乡下去养老，抱抱孙子孙女，好不惬意。

对于这个幸福的重组家庭以及 C 阿姨这个比较成功的后妈，我有以下几点感受和思考。

(一) 夫妻感情必须健康和睦

对于一个幸福的家庭而言，夫妻感情是否健康和睦是至关重要的，毫无疑问，这点对于重组家庭而言更是极其关键。

拿后妈来说，一个后妈和继子女的关系是建立在她和现任丈夫的关系基础之上的，甚至可以说是一种附加关系，如果夫妻感情基础不扎实，那么自然会连带着其他关系也难以维系。所以，后妈和继子女之间的交往必须要获得丈夫的大力支持，只有夫妻感情和睦，才能保证后妈和继子女的情感交流融洽，才能给孩子和后妈都带来足够的安全感。

另外我所说的夫妻感情健康和睦并不是单纯的感情好，更要健康，后妈不能仗着丈夫的宠爱就对继子女产生不好的行为，而作为父亲的丈夫更不能因为新的妻子甚至是新的孩子而疏于对自己孩子的照顾。

(二) 后妈真正融入继子女的内心还是有难度的

对于后妈来说，和继子女的关系一开始很大程度上是维系在和丈夫的关系基础之上的，对于继子女来说也是如此。两者的关系比较被动，没有血缘的支撑，只能依靠相处和时间来尽量加深感情，所以两者的关系还是比较脆弱的，对于继子女而言若后妈想要完全替代亲生母亲难度仍然较大。即便是本案例中提到的C阿姨一家，尽管她的继子女的亲生母亲已经去世了，C阿姨和两个继子女的关系也很好，但是对继子女尤其是姐姐而言C阿姨仍然还是难以完全替代亲生妈妈。

我讲述的这个"家有儿女"似的幸福重组家庭似乎不符合我们以前对于重组家庭和后妈的定义和看法，但是这也说明了并不是所有的后妈都是洪水猛兽，也并不是所有的重组家庭都是问题家庭。

现代社会，离婚率越来越高，必然也会有越来越多的女性开始进入后妈的角色，而面对后妈这个高难度的角色，和继子女的相处这门高深的学问，后妈们的压力一定很大。对于大众而言似乎后妈们做得不好被指责是应该的，即便做得好也会被不断质疑。

其实，对于她们以及她们的新家庭，我们作为旁人并不能帮到什么，但是至少可以不要先入为主地戴有色眼镜去关注、用恶意去揣度，我相信如果我们用正常的眼光去看待她们，为她们创造一个良好的舆论环境，后妈和继子女的相处也会更融洽，而这一点需要整个社会去为之努力。

4. 我不是灰姑娘里的后妈

[访谈背景]

我联系上她时,她非常亲切地接受了我的电话访问。从她的语气可以听出来,她对目前的生活比较满意,至少,她并非传统里大家定义的贬义的"后妈"。事实上,她所说的每句话和每个字,结合她的个人经历,都能让人清晰地听出,她得到如今的一切,都似乎是顺其自然的。

她有两个孩子,一对双胞胎女孩,如今已经20岁,且均就读于名牌大学。在提起她的两个孩子时,她非常骄傲:"我是一个成功的母亲!"显然,她并没有在自夸,她说她从小就独自带着两个孩子去到全国各地,西安、长沙、香港、澳门等,甚至在孩子们考完期末考还没拿到成绩单时就早早订了机票出发了。

[访谈内容]

"我从来不太管我的孩子们,我们就是朋友,我们可以聊任何事情,包括她们的情感问题。"说到这里,她轻轻笑了一下,"我不勉强她们做她们不想做的事情,从不,我很尊重她们的意见,并且,由于我在她们小时候开服装店,她们在服装的搭配上都有自己的见解。"

"那她们的父亲呢?"

她停顿了片刻,说道:"我和她们父亲感情不是很好,经常吵架,她们父亲很喜欢打麻将,经常不在家。并且他也不喜欢旅游,而我很喜欢带着她们到处走走,开阔眼界。"事实上,她所谓的"吵架"确实是经常发生的,且每次都是鸡毛蒜皮的小事。可能是出于顾及两个女儿,两个人总是吵了又和好,不过几日又爆发,不断循环。

在两个女儿高一那一年,由于某些涉及原则性的问题,她终于再也忍无可忍,提出了离婚。两个女儿由于从小就和她更亲近,自然要和母亲一起生活。"我很庆幸她们的成绩并没有受我和她们爸爸离婚这件事情的影响,一直名列前茅,很让人放心。但当我们离婚的时候,我的两个女儿没有一点反对的意思,我也是非常意外。"她的语气变得疑惑起来。但她也清楚,因为长期父母的循环冷热暴力,两个女儿早就不满这种没有安全感的生活,如果每天都在为父母的事情担惊受怕,倒不如早早脱离这种不安定的环境。

在离婚后，她肩负起家庭重任。不过，由于她属于事业型女人，在经济方面压力比较小，但对于情感上的缺席，她略表遗憾。刚离婚的时候，她承受着来自家庭的巨大压力，父母的责备，外界的不解，一次次使她在半夜惊醒后泪流满面。但还好，她的几个闺蜜时不时打电话给她，还经常约她到家中做客，陪她走过了最艰难的日子。

谁不想要一个幸福的家庭？但由于带着两个女儿，再婚成了一个难题。"别人一听到我说我带着两个女儿，第一个反应就是逃走。在很多人眼里，我好像带着两个拖油瓶，但我却觉得我的两个女儿是我最大的财富。"

几轮的"相亲"结果都不尽如人意。直到有一天，在朋友介绍下，她认识了她的现任丈夫。他是一个工程师，原本在政府单位上班，但后来就辞职自己开了工作室。她对"丈夫"的要求说高不高，说低也不低，她希望她的丈夫是"聪明"的，当然，前提是对她和她的两个女儿好。而恰好，这位工程师先生完全符合这些条件。

"当我们第一次见面的时候，我告诉他我有一对双胞胎女儿时，他的眼睛突然就亮了，非常高兴的样子。我第一次见到那么喜欢孩子的男人，他说他曾想过收养一个女儿，因为他已经有了一个儿子。"

工程师先生的儿子比她女儿大 6 岁，如今已经 26 岁了，在上海工作，做道路设计的工作。几次接触下来，她和工程师先生彼此感觉都不错，她就带他见了父母和女儿。

"他非常喜欢我的两个女儿，给她们买了一个单反。他是一个好爸爸，事实上他比我更善于倾听孩子的想法，不急于反驳，而是以说教的方式。但我为了别让孩子走弯路，总是急于给意见，总之，有利有弊吧。"

由于工程师先生的儿子已经工作，且经常不在家，因此她和他见面的机会也比较少。第一次见面时，她送了他一块价值近五千的卡西欧手表。但由于没有过儿子，她知道她必须努力学会怎么提前当一个这样的母亲。

让她觉得很幸运的是，女儿们和儿子的关系非常融洽。相互调侃是必不可少的，家里建的微信群也统一使用了"还珠格格"系列的头像，一直未更换。女儿们也很喜欢孩子，曾问她怎么不再生一个，她哈哈大笑，说自己已经过了那个年纪，家里三个孩子已经很热闹了，再生一个就太累了。

这段婚姻也受到了双方父母的大力支持。由于她和工程师先生都在经济条件上比较优越，他们的结合可以说是"强强联合"，小家基本不愁经济问题。家里当然是工程师先生为第一把手，很多意见都要他把关。虽然他的"戒烟问题"一直令家里很头疼，但无论如何，总体上，他确实是个很不错的丈夫和父亲。

"我们也会吵架，但哪对夫妻不吵架呢？我们的吵架方式就是冷战，矛盾在所难免，关键是一个一个解决。"她的语气有些严肃起来。

"那你和他的儿子关系如何？"

她笑了："我认为是不错的，他经常和我说一些心里话，他爸爸都不怎么问他，那作为母亲也只能我去问，做好一个母亲的职责。"

但她也担心存在"越职"的问题。分明不是亲生母亲，怕多说了什么话。这点她承认她在掌控上把握得并不是很好。"我为孩子们考虑得多一些，包括他们现在的情感问题和之后的婚姻问题。儿子之前的恋爱家里人都很不满意，他就不愿意和家里沟通，沟通了也没有效果。这样的话与其我去说一些劝说的话，他也不太愿意回应我，还是让他们三个孩子沟通比较好。"

工程师先生住在当地的城乡结合部，有自己设计的一栋房子，在当地也算"鹤立鸡群"。房子有自己的小院子，装了围墙和监控，院里有池塘。工程师先生对他的设计非常满意，尤其是池塘，得到了全家的一致好评。当时装修这幢房子的时候，恰逢她和工程师先生相识，于是就像上天安排一样，俩人就开始共同肩负起了小家的装修任务。

"当了所谓的后妈有没有什么特别的感觉？"

她哈哈笑起来："没有什么特别的，我心态也比较好。我从上一段婚姻中吸取了教训，女强男弱的形式在家庭中是行不通的。我也很幸运，再婚让我生活的各方面都得到了提升，更加随心所欲了，哈哈。女儿们也对家庭很满意，真的很幸运。"

后妈这个词曾经是一个贬义词的存在。很多人都认为，灰姑娘中描述的后妈简直是最经典的形象，一切以自己和亲身子女的利益为中心，再婚也被认为是实现个人财富或其他物质方面提升的一大捷径。但事实上是否如此？我不否认有这样的人存在，但很显然，并非所有人都会如此以自我为中心。文中采访者本身就是一个事业有成的女性，获取经济的进步早已不是她再婚的原因。而正是不出于这种原因的再婚，反而能让她在婚姻的选择上更为整体考虑，也能处理得更加得当。因此，倘若说如今社会对"后妈"的理解是否有偏差，那一定是有的，并且还非常深重。时代已经改变，更何况所有事情都是因人而异。后妈只是一种身份，就像"母亲""外婆"等，无关褒贬，这是客观的存在状态。对她们的评价是要依据其行为，否则，随意的评论只能导致整个社会产生偏见。这是很可怕的标记行为，由个体推断整体是无法有任何准确性可言的，而这也是值得整个社会反思的。

我基本没有写过关于此类主题的文章，有时离婚就似乎是整个家庭不愿提及的伤疤，至少在舆论中是如此。所以当我做这个调研时，我就想到了我的母亲。对，就是上述文章中的主人公。当我提出要采访她的时候，她惊讶了好一会儿。

可能有人会说，这样不就不客观了吗？但事实上，我确实是最了解我母亲的人，她的一路上所有吃过的苦流过的泪我都完完全全能体会，上文是我以最客观的角度去描述她，因此我并没有用过多的形容词。但倘若现在能给我一个机会来形容她，那她就是世界上最好的母亲了，所谓"港湾"也不比她可靠。只有内心最强大的人才能承受住外界的压力，反而在此基础上成就自己的另一段精彩人生吧。感谢我伟大的母亲，感谢我那作为坚强后盾的后爸，感谢不停止调侃但总是站在我这边的哥哥，以及我最亲密最经常争吵但永远分享彼此的双胞胎妹妹。

5. 你缺失的情感，我来填补

【访谈背景】

本次访谈的受访主角是红阿姨。红阿姨自从来到这里以后与周围人的相处都十分融洽，他们一家人都非常友善热情，在笔者委婉地表示了自己的请求后，红阿姨很愿意接受笔者的采访（这一点也可以看出红阿姨家庭关系的融洽）。

由于与前任丈夫离婚的原因是遭受家庭暴力，之前生活的地方又是自己的家乡，红阿姨再婚后与之前的生活环境、生活圈子几乎不再有任何接触（除却与自己儿子有时候会联系一下），而之前那段不愉快的婚姻也让红阿姨更加珍惜"新的家庭"。

红阿姨丈夫的儿子小名叫小林，说起红阿姨与小林之间的相处，周围的人一开始多少都会表示些许惊讶，但长久以后对他们关系更多的是理解与祝福。小林的亲生妈妈在他刚出生后就抛弃家庭出走了，小林十一岁以前是和父亲生活在一起的，从来没和母亲相处过。这样的成长环境对小林与红阿姨之间的相处产生了很大影响。

尽管据笔者和周围人的观察，这个重组家庭成员之间关系较为融洽和谐，但经过这次访谈，在提及了一些一般不会刻意了解的问题后，笔者发现看起来较为顺利的重组家庭的关系处理也是经历了一个较长的渐进过程。

[访谈内容]

（一）初次的印象

谈及六年前红阿姨第一次来到这个新家庭的时候，红阿姨的声音听上去支支吾吾的，有些不好意思——"哎呀那时候刚离婚没多久就又再婚了，心里还想着会不会被别人嚼舌根，刚来的时候就觉得很陌生，毕竟这里的人都不熟……但是小林很可爱，跟我儿子差不多大，就是感觉有点不大愿意讲话"。红阿姨又告诉笔者，小林早就知道她，但小林本来就是比较内向的小孩，何况是面对第一次接触的人。红阿姨来这里生活之初，对如何处理自己和小林之间的关系没有太多担心，她觉得自己已经有了这么多年当母亲的经验，做好另一个孩子的妈妈应该没有太大问题。刚开始，红阿姨与小林之间的交流并不太多，据红阿姨的说法是"我那时候就相当于是个保姆，每天准备一日三餐，做做家务，跟孩子没有太多别的方面的交流，但是小林很有礼貌，每天早上都会打招呼说'阿姨早'"，然后她又告诉我，"后来是小林主动亲近我的"。

（二）关系的递进

最初，在红阿姨看来，小林的主动亲近是一件让她觉得欣慰的事情——"至少我没有被讨厌"；后来，红阿姨则更多是心疼，因为从小林对她的主动中，她觉得这是一个孩子缺乏安全感的表现。当父亲外出后，小林会更粘着她一些，例如：父亲在家的时候，小林从来不会向红阿姨提出请求，而只剩红阿姨和小林在家的时候，小林则经常会不好意思地告诉红阿姨自己想吃水果或者想要看电视。对此红阿姨的理解是："其实平时小林不说我也会在小的方面照顾一下他，但之后我觉得他可能就是希望自己能够得到长期的细致的照顾，可能父亲有些方面不太照顾得到，也跟孩子从小没有母亲在身边有关吧。"红阿姨与小林之间的相处很平淡，红阿姨之前怎么照顾自己儿子就怎么照顾小林，没有特别讨好也没有苛待。这样一段时间后，红阿姨与小林之间的相处就变得很自然，红阿姨一直觉得自己没有做什么特别的事，在访谈过程中一直在向笔者称赞小林很乖很懂事，现在长大了也是一样。

（三）家庭的现状

红阿姨的新家庭没有面临过家庭成员间磨合困难的问题，只是有一个较长时间的磨合期，红阿姨与小林的关系也是在逐步渐进的。实际上，在这个过程中，红阿姨的丈夫，同时也是小林的父亲并没有太多干涉红阿姨与小林之间的相处，红阿姨的丈夫对红阿姨处理与孩子的关系十分有信心，结果也正如他想的那样。到现在，距红阿姨加入这个家庭已经6年了，虽然小林几乎没有对她比较直接地表达过喜爱，但从小林一般情况下会选择把自己的"心事"告诉红阿姨来看，他已经对红阿姨十分信任了；或者有时候当小林与父亲闹矛盾时，更多时候小林听从的是红阿姨的建议。在电话采访的过程中，红阿姨的丈夫也在一旁，说到这里时，红阿姨的丈夫还略带不满："每年我生日的时候小林最多打个电话说句生日快乐，她（红阿姨）过生日的时候儿子可是专门请假回来给她过生日，还有礼物！"由于小林上的是寄宿制学校，两周回家一次，回家后也是很粘红阿姨。

在之前的访谈中，红阿姨对"后妈"这个说法没有什么异议，认为后妈就是后妈，这是不可改变的事实，但在孩子眼里，要把这个"后"字去掉，"妈就是妈"。面对小林，当笔者问及红阿姨来到家里的最初那段时间有没有对红阿姨产生过抵触情绪时，小林的回答挺令笔者惊讶："我一开始就没有抵触过，一点都没有，相反，我很期待，那时候小，特别想要一个能关心我的妈妈。"之后小林又说了一些关于红阿姨的事，原来红阿姨前夫在离婚后坚决反对红阿姨再与亲生儿子接触，小林说："我有什么事情都对妈妈讲，妈妈对我也很坦诚，但这是在我知道这件事情以后。"可见，红阿姨与小林之间的了解是相互的。

受访人红阿姨所在的家庭是一个十分融洽且幸福的重组家庭，从上述访谈内容中我们可以看出，根源可能包括红阿姨的正确态度以及她情感上的缺失、小林对母爱长期的渴望、小林父亲根据自己的了解所采取的正确的态度以及从最开始就不存在比较大的对立和抵触。红阿姨与小林之间融洽关系的发展过程中没有经历比较大的矛盾冲突，也没有一段向好的方向快速推进的阶段，只是在普通平淡的相处中积累的对彼此的好感使得双方在一段较长时间的相处后收获了深厚的感情，笔者认为这样的方式下产生的亲情更为牢固。

这样一个普通、平凡的重组家庭的故事，恰恰反映了在重组家庭这个组织中难以做到的一面，它向我们传递了一个信息：尽管在这个案例中存在许多"有利前提（继子的成长环境与情感需求等）"，但不可否认的是：不需要在潜意识里将"后妈问题"看成十分难以解决的问题，弱化这个问题的敏感性、最平常的相处、尽量保持原本的家庭氛围是解决"后妈"偏见的有效方式之一。

6. 一声"妈咪"圆了后妈的"女儿梦"

[访谈背景]

三年前40岁的陈某和施某收获了人生的第二段婚姻，组成了一个新的家庭。两人结婚属于正常的二次婚配，陈某带着自己的孩子进入新家庭，此后没有孕育新的孩子。

施某现年48岁，文化程度大学，某中学校长。施叔叔性格内敛木讷，平时较为寡言，在工作上十分出色，专注于教育。平时工作繁忙，不太善于表达感情，谦和善良。6年前他的妻子出轨，两人离婚，女儿被法院判由他抚养。

陈某，43岁，高中毕业，做个体户十七年，经营着一家金属表面处理的材料公司。她八岁时父母离婚，母亲出走，父亲也总是打牌，她的童年里缺乏父母的爱。父亲一直未娶，她因此对父亲感到愧疚。成人之后她独自经营一家公司，以德从商，信仰佛教，为人处事善良热情，有较好的人缘。5年前她的丈夫出轨了她的闺蜜，两人离婚。

女儿小施17岁，是施某的亲生女儿。她性格文静，学习优秀。与继母关系良好，彼此以"妈咪""宝贝"相称。与弟弟也相处愉快。她平时住校，周末往返于生母家与父亲家，但住在生母家。

儿子今年16岁，是陈某的孩子，与小施一同就读于当地重点高中。他与母亲陈某、继父施某一起生活，与姐姐相处和谐。

该重组家庭家境较为殷实。

[访谈内容]

着手访谈时，我联系了施叔叔，当时施叔叔表示他需要征求妻子的意见。我便开始了忐忑的等待，与预想相反的是，他的妻子爽快地答应了我的访谈请求，并且表示很愿意聊一聊，希望她的故事对他人有帮助。后期，我们的交谈都十分自然愉快。

陈阿姨说，她感恩前一次婚姻的失败，缘分尽了，前生她和施叔叔可能约好要一起。

　　五年前，陈阿姨与丈夫离婚，她说："是我的闺蜜拆散了我们，但肯定也有我的原因，可能是我无意中做了不好的事情种下了因。"家里便剩下了她和儿子。她离婚两年多也没有人知道，直到儿子的老师——也是陈阿姨的私密朋友——介绍说：我有一个世界上最好的男人。于是，施叔叔开始出现在她的生活里。

　　这之后他们并没有直接开始交往，只是互相加了QQ。由于两人职业的关系，陈阿姨都是白天在线，而施叔叔一般是晚上在线，他们就隔着十二小时"时差"聊天，一个月后他们才约了见面。

　　陈阿姨总是心心念念想要一个女儿，一直到处认干女儿。当知道施叔叔有个女儿时，她觉得真是太好了。当问起是否担心与女儿相处不和时，她说她从没担心过小施会不接受她，因为她对自己待人接物的和善有着自信。她说，你如果真的在意一个小孩，你要去和她找话题，要么就是你没有这个心。第一次见面时，陈阿姨给小施买了一套睡衣，一见面就非常好。当时陈阿姨已经决定要和施叔叔交往了，所以就把小施当作女儿。这大概也成了母女俩和睦关系的开端。一如施叔叔所说，女儿与夫人一见如故。在与陈阿姨交往之前，施叔叔与女儿谈过关于是否要重新组织家庭的事，女儿鼓励他："老爸你应该找一个，要追寻青春的脚步。"

　　两人结婚时儿子女儿是他们的证婚人，小施现在叫陈阿姨"妈咪"。

　　一家人出去的时候很融洽，两姐弟也很和谐，母子母女之间都很融洽。陈阿姨讲起一件小事，有一次她问儿子："我对姐姐好，你有没有意见？"儿子说："你全部给她我也没有意见。"旁人也看不出他们是重组家庭。陈阿姨说，女儿是老天赐给我的，很幸福，风水上来说，有儿有女，品味完整了，够格了。

　　小施现在读高中，家人都很重视，每个星期三，陈阿姨都会去学校看她，也一同看同校的弟弟。陈阿姨认为虽然孩子不需要这么宠爱，但是自己却是心甘情愿、风雨无阻。也许很多父母都像陈阿姨这样想，不管是亲生子女还是继子女。在聊到女儿是否愿意让后妈出现在她的社交圈中时，陈阿姨说她一开始也没底，儿女会不会愿意让同学们知道重组家庭的事情，也不知道他们会不会在公共场合接受他们的关心爱护，没想到的是，"她的同学也很接受我，女儿的同学也到家里来玩，没有戒备。四个人在家，我和女儿话题最多"，这让陈阿姨很高兴。

　　陈阿姨的到来也给施叔叔带来了变化。他们现在每个月都会去做义工，福利院和养老院成为他们经常去的地方，也成为他们为社会做贡献的平台。施叔叔从原来一个安静、把所有心思都放在工作和孩子上的"书呆子",变得活跃起来,在工作上的表现也更加突出。因为陈阿姨信佛,施叔叔也开始慢慢去了解,陈阿姨说:他和我在一起之后才对佛教有深层次的了解,以前有功利心,现在没有了,真信,"他从不会念经开始和我在一起会背经了。他现在只要有时间一定会和我去寺庙。"

但是全家人还有一个很大的困扰,来自施叔叔的前妻丁某。

虽然法律上小施判给了施叔叔,但其实她一直是与生母住在一起,因为丁阿姨放不下孩子,而且她现在还是单身,所以一直把女儿作为生活的重心。她对陈阿姨一家有些苛刻。施叔叔去接女儿放学迟到了丁阿姨就会生气,也不愿意让女儿留在父亲那里过夜,更不愿意让女儿和父亲一起生活。懂事的小施夹在生母和父亲之间十分为难。为了不让女儿为难,陈阿姨想过要去争取,想把小施接来现在的新家。还在重新装修家里的时候特意给小施留了一个房间,希望她可以回来住。陈阿姨不愿意看着小施夹在中间不开心,为了这件事,她甚至和施叔叔吵过。

可是后来,陈阿姨觉得丁阿姨也很可怜,也很孤单,也怕女儿被抢走。"我和女儿说让她对亲妈好一点,不要吵架,多理解妈妈。"陈阿姨说。两个妈妈都是为了女儿好,只是方式会不一样。陈阿姨知道,小施亲妈妈是怕女儿被抢走,不跟自己亲密了,但是有些东西是抢不走的,比如血缘。所以,陈阿姨也经常让儿子打电话给亲爸爸。

陈阿姨童年时没有得到过足够的父爱母爱,她当时觉得不平衡,没有健全的家庭,上下学甚至不敢走大路,怕被人欺负,晚上一个人睡觉也很害怕。她总是渴望着快些长大,可是长大了才发觉,亏欠最多的还是父亲。父亲因为自己的女儿没有再婚,别人给他介绍对象,但是对方有两个小孩,父亲对她说,你会吃苦的,于是坚持没有再婚。想来这便是最大的父爱吧。艰苦的童年铸就陈阿姨如今的坚强,父亲的爱也使她成为一个善良的人,她感恩一切,也念经来超度父亲。

旁人也许会觉得奇怪,在一个讲惯了后妈的恶毒故事的社会里,在一个父亲觉得后妈不好而不续弦的单亲家庭里,竟然依旧出了一个百分百后妈,待人和善,家庭和睦,母女融洽。陈阿姨对这个差异的解释是,时代不同了。她妈妈是个传统的农村妇女,善良,但是也会自私。而她爸爸又有些小心眼,不再婚一方面可能对婚姻失去信心,二怕女儿受伤害。两代人生活的接触、历练不同,受过的教育也不同。如今,陈阿姨觉得父母和子女更像是朋友,父母在子女那撒娇,能培养他们担当,助力他们成长。

就采访的个案而言，我很羡慕叔叔阿姨的新家庭，是一个父母和睦、子女孝顺的好案例，这样的重组家庭并不会比其他家庭不幸福。

访谈的最后，陈阿姨问我她的故事会不会不够典型。我想这个家庭的故事确实有一些美好，并非所有重组家庭都能似他们这样幸运、和睦。但随着社会离婚率的提高，后妈的现象越来越多见，这个家庭的故事是可以借鉴的。

7. 聆听后妈的声音——最珍惜的是安稳的幸福

【访谈背景】

她是我们村子里的一位后妈。就我和她的一些接触来看，她是一个特别活泼外向、很勤奋很懂事的大姐姐，村里的人对她也是好评多多。周末回家的时候，我就去特别拜访了她。

简单地说明我的来意后，她一点都没有回避的意思，很坦诚地和我做了交流。我原本事先想好，万一她拒绝了我该用什么样的说辞去打动她，而嫂子的坦诚着实让我觉得她应该是一个讨喜的儿媳、有爱的妈妈。

她，就和普通农村妇女一样，没有精致小巧的面庞，也没有时尚前沿的着装，就是很朴实的装束，很淡然的微笑。这些让我觉得她亲切可人，让我觉得"哦。她说的都是真的"。我们的谈话很愉快，虽然期间涉及一些私人的问题，她也是尽可能地告诉我很多事实，有些不方便的她简单一提就带过了。

【访谈内容】

三十来岁的年纪，就做了后妈，扮演着一个备受争议的角色。其实没经历过的人没有资格能讲述其中的故事，能体会到其中的感受，但是在我的采访中，我似乎能够感受到那种独特的味道。现在谈及她当初的婚姻选择，她还是很淡定，说明这段婚姻的结果是好的，她没有后悔。尽管在她的人生展望里没有过当后妈的打算，但是她包容了一切。她在谈话时没有躲闪的眼光，那是她觉得自己付出得坦坦荡荡，收获的也无愧于心。

从她的婚前聊到了婚后，从婚姻谈到了孩子，一转眼就到了晚饭时间。我被阿婆和嫂嫂拉着吃晚饭，拒绝不过也就答应了。看着两人在厨房里忙碌，一个整菜一个炒，画面真是又实在又温馨。

晚饭后和嫂嫂单独待了一会儿，聊了聊鑫鑫的事情。她一直在恳求我好好教教鑫鑫的功课，想让我帮她看看鑫鑫的作业什么的，我明显感觉到她就和亲妈一样，一样关心孩子，一样着急孩子。当我问到孩子的问题时，她显得很激动。感触最深的应该就是，我问她鑫鑫做过的让她感动的事情。她的回答简单平常，却觉得感情就在那一刻如洪水一般澎湃而出。

"那次我和鑫鑫去富阳街上逛，遇到一个人，应该是他亲生妈妈的朋友或者认识的人之类的。她问鑫鑫我是谁？然后鑫鑫很中气十足，说这是我妈妈。我当时听了真的是感动，眼泪就哗哗哗地掉，（哽咽了许久）我觉得很意外，我原本猜可能会说我是他小妈妈，后妈，或者就是阿姨，甚至是闭口不说，说出妈妈两个字的时候我觉得心都暖了，不管外人怎么说，我觉得一切都值了。"

就为这一句"一切都值了"。

从她无措的神情、湿了的眼眶、略带哭腔的叙述中，我简直被眼前的女子感动了。小鑫鑫愿意在外人面前大胆地介绍自己现在的妈妈，就说明他内心对这个妈妈的认可。虽然他没有甜蜜的话语直接向兰兰嫂子讲，没有腻歪的拥抱和亲吻，对于一个曾经不完整的家庭来说，这种认可和接受胜过一切。

她很谦虚，问她对自己的评价，她说一般，但是在全村甚至邻村，她都受人称赞。

结束访谈后，我还和鑫鑫去玩了一会儿，他确实是一个内向文静的小男生，和兰兰在性格上很不相似。而兰兰姐最希望的，最着急的就是鑫鑫能像正常家庭的孩子一样，会在她面前撒娇卖萌，生气吵架。

这是一个平常到没有任何爆点的后妈故事。但是生活不就是这样吗？简单纯粹，所求不多，只愿平常踏实。

一个普通的农村女人，除了扮演妻子、儿媳的角色外，她还被贴上了后妈的标签。如今的社会，离婚是分分钟的事，但是让一个不完整的家庭重新变得完整是多么困难。而正因为困难，所以觉得可贵。通过我的了解，我觉得她就是这样一个可贵的平常人。

家庭的辛酸人人都有，而她却不轻易吐露。知足、勤恳，已经足以掩盖她口中的有私心的问题。当一个后妈有多难？她所承受的不仅仅是原本自己家庭里父母亲戚的压力，如今每天都要为柴米油盐烦恼，媳妇老婆妈妈的三重角色很有可能会压垮她的肩膀。

这次采访结束后，我有一个疑问，就是做了后妈后，她承担的东西是不是太多了一些？如果不是内心强大的人，怎么去寻找琐碎生活中的幸福？

一个不善于表达的孩子，该怎么放下包袱，去真正接受一个这么爱他的新妈妈？孩子的伤，到底该怎么弥补呢？我相信时间会证明一切。

8. 半百"后妈"的幸福新生活

〔访谈背景〕

在网络上搜索"后妈"，搜索结果中十有八九是后妈虐待继子女的新闻，后妈这个群体已经被牢牢贴上了刻板印象的标签，"恶毒""刻薄"仿佛就是后妈的代名词，然而后妈这个群体到底是怎么样的，我们需要自己去寻找答案而非人云亦云或者因为那些耸动的社会新闻以偏概全。

寻找后妈是整个采访比较困难的过程，在日常圈子中很难接触到，于是我拜托妈妈在她的朋友圈中寻找，最后找到了钟阿姨，她是我妈妈好朋友的表姐。虽然钟阿姨在成为后妈的时候已经 57 岁了，但是正因为是一个年过半百的"后妈"，反而让我对她的故事产生了探究的兴趣，于是我和钟阿姨联系商定了采访事宜。

〔访谈内容〕

和钟阿姨的采访约在一家咖啡馆，希望那里安静舒适的环境能让采访顺利愉快地进行。我坐下一会儿，钟阿姨就来了。我起身，向她招招手，她看见我就笑了。这是我对她的第一印象，一个笑起来特别和蔼可亲的阿姨，钟阿姨今年 58 岁了，岁月在她那爱笑的脸上留下刻痕。一见面，我先恭喜她再次收获了幸福的婚姻和家庭，然后闲话家常聊起了她生活的近况，她也询问了我在大学里的学习生活，这样一来气氛轻松愉快了不少，之后我们进入采访的正题。

（一）获得祝福的婚姻

谈起她的第一次婚姻，她说自己在女儿小学 3 年级的时候就离婚了，后来一直没有碰到合适的，也觉得孩子还小担心再婚丈夫会对女儿不好。她说与其再经历一次不愉快的婚姻不如自己一个人把孩子拉扯大，所以一直单身。直到前年回老家的时候经老乡介绍认识了现在的丈夫。钟阿姨的丈夫今年 64 岁了，七八年前妻子因为癌症去世，有一个独子已经结婚生子。双方认识后觉得年龄相仿，性格合得来，背景相似都曾经有过一次婚姻。通过一段时间的相处，两个人决定携手度过后半生，给自己的晚年找一个伴。听到这里我真的很为钟阿姨高兴，年过半百的她依然有勇气追求自己的幸福，开始全新的生活。

当问及两个子女对于他们结合的态度时，钟阿姨说："当我女儿知道我们两个人有意结婚的时候就主动提出来要约见面，一起吃个饭，想要帮我把把关。"后来经过了解之后，双方子女都非常支持自己的爸爸妈妈开始新的婚姻生活，孩子们都长大成家了，最大的心愿就是希望父母也能幸福，后半生不要再一个人孤零零地度过。

（二）不仅是"后妈"还是"后奶奶"

当我问及钟阿姨和继子相处的情况时，她开起了玩笑："我这情况不仅是'后妈'，还算是'后奶奶'呢。"钟阿姨说，一开始她和儿子也就是陌生人，见面也比较尴尬，她就想着自己得先把他当作亲儿子看待，好好对待他，孩子自然也会接纳她、尊重她。于是，每个周末、逢年过节她都会叫儿子一家人到家里给他们做一桌丰盛的大餐，平时也会经常煮一些好吃的东西送去给他们吃。钟阿姨的继子已经结婚，孙女刚上幼儿园。由于继子夫妻两个人工作都比较忙，孙女下课都是由钟阿姨的丈夫接回家来，钟阿姨做饭给她吃。有时，阿姨还会切好水果装在盒子里让孩子带到幼儿园去。我想这样的"后妈"与亲生的妈妈和奶奶并没有多大的区别，她尽自己所能给家人关爱。

当问及双方孩子之间的相处情况如何时，钟阿姨说："本来是两家人，现在变成一家人了，得多来往才有一家人的感觉，每次我女儿从厦门回来的时候我都会把她叫来家里吃饭，让我老公把儿子也叫过来，这样就一家团圆了嘛。"钟阿姨说，现在继子也叫女儿姐姐，虽然结婚时间还不长，大家已经都以家人相待。她自己也觉得很欣慰，觉得这是儿子女儿孝顺的表现，让他们安心，是对他们最好的祝福和礼物。

谈到未来，钟阿姨觉得能在这个年纪再次拥有一个热闹的大家庭，她已经非常满足，她唯一的心愿就是一家人健健康康幸福地生活下去。

结束了对钟阿姨的采访，我又采访了葛阿姨，希望能从别人眼中得到更完整的故事。葛阿姨说钟阿姨人缘很好，是个通情达理、很懂包容的人。钟阿姨婆婆92岁了，住在县城里，她也会常去看望老人，每次去都会送红包、带礼物，陪老人聊天，让老人家很开心，因此丈夫家的兄弟姐妹也都对钟阿姨赞不绝口。

不得不说钟阿姨在我眼中是一个很好的后妈，她对继子甚至是小孙女都像亲生一般对待。这是一个十分正面的后妈个案。

从上面的采访可以看出，这个家庭之所以能比较和睦幸福是因为互相理解和包容。子女理解父母再婚的决定，为了父母的幸福真正地把继父母当作亲生父母一般尊重、照顾。后妈也通情达理，主动展示善意，主动承担母亲的责任，爱护、照顾继子和继孙女。当然，后妈本身的做法也是决定一个重组家庭能否和睦的决定性因素。

这个个案的特殊性在于再婚父母的年纪比较大，继子女都长大成人了，拥有了自己的家庭，甚至也已经为人父母。因此他们对于父母的依赖程度比较低，对于父母之爱的占有欲也较小。他们能够明白为人父母的艰辛，不希望父母抚养孩子长大后不能安享晚年，所以更多地支持和包容老父母的决定。

因此可以看出一个家庭的和睦，血缘关系固然重要，然而互相的理解和包容更为重要，很多原生家庭反而没有如此和睦。

社会应该如何正确看待"后妈"这一群体也值得我们思考。从动物行为学方面看，继子女对后妈来说毕竟不是亲生的孩子，所以我们对待后妈的期望值不该像亲生母亲那样高。现如今，先入为主的刻板印象会让人尤其关注和放大后妈的一言一行，从而使后妈的标签化越来越严重。我无法通过个案证明整个后妈群体的现状，但是这个个案至少可以证明，标签化的"后妈"是对某些个体不公正的对待。这个案例也为如何当一个好后妈，重组家庭如何保持和睦提供了正面示范。

9. 非主流后妈

[访谈背景]

提起"后妈"一词，我脑海中自动对应的形象便是客套热情、生硬尴尬的年轻女性，面对亲生骨肉与继子女两张脸，或者在两种儿女之间平衡不定的忧虑不安，对新的家庭环境的抵触，对归属感的渴望。然而人总是会慢慢适应环境的，最初的生硬在数年后也许会脱胎换骨变成习惯，当然，也可能横贯半生逐渐固化成心里失落的一角。毕竟都是人，七情六欲的存在也许会让一切不可能都变成可能。

但是，我们这些局外人是不是对于作为"他者"的后妈积攒了一些误解呢？我相信是有的，但这些误解也在情理之中。后妈也是人，关于人的一切负面形象都有可能在她们身上出现，而对于后妈的一切误解也都有可能在非后妈的群体身上出现。

所以，我是想尽量以零认知的陌生人视角来进行访谈。采访对象郑阿姨是我母亲的发小，虽然现在联系已经不多，但我仍记得小时候两家聚会时她与母亲的亲密。今年端午节回家便去拜访了她，她也很乐意与我分享自己作为后妈的经历与心态。

以下是受访家庭的基本信息：

后妈基本信息：现在42岁，30岁时成为后妈，有过一次婚姻。

继子女基本信息：继子25岁，继女17岁。

后妈与新家庭：正常二次婚配，后妈没有带着自己的孩子进入新家庭，也没有再生育新的孩子。

后妈与继子女关系：很好。

后妈经济情况：煤矿工人家庭，自己是矿上采煤区办事员，负责行政事务。

[访谈内容]

（一）后妈的自我认同

郑阿姨的第一次婚姻是一段很失败的经历，23岁结婚，次年生有一子。前夫在婚后第三年便有了外遇，很快就提出了离婚。郑阿姨在悲愤痛苦之余表示拒绝，两人关系陷入僵持。前夫心愿不遂竟数次借故殴打郑阿姨，一次家暴后将其反锁在家中，郑阿姨在邻居的帮助下逃了出来，最终决定离婚。

离婚不久，由于矿上邻里之间交往相对密切，一个矿区的居民基本都互相认识，加之有热心人的撺掇，郑阿姨与林叔变得逐渐熟悉起来。

林叔的前妻也是因为外遇而与之离婚，一双儿女被分判给两人抚养，但孩子们跟林叔更亲近，所以相当于林叔离婚后独自抚养两个儿女。林叔年长郑阿姨9岁，为人踏实可靠、十分体贴，独身一人带着两个孩子生活，既做爸又当妈，如果不是沉稳顾家的性格，一定撑不下来这几年。在将近两年的交往时间中，郑阿姨被林叔的朴实体贴所感动，也习惯了这种陪伴，于是决定与林叔共同组建一个新的家庭。

在郑阿姨与林叔结婚那年，继子13岁，继女5岁。事实上，郑阿姨认识继子、继女的时间已经不止两年了。矿上人际关系网不大，郑阿姨本来就与林叔的前妻认识，两个孩子也都叫她阿姨，以前偶尔还会去郑阿姨家里串门玩儿，因此他们一直都是心怀好感的。另外，两个孩子与生母的感情并不十分亲密，依赖性也不强，这也许是他们不那么排斥郑阿姨来做自己的"妈妈"的原因之一。

但与此同时，郑阿姨的亲生儿子小鹏却对母亲完全抗拒。在郑阿姨还没有离婚时，小鹏的爷爷奶奶就近乎蛮横地占据了养育孙子的大部分时间。郑阿姨的前夫是独子，小鹏也是独子，因此前夫的家庭对于这个唯一的孙子万分看重。在郑阿姨与前夫闹矛盾最严重的那段日子，爷爷奶奶把小鹏强制性地留在了自己家里，不让郑阿姨见他，甚至整日对小鹏灌输"你妈妈是狐狸精，在外面找了别的男人，老是跟你爸吵架"之类颠倒是非的观念。离婚后小鹏由父亲抚养，也许是因为自小对妈妈的印象就在"狐狸精"上定了格，小鹏自父母离异后就再也没有主动搭理过郑阿姨，而且表现出一定自闭症的倾向——除了爷爷奶奶和父亲，他不愿意主动搭理任何人。在得知小鹏考上市重点初中时，郑阿姨准备好了初中三年的学费和生活费要给小鹏送去，却遭到了他的严词拒绝。高一那年，郑阿姨为小鹏买了课外辅导资料送去学校，小鹏连见都不愿意见她一眼。

"那时真的是心已经完全冷掉了，我就把资料送给他爸邻居的儿子，和小鹏是同班同学，我让他跟小鹏一起用。已经努力了十来年了还是这样，还能怎么办呢，算是放弃了吧。"提及小鹏，郑阿姨努力抑制住情绪，但还是湿了眼眶。

好在新家庭的生活很幸福。林叔是很顾家的男人，烹饪水平一流，一日三餐都是他来负责，顿顿不落。每年交学费的时候，林叔甚至也都会准备三个孩子的学费，即使小鹏没有跟郑阿姨一起生活，林叔的心里也认可这个孩子。继子继女在郑阿姨来到家里一年半之后就改口叫了"妈妈"，不仅不排斥她，而且表现出了亲近与依赖。继子尤为孝顺，有一年郑阿姨大病一场动了手术，继子床前床后服侍得勤快至极，还在床边给她讲笑话、逗她开心；中学毕业后去服兵役，回来后还用转业费给郑阿姨买了不少鲜亮的衣服。继女也很依恋郑阿姨，读小学的时候本来是在另一个矿上与生母一起居住，但她没过多久就央求父亲把她转到了郑阿姨所在的矿区小学，与郑阿姨一起生活，周末去邻县参加兴趣班也都是由郑阿姨接送。

持久的爱永远不可能是单方面的付出。新家庭的幸福与郑阿姨自己的努力也息息相关。

"担心，怎么能不担心呢？不管他们原来家里是什么情况，我一过去，总还是会让人不习惯的。一开始不好意思叫我妈，后来就习惯了。两个小孩懂事，真是特别不容易。"在问到"结婚之前会不会担心两个孩子心里不接受自己"的问题时，郑阿姨如是感慨。"其实我相信大部分后妈心眼儿都不坏，都是善良的，又不贪财，何必使坏呢？谁不想要家庭美满生活幸福？主要是现在好事不出门坏事传千里，有些坏心眼的人被别人记住了，就觉得后妈都这样。当时我心里是觉得两个小孩可怜，就是有种感觉，我就是要去当他们妈的。他俩现在也不跟亲妈联系，就都已经习惯这样的生活了。"

也许是一种良性循环吧，郑阿姨表现出了母性的关怀，继子继女的存在多少也填补了她心中亲生儿子留下的空白，而继子继女的友善与依恋也让双方的关系越来越紧密。"后妈"也是妈，甚至比生身母亲还要温暖人心。

现在，郑阿姨提前退了休，在矿上开了一家小店，卖针头线脑、烟酒零食之类的日常杂货。林叔也快到了退休的年龄，打算以后和郑阿姨一起经营小本生意，过膝下子孙环绕的平淡日子。继子结婚早，现在已经有了一个女儿，夫妇双方工作忙，孩子平时就由郑阿姨带着。继子与郑阿姨、林叔住的地方就隔了一栋楼，两家平时吃饭都在一起——当然，做饭还是林叔负责，"他们爷俩都不放心我下厨，怕吃了拉肚子"。郑阿姨笑着调侃。

去年，林叔一家被矿上评上了"五好文明家庭"，其中郑阿姨跟继子的媳妇还获得了"最佳婆媳"的称号。现状很幸福，家和万事兴。

（二）后妈的家庭认同情况

上文已经提到了郑阿姨新家庭中与继子女、丈夫之间的相处模式，彼此之间的融洽关系，以及丈夫在家庭中的角色地位、处事态度，也体现了继子女对作为后妈的郑阿姨的态度与观点。

郑阿姨七岁丧父，由母亲抚养长大。在打算开始第二段婚姻时，母亲非常不同意，一是觉得林叔与郑阿姨年龄差太大（近10岁），林叔比郑阿姨的两个姐夫都要年长，而且郑阿姨第一段婚姻经历实在太悲惨，母亲担心女儿再度受伤；二是顾虑林叔的一双儿女会不接受后妈，"都说蝎子的尾巴后娘的心，就算我不坏，也怕人家孩子害怕或者憎恨我"。郑阿姨说。但看到现在家庭生活如此美满，老人家也是十分欣慰。

郑阿姨的大姐也对小妹的婚姻感到过忧虑。"都是怕我这个后妈在人家家里受委屈，毕竟小孩不懂事，能闹出来什么事也都不知道。"郑阿姨解释，"不过担心都是多余的，什么事也没有，两个小孩特别懂事。"

刻板印象无处不在。自上而下的认知有弊有利，但社会上对于"后妈"形象的建构多少都出现一边倒的现象，这给不少正常二次婚配的女性带来了困扰。传统续弦、第三者上位、正常二次婚配的这三种类型的后妈，她们的心理与行为肯定会因身份差异而有所不同，但人们看见的只是"后妈"群体，而非具有丰富多样性的个人。

后妈本就代表着对新环境的涉足、适应，而适应永远是夹杂着苦涩与甜蜜的过程，身为局外人，我们能做的有意义的事也许就是避免立场先行，以理解的态度去看待这一群体。

10. 有一种母爱叫做"后妈之爱"

[访谈背景]

黄女士，36岁，自由职业者，共结婚两次。第一次婚姻开始于25岁，一年不到"闪离"，并未生育。后与现任丈夫相识，32岁再婚，并放弃原有工作开始做全职妈妈，兼职做微商。现任丈夫章某，为某民企部门经理,41岁,3年前与发妻离婚，与前妻育有一子，现年15岁，小名"乐乐"，今年初中毕业。据悉，章先生与黄女士没有再要小孩的打算，黄女士与乐乐关系融洽。

黄女士是我嫂子的闺蜜，也是嫂子为我联系上了黄女士。不同于原先的预想，我与黄女士的交流从一开始就非常顺利，可能因为我嫂子的关系和我浙大学生的身份，黄女士十分愿意接受我的采访。我与黄女士先在微信上进行了交流，大概了解了她的情况，36岁的她是一名准"80后"，思想观念很前卫，精神状态也很年轻，她自称是一名"非典型性"后妈。与刻板印象中的后妈形象不同，黄女士与继子乐乐的关系十分融洽，再婚后选择做全职妈妈的黄女士与乐乐接触得也非常多，对继子的情况非常了解。黄女士希望通过接受这次访谈，向大家展示一个新时代的后妈形象，并且希望能通过与我面对面交流的机会，为其继子乐乐即将开始的高中学习"取取经"。

访谈时间：2015年7月4日下午

[访谈内容]

阴天午后，我与黄女士相约在某大型购物中心的咖啡厅见面，看得出黄女士有精心打扮过，水果色的连衣裙和淡淡的妆容，让黄女士看起来大概只有二十七八岁，但实际上她已经 36 岁了。在点过饮品后，我们迅速进入了访谈。

我首先向黄女士了解了她的情感经历，她对两段婚姻的过程毫不避讳，她告诉我：她与第一任丈夫是大学校友，毕业后相识相恋，25 岁与他结婚，但是因为工作的关系长期异地，这对年轻的夫妻来说是一个巨大的挑战，这段婚姻仅仅维持了一年，就因为双方都无法忍受分隔两地而结束。黄女士觉得当时的自己对待感情不太成熟，也知道这样的"闪离"遭受到了亲友的非议，但是她并不在乎，也不后悔做出这样的决定，而她的父母对她的选择是绝对支持的，这也给了她莫大的鼓励。因为这段婚姻经历，黄女士决定以后再寻找伴侣，一定要找一个能照顾自己、照顾家庭的成熟稳重的男人。

时间过得飞快，之后的四年里，黄女士经历了一段恋情，也被亲友拉着相过几回亲，但都没有遇到合适的那个他。直到 30 岁时，黄女士因为朋友的饭局认识了现任丈夫章先生——一家民营企业的部门经理，两人间互有好感，在逐步了解的基础上确定了恋爱关系。黄女士知道章先生此前也曾有过一段婚姻，且有一个儿子，但她对此并不介意，她觉得相似的经历反而让他们之间拥有共同语言。在恋爱的过程中，黄女士同章先生与前妻所生的乐乐已经有所接触，她觉得乐乐很聪明也很阳光，她非常喜欢乐乐，偶尔还会买一些小礼物送给乐乐。据黄女士说，章先生告诉她乐乐对她这位"阿姨"也挺满意。

黄女士 32 岁时决定与章先生结婚，双方对第二次婚姻都很慎重，双方的挚亲也都对这段婚姻很满意，而且他们的结合还收获了乐乐的肯定。结婚当天，乐乐即改口叫了黄女士"妈妈"。

黄女士之前很喜欢孩子，也一直希望能拥有一个自己的孩子，但是在有了乐乐这个儿子以后，她觉得很满意，也感受到了拥有孩子的幸福。黄女士考虑到自身年龄较长，再怀孕就可能是高龄产妇；也不希望因为再生一胎而冷落了乐乐等多方面的因素，黄女士与章先生决定不再要小孩了。言语中，黄女士还是透露出不能拥有自己的孩子的遗憾，她说这种遗憾不在于自己血脉的延续，而在于无法参与一个新生命完整的成长过程。而这，正是她最看重的。

也正是因为上述的原因，黄女士在正式成为乐乐的后妈后，尽全力承担了一个母亲的责任，参与了乐乐的每一个成长过程。黄女士认为她正在陪伴乐乐经历最重要的青春期，她偶尔也会觉得乐乐有一些小小的叛逆，她甚至观察到乐乐好像已经谈了女朋友，但是黄女士对此并不在意，她觉得这都是孩子青春期的正常表现，只要没有做出什么特别出格的事情,她都可以接受。黄女士表示会一直默默观察乐乐的情况,确保他健康地成长。特别让黄女士高兴的是,刚刚初中毕业的乐乐中考成绩相当不错,可以直接入学当地最好的高中。黄女士与其他大多数家长一样,对孩子高中的学习生活十分关切,她希望乐乐能在三年后的高考中也取得好的成绩。之后,黄女士向我咨询了一些高中学习生活的问题,从中也可以看出她对于乐乐成长的关心。

最后,我向黄女士进一步了解了乐乐和他的亲生母亲的情况。乐乐的亲生母亲是一个事业上的女强人,因为工作忙,她大概每月会见乐乐一到两次,大部分时候都是乐乐到其家中住上两天。乐乐与亲生母亲的感情也很好,并且乐乐的亲生母亲对孩子的教育和成长也十分关心。总的来说,在教育乐乐这件事上,黄女士与孩子的亲生母亲观点比较一致,两人并无太多交集,关系还算融洽。

不知不觉中,一下午的访谈时间匆匆过去,黄女士要去接乐乐到他的奶奶家吃饭了。我们愉快地结束了这次访谈,黄女士向我表达了以后多多联系的意愿,希望我能对乐乐的高中生活多提供一些建议,我也希望能在之后的交流中,继续观察黄女士这份独特而珍贵的母爱——后妈之爱。

与黄女士交谈的内容,可谓是"意料之外,情理之中"。"意料之外"的是,黄女士与继子乐乐的关系能够如此融洽,打破了我对后妈的陈旧观念,同时黄女士对于后妈这一角色的独到见解,也让我深感她的"情商"很高。"情理之中"的是,从我前期侧面对黄女士的了解和与黄女士直接的交谈,我已经大概了解了她的一些情况,也对她与继子的关系有一个初步的预判,而越来越开放包容的时代特性,也让我相信这种和谐融洽关系的存在是很有可能的。但是,从我与黄女士的交谈以及其在社交网络(朋友圈等)上的表现可以看出,黄女士是一个很要强的人,她向别人展示的后妈形象也自然比较正面。这一点,在我与嫂子的交谈中也被证实,黄女士的确也曾为处于青春期的乐乐烦恼过。总的来说,黄女士与乐乐的关系不错,黄女士的"后妈之爱"也很让人羡慕,值得我们进一步去思考。

虽然从对黄女士的访谈中我们可以看出她与继子乐乐的关系不错,但是黄女士的话语之间还是流露出一丝没能拥有一个自己亲生的孩子的遗憾。再婚后,是否与现任丈夫再要一个孩子,也成为不少后妈"头疼"的问题,甚至直接关系到后妈与继子女之间的关系。这一问题的影响是否明显?又会产生多大的影响?

在人们以前的刻板印象中,后妈总是"阴险""恶毒"的,与继子女的关系也比较僵，黄女士的情况却给我们呈现了一个完全不同的后妈形象。那么，随着时代的进步，后妈这一群体的社会接受度是否有所提升呢？后妈与继子女的关系总体来看是否有所改善呢？"真心相待"的"后妈之爱"与传统观念中"血浓于水"的"亲妈之爱"相比又会有多大的差别呢？

11. 我现在的生活很幸福

【访谈背景】

小于，今年16岁，正在读高一。6岁时父母因性格不合而离婚，9岁时爸爸为她找了一个后妈，现已过了七年。和她电话交流后，她把我的请求传达给了后妈，后妈出乎意料地没有犹豫便答应了。

小于的后妈梅芳（化名），今年40岁，宁波人。通过正常二次婚配成为后妈，与前任丈夫育有一子，今年15岁，由奶奶抚养。

【访谈内容】

后妈梅芳，曾经有过一次婚姻，育有一子，可后来丈夫因车祸不幸去世。在独自辛苦抚养儿子两年后，经人介绍，她遇到了现在的丈夫——老于。老于就是小于的爸爸，因小于被判给妈妈抚养和其他家庭因素，所以他并不希望自己的另一半带着孩子嫁给他，梅芳只好将儿子留给奶奶抚养，承诺每月给予一定的抚养费。儿子跟她闹过别扭，甚至有好几年没怎么理睬她，这两年才有所缓和。我问她为什么这么做，有后悔过吗？她笑了笑，说很多事情并不是一时半会能说清楚的，自己也不过是想找一个最好的平衡点，一个人带孩子真的太辛苦了。现在的生活很幸福，孩子也成长得很出色。看到梅芳略带苦笑的表情，以及听到她模糊的话语，我担心她可能不太愿意开口谈大儿子的事，所以便没有再多问，继续下面的访谈。

因为在小于小时候曾听过她与后妈的电话谈话，所以我知道她们的关系一直很融洽。果然，梅芳一提起小于便夸个不停，笑容满面。"她真的很乖，在我和她爸爸刚交往的时候就亲切地叫我'阿姨'，从来都不哭不闹，现在和我也很好，我们经常在一起吃饭。"梅芳说自己曾经担心过小于会讨厌自己，不认同自己，而且当时自己也并没有完全做好应对这种情况的准备，结果受宠若惊的是，小于竟然全力支持自己和她爸爸之间的事情。"她当时跟我儿子差不多大，可她从来没有发过脾气，这真的是令我没有想到。这大概也是我嫁给她爸爸的原因之一，呵呵。"梅芳略带顽皮地笑了一下。梅芳为小于生了一个弟弟，现在已经5岁半了，每年生日小于都会给他准备礼物，姐弟间从来没有过隔阂。

当问到有什么烦恼或困难时，梅芳又笑了，思考了一会儿说没有，"真的要说的话，大概就是孩子的问题了，他比较调皮，我在想怎么才能让他像小于姐姐那样听话一点，要是能有小于姐姐的一半就好了。"提到最令人头疼的公婆问题，梅芳反倒更轻松了："爸爸妈妈（公公婆婆）对我很好，比老公还好，我以前刚了解老公家情况时，以为是因为老公脾气会比较暴躁或公婆比较凶才会离婚，后来才发现自己想多了。"这时刚好老公办完事回来，装作生气的样子说："你没说我坏话吧？"梅芳"不屑"地白了他一眼，但马上又露出牙齿笑了。这种年轻又温馨的相处方式也让我羡慕了一把，可见两人真的很恩爱。

梅芳向我解释了相处融洽的原因："大概是我们能互相理解吧。小于能理解我和她爸爸，我和她爸爸之间也能相互体谅。夫妻之间肯定有不愉快的时候，但我们能迅速地调节好自己的情绪，所以没有过大吵大闹的情况。"至于对未来生活的期盼，梅芳表示自己不再是年轻人，没有其他方面的追求，只盼望一家人健健康康快快乐乐的。最后谈到如何看待后妈这个群体时，感同身受的她说其实后妈并没有任何不妥，自己以前也未想过会成为一名后妈，而且大部分后妈都不会再离婚，因为她们经历过失败的婚姻，所以普遍会深思熟虑之后再开始一段婚姻，也就更加珍惜婚姻（这是针对之前有过婚姻关系的后妈）。对于第一次结婚就当后妈或是小三上位的那些人，梅芳表示自己可以理解第一类人，但绝不会接受第二类人，"我虽然是后妈，但我是传统的人，我觉得小三就是不道德的，这和我们这些人不一样。"至于新闻里那些与继子女关系恶劣的后妈，她说这其实只是一小部分而已。

在访谈过程中，梅芳一直都是处于非常放松的状态，全程认真聆听我的问题，认真思考如何回答。再婚七年，我想她应该早已习惯后妈这一身份了吧，而且可以看出，这段婚姻是真的很美满。大概是因为自己的媳妇（老婆）就是后妈，所以公公婆婆和老公对于后妈这一群体也抱着理解的态度，愿他们的生活一直幸福。

在和梅芳聊完之后，我又向小于询问了几个问题。小于向我透露，虽然她表现得很乖，但其实在一开始她的内心有点排斥后妈，这一点后妈和爸爸从来都不知晓。"因为感觉自己可能会受到伤害，爷爷奶奶和爸爸也因此会少分一点爱给我，而且我很心疼妈妈。"可随着年龄的增长，她早已放下成见，妈妈现在也有了自己的生活，为她找了一位后爸，一个不和睦的家庭变成了两个和谐的家庭。与其天天吵架，不如分开各自再寻找幸福，小于很为她的爸爸妈妈感到高兴。

其实在开始这项调研前，我几乎都快忘了前几年社会上热议的后妈现象。才记起自己确实看到过不少后妈与继子女关系恶劣的新闻，也曾经为此愤怒过。然而通过小于和梅芳一家的叙述，还有网络搜索，我发现这一情况其实已经比较少见，很多时候家庭和睦需要大家互相理解。正如梅芳所说，小于乖，不讨厌她，她也从来都把小于当成自己的孩子看待。我认为这便是"退一步海阔天空"的最好解释，小于和梅芳的相处是一个非常值得借鉴的例子。而媒体的报道会影响许多人的看法，媒体是否应该反思，在报道问题的同时，多引导如何构建和睦的家庭，多报道这样的正面例子。

12. 因为懂得，所以慈悲

[访谈背景]

在中国文化意识里，继母和孩子之间的关系被描述为带有敌意的、吃力不讨好的关系，在这种不自在不友好的关系里，继母和孩子双双都要顶着"家和万事兴"的压力，彼此努力适应和接纳对方，尤其是继母，不得不使自己最大程度上能够免去他人的口舌，以免背负继母总是待孩子不好的恶名。

对于一个失去了母亲的孩子（无论是丧母还是父母离婚），他不但要适应生活中没有母亲陪伴的事实，还要去适应爸爸的新的感情关系，接受一个没有血缘关系却又是母亲身份的女人进入自己的生活，孩子很多时候是无措和紧张的；对于继母来说，进入一个不熟悉的家庭，要成为这个家庭的一分子，从客观上改变一个家庭的亲密关系结构，也是忐忑不安前途未卜的，所以说，继母不好当。

对于继母与继子女的关系向来是比较敏感的，但幸运的是身边有这样一个愿意分享这种感受的人，为了避免尴尬，采访多采用间接方式；我用问卷和微信联系的方式与这位继母进行交流，这次的访问打破了我一贯的认知，也让我对这位母亲有了较为深刻的认识。

我的采访对象陈女士现年 40 岁，是一位幼儿园园长。她于 26 岁那年成为后妈，之前并无婚姻经历。

她的继女小 C 现年 17 岁。小 C 的父母在她 3 岁时离异，父亲重组了新家庭。

陈女士通过正常二次婚配进入新家庭，后育有一子，与继女相差4岁。陈女士与继女小C关系较好。

【访谈内容】

交流过程中我被这位后妈的想法以及态度感动了，其实真诚的付出能改变很多，能够打动一个陌生人，当然也可以是一个看似不能接受的懵懂的三岁孩童。

继母陈女士从事幼师职业，自身家庭环境较为优越，当初不顾家人的反对，坚持与离异有孩的男士结为夫妇，归结于"缘分"与"爱情"。丈夫对于自己的女儿很是宠爱；对于一个年轻女人来说，忽然间成为一个3岁孩子的母亲，角色很难转换。但在理想层面上，她是下定决心要接受他的女儿，虽然不能做到视若己出，但还是要对这段关系负责。

印象中小C是比较早熟懂事的，但问及初次与她的后妈见面的情景，她说自己也记不得了。也是，三岁，未经世事；陈女士回忆当时的情形，自己与丈夫商量——该不该告知详情或隐瞒自己"后妈"的身份，但考虑到孩子虽然聪明但毕竟还小，便对她说，"妈妈很忙，派我来照顾你，所以你可以喊我阿姨或者小妈"，小C欣然接受了。

良好的开端，一起生活的日子也无大波折。由于陈女士家境良好，在经济上并没有完全依靠丈夫；每次带小C去看她妈妈都是他们亲自接送，还会挑好礼物让她带去……

提及两人相处过程的问题和摩擦，陈女士承认，幼时的小C会与自己"抢"丈夫——有时候陈女士与丈夫挨着坐，小C偶尔就会闹别扭。母亲和女儿其实是一对竞争的关系，竞争的中心是爸爸，两边都需要获得爸爸的爱的认可，才能在家庭中占有一席之地，继母和女儿的竞争色彩则更为浓厚，女儿生怕父爱被继母夺走，继母担心自己在这个家庭中因爸爸和女儿稳定的关系而难以容身。

陈女士说，自己挨着老公坐，女儿因此闹意见这件事，充分体现了这种竞争关系，女儿在当时就产生了爸爸被阿姨夺走的悲壮感，而她又是一个聪明的孩子，知道要克制自己的情绪，因为她不希望爸爸说自己不懂事，不希望自己事后会跟爸爸告状，四五岁的孩子已经懂得，父母的关系是优先于父女关系的。她会为自己打圆场，也给陈女士台阶下。

逐渐认识到这一点以后，陈女士出去吃饭不再单独让孩子坐一边，出门在外也会两人拉着孩子。

最大的问题不在于此，陈女士认为缘由还在于自己的怀孕。儿子的出生，第一胎，由于没有什么经验，当时凡事小心翼翼精神紧绷，于是渐渐与小C有所隔阂，且随着小C的成长渐渐明白父母男女之间的关系，变得有些叛逆；陈女士说，她曾一度想要将孩子送回爷爷奶奶家抚养。但孩子是敏感善良的，她会有意无意地靠近自己，撒娇，想要和自己比赛等，与丈夫又一次交谈之后，两人决定还是四人一同生活。

如今一家人生活已有十余载，小C的父亲经营一家小有规模的轮胎店，陈女士开办了一家幼儿园，小C和弟弟升入住宿中学；陈女士表示，虽然小C平时打电话回家与父亲交流较多，但有时也会专门打给"小妈"。可见关系还是挺和谐的。

最后，从陈女士的角度我也了解到了一些她的父母对于这个重组家庭的看法。起初，陈女士的父母对于自己女儿要嫁给一个离异且带有"拖油瓶"的男人必然感到不满，周围的风言风语也使他们感到困扰，他们甚至阻止过陈女士这段婚姻；时至今日，他们也没有多少异议了。

能够真正和谐相处的继母女并不多，且过程会非常艰难。陈女士感叹，若真的没有信心能够处理好这种关系，将孩子交给爷爷奶奶抚养，虽然是一种恶劣的方式，但是与孩子长期处于恶劣的母女关系中相比，似乎更好些。

作为一名幼师，陈女士也谈到了一些自己与继女相处的心得。（由笔者整理归纳）

首先，要和孩子做朋友，这条原则，无论是亲生母亲，还是继母，都适用。继母尽量不要强迫自己站在母亲的位置，当你并不能自然自如地面对孩子的时候，以朋友相待是最好的关系模式。

其次，转变你的思想，制约你们的规则，绝不是讲道理，而是尊重与平等，大人自以为是，用道理"镇压"一个聪明的孩子，是要弄巧成拙的，要知道，等女儿成长到伶牙俐齿、有自己的主见和看法的年龄，"讲道理"这种古板的行为，就没有任何效果了，女儿会像你给她讲道理一样，给你讲道理的，没准比你讲得还好，有其母，必有其女，是不是？

再次，和孩子相处，要尊重她的感受，理解她的恐惧，和她平等互动，宽容对待她，等于是为自己顺利融入这个家庭开路，而不是什么降贵纡尊。孩子的心情和你是一样的，她也不希望自己通过讨好你而委屈自己，不希望用自我牺牲来换取关系的和谐。

最后，陈女士笑着说："当初的我也是一个大孩子，让小孩子知道你是一个大孩子，不是来抢爸爸的，而是来和她建构一个和睦的三口之家，这样也许更能减少对立的情绪，达到维护良好关系的目的。"

在这条特殊的家庭链条上，也许作为父母的一方逃避责任是很容易的；继母作为家庭链条中更加特别的存在，有着维系家庭的责任与苦衷。作为一个年轻人，看待这个问题会有更加鲜活的视角——《小王子》中曾经写道："大人们总是忘了，每个大人都曾经是一个孩子。"那么，就把这个孩子当作十几年前二十几年前的自己来对待吧。

在问及陈女士对后妈群体的认知情况时，她说出了一番富有哲理的话："想一想如果三五岁的你遇到这样的情况，你希望自己的继母如何对待自己呢？你需要把她当成一个完整的、有思想的个体，把自己当成一个妈妈，记得自己也是一个有很多缺点的人。如果你觉得自己错了，别害怕跟她认错，这不会有任何损失；如果你觉得她表现出色乖巧，不要忘记表扬她。如果你真的觉得她胡闹，也不妨宽容一些，耐心地与她讨论，学习与孩子相处的方法。相信我，你会觉得自己重新成长了一次，特别棒。"

有个很美很美的小故事。妈妈给女儿撑伞，女儿就跑去给淋雨的小花朵撑伞。爱是会传递的，"因为懂得，所以慈悲"。

13. 自己掌握人生的选择权

[访谈背景]

王珍（化名），44岁。37岁时带着15岁的女儿踏入二婚，组成了一个四口之家，男方的儿子当时初三在读，16岁。现在女儿在上海读大学，而儿子已经进入社会开始工作，大多数时间家里只有王珍和丈夫两个人，家庭关系较为和谐。

虽然说平时见到王珍的次数也比较多，但是对于她的二婚经历知之甚少，如果单从她平时的欢脱状态来看，她的家庭生活应该是和谐圆满的，但从表面断定是单调不全面的。

去到王珍家的时候，是端午的晚上，天气不太好，雨一直在下。在王珍的电话指引下，好不容易才找到了她家。开门的是王珍的丈夫，他穿着居家的睡衣迎我进去，原来王珍前几天被汽车擦撞，脚摔断了，这一段时间都不能自己下床行动。见到她的时候，她正坐在床上，手里的针一起一落，正在绣着一幅庞大的牡丹图，房间里开着电视机，咿咿呀呀地响着。见我进来，她笑着招呼我坐下，让丈夫去楼下切西瓜。

[访谈内容]

王珍给人的印象和以往小说、影视剧中所塑造的"后妈"形象有着很大的差别，她为人豪爽，讲话也直来直去，有什么说什么。访谈期间她翘着一只脚坐在床上，一边捣鼓着自己的十字绣，还一边调侃了几句送西瓜上来的叔叔。她说因为最近脚不方便，很多事情都不能自己做，上厕所都要靠叔叔从二楼背到一楼。"他最近都很乖了，什么都顺着我，洗衣服、做饭这些事情他都做了。你看我都吃胖了。"说这些的时候，王珍也没有停下手里的针线，脸上绽开了笑意，而一旁的叔叔则兀自笑了一声，转身下楼去拿垃圾桶。

我以第三方的角度看来，他们过得很好，至少还不赖。就像王珍对未来的期许一样，等两个孩子再过几年都能独立，有了自己的生活，他们两个老的就可以退下来过清闲日子了。她的想法和无数家长一样平凡普通，一样珍贵可爱，只要大家都各自安好就足够了。

以前王珍会因为丈夫前妻的介入感到不舒服，也会因为别人口中的传言而怀疑丈夫，争吵和不愉快肯定会横亘在两人之间，但是都被时间冲淡了，他们是夫妻，又像是老友。

（一）关于再婚

王珍和前夫李力（化名）有一个女儿，叫做小敏（化名）。在小敏三年级的时候，李力因为车祸高位截瘫卧病在床，为了给他治病花光了家里的积蓄还欠下了巨额的外债。王珍每天除了要照顾丈夫和年幼的女儿，还要自己赚钱抵销债务，那段时间是她最难熬的日子。但是她很少哭，她知道哭没有用，所以她更用心地寻找出路，渐渐摸索出了生意的门道，把丈夫治疗期间的债务一点一点还清。

37岁那年，王珍遇到了现在的丈夫——张文（化名）。张文是个性格随和的人，虽然话不多但是做事踏实，肯吃苦。在坚持了六年后，王珍最终选择了离婚，和张文重新组建一个家庭。对于她的选择，李力和他的父母虽然一时心里难以接受，但是一切都化为理解。王珍为这个家庭过往所付出的责任和心血他们必然感受得到。

据王珍的好朋友说，她现在依旧会和那边的父母保持联系，也会给二老适量的生活费，为李力尽点心力。王珍这次受伤，二老碍于情面不好直接来探望，但还是打电话来嘘寒问暖。

谁也不知道这场车祸会给他们带来什么，人生就这样开始扭转，指向了新的方向。谈到最后为什么会二婚并且成为后妈，王珍说："女人总是要有个依靠，我一个人有时候真得很累，也很需要一个人陪我。我也不知道为什么事情会是现在的样子，可能真的是命运这个东西吧，它逼着我们向前走。"

(二) 遇到一个"好儿子"

说起儿子张凯（化名），王珍还是很满意的。王珍和这个儿子第一次见面的时候，凯凯已经 16 岁了，而小敏也 15 岁在上初中了。两个年龄相近的孩子，都是半个小大人，很多事情都有自己的认知和理解。

凯凯 13 岁的时候父母离婚，他跟着爸爸生活。说到母亲，他似乎不太愿意提起，或者说有些抵触。凯凯的母亲没离婚前常年沉迷于麻将、纸牌，很少有时间陪伴儿子，而张文的性格又比较隐忍，家庭之间缺少沟通，所以凯凯对于母亲的依赖很小。

王珍说自己和这个儿子最大的矛盾就出现在凯凯的青春期。16 岁的年纪血气方刚，不愿意读书，经常半夜从学校跑出来在网吧通宵打游戏。"我们之间存在的最大矛盾就是他不喜欢读书，而我觉得读书很重要。其实生活上大家都差不多能凑合的话，真的没什么大矛盾。"那一年王珍也没少去网吧抓人。两年前张凯在大学的时候从上铺摔了下来，张文抽不开身，王珍一个人赶去宁波在医院陪了他好几天，给他擦身子送饭，也算是尽职尽责。现在凯凯依然叫王珍"阿姨"，但是两人之间的感情经过几年的磨合也渐渐深了起来。

今年年初，张凯的亲生母亲回家来闹，他还和爸爸说要对王珍好一点，好好过日子。

现在张凯大学毕业有一份还算稳定的工作——野外电工。有时候会比较辛苦，但是基本的生活支出能够满足。而王珍和张文现在对于孩子的想法就是学会自己做人，靠自己去闯。而到了适婚年龄的张凯在婚嫁问题也是两个人近期比较关注的一个问题。

(三) 经济独立的两个个体

去采访的时候，王珍和张文刚从一个朋友家回家。她说那个朋友也是二婚家庭，但是最近因为经济问题一直争吵不休，大概就是夫妻双方都想给自己的孩子多一点好处。

对于"钱"这个自古以来的敏感话题，王珍也不避讳。"我们一开始就说好了，经济上自己管自己的，我赚钱养自己的女儿，他赚钱养自己的儿子。当然有需要的时候互相无息借借钱还是可以的。"在经济这个大问题上，两个人选择了经济分离，从一开始就避免了最大的矛盾。之前张文的经济条件也不是特别地好，近两年他承包的工程都有不错的收益，也渐渐好了起来。在王珍看来，这样的选择是正确且利落的。"我们大小事情上都一起商量，包括两个孩子的升学问题还有日常的琐碎，但是经济大权上我们相互之间不插手。就像年初他买了一套房，那是他儿子以后的家，我就不眼红。有本事的话我就自己给小敏挣一个，没本事就靠她自己了。"

现在一家四口住在张文在县城的老房子里，和周围的邻居也处得不错，偶尔闲暇凑在一起打个麻将什么的，也很怡然自得。

王珍这个"后妈"从某种层面上来说应该是相当成功的。不管是家庭内部还是周围的亲友、邻居都对她有一个正面积极的评价，这当然也和她自身豪爽自立的性格分不开。采访中问到家庭关系如何，她一再强调"平平淡淡"这四个字，她本身在工作生活中是个凌厉的女人，但在家庭生活中她只追求平淡顺遂。"我有时候也觉得我这个日子（做后妈的日子）过得有点太顺了，但是现实就是这样的，没有那么多所谓的矛盾啊、不和啊。"

归根到底，我认为王珍能够把"后妈"这个被妖魔化的角色演绎好，有如下几个原因：

（一）性格：王珍本身性格直爽，有事说事，偶有大声争执但是家庭沟通度高、彼此坦诚。而现任丈夫张文为人稳重，不喜争强好胜，能包容妻子。两人性格比较互补。

（二）经济：王珍作为女性有独立的经济能力，两人经济大权分离，避免许多不必要的矛盾，有利于夫妻关系和谐。

（三）子女：重组家庭时双方子女都到了懂事的年纪，可以体恤父母，儿子张凯对于亲生母亲依赖性小，王珍融入新家庭的难度下降。

（四）家庭：双方自主离婚后选择重组家庭，得到双方家庭的理解和支持，舆论压力小。

王珍作为一个独立女性在人生转折期做出的新选择给她的生活带来了新的色

彩，也给我们展现了一个"后妈"的成功案例。让更多的女性学会自立，学会独立思考，把人生的选择权掌握在自己手里，而不是想着嫁一个好老公，衣食无忧。选择一个婚姻，就是选择一个家庭，享得清福的同时也要担得起这份家庭的责任、子女的责任。

卷二：
当代继母图鉴——继母的自我身份认同

卷首语
走近那些形形色色

2016年《东京女子图鉴》开播,引发热议,其中所展现的"女子的欲望",直击观众内心。2018年,得到授权的中国电视剧《北京女子图鉴》和《上海女子图鉴》相继开播,意在展现北上广女子们的欲望、迷茫和矛盾,表现都市女性的生存与进阶状态。都说"幻想是用来破灭的,童话总会在现实面前变成普通话",目前,"白莲花""玛丽苏"女主因其严重丧失行为逻辑的言行,处于即将淘汰边缘。人们已并不满足表面的善恶好坏,而更乐意去追根究底。

现代女性也早已更加独立,更加自我,她们发出自己的声音,讲述自己的故事,不想亦不愿被定义。女性话语权的提升,对于继母群体而言是一个利好消息,作为一个较为特殊的女性群体,在长期被污名化的现实中,她们急需发出自己的声音。"当代继母图鉴"一卷,将为你展现当代继母的现实生活,深入了解继母对于这个身份的认同现状。这里没有极端的善,也没有极端的恶,只有一个个鲜活的实例,像一面面镜子,喑哑地诉说,需要你用心去倾听。

让我们一同走近那些形形色色,去了解她们背后的不为人知。

月亮与六便士

纵观这些形形色色的例子,成为继母,其实是一种选择。这种选择既包括了理想与现实的矛盾,也涵盖了精神与物质的抉择,就像"满地都是六便士,有的人却抬头看见了月亮",抑或"有的人一抬头就能看到月亮,可却没有六便士"。人的一生,会面临无数选择,而"成为继母"这一选择,却因"继母"身份本身的特殊性,而被赋予了太多一言难尽的辛酸。

《月亮与六便士》里有这么一段话:"做自己最想做的事,生活在自己喜欢的环境里,淡泊宁静,与世无争,这难道是糟蹋自己吗?与此相反,做一个著名的外科医生,年薪一万镑,娶一位美丽的妻子,就是成功吗?"放在"继母"这一语境中,那些因为爱而与有孩子的男子通过合法途径相结合的女性,难道是在糟蹋自己吗?

"我只是很喜欢他而已,我知道这段关系不被看好,我之前一直都不敢和我的家里人说这件事情,现在我终于和他名正言顺地在一起了。"(摘自《后妈的难题》)

"一开始告诉父母的时候他们非常地生气,觉得以我的条件完全可以找一个更好的对象,而不是选一个所谓的'鳏夫'。但是老刘是一个很好的人,他对我也很好,有责任心,工作上也努力,我觉得不能因为这个就否定掉他别的优点。"(摘自《现代"后妈"对于传统观念的改变》)

她只想要一个属于自己的温馨美满的小家,她很努力地奉献自己的青春,燃烧自己的热情,可是,怎么就那么难呢!(摘自《我想有个家》)

《月亮与六便士》中还有一段"对于艺术,不能言喻"的表述,其实也可借鉴于此,"对于后妈,不能污名":人们添油加醋地谈论"后妈",由于他们说话并不经过深思熟虑,所以"后妈"这个词被用得太过泛滥,已经取代了"恶毒"一词的地位。许许多多靡所不为之事都冠以它的名义,于是它所代表的群体变得臭名昭著。人们用"继母"来形容狠毒、暴虐、自私、冷酷之人,当遇到真正的这样的人时,他们却又噤若寒蝉。人们试图用这种本末倒置来增添他们茶余饭后的笑料,结果反而钝化了他们对于真实生活的感受力。

不尽职责的继母固然需要指责,但亦需基于基本事实。在口口相传中,颠倒了本末,反而指责所有成为继母的人以及她们成为继母的初衷,这,究竟是谁的悲哀?

殊途同归

前文说到,成为继母,是一种选择。在做这一选择时,不同阶段、不同年龄段的继母是否有不同的心境?在这一卷中,我们将继母的案例分为"初婚继母""再婚继母""准继母"和"祖辈继母"四部分,从纵向的时间线上与不同的继母对话,聆听她们的心声，了解她们对于继母这一身份的认同情况。

那些初婚就选择成为继母的人，往往是不被理解的。

她跟闺蜜倾诉，闺蜜都说她疯了，说天下好男人多得是，为什么非得找一个离了婚还带了孩子的。（摘自《这个后妈有点"酷"》）

张女士说自己一开始想要和年龄相差十几岁，并且已经有一个孩子的丈夫结合时，家人是十分反对的。（摘自《真心才能换真心》）

有人因为爱而毅然决然地成为继母，也有人因为成为继母而后悔。

"那个时候选择的余地太少了，加上我情商低。现在后悔了，早知就早点结婚了。宁愿单身也不当后妈。"（摘自《舆论的对立面》）

这是她们的真实生活，因为真实，才更让人感慨。当初婚继母们正感受着"人生知否柳明暗"时，那些在婚姻门前踟蹰徘徊着的准继母们也在竭力寻找着"不负如来不负卿"的双全之法。

因为h没有结过婚，并且男方还带着一个9岁的儿子，h的父母比较反对他们结婚，h周围的朋友也不建议他们结婚，结婚阻力较大。（摘自《准后妈的踟蹰》）

晶晶告诉我的确是在交往了相当长的一段时间后男方才坦白的，当时两人已经决定订婚，自己问起他的家庭背景后男方才被迫交代。得知真相之后她陷入了迷茫，觉得自己仿佛成为世人眼中破坏家庭的小三，就算不是，那么该如何应对将来的家庭关系，如果原有子女归自己抚养，又该如何相处。（摘自《为爱执着甘当后妈》）

很多男友是一次离异并带着孩子的年轻女孩都非常困惑，是分手还是坚持，也许从理性上来讲，她们可能都知道，分开才是最好的，不然也不会心中如此犹豫和动摇，但情感上就是割舍不下，二十岁左右，偏偏又仍然是容易为爱不顾一切的年纪。（摘自《我要如何来爱你》）

她们犹豫的背后，包含了太多复杂的因素，或许正像她们即将成为的这个身份一样，不该用最简单直白的词去概括。

我们把目光放到我们的祖辈身上，那个年代的继母，是如何生活的？

从社会层面来讲，在20世纪50年代的中国，人们对后妈这个群体并没有像现在这么大的偏见。当笔者询问母亲时，她认为刘氏生前认为自己的身份是个母亲而不是后妈。特别是传统续弦所造成的"后妈"，在当时很常见。母亲说，笔者的曾祖父也多次续弦。换言之，后妈这个群体在当时并不成形。（摘自《后妈群体的社

会变迁》)

后来妈妈也对我说,她之前也是道听途说觉得这后妈"作恶多端",提及后妈都是用"善恶"的道德标准来衡量。而现在她好像慢慢能理解她后来一些缺乏安全感的行为了。妈妈为她之前对后妈的过于绝对的评价还有点不好意思。(摘自《谁愿天生作恶》)

这些继母历经殊途,归于一路,在这个群体中感知着生活的阴晴圆缺。于我们而言,不妨就让其似这月亮变化般顺应自然,不要为其增加无谓的干扰和负担。

第一章
初婚继母们：人生知否柳明暗

1. 这个后妈有点"酷"

[访谈背景]

马洁女士（化名），今年36岁，是一名都市白领，谈过两次恋爱，但没有结过婚。两年前，她遇到了真命天子张奇（化名）。张奇是上海某建筑公司的建筑师，今年40岁，三年前与妻子因为性格不合，双方协议离婚，育有一女，张雨佳（化名），今年16岁。

[访谈内容]

初识马女士，是在知乎网。向她表明用意后，她出乎意料地答应了我的采访，这样的爽快，着实让我吃了一惊。毕竟接受这样一个敏感话题的访问，实在需要一些勇气。

马女士说，在遇到张先生之前，她从未想过自己此生会成为一个"后妈"，觉得自己的经历就像是在写小说。马洁从小就是一个优秀模子，一帆风顺，但唯独感情路上屡屡受挫。

"我在遇到我先生之前谈过两次恋爱，但都不了了之。每次都是我主动提出的分手，因为总感觉那些爱情都不是自己想要的。或者说，我觉得我之前的男朋友跟我并不是很搭调。"

马洁就是这样一个追求爱情的女性，但是岁月不饶人，转眼马洁就到了而立之年，马洁的父母更是为女儿的感情操碎了心。毕竟一个女儿家到了三十多岁还没结婚，实在是让做爹妈的无法接受。但是，马洁坚守自己"宁缺毋滥"的原则，一直不愿将就。

直到两年前，在一次公司联谊活动中，马洁遇到了张奇，两人一见如故，聊得特别投机。之后，两人经常一起出去吃饭、逛街，他们就这样走在了一起。交往半年后，有一天，张奇一脸正经地跟马洁说起了一件事，那就是自己曾经离过婚，还有一个上初中的女儿归自己抚养，希望马洁不要介意。张奇说如果马洁能够接受自己的过去，他愿意立马和她结婚，照顾她一辈子。

"当时听到这事儿的时候真的感觉整个人都傻掉了一样，我当时半天都不知道该说什么，然后我跟他说我想一个人静一静，然后就自己打车回家了。"

回家后的马洁，经历了强烈的心理斗争。她跟闺蜜倾诉，闺蜜都说她疯了，说天下好男人多得是，为什么非得找一个离了婚还带着孩子的。但马洁思来想去，最终还是决定抛下张奇的过去，听从自己内心的声音，跟张奇结婚。

"毕竟，人这一辈子遇到一个真心相爱的人不容易。"

过了自己这一关，接下来就是父母那边了。马洁一开始不敢告诉爸妈张奇的实际情况，只是先把张奇带回家给父母过目。马爸马妈对风度翩翩的张奇十分满意，也默许了他们两个的婚事。但最后得知张奇的情况后，马爸却打起了退堂鼓，毕竟自己的宝贝女儿这要是一嫁过去就成了别人的后妈了，在老人看来，这事儿实在不是一个多么光彩的事儿。但马洁积极地给父母做起了思想工作。终于，二老被他们两个的诚意打动，同意了他们的婚事。

"但这一切仅仅只是个开始"，马洁说。

结婚后，马洁就要直面张奇的女儿雨佳了。刚开始，马洁感到特别紧张，她上网查了好多资料，为第一次见面做足了准备。但是第一次见面过程就不是很顺利。当张奇把马洁带回自己家的时候，雨佳并没有给自己面子。

"当时我先生让雨佳叫我妈妈，雨佳把头一扭，撅起嘴说，我这辈子就只有一个妈妈，那就是我自己的亲妈，我只能叫她阿姨。"这让张奇和马洁尴尬不已。但马洁却不气馁，她告诉自己，要让雨佳接受自己，一定不能急于求成，凡事要慢慢来。

她向丈夫详细询问雨佳的各种情况，包括雨佳喜欢吃什么，雨佳讨厌什么等等，这些马洁都记在自己的记事本上面，一一记牢。知道雨佳每天都要六点半起床上学，之前张奇都是让雨佳自己买面包吃。但马洁却每天定好闹钟起床给雨佳做好热腾腾的早餐。

"刚开始的时候雨佳还有些抗拒，但我知道她是感动的。"虽然每天早起很累，但是马洁乐在其中，因为她知道自己正在一点点靠近雨佳的内心。有一次，雨佳在上体育课的时候扭到了脚，整个脚肿得像个馒头，马洁急忙赶到学校把雨佳送到了医院，跟公司请了假全心全意地照顾雨佳。"那时候每天我都做好吃的给她，她要上厕所什么的都是我背她去的。虽然很累，但我觉得为了孩子什么都值得。毕竟我知道，雨佳是个好姑娘。总有一天她会懂的。"这一切都让雨佳感动不已，终于有一天，雨佳开口叫了马洁一声"妈妈"。马洁又惊讶又感动，流下了激动的泪水……当问及马洁她自己关于后妈这个群体的态度时，马洁说："其实在以前，如果你问我这个问题的话，我肯定跟很多人一样，觉得这个词是一个贬义词。但是，当自己真正成为这其中一分子的时候，我发现一切并没有自己想象的那么糟糕，并且我相信自己能够做好。事实证明，我也做到了。我感到很开心。"

马洁说在适应后妈的过程中，自己的丈夫张奇也起到了至关重要的作用，比如刚开始的时候张奇每天都跟她做思想工作，给了她很大的鼓励。张奇也很懂得如何协调她与雨佳的关系，可以说自己的成功张奇要占到一半的功劳。

但被问到对于未来的规划时，马洁说她对目前的生活很满意，她现在和雨佳的关系特别融洽，两个人几乎无话不谈，有时间两个人还会一起出去逛街，就像姐妹一样。

最后，马洁告诉了我一个好消息，那就是上个月她刚刚得知自己怀孕了。她和丈夫都很开心，雨佳也表示自己很期待这个小弟弟或者小妹妹。马洁也很有自信，自己一定能够协调好这个小生命与雨佳的关系。

"我觉得，现在就是我生命中最幸福的时刻。"马洁在访谈的最后这样说道。我也被马洁的经历所感动。祝福马洁，祝福全天下像马洁一样优秀的后妈！

说实话，在这次访谈开始前，我对这次访谈是否能够成功感到很不自信。但是没想到，结果却让我感动不已。"后妈"这个群体似乎已经被很多人妖魔化了，但其实当我们真正了解她们的经历与生活之后，我们会发现，其实，她们和普通人一样，有着自己的情感与性格。她们扮演着比其他母亲更加不易的角色，稍有不慎就会饱受诟病，这是现状。但我相信，社会上还有很多和马洁一样的后妈们，她们"酷"在行动，美在心灵。她们在用自己的一份力量让这个社会变得更加和谐、更加美好。

对于后妈群体的偏见似乎已经约定俗成。但是，在当今社会，我们不能够坐视这个现象不管，我们每个人都有义务让后妈这一群体不被歧视，不被误解。只要她们没有违背法律，没有违背道德，她们就应该获得应有的尊重与关爱。

通过这次访谈，我对于后妈群体有了一个全新的认识。祝福所有善良的后妈们，祝福我们所处的这个社会，祝福这个时代！

2. 舆论的对立面

[访谈背景]

在寻找访谈目标之前，我先在网络上搜索了关于后妈的新闻，基本上都是虐待继子女的负面新闻。大多数人提到后妈都会联想到恶毒、虐待等字眼，可见后妈在社会上的风评很不好。我又咨询了一些亲人朋友对后妈的看法。虽然对后妈的态度各有不同，但他们基本上都认为，后妈和继子女间不可能有特别深厚的感情。

因为在我的人际圈中并没有可以采访的人选，于是我想到了借助腾讯QQ。我加入一个后妈组成的QQ群中，几个星期的"潜伏""搭讪"后，一位QQ群中的网友表示愿意接受QQ对话访谈。

被采访者基本信息：

姓名	雪地（化名）
婚姻次数	初婚
进入新家庭的方式	正常婚配
成为后妈时的年龄	36岁
现在的年龄	40岁
继子女性别	女
继子女年龄	18岁
目前家庭孩子数量	嫁人后未孕育孩子，家中仅继女一个孩子
与继子女关系	一般

[访谈内容]

（一）后妈的自我认同情况

在与雪地单独聊天之前，我留心观察了她一段时间。雪地在群里的身份就像知心姐姐，时常开导安慰一些气愤的网友。我选择她作为访谈对象，也是被她的积极乐观吸引。因此，在我听到她认为自己的后妈生涯并不开心的时候有些惊讶。

雪地在 36 岁时第一次结婚，嫁给一位离异男士，成为后妈。

访谈对话节选 1：

问：为什么你会成为后妈？

答：那个时候选择的余地太少了，加上我情商低。现在后悔了，早知就早点结婚了。宁愿单身也不当后妈。

问：选择现在的丈夫时有什么考量吗？

答：明理。当后妈都不容易，需要有足够强大的心理能力，去接受种种可能的不公平待遇。如果丈夫不够明理，孩子再心机一点，我嫁过去也只能当受气包。但是没用啊，婚前的明理和包容都没用，丈夫在你和孩子之间永远会先选择孩子。

在新家庭的生活是不尽如人意的。雪地和丈夫登记后并没有马上举办婚礼。雪地没有给出具体的解释，只是含糊地回答，为了他的女儿。

访谈对话节选 2：

问：你和孩子相处得如何？

答：孩子很难带，哪怕自己亲生的也不一定能带好。你不管了，他会认为你对他孩子不好，不够关心，管多了就会有仇。后妈怎么做都是错的。

雪地提到，为了家庭和睦，她做出了很多调整，一度精神崩溃，甚至煤气都打开了，但是丈夫只是叫来雪地的朋友，自己选择去陪孩子。后来雪地不再为难自己，而是选择创业，为的就是找理由不回家，也分散自己的注意力，减轻抑郁。

在雪地看来，做后妈本来就是不容易的事，基本站在舆论的对立面，明明和普通人一样，却总被指责抹黑。与其纠结在一段难以改善的关系里，还不如潇洒一些，轻松自在最重要。

（二）后妈的家庭认同情况

（1）继子女的认同情况

雪地与继女的关系并没有很好。她坦言，平常的交流不多，基本就是在给她生活费的时候。

访谈对话节选 3：

问：你结婚的时候，孩子多大？

答：14 岁。这个年纪的小孩子啊，很不好把握，叛逆，心思也重。

问：是不是你在那个时候没有和她好好交流，所以导致后来的生疏？

答：不，我们在结婚以前的关系很不错，她甚至会在吃饭的时候给我夹菜。但是我们之间终究隔着她的亲妈，我也是傻。其实我自己就有继母，在我眼里她就是个客气点的阿姨。孩子都是和亲生妈妈亲的。

但是雪地又庆幸，这个孩子只是排斥她，没有真的伤害她。因为雪地的同学怀孕时，继子曾企图从网上找毒药给她堕胎。现在雪地不会刻意去讨好她的继女，只是做好自己的本分。

（2）丈夫的认同情况

因为在 QQ 群中接触了一段时间，也可能是想发泄，雪地回答问题都很爽快。在提及她的丈夫时，雪地流露出一些暴躁的情绪。

访谈对话节选 4：

问：你对自己的丈夫有什么看法？

答：离婚的男人的心里只会有孩子，我并不是最重要的，可有可无吧。而且有些人是看着老实，但其实我们最容易上老实人的当了，不是吗？

这些年的相处，她感觉自己的丈夫并没有表现出来的那么爱她，有时候只是为了他的孩子。雪地没有自己的亲生孩子，她认为现在的老公和孩子都不是属于自己的。

（3）公婆的认同情况

在我的观念里，再婚的家庭公婆矛盾相对会比较少。因为有之前儿子一段婚姻的经历，加上希望新成员好好对待自己的儿子和孙女，公婆应该会更加宽容。

雪地自己的公婆对她不错，但是也经历了一段摩擦期。

访谈对话节选 5：

问：你和公婆的关系如何？

答：刚开始我婆婆嫌我没给她孙女做饭，后来她来我们家住一段时间，体会到什么叫"不好吃"，也就不说我了。其实她并不是个难相处的人，只是始终觉得我像个外人。要不是我自己出去创业，大概她还觉得她儿子多辛苦地养着我呢。真的，创业以后她就很少干涉我们的生活了。

雪地认为，婆婆排斥的不是她这个人，而是"后妈"的身份。在老一辈人眼中，"后妈"几乎就是一个贬义词，被戴着有色眼镜的人观察，怎么做都是错的。

社会舆论的力量比我们想象得要大得多。以我自己为例，我对后妈的第一印象很差,因为我对后妈的认知来源于灰姑娘和白雪公主的后妈,从此一个恶毒的后妈形象就在我心中建立。后来,看了一些电视剧,《家有儿女》等,看到重组家庭之间的亲情,其中剧中人对后妈的误会令人心酸不已。

在重组家庭中,我们先入为主地将后妈设定为一个反派角色,很多纠纷因此而起。但其实善良真诚的人不在少数,我不知道她们的热情和爱护在受到一次次异样的打量和诋毁之后是否能不改初衷。后妈需要被正名。

3. 真心才能换真心

[访谈背景]

(一)家庭基本信息

后妈基本信息:张女士是山东济宁人,现年龄28岁,成为后妈时23岁,是初婚。

继子女基本信息:小媛,现年龄8岁,女孩。

后妈进入家庭的方式是正常二次婚配,进入家庭时没有自己的孩子,但接受访谈时正处于怀孕阶段。

后妈与继子女的关系:良好。

(二)访谈的基本情况

访谈时间:2015年6月24日

访谈方式:QQ访谈

我是通过后妈QQ群找到这位年轻的后妈的,由于后妈的话题比较敏感,为了避免尴尬,我尽量试着像聊天一样和张女士进行沟通。在访谈的过程中,张女士的很多话语都让我感触良深,她的经历也让我进一步了解了后妈这个较为特殊的群体。

[访谈内容]

一开始就让我感到有些惊讶的是我访谈的这位后妈还非常年轻,当我问及这一点时,她哈哈一笑,说自己比较早熟。张女士虽然年龄不大,却已经是一位八岁女孩的后妈,她说自己带后娃已经有五年了,或许也正是因为"孩子越小越好带",她和继女关系一直比较好。

张女士说自己一开始想要和年龄相差十几岁，并且已经有一个孩子的丈夫结合时，家人是十分反对的。不仅自己的家人反对，丈夫的家人也是持反对态度，因为他们认为孩子总归还是跟着亲妈好，所以一直希望丈夫能够和前妻复合。但是，张女士对这段婚姻持有信心，也认为她能处理好家庭关系，所以还是突破了重重阻力和现在的丈夫结为了夫妻。

张女士和丈夫结合时，小媛还只有两三岁，加上一直跟着爸爸，和生母接触较少，也就懵懵懂懂地接受了新妈妈。随着张女士和小媛渐渐熟悉，家庭关系进入了平稳的阶段，小媛比较乖巧，一直就把张女士叫做妈妈，而张女士也从不心存芥蒂，认为"我对孩子好，老公负责对我好就行"。

对于这段婚姻，张女士的婆家本来是不看好的。但张女士和婆婆不住在一起，就避开了很多不必要的矛盾。张女士按照自己的方式和小媛相处，平时一直悉心照顾她，即使小媛犯错，她也遵循只罚不打的原则，渐渐和小媛走得越来越近，再加上张女士和丈夫关系很好，和婆家的关系也就渐渐缓解。

问及家庭生活中遇到的矛盾和困难时，张女士提道，不希望丈夫的前妻（也就是小媛的生母）再来打扰他们的生活。因为在她看来，小媛已经是自己的闺女了，她们现在的关系很好。而且小媛和她生母分开后，由于抚养权在丈夫的手里，那她们仅存的关系就是血缘关系，如果没有特殊情况的话，小媛和她的生母就没必要再联系了。

另外，张女士在接受访谈时已经有身孕。她提及一开始让小媛接受弟弟妹妹时，她还是很不情愿的，有的时候还会闹脾气。但他和丈夫一直安抚小媛，给她做工作，而且怀孕前期也没有忽视小媛的感受，比如在怀孕的前几个月，张女士"上车就吐，但还是按时接送她"，"洗澡洗头也是自己亲自照顾"。也正因为如此，小媛现在已经完全接受了即将到来的弟弟妹妹，"现在我家闺女对我可小心了，老怕碰着她弟弟妹妹了"。

最后，当我问及张女士和小媛和谐相处的关键时，她说："孩子很敏感，但是她也懂得谁对她好，只要真心对她，她都会接受。真心才能换真心。"

由于身边没有后妈群体，我是通过互联网完成这次访谈的。但是在找寻访谈对象的过程中，网络上一些关于后妈的信息还是让我很震惊。最让我印象深刻的还不是后妈虐待继子女之类的新闻，而是一些社交网站上继子女关于后妈的讨论。比如我在访问百度贴吧时，看到许多帖子中都充满了对后妈侮辱、谩骂甚至诅咒的话语，这些帖子大多来自和后妈关系紧张的未成年继子女。也许他们在现实生活中找不到解决问题的方法，只能在网络上发泄痛苦。我不确定这些帖子中内容的真实性，但其充满恶意的语言还是让我真切地感受到了一些家庭中后妈和继子女充满矛盾的关系。

后来我通过 QQ 群搜索加入了一些后妈交流群。这些群里的主要人员是后妈和重组家庭的妻子，大家常在群里交流婚姻问题和继子女的抚养问题。QQ 群里的气氛相对贴吧平和很多，但是从大家聊天的内容来看，还是有很多后妈为不知道如何处理和继子女的关系而感到十分苦恼。我通过某个 QQ 群找到了我的访谈对象张女士，十分幸运的是，张女士和她继女的关系相当好。

在访谈的过程中，张女士的许多话都让我感触颇深，她的经历一方面让我认识到后妈和继子女和谐相处是完全可能的，另一方面也让我看到一些后妈为和谐的家庭关系付出了许多常人难以想象的努力。尽管张女士的后妈历程很令人欣慰，但前期的调查让我觉得，这种和谐的关系并不是一种普遍现象。在现在的社会中，更多的还是充满矛盾的后妈家庭，因为对于一个家庭来说，不论是后妈还是继子女，只要有一方有仇视或厌恶的情绪，就会给整个家庭带来很大的裂痕和伤害，而要抹平这种裂痕，无疑需要双方付出巨大的努力。

我们都知道，理解和尊重是维持家庭关系和谐的核心因素。但普通家庭做到这点尚且不易，更不用说出现后妈这一特殊存在的家庭。关于后妈污名化的现象，早从童话故事《白雪公主》和《灰姑娘》中出现的恶毒继母形象就已经开始，直到今天，后妈虐待子女的新闻还是层出不穷。也许在现实生活中，确实还有很多后妈采取和继子女对立的态度，但我们更应该认识到，许多后妈都在为改善家庭关系作出不懈的努力，后妈和继子女和睦相处也并非不可能。一些未成年的继子女在面对后妈的到来时，几乎本能地采取了敌视的态度，这一方面是一种自我保护，另一方面也是整个社会对后妈的评价较低带来的负面影响。正因为如此，我们更应该关注后妈家庭真实的生存现状，多听听理解和尊重的声音。那么，如何让社会听到更多后妈的心声？如何让未成年的子女更加理性地看待后妈的到来？如果后妈和继子女之间产生了难以调和的矛盾，又该如何解决？这些问题无疑都是值得我们关注和探讨的。

第二章
再婚继母们：月有阴晴圆缺

1."后妈"角色的排斥者

[访谈背景]

对于此次调研的对象，较为遗憾的是，在我自己的私人关系网中，似乎并没有扮演着"后妈"角色的女性。因此，我选择在互联网上寻找受访者。我先后在杭州本地论坛"19 楼"、天涯论坛、百度的"再婚吧""二婚吧""后妈吧"三个贴吧中以发帖和私信的方式寻找受访对象。最终，百度贴吧中的"再婚吧"里有一位女性网友在我的帖子中表示愿意接受我的访问。我们以提问与回答的形式在网上开展了相关的交流。①

在寻找受访者的过程中，我本人也浏览了网络上的一些由继母本人或继子女发的帖子。这些帖子给了我一些有益的信息，让我初步了解了后妈的生活状态及她们与继子女之间的关系——比如，天涯论坛上的一个网帖就是一位"后妈"记述自己与继子之间相处过程的帖子，他们之间的相处较为融洽：帖子中强调孩子的亲生母亲大度的心态起到了较为良好的作用；②一份帖子提及，处理婆媳关系也是扮演"后妈"角色中非常头疼的一件事情。③也有继子女本人控诉后妈在自己成长过程中对

---

① 我发的帖子的网址是：http://tieba.baidu.com/p/3847601218；我本人的百度 ID 是"音速行"；受访者的 ID 是"依依 258369"。
② 《818 我做后妈的日子》，http://bbs.tianya.cn/post-feeling-3059927-1.shtml，2015 年 7 月 3 日最后访问。
③ 《冷暖自知，二十七岁后妈的婚姻生活》，http://bbs.tianya.cn/post-feeling-3968625-1.shtml，2015 年 7 月 3 日最后访问。

于自己恶劣影响的网帖。①

同时,既有研究著作中也指出,再婚之后,"后妈"由于被赋予较高的社会期望,在处理与继子女之间的关系时,往往会让她们自己"精疲力竭"。② 我注意到,新闻媒体也对继母与继子女之间的冲突非常关注:如《继子发飙暴打后妈》③《后妈砍死15岁继子》④ 之类的新闻占据了较多的媒体报道的版块,客观上推进了"后妈"的污名化。

受访者基本信息如下表:

姓名	依女士(化名)
年龄	拒绝答复
婚姻史	共两次婚姻,在第二次婚姻中成为"后妈"
成为后妈时的年龄	30
继子女性别	女
成为后妈时继子女年龄	9 岁
进入重组家庭的方式	正常二次婚配
目前家庭孩子的情况	依女士与第二任丈夫育有一个儿子,有一个继女
后妈与继子女关系	关系较差

[访谈内容]

(一)后妈的自我认同

依女士在第一份回复我的网帖中开宗明义地表示,她不认同"后妈"这个身份。她强调自己与继女之间并没有血缘关系,因此,她与继女之间永远不可能产生真正的母女感情。此外,她认为自己首先是现任丈夫的妻子,而不是丈夫前妻的女儿的"后妈"。她还提到,当她的丈夫询问该让继女叫她什么好时,她只要求继女称呼她

---

① 《我的继母(家家有本难念的经)》,http://www.19lou.com/forum-19-thread-17152648-1-1.html,2015 年 7 月 3 日最后访问。
② 贾晓明主编:《新的理念、新的生活 单亲的心理社会干预》,中国妇女出版社 2003 年版。
③ 《继子发飙暴打后妈》,《柳州晚报》,2015 年 3 月 22 日,第 5 版。
④ 《后妈砍死 15 岁继子》,《法制晚报》,2015 年 5 月 8 日,第 5 版。

为"阿姨";继女的学校要填表格,"母亲"那一栏里她也不要求填写自己的名字。她指出,她无法接受被没有血缘关系的继女称为"妈妈"这样的事情。她在另外的帖子中还写到,当她的现任丈夫提起"你是她(继女)妈妈"时,她本人会"火冒三丈①"。

在这段论述中,依女士鲜明地表明了自己不认同"后妈"这一身份。在依女士看来,真正的母子、母女关系是完全取决于血缘关系的,如果双方之间没有血缘关系,那么,就不可能是真正的母子或母女。

在后续的访谈中,依女士又提出,在她看来,当后妈与继子女相提并论时,后妈是弱势群体,是"可怜"的,依女士解释到,后妈作为成年人,不可能去跟孩子计较,并且,作为继子女的孩子会受到来自父亲、父亲家庭成员(孩子的爷爷奶奶等人)的保护,甚至连邻居也会在继子女与后妈起冲突时站在后妈这一边,依女士说:"孩子(继子女)若对你不好,你必须得受着,大人能跟孩子计较吗?"

依女士同时认为,后妈是没有"权利"的。她认为,社会的一般认识要求后妈为继子女进行种种付出,但是,这类付出在她看来都不会得到回报——她说到,只要继女不在自己年老且丈夫逝世时将自己赶出家门,就已经是万幸了,她完全不能奢望继女为自己养老。同时,基于这一认识,她再次强调,自己也没必要对继女进行任何付出。

(二)家庭关系

(1)与继女的关系

根据依女士自己的叙述,依女士与继女 A 的关系可以粗略地划分为三个阶段,这三个阶段之间的界限性事件分别是:依女士与现任丈夫生下了自己的儿子 B;依女士选择与丈夫 Z 分居一个月。依女士与继女的关系的变化如下图所示:

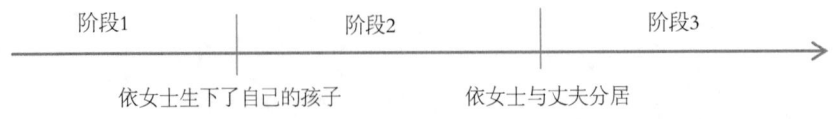

---

① 《你们能接受对方的孩子吗?接受到什么程度》,依女士的回复见该帖第 21 楼,http://tieba.baidu.com/p/3674795420?pid=66536281679&cid=#66536281679,2015 年 7 月 3 日最后访问。

在阶段1中，依女士与继女A之间的关系较为良好。依女士当时与现任丈夫只是男女朋友关系，并未正式结婚。而A与依女士之间的直接接触也较少。当时A跟着爷爷奶奶生活。依女士描述说，当时A还小，知道了自己的爸爸Z在离异后又有了新的女朋友很开心。而依女士当时也对与继女A良好相处抱有憧憬。依女士说道："我认识的人有很多在有儿子之后领养一个女儿的，对领养的更加疼爱。所以我想就当我领养了一个孩子吧。何况孩子有老公血统呢，总比领养毫无关系的孩子好吧。"

在依女士与Z恋爱期间（依女士与Z的恋爱持续了3年），他们有一次带着继女A一起出去吃饭。但是，在这次吃饭以后，依女士收到了来自朋友的提醒，朋友对依女士说，你应该对继女更亲密一些。依女士认为，是那次饭局中的人向她的朋友叙述了自己对A"不够照顾"，但是，Z此时为依女士辩护——Z指出，依女士从未照顾过孩子。依女士自己也认可这一说法，她说："其实我自己从小到大都是被照顾，不会照顾别人。"依女士在自己的第一次婚姻中并没有生育——这也是她第一次婚姻告终的重要原因。

在依女士与Z拥有了自己的儿子B之后，两人才正式结婚。在这一事件发生后，依女士正式进入了Z的家庭，并与继女A有了较多的接触机会。矛盾也随之产生，在依女士的描述中，继女A对她的态度逐渐变得恶劣。但同时，依女士也不断强调自己"不会照顾人""没经验"，并强调在没有继女A存在的情况下，她本人才是受到丈夫Z及其他家人照顾的对象。依女士认为自己没有义务对继女好——依女士描述说，继女A会要求她来做一些"新奇的玩意"，但是她会直接拒绝，因为她要忙着照顾自己的儿子B。

依女士描述中的继女A是一个性格有缺陷的孩子："她是个孤僻的孩子，一到家就关门，在自己房间里。只有吃饭才出来，而我只有周末在家吃饭，所以就周末吃饭的时间见个面。老公起先也希望我们关系好，让我去喊她吃饭。我也会去喊一次，不过我知道我喊不动，不过喊一次就算喊过吧。以前除了她爸，没人能喊动她。现在稍好些了，但我就是不愿意去喊，不知为什么。也许我是拒绝扮演好后妈的角色。老公也默认了，不再要求我去喊。"根据依女士的叙述，我们不难看出，在这一阶段之中，依女士与继女A之间缺乏良性互动，彼此间的交流也十分有限。但是，依女士认为，在这一阶段尽管继女与她的关系并不太好，但是，她们之间也没有爆发较大的矛盾。

随之而来的一件事，是依女士与继女关系走向进一步恶化的转折。依女士在叙述中不断提及这次事件，关于这次事件，依女士的用词是继女对她"无礼"。然而，根据依女士的叙述，这一事件的前后也有许多相关的事情，这些事情糅合在一起，导致了她与继女A关系的破裂。并且，依女士本人选择与丈夫Z分居的方式来表示自己的不满。这也就是我们所称的阶段2。

依女士提及，继女A忽然进入了一个"叛逆期"。继女叛逆的表现大致是：（1）在家中砸东西，对家人呼来喝去；（2）在一家人吃饭时，强迫依女士坐在她指定的位置，否则就会大叫。依女士说，自己最初反思了是因为自己对继女A关心不够才导致这样的情况发生，她因此与丈夫Z一起带着A去看医生：诊断的结果是A性早熟。

依女士反复提及的继女A对她无礼的事件则包含了继女A的三个行为：（1）继女A、依女士与Z三人坐一辆车。继女A在发现依女士也要一起乘车时，大吼大叫，表示不希望跟依女士坐一辆车；直到A坐在Z边上的副驾驶座上才心满意足；（2）在三人一起逛街时，继女A紧紧地拉住Z的手，而让依女士一个人走在后面——而当时，Z的朋友也在场。依女士强调Z的朋友"尴尬地看着她"；（3）在逛街逛累了以后，A与Z两人坐在一起休息，依女士也试图走过去坐下休息，但是A"马上抬起脚搁在我（依女士）要坐的椅子上"。A的最后一项行为导致依女士无法忍受，因此当场离开。并且选择了与丈夫Z分居。

依女士与Z的分居在持续一个月之后结束。在分居之前，丈夫Z多次劝解依女士，并向依女士说："A是小孩子，难道你也是小孩子？"这样的劝解并未发挥作用。更多的亲人参与调解工作：依女士的婆婆、Z的姐姐；依女士自己的父母相继劝解依女士。依女士最终选择了重新回到Z的家中。依女士认为，自己这次分居的行为"让老公明白了不能一味让大人忍让小孩"。

最后，依女士与继女A的关系进入到了阶段3。依女士指出，在自己选择与丈夫Z分居一个月之后，经过多方（包括依女士自己的亲属、丈夫的家人）劝说后，依女士回到了Z的身边，同时，继女的态度有了明显的转变。但是，依女士再次强调，她们的关系已经破裂了，她所能做的，就是与继女维持一种"生活在同一屋檐下的两个互不相关的人"这样一种井水不犯河水的关系。依女士说，继女A偶尔会请求她在网上替自己买东西，依女士并不想买给她，但为了维持表面的和平，所以勉强会答应下来。目前，继女Z即将升入初中，这所初中时寄宿制的学校，依女士仔细地计算出一旦继女进入寄宿制学校，她本人与继女 A 的相处时间就是"一年中相处 80 天"，依女士感慨说只希望这 80 天能安然度过。

（2）与第二任丈夫的关系

在访谈过程中，依女士提及第二任丈夫时，大多是持肯定、赞赏的态度的。他们之间的互动较为良好，关系也非常密切。

依女士本人与他现任的丈夫是正常恋爱后结婚的。依女士提及，自己与现任丈夫相识时，继女 A 只有 6 岁，在她成为 A 的后妈时，A 已经 11 岁了。由此推测，依女士与丈夫 Z 相恋了 5 年之久，应当说是有较为坚实的感情基础的。两人在依女士生下儿子后正式结婚——这与依女士在第一段婚姻中未曾生育或许有关系。依女士这样描述丈夫 Z 对她的感情："老公也非常爱我。非常纯真的爱。他无论看见什么好东西总是第一个想到我，觉得这东西很适合我。"

当依女士与继女发生冲突时，丈夫 Z 在依女士与继女之间扮演着剧中调停者的角色。例如，Z 在依女士遭遇到继女的"无礼事件"之后劝说依女士不要与小孩子计较。在依女士选择与 Z 分居之后，Z 也批评教育了 A。而在起初的阶段，Z 在依女士与 A 之间试图建立起一种较为良性的关系：尽管依女士不太愿意，但在一家人一起吃饭时，Z 会建议依女士本人去 A 的房间——这件事本来都是由 Z 这个亲生父亲来做的。但是，当 A 与依女士的关系逐渐不睦时，Z 也选择了接受这样的事实，不再强迫依女士与 A 接触。

Z 也是依女士重要的维护者。前文提及，当依女士的朋友质疑她对 A 不够照顾的时候，Z 主动帮依女士进行辩护：认为依女士因为没有生育而没有照顾孩子的经验。同时，依女士提及，如果 A 不在家，那么都是 Z 在照顾依女士——也就是说，依女士扮演着一个被 Z 照料的"小女生"角色。

（3）与婆婆的关系

依女士与 Z 的母亲，也就是她现在的婆婆的关系似乎比较复杂。依女士提及，在自己与丈夫 Z 交往的初期，婆婆是很反对的。反对的理由则是"封建迷信"——依女士没有具体说是何种迷信，是否是生辰八字、生肖属相不合？我们无从得知。依女士提及的细节是，由于她本人在第一段婚姻之中未曾生育，所以，她的婆婆对她的芥蒂很深，这样的不睦状态一直持续到依女士生下了属于自己和 Z 的儿子时，她与婆婆之间的关系才开始改善。

婆婆是 A 的主要照料者，依女士提及在丈夫 Z 与前妻离异后，A 就一直归婆婆照料。A与婆婆的关系非常密切。在A对依女士的"无礼事件"发生后，婆婆扮演的角色亦是调停者——在依女士重新回到家中之后，再遇上一家人一起用餐的情形，婆婆会等依女士吃完之后，再去叫A出来吃饭。

（4）与继女生母、丈夫前妻的关系

关于A的生母，依女士表示基本没有任何接触。但是，她提及在A的"无礼事件"发生以后，丈夫Z曾经推测是A的生母在背后教唆A这样做。

此外，当提及A的生母时，依女士表现出了明显的厌恶感：依女士说到A的生母是一个生意人，很有钱，而依女士本人与Z都是"公职人员"。A的生母在与Z离异之后，从未出过A的抚养费。

（三）"后妈"本人父母及朋友对"后妈"的看法

在大致了解依女士与重组家庭成员的关系之后，我按照访谈计划的要求，继续提问了依女士本人的家庭成员对于她成为"后妈"的看法。

依女士的家人（她主要提及她的母亲）在依女士即将成为"后妈"时，希望她能扮演好这个角色——依女士的家人主动要求依女士对继女A"好一点"。但是，当A与依女士的冲突爆发时，依女士的家人则完全站在了依女士一边：在得知继女A对依女士的无礼导致依女士与Z分居后，依女士的家人亲自上门找到Z与依女士的婆婆理论，要求他们好好教育继女A。

至于依女士的朋友，依女士除了提及过一次来自朋友们的劝告（上文提及的劝依女士对A要多加照顾）之外，并没有提及其他的细节，依女士说自己是一个很要面子的人，因此，并不会主动与朋友说起自己成为"后妈"及扮演"后妈"角色的事情。

（四）我的感想

在以回帖形式为主的访谈结束后，我又采用私信的形式向依女士提问她的受教育程度、年龄与现在居住地——我向她声明如她认为涉及隐私可以选择不回答，依女士并没有继续回复我，因此，我对她的访谈也到此为止。

在依女士的个案中，她与继女的关系较差。而造成这样的关系的原因至少是来自继女与依女士两方面的。首先，依女士自己也提及，是在她有了自己的亲生儿子以后，继女A的态度开始转变：变得暴躁、乱发脾气。在自己的亲生儿子与继女之间，依女士毫无保留地选择对儿子付出更多的时间与爱。其次，是继女A的态度与反应。依女士在访谈中不断向我强调，她在一开始与继女的关系是不错的，继女对她也很好；即使是在两人开始有摩擦之后，依女士也是先选择忍让的，但是，按照依女士的叙述，继女 A 是得寸进尺的、对依女士愈发无礼，这样才最终导致了两人关系的破裂。最后，依女士本人的性格或许也是她未能与继女 A 相处好的原因之一：在访谈中，依女士会不时提及自己从小都是受到照顾的；在与 Z 相恋期间，也是被保护、被照顾的角色。她非常认可这一角色，并且不断强调自己以前没有生育小孩、没有照料孩子的经验，自己才是被照顾的人。也就是说，在依女士看来，自己是需要被照顾被关爱的对象，而当继女 A 同样有这方面的需求时，两人在受关爱、受照顾的优先性问题上产生了冲突——而在依女士看来，自己是应当获得优先性照顾与关爱的。这样的认知妨碍了她与继女 A 的和谐相处。

在"后妈"的角色与认同问题上，依女士不断强调由于后妈的付出是不会获得回报的，因而这样的付出是不值得也是不必要的；同时，她也反复强调，只有基于血缘关系，才能产生真正的亲子关系，因此，她会选择疼爱自己的儿子，而忽略继女的存在——因为继女与她没有血缘关系。

依女士在访谈的结尾部分激烈地向我提出"后妈的权利"问题：她认为，在"后妈——继子女"这一对关系之中，社会对于后妈的一般性要求是对继子女"好"，而这样的"好"是一种义务，但是，此种义务是没有相对应的权利的——因为依女士坚持认为，所有对于非亲生子女的付出都是不会获得回报的。在这样的假设之上，依女士总结到，对继子女好就像是一场赌博，她选择"不赌博"（不对继子女付出）。她争辩到，社会的一般认识都觉得后妈"不是好东西"，但是鲜有人问及"继子女"是否是"好东西"。依女士的疑问或许在后妈群体之中具有普遍性——她们无法与继子女和谐相处，在继子女眼中，后妈是邪恶的化身；但在后妈的眼中，继子女又何尝不是这样的存在呢？依女士的疑问或许值得我们深思。

2. 尴尬的境地

［访谈背景］

虽然当今社会上后妈这一群体越来越庞大，她们所受的关注也日渐趋多，但从我个人生活的周边环境来看，后妈还是比较少见的，更不用说去深入接触。然而随着网络的普及和社交工具的发展，个人的生活空间得到了极大的扩展。本次访谈就是利用网络社交媒体——百度贴吧完成的。百度贴吧上有一个吧叫做"后妈吧"，目前关注人数有近 5800 人，帖子数量超过 16 万。由于贴吧的匿名性，帖主的隐私可以得到很好保护，所以"后妈吧"成为一些后妈包括继子女交流、倾诉和宣泄的重要平台。本次访谈对象就是我在浏览"后妈吧"时发现的一位较为典型的后妈，在我的再三请求之下答应了我的采访。采访主要通过 QQ 完成。

此次采访对象李女士，今年 35 岁，2013 年与现任丈夫唐先生结婚。李女士先前已经有过一段婚姻，但是没有生育。由于家庭夫妻关系不和等原因，李女士在 2009 年和前夫离婚，独自生活。唐先生是李女士的第二任丈夫，他们于 2011 年通过网络交友工具认识。当时唐先生已婚，并育有一个 10 岁的女儿。但由于种种原因，唐先生与前妻的夫妻生活并不美满，日常生活中经常为各种原因闹矛盾。失望之下，唐先生背着妻子在网上通过交友工具寻求感情慰藉，并因此结识了李女士。后来，两人维持的婚外情感关系逐渐被唐先生前妻识破。几次争吵之下，唐先生与前妻于 2012 年末离婚，隔年便与李女士结婚，婚后两人还未有生育。唐先生的女儿小唐在协议之下由唐先生抚养，目前跟着唐先生生活。自结婚起至现在，李女士与小唐已有近一年半的共处时间。由于是第三者上位的原因，虽然李女士想尽力改善两人关系，但成效并不明显。两人长期维持着一种较为冷淡的继母女关系。

〔访谈内容〕

（一）后妈的自我认同

受传统观念的影响，事实上李女士对于自身第三者、后妈的身份也并不十分认同。一开始和唐先生交往时，她并没有预料到两人最终会走到一起，组建新的家庭。所以当唐先生提出要和前妻离婚并和她结婚时，她的内心是十分犹豫的。最后由于事情被戳破，到了不得不这样做的时候她才答应唐先生。

由于是第三者上位，李女士在一开始便十分担心，怕唐先生的女儿认为是她破坏了她亲生父母的感情而导致他们离婚，从而记恨她，处处与她为难。这也导致她在一年半的新婚生活中一直像林黛玉进大观园般处处小心、步步留意。每当李女士做了好吃的，或是买了水果、零食，总是先招呼小唐，想要借此来改善自身形象。但让李女士较为苦恼的是，每当她对小唐释放出善意时总是得不到回应。小唐常常有意无意地回避她，导致气氛十分尴尬，弄得她下不来台。但让她较为欣慰的是，小唐并不会在生活中处处和她对着干，水火不相容的情况也基本上不会出现。因此，李女士认为小唐本质上还是比较乖巧善良的，并没有什么坏心眼，相信时间长了能和她相处好。

谈到公婆的态度，李女士感到很委屈。一开始当唐先生把她介绍给公婆时，公婆就没有给她好脸色。到结婚之后，他们依旧不能完全接纳她，而且基本上不到唐先生的家里来看他们。如果过年过节唐先生带李女士回家见父母，他们也是爱理不理的。但李女士也知道是自己先在情理上犯了禁忌才会导致公婆的这种态度，所以在心里并没有太多的抱怨。反而在有限的相处时间里，她总是小心地侍奉公婆，希望借此来获得他们的好感。好在一年中也没有太多的相处时间，因此在和公婆关系的问题上，李女士认为这并不会对自己的婚姻生活产生什么影响。

（二）后妈的家庭认同

由于第三者的身份，李女士和小唐的关系一开始便比较紧张。可能是受到影视剧之类的影响，小唐对于后妈的态度和大多数人一样，是不怎么认可的。更不用说是通过第三者上位的李女士。因此，在两人交往过程中，基本上都是李女士比较主动而小唐总是不领情。但可能是因为小唐在原先家庭中从小就感受到父母关系的不和，所以并没有太怪罪李女士。而且由于长期在父母关系不和的环境中长大，小唐的性格还是比较内向的。所以她对于李女士的态度主要是以逃避为主，并没有太明显的正面对抗。

至于唐先生，其对于李女士与小唐的关系一开始也是比较担心的。但由于一方面没办法割舍与李女士的感情，另一方面也不舍得把女儿给前妻，最终还是寄希望于李女士和小唐好好相处。在一年半的生活中，他也意识到虽然李女士在和小唐的日常相处上花费了许多的精力，但两人在情感上的隔阂还是存在。所以他自己也常常会开导女儿，对于妻子也表现出更多的关爱和耐心。

（三）亲友态度

由于李女士在2009年便已与前夫离婚，李女士的父母对她的第二段婚姻并没有多大的意见。但是对她通过第三者上位的方式重建婚姻还是有点不满，而且对于她如何缓解小唐的敌意，处理与小唐的关系表示十分的忧虑。包括李女士这边的其他亲戚和朋友，都有同样的顾虑和担忧。

而李女士的新公婆一开始是极力反对唐先生与前妻离婚而与李女士结婚的。他们认为，李女士是破坏唐先生与前妻夫妻关系的罪魁祸首。通过拆散别人的家庭来满足自己的欲望，在他们看来是极其不道德的行为。后来由于唐先生一意孤行，他们不得已接纳了新儿媳。再加上李女士在公婆面前一直小心侍奉，逐渐开始获得他们的认同。而唐先生这边的亲戚朋友可能不好干涉唐先生的私事，对于他的行为并没有太多的评论。

由于采访时间有限，本次访谈并不十分深入。再加上只是通过 QQ 进行采访，访谈内容比较单一，信息比较凌乱，可靠性可能会受到影响。但总体来说，本次访谈我认为还是基本达到了目的。

从访谈中可以看出来，后妈与继子女的关系是后妈新家庭生活的核心，其关键性甚至超过了后妈与新任丈夫之间的夫妻关系。而后妈通过何种方式进入到新家庭中是影响后妈与继子女关系极为重要的一个因素。像通过第三者上位这样的方式成为小唐后妈的李女士，想要与小唐建立起亲密关系基本上是不可能的，即使有可能也得花费非常大的精力，做出极大的牺牲。而大多数后妈是不乐意也没能力做出如此牺牲的，毕竟在她们认为她们是与新丈夫组建了新家庭，而不是与继子女，继子女只是这种新的夫妻关系的附带品。

此外我们可以看出，在当今社会，后妈的身份认同感还是比较低的。社会环境对于后妈并不十分宽容，更不用说是通过第三者上位的方式。这一方面固然有传统文化甚至现代文化对后妈恶毒形象塑造的影响，但另一方面，从生物性上来看，血缘的亲疏导致关系的亲疏可能更具决定性影响。在自然界，一个狮群的首领在被更年轻的挑战者杀死之后，其后代除非出走，不然在新狮群中是没有生存空间的。因此，在以血缘关系为纽带建立起来的群体里，异血缘的成员之间往往难以相容。所以，需要思考的是，我们到底该塑造怎样的一种文化环境，这种文化环境不仅能克服文化层面上的对建立后妈与继子女亲密关系的阻碍，而且能克服生物层面上的群体异血缘成员之间的排斥现象。或者这种文化环境根本没有办法建立起来，后妈与继子女之间普遍和谐融洽的关系只是一个乌托邦的幻想？

3. 当后妈的花姐

[访谈背景]

自从准备做这次访谈后，我就一直在纠结该去哪里找我心目中合适的后妈来作访谈的主人公，磨磨蹭蹭地犹豫了很久。偶然的机会想到要不到网上去碰碰运气，于是抱着试试看的想法在 QQ 群搜索栏打入了"后妈"两个字，结果出乎意料地看到了好多各种各样的后妈群，为了潜伏进入这些后妈群，我特意用设计好的虚假资料注册了一个新的QQ号，伪装成一名三十出头的年轻后妈进群，结果顺利进入了四个后妈群。为了寻找合适的访谈对象，我就天天在几个群里潜水，看着这些后妈在群里各种聊天吐槽，感觉我的作业竟然如此简单，然而过程却并不那么容易。原本以为后妈们在虚拟世界里应该能放松警惕，信心满满地"勾搭"了好几个感觉合适的后妈，结果一个都没有理我，其中一个还举报了我，被踢出某后妈群。就在我心灰意冷的时候花姐非常热情地接受了我的采访请求。

花姐是湖南常德人，今年32岁，有过两段婚姻，因为结婚几年都没能生孩子而与第一任丈夫发生了感情危机并最终离婚，之后经人介绍认识了现在的丈夫，现在的丈夫也是常德本地人，同样是二婚，离异后带着一个5岁的儿子生活，两年前花姐与他结婚，开始扮演起了一个后妈的角色。花姐一家目前和公公婆婆住在一起。

访谈对象：花姐

访谈时间：2015年7月5日

访谈地点：QQ某后妈群在线私聊采访

［**访谈内容**］

总的来说花姐对于目前的家庭生活以及她作为后妈的生活还是比较满意的，这里面主要有这么几个因素：首先花姐的丈夫在镇上开了一家饭馆，生意不错，花姐透露每年挣个十几万不是问题，花姐平时就在小饭馆里帮忙，虽然两夫妻每天忙里忙外、起早贪黑，但是在当地生活过得算比较滋润了，看得出作为二婚，花姐对于目前的婚姻状况已经非常满意，甚至在言辞中表现出了一丝得意；其次现在的丈夫不仅能挣钱，而且对花姐非常体贴、爱护，和花姐的前夫相比简直是天壤之别，因为两人都是二婚，所以平时也会更加珍惜，夫妻非常恩爱；最后还有一个很重要的因素，那就是后孩（貌似群里面都是这么叫的）听话懂事，花姐和现在的丈夫结婚的时候孩子才5岁，而且之前也一直是爸爸在带，因此婚后花姐作为后妈并没有受到来自孩子方面的太大阻力，很快孩子就认可了花姐的新妈妈身份，对于这一点花姐显得尤为满意。我也提出疑问：难道结婚前你就真的没担心过当后妈这个现实吗？花姐告诉我当初她也有犹豫，毕竟后妈难当，怕进了门之后处理不好与后孩的关系，但是考虑到自己不能生孩子，而且后孩还这么小，她心里又忍不住想尝试当妈妈的感觉，因此在结婚的时候她已经做好了当后妈的准备。婚后的花姐的后妈生活总体上来说过得还不错，但是花姐也坦承作为二婚的重组家庭、作为后妈，日常生活中确实也面临了很多问题和困难，有时候只能把委屈藏在心里。

"不是自己生的到底不一样啊"，花姐发出这样的感慨。"虽然我是后妈，但是我是真的想对他好的啊""他要什么我就给他什么，平时也不舍得打骂，连凶一凶都没有"，几秒钟内一行行的文字从花姐的那端发来，花姐竭力地想要表明她对孩子付出了真心。我问花姐：你真的把他当亲生儿子了吗，一点差别都没有吗？花姐沉默了一会儿。她跟我说：怎么可能完全一样呢，我对他好千真万确是真心的，但是毕竟不是我亲生的啊，有时候孩子调皮惹我生气了，想凶他两句，但是回过头来想想我是后妈呀，然后也就算了；有一次逛街孩子看上了一架四五百块钱的遥控直升飞机，吵着闹着要我买，我看着老公，又看了看孩子，咬了咬牙最终还是给买了下来，虽然我们家家庭情况还不错，但是这个玩具也太贵了啊，要是我自己的孩子我肯定不会给他买，但是想想我是后妈啊，老公也在，所以咬咬牙就买下了。花姐夫妻和公公婆婆住在一起，平时公公婆婆也会帮着在饭馆做事的花姐带孩子，因此花姐对于和孩子、公公婆婆的关系也格外小心。公公婆婆对花姐还是比较满意的，一方面花姐勤快踏实能吃苦（花姐自己跟我说的，不知道是不是真的啦），另外由于花姐自己生不了孩子，所以在小孙子的问题上对花姐也比较放心。但是花姐也有自己的委屈。花姐说公公婆婆虽然对她很好很客气，但是在心里还是对她存着戒心，一来是二婚家庭一般都会有的财政问题，现在的丈夫把家里的财政大权都交给了花姐，但是公公婆婆却显得不那么放心，虽然表面上没说什么，但是私下对儿子劝诫再三；二来在孩子的一些问题上老两口也时不时地会干涉，总觉得花姐好像没有完全替孙子考虑，要出来说所谓的"公道话"，因为自己是后妈，所以根本就没有争的底气，也不敢争，感觉自己这做妈的付出了那么多，结果却做不了孩子的主，有时候在孩子的问题上的话语权还不如孩子的姑姑大，花姐觉得很委屈。

和花姐聊了很久，一开始一直是我在主动提问，但是到了后来感觉变成了花姐一个人的倾诉，而我更像一个倾听者。我以为从整体来说花姐是幸福的，至少在这些后妈群里潜伏了这么多天，看了那么多后妈的故事，我觉得是可以谨慎地做出这个结论的。虽然花姐经历了失败的第一次婚姻，但是上天赐予了她美满的第二次，虽然她自己不能生育，但是上天给了她一个可爱的后孩，拥有一个富裕、幸福的家庭。但是从花姐身上我们依然可以看到整个后妈群体所处的困境：缺乏融入感，尤其是和后孩之间的互通互融，也包括来自家庭成员的信赖。花姐对她的后孩那么好,可是为什么到头来还是发出那句"不是自己生的到底不一样啊"的感慨,在生活中更多的是以后妈的身份与孩子相处而不是一个真真实实的妈妈、母亲。还有与之而来的来自其他家庭成员,尤其是公公婆婆、姑嫂等方面的不信任感和压力。

花姐当了后妈,然而她终究只能是一个后妈,她不愿意改变这个现实吗?她能改变这个现实吗?千千万万的后妈们能改变这个现实吗?后妈的牢笼谁来打破?

后妈们自己打开心结,抑或是社会放开胸怀?

4. 后妈的圆满并不能弥补家庭的缺憾

[访谈背景]

安同学是我从初一开始就结识的好闺蜜,至今已经八年了。我们就读同一所初中,高中、大学分隔两地,但常煲电话粥的我们,并没有因为距离减少感情的分量。八年的时间,长到相识的细枝末节都足够忘记,但是我陪伴她度过了她最艰难的岁月,看着她的父亲、母亲分别重组家庭,分享她苦痛与欢乐的点滴。

[访谈内容]

(一)继女篇

安同学的生父与生母在她小学三年级时就离异了,她的亲生母亲是一名教师,父亲是普通工人。尽管父母很早就在法律上办理离异,但是父母考虑到安同学的年纪还太小,并没有彻底分开,父亲安先生经常会来家里玩、居住,在外人看来就和普通的家庭一样,但实则父母两人却经常争吵,越吵越厉害。直到安同学初二那年,她的生母再嫁并且离开故土,安同学便与父亲两人生活。

在安同学16岁那年,后母杨女士带着她的儿子一起加入了这个家庭,开始新的生活(当时杨女士的儿子是13岁,现如今高三刚毕业),并且很快与安先生领取了结婚证。据安同学所说,在杨女士刚刚进入这个家庭的时候,她很抵触,也很排斥。因为杨女士是在自己完全不知情的情况下与爸爸在一起的,等到安同学知晓的时候,他们已经准备要结婚了。当时安同学已经16岁,正在读高中,已经是懂事的年纪,对于父亲再婚的事情,不应该如此仓促地接受。加上不了解继母的为人,所以感觉"自己的爸爸被抢走了",并且发过情绪。后来,经过相处,发现杨女士是一个温柔的人,杨女士与她的儿子一直和安同学保持着互敬互爱的关系,平时不会有过多的联系,但是也不会刻意发生冲突。重组家庭的关系可以用融洽来形容,"说一般会显得太普通,但也称不上很好,只能说是保持着对彼此的尊重和理解"。爸爸安先生的父母已经去世,安先生的亲戚朋友对杨女士的知书达理也比较满意,所以两人再婚并没有受到阻碍。

后来,我经由安同学的牵线,联系到了杨女士。之前我在安同学家中玩耍的时候,曾见过杨女士几次,印象中她的确是温柔、知书达理型的大家闺秀,对大家很客气,至少在体面上,是一个合格的继母。这次和杨女士的交谈,我更加确定了杨女士是一个不争不抢、安静疏离的女人。

(二)继母篇

杨女士和安先生是经由朋友介绍相识的。安先生有位很好的朋友,恰好也是离异,当时再婚娶了老婆邓女士,杨女士与邓女士是好朋友,在看见杨女士离婚多年、养儿不易后便把安先生介绍给了杨女士。安先生与杨女士吃过几次饭,有过几次交谈,发现彼此性格还算互补,便在一起了。据杨女士回忆,其前夫是一个性格糟糕的男人,不务正业,在儿子 8 岁时,他们便离婚了。婚后杨女士一直单独抚养孩子,消防队文员的工资不高,生活压力比较大,而前夫又不能提供资金支持,所以生活一直比较艰难。但尽管如此,杨女士表示自己开始时并没有要再婚的打算,因为她认为初次结婚由于自己识人不清而耽误了孩子的未来,一直对孩子很愧疚,不希望再给他一个糟糕的再婚家庭,让儿子难做。但是在认识了安先生之后,杨女士发现安先生彬彬有礼,待人接物很和善,对儿子也颇加照顾(包括支付孩子的学费、给予他一定的生活费等),加上朋友邓女士的劝说,杨女士很快就与安先生走在了一起,也很快就领了结婚证。

杨女士加入安先生的家庭,最担忧的就是与安同学的关系处理不好,怕家庭不和谐给两个孩子带来二次灾难。于是她对孩子的态度都很克制,很少冲他们发脾气,还经常会在长假时给安同学红包,让她去买自己需要的物品。由于杨女士进门的时候,安同学已经在上高中,高中是强制住校的,面对高考的压力,平时放假也少,所以杨女士与安同学的交流和接触并不是很多,印象中杨女士与安同学只有过一次争执。因为安同学生母与父亲就财产纠纷闹上法庭,所以安同学的姑姑并不待见她。安先生在过年时带领安同学、杨女士一起去安同学姑姑家拜年,然而其姑姑却恶语相加,与安同学闹得不可开交。爸爸安先生是偏向安同学的,杨女士想从中缓和关系,就训诫了安同学几句,这一度成为两人的心结。后来,杨女士主动低头,两人的关系才又恢复到初始状态。

对于现在的家庭生活,杨女士表示自己非常满意。安先生在二婚之后,性格由懒散变为顾家,在生活小事上一直都听从杨女士的意见,甚至爱屋及乌,对杨女士的儿子也很善待,几次帮忙其学习上的资金周转。如今,安同学已经进入大学,两人相处的时间更少了,对于安同学仅仅在家中居住的暑假、寒假期间,两人也是互相尊重。而杨女士的儿子今年也完成了高考,她表示:"相比于一个人带孩子的辛苦,现在的生活我已经很满足了。妮妮(安同学)很懂事,对我也很尊重,这个新家庭对我和儿子来说,都是意外的收获。"

对于社会上对后妈这个群体的非议,杨女士在交谈中表示,后妈有好的也有不好的,这是一个两面性的角色,而且通常很极端,相处融洽的就彼此多了一份关心,相处不好会是身心的伤害。后妈没有绝对善恶之分,对后妈这个角色的评判最终还是归结到某个人上。自己一开始也很抵触成为谁的后妈,因为听起来很不体面,一开始是出于对安先生的感恩,所以自己也想对继女安同学好一点。而安同学也已经是成熟懂事的年纪,很争气,所以两人的关系可以说是互敬互爱的,但从根本上来说,后妈仍然没有办法拿继子女与亲生子女一般比较,这是一种血缘上的隔离,也是一种保卫自己权利的抵御。

而安同学则表示,社会的确应该对后妈这个群体更包容一点。在最初知道有后妈的时候,自己有过非常敌对的想法,但相处了之后发现这是属于自己的先入为主,在不了解后妈的情况下,自己的情绪已经偏向反抗了。但是新家庭的产生,爸爸并没有减少对自己的关心,反而更加关心自己了,加之后妈性格温和,这个家庭已经是不幸中的万幸。由于家庭破碎的经历,安同学的学习、生活一度受到打击,所以安同学对自己的恋爱和婚姻都很谨慎,她表示不想成为任何人的后妈。

(三)小结篇

初寻访谈对象,话题的尴尬性让我以为采访对象很难寻找,然而一经微信朋友圈寻找采访对象的消息推送后,许多朋友、同学甚至亲戚都表示愿意接受采访。我讶异在这个闪婚、闪离常态化的时代,重组家庭的现象竟然已经开始由过去的特殊、异样变成了如今可接受的寻常的同时,对这么多重组家庭表示深深的遗憾,不管他们如今的生活是幸运还是不幸。

在这个离婚率日益走高的现行社会,有越来越多不负责任的父母闪婚、闪离。他们可以通过二次婚姻宣泄自己的情感,仿佛不受影响地重新生活,但是他们的子女却因此要生活在一个单亲家庭或者重组家庭之中。不是后妈，很难体会到后妈难做的委屈；不是继子女，亦很难对继子女对家庭难以启齿、渴望亲情、渴望呵护、渴望亲生父母重新在一起的情感惺惺相惜。安同学在与我结识的这八年内，多次崩溃，面对着天然母子亲情的缺失，遭遇着家庭生活境遇的尴尬，亲生母亲对自己并不关爱，亲生父亲也要被分去一半。这般困难的处境，并不是因为后妈杨女士的恶毒，而是无论后妈如何圆满，也无法弥补这个原本破碎的家庭带给她的伤害。

在正能量的社会下，越来越多的人对后妈这个群体改观，有很多正能量的故事为她们正名，将她们的付出和委屈昭示给戴有有色眼镜和刻板印象的人。但我却真诚地奢望这个社会不要再有后妈了，每一个后妈的诞生，无论其是否善良，是否圆满，那块破碎家庭的裂缝，都不能被弥补。

5. 我想有个家

【访谈背景】

访谈对象玲萍（化名）家庭成员共有 7 人，公公、婆婆、丈夫秀兵（化名）（43 岁）、小姑、她（40 岁）以及继子康康（化名，24 岁）、女儿倩倩（化名，5 岁）。

对于玲萍，村里人总是习惯性地叫她秀兵老婆，孩子们则唤她康康妈。她出生在安徽省一个偏僻的小村庄里，1992 年，她离开家乡来到浙江讨生活，从此断了和老家的联系。第二年，秀兵的老婆跟着别人跑了，只留下 1 岁的康康嗷嗷待哺。经人介绍，玲萍嫁给了秀兵。

转眼间二十多年过去了，康康已经大学毕业并且有了一份较稳定的收入，小女儿倩倩也到了要上幼儿园的年纪，村里人都说秀兵好福气，娶了一个好老婆。从一个大家都不认可的"外地人"，到理所当然的"村里人"，里面多少艰辛血泪，都被时间悄然掩埋。

【访谈内容】

准备访谈时，康康妈最初显得有点不知所措，甚至脱口而出"我可没有虐待康康"。后来，我关掉摄像机，放下纸和笔，用方言和她拉起了家常，逐渐建立起彼此之间的信任。

后来，她和我说了很多康康小时候的趣事，偶尔夹杂几句丈夫的粗暴，婆婆、小姑的不信任，意识到之后却又匆匆跳过。但更多时候，她说，她很感谢秀兵，他给了她一个家。终于，她没有忍住，把自己在村里的生活，那些心酸与甜蜜，一点一滴地讲给我听。她需要一个倾听者，这么多年"独在异乡为异客"，她有些累了，倦了。只是，对于安徽老家以及离家的缘由，她三缄其口。

二十七八岁的女子，孤身一人在外打工，并不容易。因此，当媒人撮合她和同工厂的秀兵时，她很容易地就答应了，根本来不及思考太多。

因着前妻的背叛和出轨，秀兵的脾气愈发暴躁，平时在外面看不出来，但在家里酗酒、耍酒疯、打骂新婚妻子，似乎成了他的习惯和全部乐趣。玲萍并没有娘家可以依靠，她能做的，只是边哭边给自己上药，然后还要伺候酒醉的丈夫入睡。而且，那时候康康半夜很容易惊醒，嚎啕大哭，甚至吵醒了对面的邻居。她只得一个人抱着孩子在走廊上踱步，轻拍着哄他入睡。那段时间，大概是她最痛苦的时候了吧。可是，她无路可退。

在那无数个漫漫长夜里，夜啼不止的小婴儿反而给了她陪伴和慰藉，那独特的奶香味让她的心也变得柔软起来，她开始享受这种甜蜜的"折磨"，只是邻居们还是经常被哭声扰了睡眠。于是，在康康长大后，她经常"伙同"邻居，拿小时候的糗事逗康康。"我家康康啊，就是脸皮薄，每次我们还没说完他就先脸红了。"她说的时候，眼睛里似乎发着光，笑得合不拢嘴。

于是，她开始用心地照料这个孩子，她觉得这个孩子就像是上天赐予她的礼物。只是，她的好心却被当成了驴肝肺，婆婆和小姑总是怀疑她在虐待孩子，奶粉冲烫了不行，冲淡了也不行；甚至她们不让她单独抱康康出门，怕她趁机拐走康康，溜之大吉。"可是，我哪有什么别的去处啊！"语气里满是无奈、心酸。"只能对自己说，明天，明天一切都会好起来的"。

这就是一个无依无靠的外地媳妇（后妈）的悲哀。如果她是一个本地人，在秀兵打她的时候，她可以逃回娘家，娘家人自会帮她讨回公道；而公婆、小姑也不会像防贼一样防着她，毕竟跑得了和尚跑不了庙。事实上，她在安徽的家也没有那么温馨，她的父母在家里天天吵架。"所以我对自己说，以后我自己有了孩子，一定不让他受半点委屈。"她只想要一个属于自己的温馨美满的小家，她很努力地奉献自己的青春，燃烧自己的热情，可是，怎么就那么难呢！

有心人，天不负。渐渐地，晚上只要是在玲萍的怀抱里睡熟的，康康必能一夜好梦。带孩子花去了她太多的心力，但康康对她的亲昵、模糊的第一声"妈妈"，都令她激动不已。母亲和孩子的联系，就这么建立起来，从此密不可分。"也许当好了康康妈，他们就会对我好一点吧。"后来，许是她伏低做小的姿态以及骂不还嘴的态度令婆婆满意，许是婆婆担心自己儿子的身体，强制秀兵戒酒。看到玲萍对儿子的好，秀兵终于意识到，这么多天，孩子的亲生父母对他不管不顾，反而是一个陌生女人在无微不至地照顾他，于是，对玲萍和颜悦色了不少，也逐渐摆脱了对酒精的依赖。

家人的友善让她以为自己能就此融入这个家，但言语上的隔阂却非一朝一夕能够打破的。"刚开始的时候，看着他们一大家子在那里说说笑笑的，我什么也听不懂，他们也不会主动和我说话。"她就像是家里的保姆，为这个家干活、带孩子，却得不到身为女主人该有的尊重。后来，婆婆不让她一直带康康了，怕康康学一嘴外地话。于是，在婆婆教康康说话的时候，她也过去学，"我以前上课的时候都没有这么用功过呢"。交谈时康康妈一口地道的方言，不带任何奇怪的口音，看来，她真的很努力要成为家里的一分子。

康康6岁的时候，玲萍向秀兵提议，他们再生个孩子，但是被他毫不犹豫地拒绝了。秀兵不愿他的儿子受一点委屈，却一直忽略了妻子的心情。"我感觉自己嫁过去就是给康康当妈的，而不是给秀兵当老婆。"确实，在村里，普遍对孩子特别是男孩看得很重，对女人则不那么重视，似乎女人就应该为家长里短操劳一生。"我真的很想有个自己的孩子。你还小，可能不懂，女人总是要生过孩子才完整的。康康是我一手拉扯长大的，从会说话开始，一看到我，就会'妈妈妈妈'地叫个不停。就凭这千万声的妈妈，我怎忍心对他不好？"事实上，在我们村里，大多数人家都生有二胎。后来，玲萍问了一次又一次，秀兵还是没有答应。

其实，在面对康康的时候，玲萍也有自己的小别扭，她害怕康康知道自己不是他的亲生母亲后，就不认她这个妈了。在不知道的时候，康康特别爱向她撒娇，而且嘴巴也很甜，甚至给她写过一张贺卡，祝她母亲节快乐。那张贺卡，玲萍一直保存到现在。看着那张泛黄的卡片，那间或出现拼音的稚嫩文字，康康妈笑得很温柔。在这一点上，一家人倒是想法一致，等康康成年了再告诉他真相，多少也算是对玲萍不能拥有自己孩子的一点慰藉。

事实上，康康作为她唯一的孩子，占据了她全部的宠爱。而康康也十分黏她，平时又非常懂事，还会主动帮她分担家务。她不仅得到了儿子的信任，也赢得了公婆、丈夫的尊重。日复一日，年复一年，幸福的日子总是过得飞快，转眼到了2010年，康康就要上大学了，秀兵把真相告诉了他。康康只是对玲萍说，"妈，你永远是我亲妈！我孝顺你一辈子！"多年的照顾与陪伴就像一根隐形的脐带，将母亲与儿子重新连到了一起。

只是，儿行千里母担忧，生活重心一直围着儿子的玲萍一下子适应不过来了。于是，秀兵告诉她，让她给他生个孩子。"这是我听过的最好听的情话，这是他给我的最大的幸福。"她的小女儿倩倩现在已经5岁了，是个特别可爱灵动的女孩，备受家人的宠爱。倩倩偷偷告诉我："哥哥对我最好了，有什么好吃的总是先想着我！"如果她早生十年，笔者难以想象玲萍是否会偏心，康康是否还会如此真心待她。也许倩倩的迟来是父亲所能给予康康的最好的礼物，而玲萍也只是为自己多年的期待有了着落而心怀感恩。

如今康康已经大学毕业，并找到了一份好工作。回家的时候，对于玲萍，亲昵犹在，只是更多了一份尊敬和孝顺之心，有时候还会抢着帮妈妈做家务。对于妹妹，更是呵护备至。"其实，我早就想要有一个弟弟或妹妹了，终于如愿了。"而她的公公婆婆也说，玲萍是个实在孩子，照顾康康那么多年，比亲妈还亲。要是康康不孝顺，他们也不会答应的。俗话说，人心都是肉长的，玲萍用中国传统女性独有的隐忍与善良为康康撑起了一片天，也终于等到了倩倩的到来。走过了二十多年的酸甜苦辣咸，玲萍终于有了一个属于自己的家，一个幸福美满的大家庭。

6. 难言的抉择

[访谈背景]

在展现我的后妈个案访谈内容前，我想先说说我对这个家庭的主观印象。继子是我亲弟弟的小学、初中、高一的十年的同学，小时候也经常来我家找我弟弟玩，我对他的印象是一个有点吵闹、鬼点子很多但是成绩很好的小朋友，当然可能还有点胖。初中的时候，两家的父母有了交往，那时候才知道阿姨是继母，这件事情对我们一家四口都已经不是秘密。然而，据我弟弟口述，在继子的想法里，可能至今不知道他的继子身份已经被好友的家庭熟知，因此我的个案访谈中并不涉及继子的内容，但是会添加我弟弟作为间接的继子的想法的来源。

[访谈内容]

由于蒋阿姨自主创业拥有一个规模不大的厂子，事必躬亲，平时十分繁忙，为了配合她的时间，我的访谈进行得断断续续，历经了半个月的微信和电话的联系，但庆幸的是，收获颇丰。

首先，从后妈的自我认同情况来说，蒋阿姨选择当后妈很现实理智，因为自己是二婚的条件，虽然没有带孩子，但也认为"自己的条件不好"，本来就"没有期望过找一个没结过婚的丈夫"。刚好男方的工作条件适合（是县城某部门的公务员），孩子年龄不大（生母去世时还未上小学），且原配是生病逝世，被人嚼舌根的可能性弱一些，自身融入家庭的心理障碍不大。并且蒋阿姨提到说，她的两段婚姻之间有大概两三年的单身时间，家里人对她的婚姻大事十分关心，临近30岁的时候，甚至成为娘家的家庭矛盾。父母姐妹都希望她能在还算年轻的时候，尽快找一个人继续婚姻生活，不支持她想要一个人生活的决定。四处被介绍合适的男人，多次被要求相亲，蒋阿姨不堪其扰，最终还是决定尽早结婚。选择这个家庭是因为，被介绍的男人中十有八九都是家里已经有小孩的，就是说后妈是当定了，但是这个家里的小男孩小叶当时的抵触情绪不强，且生母已逝，不可能再产生后续的争夺抚养权或者是更加复杂的家庭矛盾。家庭组成之后会比较稳固。

进入新家庭后生活这个话题，蒋阿姨表明自己很难三言两语讲清楚，并不是单纯的幸福或者是不幸福的问题。十年来高兴的事情很多，自己"二婚的条件找到这样的已经很不错了"，但是同样的，责任和压力太大，一直烦恼着"自己要是哪里做不好就会有人嚼舌根"。所幸丈夫支持她自己的事业，儿子也没有明显的抵触情绪，并且因为蒋阿姨自己身体不好，加上配偶职业（当时政策下公务员不允许要二胎）的原因，并没有生育新的家庭成员。所以十年来的生活过得平淡无波，算是"尽责任"地融入了新家庭。

在提及现阶段最主要的困难和烦恼的时候，蒋阿姨脱口而出小叶的名字，认为最困难也最重要的就是他的教育问题。

教育问题并不是这个家庭一直以来的重点，因为小叶的成绩不错，在小学和初中都是尖子生，不大需要家里操心，并且那时候小叶比较温顺，家长的话以及上补习班等的要求都能够很好接受。但是上高中之后，这个问题就爆发了。小叶开始一直和蒋阿姨顶嘴，蒋阿姨的话不再好好倾听，蒋阿姨提出的一些上补习班的要求也很强硬（把自己关在房间里不吃饭）拒绝。蒋阿姨觉得"很失望"，"因为我自己身体不好没有自己的小孩，这辈子就想把小叶养好，也不想着他给我养老，只希望养出个人才，对前面的有个交代"，"我尽了自己的责任了，这谁也没法说我"，"他这样不听劝我感到很失望，也尽心养了他十年。随他去算了"。并且，由于小叶考出好成绩的奖励品难以达成一致的这件事（小叶想要换一个新的手机，蒋阿姨认为高中生没必要一年换一个手机，给一两百给小叶当奖励就好，毕竟赚钱不容易，男孩子不应该宠着养），蒋阿姨和小叶陷入了冷战。用蒋阿姨的话说"我平时不去烦他了，也不去说他了，反正也听不进我说的"，并且除了吃饭等日常起居，蒋阿姨和小叶之间最近再无交流，关系冷凝尴尬。蒋阿姨心里还是期盼着"希望他上大学了以后能明白我的苦心，变得成熟一点"。从访谈内容中可以看出，蒋阿姨对小叶是有感情的，毕竟自己没有孩子，就将未来的希望寄托在小叶身上，但是碍于没有血缘关系，在教育小叶的过程中，蒋阿姨不便采用一些方式导致了和小叶之间的隔膜。她自己觉得很伤心失望，毕竟就算是亲生母亲，在教育的过程中也只能做到这个程度，但是小叶却不能理解她，甚至误解她的意思，小叶的青春期就在她面前筑起了一道厚厚的墙将她挡在他的内心世界之外。蒋阿姨感到心寒，现在也不想再做努力，只想等着小叶自己长大成熟以后，慢慢地兴许就能理解自己的苦心和关怀。

说到生活状态以及对未来生活的期待状况时，蒋阿姨难得地语气放松了一些。她有自己的事业和资本，就算是未来也不用依靠孩子养老，她想过两年在小叶上大学以后，就去跟着旅游团天南地北地玩，也像她的小姐妹那样去欧洲，去马尔代夫，趁着苍老前的最后时光，"留几张美丽的照片，这边的一切就什么都不管啦。反正到时候，小叶已经上了大学。能上重点大学最好，不能上，一本也要报上，这也算是给前面的一个交代。养儿子能养出一本的大学生，我也可以挺直腰板，没人说我不好了。到时候我也自由点了，想干什么就干什么"。当然，她也寄希望于小叶快快长大，上了好的大学，认识好姑娘结婚，自己有了家庭和孩子，兴许那个时候，小叶应该能和她无隔阂地亲密相处了，毕竟为人父母的小叶能懂得蒋阿姨作为一个母亲，特别是后妈的无奈和努力。

她也希望所有女人在成为后妈之前一定要想清楚，后妈背负的精神压力和社会舆论比一般的母亲要重很多，像她这样还算幸运的，不会有前妻再次掺和进她的家庭生活，但尽管如此，十年来还是觉得自己的每一步都顶着两个娘家、一个婆家的眼色生活着，十分辛苦。"如果有条件的，能不做后妈就不做后妈，别把以后的事想得太简单。后妈的人情世故太难太复杂，也太容易吃苦头。"

在和蒋阿姨的几次断断续续的交谈中，我发现她有几个词的出现频率非常高："良心""责任""苦心""失望""说闲话"，她也不止一次地向我提及十分羡慕我的母亲："像你妈那样最好，生了一对姐弟，姑娘听话懂事可以帮妈妈，儿子算是给家里留了后。两个孩子成绩又好关系也好，真的是想都想不来的事"。由这些词语和话我可以感受到蒋阿姨的生活是比较不好过的，并非是物质上的困难，而是来自精神上的压力。作为后母，她一直怕亏待了小叶，这不但对不起逝去的生母，也对不起她自己的良心，同时也怕别人在背后说她闲话。她总是努力地想要当好一个母亲的角色，但是总因为怕别人说闲话，不敢采用一些严厉的方式管束他，只能唠叨的劝慰，而这种方式对于青春期的高中男生来说，收效甚微。并且由于小叶心中对于自己的生母还有模糊的印象，他明白蒋阿姨是作为后母来管教他的，他明白班里的其他同学都是和亲生爸爸妈妈在一起，而他是和后母在一起生活，在面临青春期这个敏感多疑的时期，他潜意识里对蒋阿姨的话产生了本能的抗拒和不驯。这样双向的矛盾，使得在这个时期的继母子二人找不到合适的沟通方式，造成了今日冷战微妙的局面。并且面对这个局面，双方采取的都是消极抵抗态度，都希望寄予时间能治愈一切，这也实属是无奈之举。

7. 现代"后妈"对于传统观念的改变

［访谈背景］

高阿姨（化名）是我妈妈的同事，今年 34 岁，结婚的时候 28 岁，对方有一个 2 岁半的女儿。女儿的妈妈因病去世，在她嫁过去之前都是爷爷奶奶在照顾。如今自己也育有一个 4 岁的儿子，家庭生活也算是比较美满。

访谈时间：2015 年 6 月 21 日，星期日。

［访谈内容］

我："阿姨您好，很抱歉需要跟您谈论这种比较敏感的话题，希望没有给您带来过多困扰。"

高阿姨："没有关系。我知道当初我选择和老刘（化名）结婚让很多人都不能理解，但是坚持了这么些年，他们也都看到了我的决心和努力。我并不觉得这是很敏感的一件事。"

我："听说当初您的父母对这件事极为反对，那您为什么会宁愿顶撞他们也要和叔叔结婚呢？"

高阿姨："（无奈）是啊，一开始告诉父母的时候他们非常地生气，觉得以我的条件完全可以找一个更好的对象，而不是选一个所谓的'鳏夫'。但是老刘是一个很好的人，他对我也很好，有责任心，工作上也努力，我觉得不能因为这个就否定掉他别的优点。可能现在时代也不一样了，我对这件事并不是太在意，只是父母的观念还是比较传统罢了。再说，婷婷（化名）的妈妈是因为生病才过世的，这也是没办法的事情，与老刘无关，他也是个受到伤害的人。其实一直到结婚的时候我爸妈都是反对的，我顶着压力和他结了婚，用实际行动证明了自己的选择。其实爸妈也无非是为了我过得幸福，怕我嫁过去和公婆相处不好，可能比不上之前的媳妇，也怕我跟婷婷相处不好。但是时间长了证明我的选择没有错啊，他们也都看在眼里，渐渐也就原谅我了。如果当初我听他们的和老刘分手，说不定现在还没嫁出去呢。"

我："看起来阿姨您对婷婷很好啊，完全不像是书里写的'毒后母'呢（笑），她也该上小学了吧？"

高阿姨："是啊，婷婷今年也八岁了，刚上一年级。可能是因为我嫁过来的时候她还很小吧，对自己的亲生妈妈没什么印象，家里也一直让她喊我妈妈。本来我觉得她年纪还太小，过早告诉她这些事情可能会受不了，怕她跟我有心结。但是老刘坚持早点给她灌输那种'虽然我不是她的亲生妈妈，但我会像她的亲生妈妈一样对她好'的思想，她的接受程度比我想象的要好很多，只是惊讶了一下就过去了，大概是她妈妈离开她的时候还真的太小吧。幸好当时没有固执地坚持自己的想法。不然等她长大了才知道这些，大概会很麻烦吧，那就真的会变成电视剧了（笑）。"

我："均均（化名）今年多大了？他和婷婷相处得还好吗？"

高阿姨："可能女孩子都下意识地希望自己能有个伴吧。我怀上均均的时候她特别高兴。家里人告诉她妈妈肚子里有个小弟弟了，她连来看我的时候都会蹑手蹑脚地，还小心翼翼地问我说会不会吵到小弟弟睡觉，整天缠着我问东问西的，一会儿说小弟弟会不会陪她玩啊，一会儿又说把自己的娃娃熊给弟弟玩，特别像个小大人。均均刚出生那会儿我身体也比较虚，照顾两个孩子可把我累坏了，不过婷婷很懂事，能自己做的事情都不要我帮忙，喊我去陪弟弟玩呢。她做的最多的事也是趴在均均床边看他，有时候摸摸他的手有时候给他盖盖被子，均均一哭她比谁都着急，俨然一副小姐姐的样子，哈哈。现在均均也四岁多了，婷婷到哪都不忘记这个弟弟，我有时候也觉得自己真的很幸运，能有个相处得这么好的女儿。"

我："阿姨我注意到您说到婷婷时候用的是'女儿'这两个字而不是'继女'。可见您真的是把她当亲女儿一样看待了。"

高阿姨："既然我选择了做老刘的妻子，那我就要担起他妻子的责任，也要担起婷婷妈妈的责任。我在外面从来不说'继女'这两个字，一个也是怕婷婷觉得难过，因为孩子总是很敏感的。还有一点也是为了提醒自己，因为如果我在心里把婷婷当成是别人的女儿而不是自己的，那我也不会一心一意为她好。我希望她过得好好地，就像我自己亲生的女儿一样爱她。"

我："这样看来阿姨您其实还是很幸福的，可否冒昧问一下，就算是这样，您也没有一点怨言吗？"

高阿姨："要说一点都没有是假的。你也知道老刘是第二次结婚，二婚不是什么有面子的事情，也不会大宴宾客摆酒什么的。就只是亲戚朋友一起吃了个饭，也没什么正经的仪式。我是个女人，也曾经憧憬过几十桌宾客，我穿着白婚纱当着所有人的面嫁给我自己喜欢的男人，但是因为这个原因没法实现了，所以也算是有点遗憾吧。但也只是遗憾而已，老刘给我的已经完全能够弥补这个形式的缺憾了。我觉得值得。"

我："是啊，婚姻的和谐比一个婚礼的形式重要得多，您觉得值得，就够了。很抱歉打扰您这么久了，那今天就到这里吧，再见。"

高阿姨："嗯，好的，再见。"

通过这次访谈，我发现，其实现在的人观念都没有那么守旧，当所谓的"后妈"也许不再是一件特别敏感而不能说出口甚至被很多人反对的事情了。虽然我只是听了一个人的故事，并不能代表所有人的想法。高阿姨的幸福，在我看来可能很多是建立在她的丈夫给了她足够的物质条件基础上的。当然这也只是我的臆测，但如果在物质生活上都没法满足的话，可能就会多很多争吵吧。毕竟虽然自己身边的亲戚朋友里没有，但是也听说了很多"后妈"的悲惨故事。还是希望所有的"后妈"都能如同高阿姨一样幸福吧。

8. 半路夫妻的家庭

［访谈背景］

受访者吴眉香（化名）今年47岁，21岁第一次婚姻，35岁离婚，42岁与张建华（化名）再婚。与前夫育有一女金小熙（化名），已参加工作，未婚，今年26岁。现任丈夫张建华50岁，也是第二次婚姻。育有一女，张小云（化名），一子张小飞（化名）。

继女张小云，现读高二，17岁。继子张小飞，已参加工作，24岁。

［访谈内容］

（一）吴眉香如何进入张建华的家庭？

采访时吴眉香只是带过了一句"两个人相恋，当时正好又有需要"。但经过我后续了解得知，吴眉香与其前夫离婚的原因是两人在异地工作，吴眉香于温州某中学任体育教师职位，而其前夫在嘉兴做生意，前夫有暴力倾向，常起争执，并常出手打她，而后两人离婚，金小熙就由吴眉香抚养。张建华与妻子离婚的原因是妻子出轨离婚，一儿一女均由张建华抚养。由于张建华平时工作繁忙，一方面担心影响子女成长，一方面也觉得应该再找一个合适的人共度此生。经人介绍，张建华与吴眉香走到了一起，两人于2010年成婚。

（二）为什么不选择再要一个孩子？

采访时吴眉香说再要一个孩子的话首先是年纪不允许，其次是觉得再生的话对自己孩子和继子女心理产生影响。经了解，吴眉香离婚后前夫就给了她一笔离婚费和一辆车，吴眉香每月的工资是四千左右；张建华也在事业单位工作，平时再加做些投资，每年大概有十七八万收入。再要一个孩子的话，经济上是没有什么问题，体力上可能会吃不消，以及考虑到各方面社会因素（比如社会舆论）还有家庭因素（对自己子女和继子女的心理影响，看着自己的爸爸妈妈离婚，又看见爸爸妈妈都有了新的家庭，还得接受爸爸妈妈与别人有孩子）就没有选择再要一个孩子。

（三）后妈的自我认同情况

（1）我：进入新家庭后觉得生活怎么样？

吴眉香：刚开始的时候觉得有点尴尬……特别是第一次见面，那时小云初一，小飞高一。他们就叫我阿姨,小熙就叫建华叔叔。毕竟不是亲生的,感觉还是有很深的隔阂。现在好一点,但是还是有点"毕恭毕敬"的感觉。而且我和他在三个孩子面前也不会特别亲昵。生活条件上的话,建华对我很好,虽然没有大富大贵,但是一家人吃吃喝喝用用还是够的,而且小飞和小熙现在也都有工作,和他也算"半路夫妻,同甘共苦"吧(苦笑)。

(2)我:和新的家庭成员关系相处得怎么样?

吴眉香:毕竟不是亲生的,感觉没有特别亲昵。小云的学习我也不敢管太多,就是帮她爸盯着,我感觉自己也对他们很好,也想对他们好,虽然是重组家庭但毕竟大家现在也都是一家人,能帮就尽量帮……也已经一起生活5年了,小云叫我阿姨,但是毕竟不是妈妈,她很多事情仍不愿意跟我讲,性格感觉比较内向,而且不自信(叹气),明年就要高考了,她这个人也比较懒散,我也跟她有沟通,但因为我也不合适对她凶,怕她不能理解我的苦心,心里挺干着急的。小云的话,对我刚开始其实我感觉得出来,挺排斥的,但是现在好像好点,可能也因为长大了,但是隔阂还是存在的。

(3)我:现阶段有什么烦恼?对未来有什么期待?

吴眉香:现在比较担心的一个是小云的学习,之前也讲了,高考的事情,毕竟现在我也有责任。还有一个是我自己女儿小熙的婚嫁问题。相亲相了很多,但都没有结果。年龄大起来了我很担心了。(苦笑)对于未来的话,就希望能够好好过日子,不要有什么纠纷,一大家子人开开心心、健健康康的就好。

(4)我:如何看待"后妈"?

吴眉香:"后妈",名字不好听嘛,不过本来也是事实,也就这么叫吧。(无奈)身边离婚的朋友或多或少都有一些,现在离婚率又这么高,有的为了小孩不再结,有的再结的,有的再婚后又生了,有的也跟我一样成了后妈。"后妈"也想继子女能对待自己跟亲生母亲一样,不过这个现实一点,不可能。"后妈"很难当的,如果你对男方以前的小孩好吧,自己小孩心里有想法,如果对小云没有特别好吧,建华那边又难说。而且现在社会又复杂,嘴巴很多,对小孩影响不好你也知道。

(四)后妈的家庭认同情况

家庭认同情况总体来讲就是家庭各成员对吴眉香的评价以及其现丈夫在现在这个家庭中扮演的角色以及处事态度。综合对吴眉香的访谈分析以及我后来与我的妈妈访谈,情况大致是这样:现在这个家庭中,总体来说还是比较和睦的。我妈曾谈到一个事情就是建华曾经偷偷给小飞和小云买了房子,吴眉香就觉得他不把小熙当自家人来看,而且目前来看小熙更需要谈婚论嫁,但在这个家庭中丈夫属于强势地位,虽然表面上张建华对小熙也是很好,常常问她喜欢什么要什么,也会满足她,但就这个事情吴眉香也只能忍气吞声,待到合适的时候再说。我妈妈是不太看好重组家庭的,她认为重组家庭里的人会比较自私,每个人会有每个人的想法,不像原配家庭那么真诚和睦。而且我们有时也会做客吴眉香家,就有明显感觉一家人就是毕恭毕敬的,而且小云性格比较内向、敏感,甚至感觉有点自卑。小熙的话可能也是因为年纪,会相对比较成熟一些。当提及小熙婚嫁的时候,我妈妈就会说离婚家庭的小孩比较难嫁,因为家庭原因,男方就会觉得太复杂,而且以后家里事情处理起来会比较麻烦。所以一般男方知道女方家里是离异的就会自然而然产生排斥的心理,宁愿找一个家庭清爽的结婚。这就是一个比较现实的问题,所以离异家庭里一般女孩就是女婿"倒插门",男孩就会找个条件比较差的结婚。但对于吴眉香个人在家庭里面的角色认同情况,大家并没有什么意见。张建华自己也表示觉得吴眉香很好,对他的孩子也很不错,而且对长辈也很孝顺。小云对她的话在初一刚得知的时候是排斥的,而且那个时候也有点叛逆,多少有点戒意。孩子比较早熟……现在慢慢地久了也好起来了。在家里的话,平时在孩子面前,两夫妻不会表现得特别亲热,也会注意一下,在平时的社交场合的话,无论怎么说心里还是会有疙瘩,所以平时两夫妻也没有怎么一起和朋友们出去,都各自有各自的同性朋友圈子。吴眉香跟平时一起练瑜伽的朋友们一起,张建华跟单位同事或者以前同学一起,有时候也会叫到家里聚一下,两个人也喜欢出去旅游,一般都是二人世界得多。

做了这个访谈以后,我最大的感受就是觉得一定要好好经营婚姻,而且要为孩子考虑,做一对有责任感的父母。但是如果像是吴眉香的这种不得已的情况而成为后妈,那么如何处理好与继子女的关系就是一个重大课题。孩子都是需要爱的,后妈也要用爱引导孩子走正确的方向,同时也要好好教育他们珍惜每一段感情。

9. 更多尊重,更多理解

[访谈背景]

近年来随着社会的日益发展,更多的社会问题相继暴露出来,引起社会的广泛关注。其中,后妈问题一直处于公众的热议之下,不管是"小三上位"还是因为传统续弦，在原本已经形成的家庭中新加入一个家庭成员对原家庭产生的影响不言而喻。处理不好这个问题引起的各种矛盾屡见不鲜，也由此社会公众对后妈问题的关注度持高不下。本次访谈以此为内容，其目的主要是进一步研究重组家庭中后妈与其他家庭成员的相处情况以及对后妈群体的深入探讨，由于传统问题社会偏见一直存在，希望以此来更客观地看待后妈群体，为重组家庭提供科学的合理的理论支持，缓和社会矛盾。

访谈对象：赵女士，38岁，办有一家与哥哥一起经营的小厂，六年前因家庭矛盾离婚，三年前与现任丈夫结婚，无亲生子女，现任丈夫有一女。

访谈时间：2015年6月22日。

[访谈内容]

赵女士的家位于市中心的一幢公寓，地价比较高，从中可以看出这个家庭生活条件比较好。我上去的时候赵女士已经在家中等我了，家里只有她一个人，房间大约有150平米，装修简洁大方，给人一种特别舒服的感觉。赵女士为我准备了很多水果，因为我们本来就彼此认识，所以并没有马上就进行采访，而是讲了很多小日常，我想这也可以放松一下心情，让访谈更顺畅地进行。

大约过了20分钟，我们开始了访谈。赵女士说起她的上一段婚姻还是很平静的，我想是因为早就已经放下了吧。赵女士出生在农村，初中毕业就与哥哥一起外出打工了，从买卖服装到后来自己办小厂，赵女士说得感慨万千，在23岁的时候在媒人的介绍下认识了第一任丈夫，从认识到结婚不到一年的时间，一开始两人的感情也挺好的，双方都忙于工作，男方是村里的一个小干部，条件也不错。过了两年赵女士怀孕了，却因为不小心从楼梯上摔了下来导致流产，之后赵女士非常伤心，说到这里赵女士笑了笑，摇了摇头。本以为等身体调理好了以后就还会有宝宝，没想到几年来一直没有消息，赵女士说她一直认为是第一个宝宝对她的惩罚，但是来自家庭的压力特别是男方父母的压力让她每天都很焦虑。后来去看了医生，医生给出的确诊单给了这个家庭致命一击。原来，赵女士的身体很难再怀孕了（具体原因我并没有记下来）。我能感觉到赵女士透出的失望，这对女性来说是一个巨大的打击，可能一辈子都难以平复。赵女士递给我一盆杨梅，她说到这里停了停，我很理解地没有继续问下去。

过了一两分钟，赵女士接着说，之后他们也去很多医院看了，总之都不尽如人意，那段时间赵女士过得非常痛苦，每天晚上都睡不好觉，最终的结果我也知道了。这个家庭矛盾频出，双方状态都不好，所以只能走到离婚的地步。男方对赵女士还是颇为愧疚的，毕竟从我的角度看，赵女士并没有做错什么，仅仅是因为不能怀孕就被剥夺了为人妻子的权利么，但是农村就是这样，对子嗣非常看重，又重男轻女，在如此封建的思想影响下，赵女士也觉得非常疲惫，同意了离婚。

离婚之后赵女士的生活过得也不错，因为赵女士的经济条件很好，离婚时男方给了一笔补偿，加上她也有工作，所以过得挺轻松的。赵女士的父母也很心疼女儿，一直劝她放轻松。

赵女士接着说，后来一次偶然的机会她和朋友在某景点玩的时候遇到了现在的丈夫，说来好笑，原来赵女士和他是初中同学，赵女士说一开始她也没认出来，是男方先叫的她。之后两人交换了联系方式，也经常一起吃饭一起玩。赵女士说，"真是缘分啊"。两人相熟了以后，对彼此的情况也有所了解，男方的前妻是因病去世，留下一个女儿，女儿现在已经 13 岁了。赵女士一开始也很矛盾，因为对方家里有个孩子，虽然她不能生育，但是当一个孩子的后妈她也没有心理准备。赵女士和我母亲是因为工作原因认识的，因为我母亲大赵女士几岁，所以赵女士说她就跟我母亲来咨询，我母亲一开始很犹豫，毕竟后妈的名声不好听，而且要是跟小孩子处不好会非常麻烦。赵女士也没有下决定就一直与男方相处着，他带孩子也很不容易，一个人又当爹又当妈。赵女士说，男方根本不会做饭，所以女孩儿都一直养在爷爷奶奶身边。有一次男方问女儿想不想要个妈妈，女儿居然大哭说她只要她妈妈，其他都不要。这下子双方都很尴尬，赵女士说她那时候已经想要放弃了。可是男方对她真的挺好，而且他也确实需要一个妻子，之后赵女士又多多跟女儿接触，终于在女儿不那么排斥的时候他们结婚了。

听到这里我舒了一口气，赵女士看我那么紧张笑了出来，她剪了个短发，衬得她越发精神了，说明婚后的日子过得也不错。之后男方把女儿接回了家里，赵女士也搬进了这幢公寓。之后的日子也过得挺舒坦的，双方的父母都很宽容，也没有多说什么，特别是男方的父母，他们对赵女士都很大方，也一直希望儿子再找一个妻子，赵女士也对他们颇为感激。赵女士说现在女儿上下学都是她接送，家里饭也是她做，因为她自己工作自由度很大。说到和女儿的相处这方面，赵女士颇为感慨地说，"一开始她一直叫我阿姨，他爸爸让她改，一直没改过来，我也没说，就这样吧，能接受我我就很知足了，称呼无所谓。后来有一段时间她情绪很低落，饭也没吃多少,话也不说,问她怎么了她也不说,有一天晚上我进她房间她问我,阿姨你以后有了自己的小孩怎么办,我愣住了,然后我跟她说,阿姨永远不会有自己的小孩,阿姨只有你。说着我自己哭了,她也跟着哭了。后来就好了。"赵女士说着眨了眨眼睛,我听着也很感动,现在她们相处得也不错,女儿很乖巧,不需要多操心。

在问到困难的时候,赵女士想了一会儿说,孩子的教育问题吧,的确,继子女的教育问题一直都很麻烦。赵女士说,她没有经验也不知道怎么带小孩,在教育小孩子这方面,她看了很多书,但是她们情况又比较特殊,和他爸爸也商量过,但也没有有用的东西,赵女士说只能走一步看一步吧。

最后我问了赵女士对后妈群体的看法,赵女士说,在没有成为后妈之前对这个群体也是有一点偏见的,但在自己成为一个后妈以后,她又能理解很多东西了。她说,每个女性都是特别不容易的,后妈要遭受各方的误解,她希望周围的人能更多地尊重她们,理解她们。"幸好我朋友们都挺好的,她们都很理解,也经常带孩子出去玩。"赵女士开心地说道。

访谈进行到这里就结束了,我们又聊了点别的东西,最后赵女士让我叫上我母亲一起去吃晚饭,我欣然应允。通过这次访谈,我对赵女士更加欣赏了,不仅是因为她的性格,更是因为她经历那么多事情后依然充满希望。

社会公众对后妈总是有偏见,一直怀有狠毒、狭隘等刻板印象,但是事实却并非如此,很多后妈都是非常不容易的,然而对后妈的有色眼镜却使得这些后妈生活在非议之下,使得她们对自我认识产生偏颇,因此如何改变社会大众对后妈群体的偏见,以及如何给予后妈群体更多的关爱、包容和尊重?

10. 一个普通后妈的心路历程

[访谈背景]

访谈对象:苏静(化名)

访谈时间:2015 年 5 月 1 日 16 时

老公、继女、女儿,这就是 80 后后妈苏静的一家。

苏静,今年 31 岁,24 岁时通过某社交网站认识了老公 L。

L,今年 34 岁,离过一次婚,有一个女儿。

苏静 26 岁时与老公结婚，两人现居北京，住在公婆为他们准备好的婚房里，工作稳定，无房贷压力。目前两人育有一个女儿，18 个月大。

继女，今年 8 岁，一岁半时因父母离异，便跟随爷爷奶奶在老家安徽生活。5 岁半时，父亲再婚，因上学原因到北京与父亲、继母一起生活。

[访谈内容]

访谈时间定在一天当中的下午四点左右，"这个时间我可以偷偷跑出来看看女儿"，苏静在电话中温馨地告诉我。访谈形式使用 QQ，"我打字很快，你也容易整理访谈内容"，听到这话我都有点感动。

苏静性格十分开朗，稳重又不失活泼、传统又能接受新事物的个性在她身上明显地表现出来。苏静也很健谈，思绪很连贯，有好多我应该接下来问的问题，她一股脑地都讲出来，让我省去很多话语，使我轻松了不少。对一些较敏感的问题，苏静也极少回避，超乎我的想象。就这样，访谈在轻松、和谐的氛围里进行着。

苏静当后妈并非偶然。"刚上大学时痴迷于安妮宝贝，特别喜欢暖暖的文章。年少时被一点点的感情弄伤了，当时以为自己不会再爱了。我曾和同寝室的人开玩笑说，将来找老公就要找个离婚有孩子的，那是一种别样的浪漫。"这段话，苏静很快发了过来，说明她印象深刻，对婚姻有着独特的认识。

苏静毕业工作后，一直没有遇到特别合适的人。后来想着找个人打发时间，就上了某社交网站，认识了 L。刚开始并没有太认真，只是觉得这么年轻的单身爸爸很不可思议，后来越聊越深，明知道他的情况（离过婚，带了一个孩子），但觉得 L 是个很靠谱的人，也没有太多排斥，于是他们确立了恋爱关系，她相信自己有足够爱心和信心，能和相爱的人幸福地生活在一起。对这些内容，苏静谈得很轻松，能看出苏静是一个自信的人，也是一个敢于面对复杂情况的人。

苏静嫁给一个离过婚的人，这当然遭到来自传统家庭的极力反对。苏静的父母觉得嫁给再婚男人会面临许多问题和困扰，不是一个很好的选择。这造成了父亲很长一段时间不理她。但苏静作为独生女，从小被疼爱惯了，父母见她执意如此，也只好听之任之，告诫她以后的生活要自己面对。接触一段时间后，苏静的母亲觉得 L 除了离过婚、带个孩子，其他各方面都还可以，也默许了他们的婚姻。

好日子没过多长时间，苦恼的问题就出现了。

苏静原本以为继女由公婆带，可以带到小学毕业，两人继续在北京过自己幸福的小日子。可是继女到了上学的年纪,婆婆身体又不好,公婆希望继女能够跟随苏静他们一起在北京生活。苏静老公怕她刚结婚不久,一时不能接受当后妈的角色,但孩子亲妈又不要,要求父母再带两年,但他们态度非常坚决,苏静不忍心让老公左右为难,便主动提出可以和孩子一起生活。

继女回来时,刚好苏静怀上了孩子,因为吃不惯公婆做的饭菜,而且婆婆身体又不太好,于是她辞职在家,一边养胎一边带继女。好在继女自理能力很强,穿衣、洗漱、洗袜子都能自己做,也省去了苏静很多心力。这一点苏静是比较满意的。

但更大的问题冲淡了苏静的一点好感。

继女由于幼时父母离异,缺乏关爱,缺乏安全感,对家里发生的每件事情都非常敏感,加之公婆教育孩子方式不够科学,造成继女性格任性,内心不够阳光。在苏静女儿出生前,苏静与继女的关系一直是不错的,因为很少见到亲妈,公婆也很少向她提起,继女几乎不知道苏静不是亲生母亲。苏静对继女也十分关爱,两人的关系也十分融洽,苏静也很有信心把继女教育好,将来带出去能挣足面子,虽不指望她报答自己,但还是希望得到她的认可。然而,苏静的女儿出生后,强烈的嫉妒心使继女非常敌视,对妹妹表现出特别地不友好,这让苏静有些寒心。再加上自己精力有限,更多的时间用在了照顾新生女儿上,继女为此感到十分不满,时常耍脾气、闹性子。苏静开始反感继女,觉得她很烦,在态度上不再关心她,在行动上不再管她,更加重了两人之间的裂痕。苏静虽然不认同老一辈的说法"有些人天生就是自私、狭隘,你对她好,她根本不会懂得感恩",可是继女的所作所为却让苏静有一种深深的无力感。苏静的老公对两个孩子的态度也有一些不均衡,虽然物质上的给予都是一样的,但从心情上,虽然继女是他的第一个孩子,但没有从小生活在一起,感情没有那么深厚。

经过一段时间,随着苏静女儿的长大,特别是苏静也厌烦了这种环境,在公婆、父母,特别是老公的帮助下,自己慢慢调整心态,逐渐改善了与继女的关系,继女也不是那么敌视这个妹妹和继母了。对目前的状况,苏静还是很满意的。

对于继女的亲生母亲,自孩子上小学起,就开始频繁地来看孩子,并向孩子灌输当年是爸爸非要把她送回老家才离婚的,总之是爸爸造成现在的一切,与现实完全相反。虽然苏静理解她是不想让孩子忘记自己,但对此还是非常生气,后来想明白也就随她去了。有时继女会提起她亲妈说了什么,苏静表示这些没必要和她说,相应地也不需要到亲妈那去说这边的事，两边相互尊重。

总体上来看，苏静的家庭生活中并不存在太大的矛盾冲突，苏静是一个乐观开朗的人，对人对事都看得比较开，而且还在自学家庭心理学和儿童心理学，准备考二级心理咨询证。家庭生活中，苏静的老公对苏静一直十分爱护，很多地方都能为苏静着想，并与她站在统一战线上。公婆对苏静的态度还比较认可，虽然也有担心苏静对孩子不好，但并未正面表达过。总之，在家庭关系中始终存在大部分有利因素，推动着幸福生活。

当好后妈，要有一个良好的心态。"后妈"是现代社会中一个非常敏感的话题。要当后妈必须能够勇敢的面对，保持一种奋进的心态。要当好后妈，必须不急不躁，保持一种公平、平和的正确心态，妥善地处理与继子女的一切事情。在这一点上，苏静做得还是不错的，这也和她的性格、自身素质有关。但对于其他人，是不是都能做到呢？

当好后妈，要讲究方式方法。"后妈"体现了与继子女处在不同的层次，也人为地隔断了一段距离。要当好后妈，必须处处体现"妈"的角色，增强"妈"的意识，增加"妈"的行动，在继子女头脑中强化"妈"的认识。同时，要不断弱化"后"的影响，减少"后"顾之忧，逐步把"后妈"变成"妈"，达到家庭和谐、社会和谐。这也是在当今社会离婚率不断上升的情况下，再婚家庭中我们愿意看到的。

重组家庭的和谐不是后妈一个人的责任，更需要丈夫、公婆、继子女多方面的配合，是多方努力的结果。

11. 如人饮水，冷暖自知

［访谈背景］

姚歌，今年38岁，浙江人，是市医院的一名护士。她曾有过一次婚姻，与前夫离婚后，36岁时和现在的丈夫组成新的家庭。现在的丈夫还带着一个和前妻所生的八岁的女儿，不过和她已经相处得很不错，去年自己又生了一个女儿，现在由母亲帮忙照看。

访谈对象：姚歌

访谈时间：2015年6月21日16时

[访谈内容]

我们第一次沟通是在微信上，说实话我有些紧张，觉得自己是在贸然窥探一位年长女性的隐私，甚至有些扒开她伤口的意思。姚歌倒是十分坦然，她反过来安抚我说没事，你不必小心翼翼地，我们现在过得很好，一切都好。

这在很大程度上，令我松了一口气。我们约定一周后在一家星巴克见，那里下午比较安静，适合交谈。

我提前半个小时就到了店里，坐在靠窗的位置等她，一边构思着一会儿该怎样开启这场对话，一边开始脑补她的样子。一个 38 岁、曾经离异的女人，想必经历过一些苦楚和艰辛，会在声音和神情里留下疲态吧。然而在之前的短暂沟通中，她给我留下的印象却是轻快的。这使我对她更加好奇了。

姚歌来得很准时，穿了一件高腰的连衣裙，身形偏瘦，很干练的短发，气质淡淡的，很显年轻。她点了一杯不加糖的冰美式，竟也不嫌苦。

我们先从愉快的话题开始，我记得她上次在微信里说，他们现在的家庭生活很和谐，一切都好。姚歌说，确实，她对现在的生活挺满意的，一切仿佛都终于步入了正轨，不管之前经历了什么，还是觉得自己很幸运。和前夫的女儿相处得还不错，也有了自己的孩子。大女儿沁宁今年八岁，读小学二年级，平时有些沉默内向，不闹腾，要求也不多，还算听话。就是有时候太害羞太沉默了，需要姚歌去猜、去感受她的内心需求，她既怕自己做得不够，又怕自己没有注意尺度，逾越了让孩子觉得尴尬。

姚歌坦言自己确实挺喜欢女孩儿，之前一段婚姻很长，但并没有留下孩子。所以一开始接触到这个小女孩的时候，就是带着一种欢喜和宠爱的心情的，她当时甚至没有想过自己以后还会生一个女孩，毕竟 36 岁也不小了。

当我问到姚歌，她有了自己的孩子以后，对沁宁的态度是否会有所改变的时候，姚歌无奈地笑了。她说，其实真的没有，反而会更加小心翼翼，因为她觉得沉默内敛的女孩更加敏感，生怕她内心有种自己被抛弃的失落感。"其实对她来说，我倒还好，但是她可能会担心自己从此以后连爸爸都没有了，是属于别人的了。我不希望她有这种想法，我自己也尝过人生的百般滋味，这种感觉，让一个七八岁的小女孩去忍受，太残忍了。"

小女儿出生不久，需要花很大的精力照顾，然而姚歌自己是护士，平时偶尔还要上夜班，丈夫作为医生工作更加繁忙，于是姚歌找来母亲帮忙，小女儿白天由姚歌的母亲带，晚上再接回自己家，这样相对轻松了很多。她坦言这也是考虑到沁宁的感受，如果自己每天都把全部的精力放在小女儿身上，可能会让沁宁觉得自己只在乎小女儿。现在的她晚上偶尔还有空闲帮沁宁做几道她解不出的难题，沁宁遇到问题也尝试着主动开始找她。虽然次数不多，但这让她挺开心的。她说，"小姑娘真的很内敛，又有一种沉默的倔强，如果我不主动帮她、靠近她，她可能不会来找我，一定会自己想办法解决，等她完完全全养成了这种习惯，恐怕以后再也不会来向我求助了。可是我并不希望她成长为一个什么事都要完全自己承担的女孩子，独立是优点，太独立，那就太孤独了。偶尔示弱，不管对家人，还是以后对朋友、长大后的男朋友，都是很可爱的。"

其实，姚歌会对继女这么照顾，也有丈夫的关系。她说自己离婚的时候是没有想过后路的，只是因为过不下去。母亲天天念叨着以后该怎么办，她只想着彻底解脱，从此一个人过也好。遇到现在的丈夫让她觉得很幸运，"我们同病相怜，这个年纪再说爱这个字，好像已经不多了。起初只是觉得互相都很能够理解，就是你遇到一个相似的人，会想去关心他、顺便帮个小忙，慢慢就熟起来了。他还有个女儿，我当时已经35岁了，没有孩子，也几乎不可能再有，所以看到这个小姑娘就想逗逗她，那时候就挺喜欢的。大概孩子也是催化剂，慢慢地，就觉得，还挺合适的。"

有过一段失败的婚姻（在这里姚歌不是很想具体地回忆之前一段婚姻），再一次考虑和一个人在一起，其实不容易，尤其对方还有个孩子，以后要面临的问题很多。丈夫是个很可靠的人，这让她安心很多，最后还是选择尝试一下。事实证明，幸运之神没有第二次抛弃她。他们现在的生活很融洽，丈夫平日里忙于工作，周末在家偶尔帮忙做家务。从前小女儿没有出生的时候，一家人经常在周末出去玩。丈夫经常和她说起沁宁，生怕她们沟通不好，帮助她摸清沁宁的脾气。"挺好的。"这是姚歌在我们聊天过程中一直挂在嘴边的一句话，带着点劫后余生的安宁和满足。"和丈夫相处得挺好的，和大女儿关系不错，小女儿也挺好的，都挺好的。"

姚歌对未来生活的期待也并不贪心，她说希望两个女儿都能够健康成长，家庭氛围能够一直和睦，希望可以和大女儿沁宁更加亲近，获得她的信任，希望自己的小女儿过得开心。她说自己和小女儿的年纪差得那么多，以后也许交流起来有好多代沟（笑），所以也希望她能和姐姐亲近，两个人以后可以互相倾诉、玩闹。

说起社会对后妈这个群体的认知，姚歌也坦言，年轻的时候，是真的觉得后妈不好当，想着自己以后千万不要去给别人当后妈。那时候觉得对孩子太好，他可能不买账，对他冷淡点儿，又要在乎别人的闲言碎语，说起来就是"果然是后妈"。那时候真的也是年轻，更关注的是自己的感受，不会想着去体贴别人，现在自己身处这个位置，深感其中的苦和乐，就觉得，也挺好的，一个上天赐予的女孩儿，感觉自己天真的那一面都被召唤出来了。她说，如果真的是和睦的家庭，合适的人，当后妈不一定比原来不幸福。毕竟现在，后妈也越来越多了，因为离婚率的关系嘛，社会总会越来越宽容了，也没有谁特地拿有色眼镜看你。如人饮水，冷暖自知，最重要的还是自己觉得过得开心。

从和姚歌聊天的状态和感受来看，她的家庭一定是属于比较幸福的重组家庭。丈夫体谅，大女儿乖巧，她也试着去融入这个家庭，去和大女儿亲近，还生了自己的女儿。比起她绝口不提的前一段婚姻，想必是云泥之别。在经历过婚姻的失败和人生的低谷之后，还能维持这种淡然安定的状态，很是难得。每个人都有一颗体谅对方、希望大家更加和谐的心，第一时间把对方的感受放在首位，并采用温和迂回的方式适应对方，大概是他们关系和睦的最重要原因。从这次谈话中，我能感受到姚歌对丈夫的感激，对两个女儿的体贴和爱，对自己母亲的感激，这种心态、这种生活态度令人向往。有时候一次勇敢的尝试，未尝不好，毕竟失去本身就是一种天然的冒险，而最终结局如何，如人饮水，冷暖自知吧。

12. 后妈的难题

［访谈背景］

访谈对象相关信息：

人物	年龄	社会身份
刘女士	28	某企业员工
刘女士对象	39	个体经营老板
文文（继子）	8	
家庭年龄	3	

访谈途径：没能进行面对面交谈，通过聊天软件进行访谈活动。

访谈方向：我主要列出几点问题：①为什么会选择有孩子的二婚男；②后妈最多碰到的问题，以及怎么化解；③家里人对你做后妈的态度；④你希望有没有这个孩子；⑤老公在你和孩子间的态度。

[访谈内容]

"我只是很喜欢他而已，我知道这段关系不被看好，我之前一直都不敢和我的家里人说这件事情，现在我终于和他名正言顺地在一起了，他的女儿和我关系也很好，他家里人都开始接受我了，但其实只要他女儿能够接受我，我就心满意足了。"年轻靓丽的80后刘女士的这段话，弹出我的电脑屏幕，很显然，她就是人们所称的"后妈"，我一直认为后妈这个词里最伤人的莫过于"后"这个字，它表达了一种后来的、落后的意味，使整个词充满悲剧的意味，就像字面上理解的一样，后妈就是一个失去亲生妈妈，对随后而来的妈妈的代称。在日常生活中，这个词总是代表着一种消极的、否定的情绪，我们可以听见，当有坏事发生时，人们就会说"她是后妈"，就像这个词就是解释，就是所有事情的诟病一般，而身为一名后妈，更是有着常人难以理解的苦与乐。

"他之前的妻子因为他俩性格问题，两人和平离婚，孩子是他坚持要抚养的，他很爱他的女儿。"刘女士和现任老公之前一直在一起将近5年，但是因为老公的身份特殊，一直不敢和家里人坦露，事情暴露后，不得已才和家里人坦白，经过种种艰苦，才终于领证在一起了。为何有很多人不喜欢自己的女儿嫁给二婚男士呢？问题是出在二婚还是有个孩子这个环节呢？凤凰时尚一项涉及35500多位单身女人的调查显示：有3成的单身女性愿意接受二婚男人。凤凰时尚列举了具有代表性的几种男人，被选择最多的是获得30.75%票数的"有房有车，二婚带孩"男士。有房有车做为经济保障，年龄和婚史都放宽了。排在第二位的是"40岁事业有成，相亲无数，至今单身"，获得22.84%的高票。相亲无数至今单身，是有多大的硬伤，姑娘请谨慎。在编辑最看好的"敦厚老实，不修边幅的IT男"排在第三位，有20.45%的得票。最不受待见的是凤凰男，即便是高收入的企业高管，也因亲戚众多，被女孩们抛弃。调查可以看出，在小孩和事业面前，女人还是主要选择了事业有成的。也就是说，对二婚带小孩的男性的接受度，并不是想象中的少数。

女人选择当后妈的主要困难，第一重是来自自身父母的责难，任何一对父母都不会希望自己的掌上明珠为别人的孩子鞍前马后，这里不只是中国传统文化的羁绊，更是出于对血液亲情的重视；第二重就是孩子的刁难，孩子首先不能接受父母离异，其次在面对新的陌生人在家里，小孩的心里一般都会不接受，为难后妈是每个后妈最先面对小孩时遇到的问题。"刚到他家，文文（化名）就会把自己关在房间里不吃饭，不去上课，不让我进她的房间，但是文文才8岁，特别容易被哄，我就带她去买好吃的，给她买很多玩具，她渐渐就接受我了，其实，孩子不会真正意义上为难你，他们只是一开始不愿意接受这个事实而已，而且小孩子心里其实是很善良的，但是，她还是会注意'后妈'和'妈妈'的叫法，我会伤心。但是，我在开始就想过，我不是亲生母亲，孩子这样我是可以接受的。"刘女士是80后，在很多想法上面还是有着现代人的豁达，她只希望能和孩子做成好朋友就好，她不期盼孩子对她的喜爱，但她也认为自己不需要做过多的妈妈行为。看上去是公平的，但是人情一到，事情是不会按照预想的变化而变化的。

"那你的老公在你和文文之间的关系，有做过什么努力吗？"这时的男方处于一个尴尬的位置，一边是亲爱的小孩，一边是心上的爱人，男方在这个角度，当能很好地处理之间的关系时，是对整个局面非常有帮助的。相反，如果只知道强加给孩子后妈这个身份，孩子的逆反心理只会更强。刘女士的丈夫在这时起到了很好的作用，他让孩子开始只叫刘女士"阿姨"，之后才开始慢慢进行下一步，这对孩子和刘女士来讲都是非常积极的帮助。关于孩子，刘女士说的一句话我很在意："我当然觉得如果没有这个孩子就会很完美，但是既然有了就好好解决问题。"这表明，在后妈的心里，普遍上对孩子的接受度并不高，在她们的预期里，如果没有小孩，则是完美的；如果有了小孩，则需要视具体情况而为。这就还是回到了一开始的问题，身体发肤受之父母，这一层面的亲情，还是无可取代的。但这一想法，是不能说清孰对孰错了。

目前中国二婚家庭比例越占越多，一是生活水平提高，大家更愿意去追求自己内心想要的，离婚率就随之增加。二是因为眼下倡导的"快闪"式生活观念，结婚的时候太仓促地下决定，所以婚内反悔的不在少数，这也造成了婚姻的失败。这时后妈这个群体就在不断壮大，我在网上搜索到很多后妈的贴吧和网站，有的人越挫越勇，有的人经受不住困难。但是这一群体的伤心只有这个群体的人会懂，所以后妈们平常几乎都通过这些相关网站进行交流和帮助。在这之前，我对后妈的印象很少，我身边的例子很少，但看了这些网页后，有些人写的关于自己的历程实在让人伤心，刘女士其实已经是这个群体里非常幸运的一位了，有个懂事的继女，有个体贴的老公，自己虽然是第一次婚姻，但是家人还是给予了支持。那么相反的呢，有很多女性的这类婚姻都不被看好，尤其是那些婚内出轨相识的，那种情况下的家庭子女接受后妈时，逆反心理更强。

刘女士说作为一名后妈，家里的压力本身就会很大，但其实最受不了的还是邻里的八卦，这些舆论经常会传到他们家人耳里，并且还会影响到孩子。外人的指指点点可能成为家里吵架和误会的导火索，在我们日常生活中，如果遇到后妈，你既然不能伸出援手，那就做到不要议论是非。

13. 用真心与平和换来的和谐

［访谈背景］

对于这个研究课题，我真的很迷茫，因为我觉得若是采访相熟的人会很尴尬，但是若是不熟的我也很难找到愿意接受我采访的人。在经过反复的思量之后，我还是决定从身边人入手，而出乎意料的是，虽然涉及隐私，但是她们还是很乐意地接受了我的采访。

小菁（化名）是我一个表哥的妻子，在与表哥小张结婚之前小菁的生活算不上特别幸福。她是顾爸爸领养的孩子，但是原先因为顾爸爸和顾妈妈没有自己的孩子，因此他们对小菁可以说是视若己出。但是在小菁10岁的时候，顾妈妈因病去世，顾爸爸又重新娶了一位妻子，方女士就带着自己的儿子小磊（化名）进入了这个家庭，成为小菁的后妈。本次顾爸爸、小菁和方女士都接受了我的采访，讲述了他们的故事，也发表了他们对于后妈这个群体的认识和看法。

方女士今年51岁，在自己32岁的时候与嗜赌成性的丈夫离婚，当时4岁的儿子小磊跟随自己生活。后来，在熟人的介绍之下与丧妻5年的顾爸爸相识，并且在36岁的时候与顾爸爸结婚，带着儿子小磊进入现在的家庭。其实说到当时结婚的考虑，方女士告诉我，虽然她自己一个人也可以抚养小磊长大，但是她觉得小孩子在成长的过程中必然少不了父亲这个角色，有些事情只有父亲才能教给孩子，而母亲就算再强大也磨灭不了父亲的作用。而作为农村诊所医生的顾爸爸，在原配妻子因病去世之后也觉得家里缺少了很重要的角色，虽说小菁是领养的孩子，但是顾爸爸一直将其视为自己的亲生女儿，所以也迫切希望能找一个女人来照顾小菁，照顾整个家庭。因此在顾爸爸和方女士彼此都觉得合适并且相处之后也有了感情的情况下，新家庭就这么组成了。

[访谈内容]

进入新家庭以后，方女士发现相比于很多继子女强烈反对的家庭来说，自己是幸运的。因为顾爸爸是农村诊所的医生，很多时候都比较忙碌，因此小菁在十一二岁的时候就承担起了照顾爸爸的责任，而她也早已从别人那里得知了自己的身世，因此性格不免变得自卑懦弱起来，个人也并没有太多的要求。所以方女士进入这个家庭之后，并没有得到继女的强烈反抗。而当时顾爸爸的父母见到前几年儿子带着孙女生活得很辛苦之后，对于这个可以照顾家庭的新儿媳妇的进门也非常高兴。因此一家人还是比较融洽的。

虽然方女士也希望将小菁当成自己的孩子来疼养，但是有些时候潜意识里的行动就已经偏离轨道了。当时小菁已经15岁了，小磊只有8岁，而方女士当时是收费站的一名工作人员，因此不管从亲疏关系还是年龄上来看，方女士都需要将有限的时间和更多的精力放在自己的儿子身上。所以小菁就不得不默默地承担起了家务的重担，在寒风凛冽的冬天在河边洗全家人的衣服，一双手冻得通红；每天放学之后回到家中需要煮饭烧菜，打扫卫生；每天只有很少的零用钱，看到同学在路边的文具店买东西只能眼巴巴地望着。虽然小菁承担了繁重的家务活，但是她并没有和后妈方女士发生冲突和矛盾，她觉得弟弟还小，方女士除了工作还得照顾老人，自己作为姐姐也是需要承担起这些重担的。后来小菁因为成绩不佳，只上了职高，职高毕业之后成为一名幼儿园老师，虽然有了工资在用钱方面宽裕了不少，但是小菁仍需承担起所有的家务，她还会将一部分的工资给方女士来补贴家用，平时也会给顾爸爸、方女士和小磊买一些小礼物。虽然这段日子在我们听来充满了辛苦和辛酸，但是小菁讲到这段时光的时候并没有什么不满和怨言。她觉得自己虽然承担了很多家务，但是这也是方女士的无奈之举，方女士也会常常夸奖她懂事，给她买衣服等，而小菁和小磊的关系也如亲姐弟一般。后来，小菁在22岁的时候结婚了，小菁的丈夫小张家庭条件较好，婆婆也非常喜欢她，因此对她也是疼爱有加。在婚前的多次商量和吃饭的时候，方女士虽然作为后母，但是热心地商量和筹办了婚礼，将小菁的嫁妆准备得稳妥完备，将婚前的种种准备都安排得井井有条。

在小菁结婚以后，方女士就基本不用再关注继女的生活了，她将更多的时间和精力放在儿子小磊和顾爸爸身上。小张在婚后开了一家小公司，小菁就把已经退休的方女士请过来，为十几位员工准备中午的饭菜，同时在白天也负责打扫一下办公室的卫生，每个月付给她 2000 元的工资。其实一开始接到小张和小菁的邀请的时候，方女士还是比较犹豫的，因为她一方面觉得自己以前对待小菁并不好，这样子过去十分不好意思，但是一方面又希望自己可以增加一点收入，减轻一点家庭负担。在犹豫再三之后，方女士还是接受了小菁夫妇的邀请，每天勤勤恳恳地烧菜打扫，有空的时候还帮小菁照顾一下自己的外孙和外孙女，关系变得更加密切了。

今年年初的时候，顾爸爸因为长期的身体不适去医院检查，被检查出患上了恶性肿瘤，这时候方女士几乎可以说是崩溃了。虽然顾爸爸只是一个小小的社区医生，但是毕竟是家里的顶梁柱，而儿子又刚刚开始工作，难以承担家庭的重担。为了更好地照顾顾爸爸，方女士不得不辞去了小张公司的工作，陪着顾爸爸往返于宁波和杭州之间进行治疗。现在顾爸爸已经成功做完了手术，但是还有一系列的后续治疗需要进行。而小菁一家虽然拿出了一部分的积蓄给方女士，但是毕竟原先家庭经济情况一般，而小磊又刚刚工作，薪酬较少，所以方女士一家的经济情况还是比较窘迫的。面对现在的生活，方女士告诉我说："都已经这样了，除了坚持下去还有什么办法呢？"她不会放弃顾爸爸的治疗，即使辛苦，她也会坚持下去。我也希望方女士一家能尽快度过这个困境，更加幸福地生活下去。

在最后谈到对后妈这个群体的认识的时候，方女士觉得其实很多时候后妈并不是报道上和网络上传得那样妖魔化，她们也希望能在新家庭中给予新的家人以关爱，虽然也许有时候采取的方式不是那么恰当，但也并没有恶意。而小菁和顾爸爸基于方女士成为后妈之后的表现和举动，也对于后妈这个群体主要持有较为正面的看法。但是方女士和小菁等都觉得通过破坏别人家庭，作为小三上位的后妈是相当不可取的，因为进入家庭的方式，所以这些后妈必定很难与继子女较好地相处，这样的家庭基本充满了矛盾和争吵。

在深入接触到这个案例之前，我觉得自己包括很多人都受到了媒体报道的"恶毒后妈"的影响，觉得所有后妈都像《白雪公主》或者《灰姑娘》当中的后妈一样，用恶毒的态度和举动对待自己的继子女。但是，生活并不是童话和戏剧，对于绝大多数的我们来说，生活是细水长流的平淡与温和，而其中的很多后妈都是怀着一颗真心进入新家庭之中的。现在的媒体报道的往往是恶劣的事件，因为越是恶劣，就越能引起读者的关注。但是这并不是全部和真相，生活需要我们真正深入其中才能明白和看透，后妈现象亦是如此。借助本次的访谈，我消除了自己心中对于后妈的偏见，也希望更多的人能消解偏见，用平和的态度和公正的眼光去看待后妈这一群体。

14. 你要看看太阳

［访谈背景］

基本信息：刘女士，39岁，婚姻次数两次，33岁离异，36岁再婚，经过正常二次婚配与现任丈夫结婚。有一个女儿，年龄15岁，一个继女，年龄16岁。

采访者与受访者关系的建立，主要通过亲戚得知访谈对象的情况符合访谈要求之后，初步了解受访对象的基本情况，之后获得联系方式，进而通过网络社交工具对其进行访谈。访谈开始时，首先与受访者聊一些较为轻松的话题，慢慢使受访者敞开心扉与采访者交谈，然后逐步深入了解情况，与受访者深入交流采访问题。在采访过程中，受访者以一种平和的心态配合采访者完成了采访任务。受访者深知社会上仍然存在许多对后妈的刻板印象，因此更为愿意与采访者交流后妈问题，还主动对后妈这个社会问题进行关注。

［访谈内容］

刘女士离婚之后自己带着女儿过了几年，时常不能兼顾工作与女儿。在那几年的生活中，经济上还难以完全支撑家庭，如果忙于工作就势必会导致女儿的教育跟不上，刘女士深知自己要改变当下的状况。因此，在亲戚的介绍下，认识了现任老公。由于两人在相处过程中感觉都很好，两人在一些问题上也容易达成一致，因此，经过深思熟虑，让双方子女有一定的心理准备之后，两人结婚。在这个过程中，孩子并不是很接受，但是在长时间的思想工作以及其他因素下，孩子才勉强接受自己的父母亲再婚这个事实。"但是结婚之后，一开始，继女不太接受自己，甚至有些排斥。"刘女士回忆道。

进入新家庭之后的刘女士没有生育新的孩子，问及是否会生育一个自己和丈夫的亲生孩子的时候，刘女士认为还是应该顺其自然，等到双方的孩子都更加适应家庭角色的变化以及经济条件更加支持能够培养一个新的孩子的时候才会考虑，如果到时候自己与丈夫都有意愿的话，则会生育一个孩子。刘女士承认一开始进入新家庭也是很不适应，很有一种自己是"闯入者"的感觉——自己带着女儿闯入了丈夫和继女的生活。同时，她的生活也必须接受两个"闯入者"。继女对自己不太友好，和亲戚朋友们尚且还在磨合期，自己女儿面对一个全新环境也需要心理建设，由于生活习惯等诸多方面的不一致，生活中会存在许多小矛盾……这些问题都变成了当时刘女士沉重的心理负担。

经过长时间的磨合，三年前的不适应彼此的新家庭现在已经是一个与普通和谐家庭无异的家了。受到许多童话故事的影响，继女会害怕继母对自己不好，甚至虐待自己，凭空产生了对继母的抵触心理。刘女士的继女一开始也不接受她，我提及是否有什么关键性的事件让她们两人改善了关系？刘女士说："我觉得单靠一件事情要改变我们的关系是不可能的，毕竟我作为一个陌生人突然出现在他们父女俩的生活中，她的父亲在接下来的生活中可能不能把所有的关注都投入到她的身上，因为我还带有一个女儿可能会瓜分她原本的父爱。我觉得她敞开心扉接受我是因为在相处过程中感受到了我的诚意，看到了我的努力。在磨合过程中一定不能着急，小孩子不懂事大人便要多宽容以及引导，不能操之过急。"在磨合的过程中，刘女士也有觉得很难熬的时候，幸亏她的丈夫一直在她与继女的相处过程中扮演调和剂的作用，帮助刘女士与继女调解关系。现在的刘女士与继女俨然已经是一对普通的母女了，在访谈过程中刘女士也是以"我的大女儿"称呼继女的。而对待一开始陌生的丈夫的亲戚朋友，刘女士讲道："相处的秘诀就是把对方的家人朋友也当作自己的家人朋友，不把自己的家庭认为是一个特殊的家庭，而当作普通家庭对待。"

从刘女士的字里行间可以看出来他们现在的家庭生活很和谐，这可能对已经形成对后母刻板印象的大部分人来说都会感到些许不可置信。于是采访者不禁疑问道："请问您家庭中的相处有什么特点吗？为什么会相处得这么融洽呢？"刘女士的回答很简洁："其实也没有什么具体的模式啊。"在采访者的进一步追问下，刘女士表示："不知道我们家的相处算不算是一种相处模式。我们家几乎每周都会一起出去聚餐，然后聊聊天，大家说说最近有什么大事或者烦恼之类的。一开始组建新家庭的时候，为了尽快使这个家庭融合我们会经常一起出去旅行，久而久之，旅行成为我们家一个常例了。"确实，家庭聚餐是一个很好的联系家人的方式，聚餐中的人们可以保持心情放松的状态，呈现放松状态的人更容易敞开心扉，也更容易联络家庭感情。刘女士表示她的丈夫是一个很温和、民主的人，因此整个家庭氛围也比较民主，大家都保有自己的独立空间。家长也都鼓励孩子独立思考，自主做决定。

在问到对后妈的看法是什么的时候，刘女士表示在成为后妈之前从来没有想过自己有一天会成为一个孩子的继母。受到或现实或童话中的故事的影响，社会中大部分人对后妈持着一种不友好的态度。提到后妈就会不约而同地想起《白雪公主》《灰姑娘》里面的恶毒后妈。"不瞒你说，我以前对后妈是没有什么特殊感觉的，因为从未想过自己有一天会当后妈，所以也很少去想这些事，"刘女士回忆道，"但是当了后妈之后就有很多感慨，其实后妈也不容易，因为要融入一个新的家庭，让别人不讨厌你并不是一件难事，但是要让别人喜欢上你，习惯有你的生活就有难度了。当后妈需要一定的勇气，但是更需要会与孩子相处的智慧与一颗宽容的心啊。"后妈这个群体给人的印象普遍是不好的。"虐待""精神伤害""偏心"等贬义词始终伴随着后妈这个群体存在。刘女士表示自己的家人以前并没有怎么谈论过后妈这个群体，但是自己成为后妈之后，家人可能会出于对自己的爱护，对后妈这个群体的评价不再有失偏颇，也变得更加接受后妈这个群体了。

　　一个经过重组的家庭要过得和谐，如普通家庭一般，除了需要继母在其中周旋和努力，还需要父亲／丈夫这个角色更好地发挥作用。在刘女士家中，刘女士说自己更偏向于是一名严母，而她的先生则扮演慈父的角色。对待双方的孩子，刘女士认为她的先生还是比较一视同仁的，买东西时两个女儿一定会是相同的，在两人发生矛盾时，也是坚持不偏不倚的原则，谁犯了错误就批评谁，跟那个女儿讲道理。在最初刘女士与继女相处不愉快的时候，她的先生也在其中调解，促使两人增进感情。

　　印象最深的是，刘女士说道："其实在任何关系里，不管是爱情友情还是亲情，只要你真心待人，多点宽容，多点忍让，对方就一定能够感受到你的温暖和诚意。"

　　海子曾说："你来人间一趟，你要看看太阳，和你心爱的人，一起走在街上。"想必便是如此吧。

15. 女强人的"后妈修炼手册"

［访谈背景］

　　童女士现年 44 岁，为某一农商银行中层干部，在亲戚朋友眼中，她是一位十足的女强人。然而，她的婚姻却不像事业一样一帆风顺。她的前夫原为小学副校长，后因赌博欠下巨款，他却挪用公款来还债，罪行败露后被判刑。由于前夫很少尽到家庭责任，且存在犯罪事实，两人之后离了婚，女儿被判给童女士。

34岁时，童女士与现任丈夫结婚，而现任丈夫为一名远洋船船长，其前妻因病去世，留有一子。两人结婚后并未生育新的孩子，而是选择专心培养现有的两个孩子。现在，童女士的女儿与继子都17岁了，且继子比女儿大四个月。一家人关系比较和谐，童女士与继子的关系也比较融洽。

[访谈内容]

童女士在工作上表现出色，在重组新家庭时，她也表现出了工作时的智慧与情商。首先，在选择再婚对象时，她选择了一个与其门当户对的丈夫，这保证了她婚后在家中的地位与话语权；其次，男方的小孩与自己的女儿年龄相差不大，且聪明懂事，所以不用担心与小男孩相处的问题。现在看来，她当年的决定十分明智。现任丈夫对她很好，也十分信任她，例如两人会在晚饭后一同散步，家中的财务由童女士管理，等等，这在再婚夫妇中是不多见的。另外，童女士也获得了婆婆的认可，由于会当家、能力强、心思缜密，她在男方的家庭中树立了较好的形象与较高的地位。由此可见，要成为一位合格的后妈，婚前考虑好各方面的利害关系，婚后多花点心思处理好夫妻关系与婆媳关系，这些都十分重要。

在处理与子女关系时，童女士也保持了这份谨慎与睿智，对待女儿与继子尽量做到公平公正。例如，童女士夫妇已为儿子在浙江某三线城市购买一套房子，而为其女儿也准备了相同价值的嫁妆。类似的例子还有许多，尽管童女士掌管家中财务，但在分配方面，她几乎没有亏待过继子。

当然，物质层面的平等并不意味着童女士已经将继子当作自己的亲生骨肉看待了。事实上，由于童女士本身比较理性，且再婚时孩子也比较大了，因此童女士与继子并没有建立起母子关系，她的继子也只是称呼她为"阿姨"而已。这种隔阂也可以从上面的"购房事件"中看出：毕竟在宁波镇海，重男轻女的想法仍然甚嚣尘上，让女儿与儿子享受同等待遇的"绝对公平"，从重男轻女的角度出发就是一种"相对的不公平"。

在这次访谈中，我也意外了解到一段家庭小插曲：童女士一家刚住进新家时，由于三个卧室中，两个朝南、一个朝北，最后童女士将夫妇俩和女儿安排在了朝南的卧室，将继子安排在了朝北的卧室。从这件事中我们可以发现，继子在她心目中的地位应该处于自己、女儿与丈夫之后。确实，从童女士继子那里我也了解到，两人并没有什么深厚的母子感情，童女士有时反倒更像继子的一个朋友——没有过多的关心，但需要的时候会给予帮助。

由于继子对童女士而言仍然是一个"外人"，因此在思考未来时，童女士也透露了她的担忧。其一，与成绩优秀的继子相比，女儿在学习方面并未表现出兴趣，也没有良好的成绩，从童女士的表情和语气中我能觉出一丝失望与不甘心。继子与女儿同岁，现在两人都处于高中阶段，各方面都能形成比较，好胜心强的童女士在内心深处一定也希望女儿能争口气，在学习方面超过继子，为其争光。其二，由于童女士现在掌控家中各项开支，因此目前不用担心儿女的财务分配问题，但将来万一自己先走一步，她也会担心家产的分配问题。不过，我相信，干练的童女士一定会在家产分配问题上做好准备，并将公平公正原则贯彻到底。

虽然童女士在处理与继子关系时一直比较冷静、理性，但毕竟住在同一屋檐下，她对继子多少还是存在一点感情的。童女士称，在这个家中，她在调节继子与女儿的关系、调节继子与丈夫的关系这两方面花了不少心思，在批评与鼓励继子的程度上也思考了许多。从她的表述中我能看出她内心的一丝挣扎与矛盾，大抵是担心会委屈了女儿，也担心没有善待、教育好继子会让自己的良心不安。

总而言之，这户四口之家表面上和谐幸福，实则暗流涌动，一切的平静与安稳都是童女士煞费苦心、惨淡经营的结果。通过这次访谈，我也对这位女强人后妈产生了敬佩之情。

在外人看来，童女士十分能干，且家庭关系十分和谐美满。在这次访谈中，童女士的回答也可谓"滴水不漏"，很难让人看到这个重组家庭中存在的问题。不过，从她的语气、神情、职业性的微笑和她儿女的回答中，我还是能感受到她与继子之间的隔阂，以及她当家的艰难，只不过她的坚强与理性不允许自己表现出脆弱与不满而已。

虽然童女士与继子没有建立起深厚的母子感情，但从他们的生活状态来看，两人似乎都没觉得这种关系有什么不妥，或许似近非近、似远非远就是这两人之间最好的相处模式。

另外，从童女士的女儿处我了解到，童女士的现任丈夫对童女士的女儿也是类似的态度，因此，我认为童女士一家的相处模式是比较健康稳定的。童女士夫妇的经验也值得我们学习——家人之间要相互宽容与理解，与继子女相处要把握好距离与尺度，对待亲生子女与继子女总体要保持公正客观，但有时对亲生子女稍微好一些也是人之常情，情有可原。

在电视、报纸上我们见多了后妈的困境与遭遇，但很少见到像童女士这样"成功"的后妈。通过对童女士处事方式的了解，我们或许可以这样认为：有时后妈的困惑可能是因为后妈自己想要的太多，太希望继子女能真正把自己当作母亲。然而人心难得，不做母亲做朋友也未尝不可。

另外，要想家庭和谐美满，公平与宽容无疑是两条黄金法则。虽然对于既有亲生子女又有继子女的后妈来说，每个人都希望自己的亲生子女得到更多、过得更好，但其实保持客观公平有时更有利些，无论是在社会舆论上，还是在家庭关系上。

最后，做好后妈是一门大学问。后妈在家庭中是一个微妙的角色，要想做得出色，就需要与丈夫、子女、公婆等各个家庭角色处理好关系，必须用心经营，谨小慎微，不断"修炼"，不断提高，决不可掉以轻心。

第三章
准继母们：世间安得双全法

1. 为爱执着甘当后妈

[访谈背景]

这个案例非常特殊，晶晶是我高中的同班同学，是个非常独立且有主见的女生，现就读于上海某高校，从一次非常偶然的机会听说她竟然已经有了未婚夫，而未婚夫的个人和家庭背景实在是让人大跌眼镜，是个来自瑞士的中年老外，从事轮胎的家族企业，资产雄厚，与原配关系破裂但尚未离婚，家中还有个7岁的孩子，母女都在瑞士。两人几个月前一见钟情，已经决定订婚。如果这一切都是真的，那么便说明晶晶作为我的同龄人不仅将步入婚姻殿堂，而且极有可能成为后妈。由于男方的背景实在是过于复杂，还没和原配离婚便与晶晶订婚，雄厚的家产也给晶晶的这一行为扣上了"傍大款"的帽子，同学们在私下都对她议论纷纷，投来异样的目光，认为她人品有问题，不是被爱情冲昏了头脑而是被金钱所诱惑，成为被包养的小三。即使是追求真爱，男方承诺的不稳定性、与原配婚姻关系的不确定性、成为后妈之后家庭关系的复杂性，似乎都不得不考虑，已然是我们这样同龄人的不能承受之重。

以上都是我从侧面获得的信息，为了使访谈最大程度保持客观，我说服自己抛弃原有建立在传闻和想象之上的偏见，向当事人征得同意、获得证实，试图从当事人的立场上理解其真实想法。

[访谈内容]

由于个案的特殊性，男方财力雄厚育有一女并未与原配离婚，所以此处成为后妈在其他人眼里基本上可以和成为小三等同起来,所以在微信访谈时我处处小心,旁敲侧击之后基本证实了传言的真实性,且晶晶也很直爽,没有表现出明显的抗拒,我这才敢开门见山地表明访谈意图。

(一)成为后妈的原因——爱与安全感

据晶晶所述,她是在大二暑假实习担任翻译工作时遇到未婚夫的,这位瑞士老外对晶晶一见钟情,主动表达了爱意,将晶晶聘为自己的私人助理,并且采取了死缠烂打的策略,很快两人便从商务合作关系升级为了情侣关系。当时晶晶刚从前一段感情中走出,前男友是她的大学同学,从上一段失败的经验来看,晶晶认识到同龄的男生从心智上远不如女生成熟,不懂得如何去爱,无法满足女生的心理需求。所以按她自己的话来说,当时受伤的心灵需要慰藉,内心的空虚需要填补,渴望一种被爱的感觉,而她又认为走出一段感情的方法就是投入另一段感情。此时出现的中年老外,他身上的成熟稳重与幽默感让自己眼前一亮,西方式的热情浪漫也体现得淋漓尽致:会去主动地认识自己身边的同学,为让自己陪同出差亲自与学院交涉请假,有时甚至会一个电话打来告诉自己就在寝室楼下。

可我有个问题不得不问,男方在一开始是否隐瞒了自己的家庭背景,这也是这个案例最特别之处。如我所料,晶晶告诉我的确是在交往了相当长的一段时间后男方才坦白的,当时两人已经决定订婚,自己问起他的家庭背景后男方才被迫交代。得知真相之后她陷入了迷茫,觉得自己仿佛成为世人眼中破坏家庭的小三,就算不是,那么该如何应对将来的家庭关系,如果原有子女归未婚夫抚养,又该如何相处。但她最后还是决定走出这一步,她很庆幸男方能够锲而不舍地对自己用心,一直陪在身边鼓励自己,虽然坦白得晚了些,但他能够坦白已经需要勇气,至少说明了他是个敢于担当的男子汉,没有选择逃避问题而是两个人一起面对,这样已经足够了,并且男方已经做出承诺,已经请律师办理相应的离婚手续,回国后就执行,晶晶认为男方值得自己充分信任,不愿意两人之前所建立的默契由于猜疑而毁于一旦。而且前一次婚姻的失败只是由于他们不合适,裂痕的存在从时间点上先于自己的出现,自己问心无愧,爱情的事情没有对错,只有适不适合。

与晶晶的对话中她体现出了异于同龄人的成熟,可能我还不够成熟,也可能我不是当事者,在我看来她的想法还是太过理想化,一时之间难以认同,但这并不影响这次访谈的客观记录。从晶晶的叙述中,爱与安全感是两个关键词,也是她最终克服心理障碍的原因,她的想法很简单也很美好:生活本是十分复杂的,为何不能任性而为，追求纯粹的爱与被爱的感觉呢？当所有人都不认可你时，为何不能两人相互依偎，互相取暖呢？

（二）自己对后妈的看法——面对不公评价要内心坚强

由于晶晶未婚夫还尚未正式离婚，子女的归属权尚不明确，所以晶晶并不一定会与继女生活，只是在理论上有可能成为后妈，所以她的看法还相当乐观。她自己认为不必对"后妈"一词大惊小怪，对社会上的不公现象进行猛烈抨击，只有不明真相的站在道德制高点上的人才会把它等同于小三，居心叵测为了金钱破坏家庭的人毕竟只是少数，不能一概而论，社会上的偏见大多来源于苦情伦理剧的误导，他们只是好事且无知的旁观者，他们不了解也不想去了解真相，就抱着看热闹的心态对他人的生活评头论足，做出不公平的裁判，后妈凭什么就一定破坏家庭，凭什么就一定会虐待继子女，他们统计过比例吗，就抓着少数个案无限放大。这种社会舆论客观上能够影响到当事人的心态，甚至会造成伤害，但谣言止于智者，没有人能够比自己更了解自己，为什么会在一起、自己是怎样的一个人，只有自己才最清楚，只要做到问心无愧、内心坚强，除了自己，没有其他任何人再能伤害到自己。

（三）周边同学和亲人对自己的看法——满怀恶意与不理解

事前我是知道周围的一些同学对她的看法的，大多都采取了排斥的态度，有意无意地与晶晶划清界限、保持距离，但从晶晶口中亲自说出时那份压力和失望还是超乎了我的想象。她用的词是周围的同学充满了恶意，她曾将自己的事向室友倾诉，不求获得鼓励，但至少希望别人能够理解自己，好让自己承担的压力有所缓解，但她的室友还是让自己失望了，辜负了晶晶对她们的信任，表面上是理解万岁，但背地里却将整件事情作为八卦热点传遍了学院，甚至还添油加醋，将她塑造成了爱慕虚荣的绿茶婊，这深深伤害到了她，变得不愿再相信其他人，将所有事情由她自己承担。同时家里的父母也是属于思想保守一派，不支持晶晶迈入这样一段没有保障的婚姻，双方就这一问题展开了多次谈判和争吵，至今也未能达成和解，于是晶晶就干脆不寻求和解了，觉得自己长大了有能力承担一切后果，自己的幸福要由自己把握，只能先斩后奏，日后再征询原谅，以尽孝道。同学与家人的双重压力压得自己喘不过气，但晶晶并未因此动摇，此时未婚夫的不离不弃反而使晶晶更坚定了在一起的信念。

（四）如何处理可能的与继女的关系——善良与宽容

最后的这一个问题是基于假设之上的，如果真的要与继女共同相处，晶晶表示并不介意。自己比继女大不了几岁,应该不会存在代沟,自己平时最喜欢小孩了,完全可以像个大姐姐一样给予她关心和照料,不必刻意强调母亲的威严。如果继女对自己存在偏见和误解,晶晶觉得也是情理之中的,小孩正处于叛逆期,家庭环境又发生如此巨变,对自己产生抗拒和敌意在所难免,但孩子是无辜的,不能因为自己地位受阻而对孩子进行打击报复,成为一个恶毒的后妈,这样对孩子不公平,对家庭长久稳定的维持也是不利的。自己永远替代不了亲妈的地位,所以不会切断继女与亲妈的原有关系,而自己则必须加倍努力,给予其最大限度的忍耐和补偿,在日常的相处中愿意适当放弃一些权力更尊重孩子的自由。很多事孩子还不懂,但随着时间的推移终将明白,只要自己一如既往地执着,心与心终会彼此相通。

后妈一词之所以被污名化确实是受到了传统观念和影视作品的影响,其他社会成员作为旁观者不了解真相也并不想了解真相,只是凑着热闹说着风凉话,没有足够的事实依据便认为后妈总是恶毒的。同时旁观者并不看重后妈的内在情感需求,他们的切入点往往只有家庭财产这样现实利益的考量,所以才会得出后妈都是破坏家庭、贪慕虚荣的结论。

晶晶代表着一部分新女性,她们性格早熟、敢爱敢恨,不拘泥于世俗传统的束缚。她们对家庭和爱的观念非常纯粹和理想化,她们天生缺爱,寻找着一份柏拉图式的爱情,更注重精神需求的满足而不那么在乎世俗观念和现实的考虑,这同时决定了她们必然不会被世俗所理解,在追求幸福的过程中将遇到主流传统价值观的阻碍。每个成为或即将成为后妈的人想必都要有非凡的勇气,不光要有强大的信念支撑,同时也要实实在在面对重组家庭的困难。对爱的执着固然能够提供强大的源动力,但爱也有保质期,当理想洗尽铅华,剩下的便是现实,要做到内心坚强只是一句空的口号,是不具备真实效力的,生活总是超出我们的预期。所以理想固然可贵,但现实总是残酷,最初的那份愿景需要在实践中找到答案,这一点需要我们足够的审慎。

2. 准后妈的踯躅

[访谈背景]

此次访谈主要通过网上访谈。此后妈是主要通过天涯论坛接触联系到的。

即将成为后妈的 h,29 岁,未结过婚。男方 36 岁,已离婚,有一个 9 岁的男孩。

〔访谈内容〕

（一）关于后妈 h 的自我认同情况

（1）成为后妈的原因

我：您现在才 29 岁，也没有结过婚，为什么愿意嫁给离过婚的男人而不是找一个和您条件差不多的呢？

h：主要是因为年龄大了，不想成为剩女，而且他（男方）也想结婚，同时我们俩都有好感，互相喜欢，而且他（男方）父母在催。而且在和他的儿子接触过程中感觉小孩和我之间关系还是很融洽的。

（2）生活状况

由于工作原因，h 一周回家一次，孩子男方带着，男方除了儿子问题，都很迁就 h，现在新买的房子、车子都是写 h 的名字。继子对 h 很好，生活状况目前看来很不错。

（3）与家庭各成员关系

公婆在老家，因此没有什么摩擦，婆婆挺喜欢 h，并且催着他们结婚。继子对 h 也很好。男方对 h 很迁就，双方处于恋爱状态。

（4）困难和烦恼

因为 h 没有结过婚，而男方还带着一个 9 岁的儿子，h 的父母比较反对他们结婚，h 周围的朋友也不建议他们结婚，结婚阻力较大。

h 想要一个隆重的婚礼，h 的父母嫌丢人，不肯，同时，h 的父母没有和他们那边的亲戚说男方是离过婚并且带着孩子的。h 想要公开她的男友是二婚并带着孩子。

孩子的问题，虽然目前继子对 h 很好，说害怕没有一个完整的家庭，但是 h 还是担心结婚后的问题，害怕每天生活在一起会有矛盾和摩擦，男方很重视继子，因此害怕双方因为继子起争执，不太愿意和继子长期一起住。

（5）对未来生活的期待状况

"我们算是一般的家庭吧，所以今后的生活还需要有合理的计划安排，如果安排得好我相信也会过得挺滋润的，我们在一起后重新买了房子、车子，但这些全是我的名，还有他所有的钱都是给我来支配，当然我不是看重这些东西，只是我觉得这能证明我在他心里的重要性，况且我们现在还没结婚。"

（6）如何看待后妈这个群体

"我觉得大家把后妈想得也太恐怖了，而我的朋友和爸妈又把当后妈想成是一件很丢人、很辛苦的事。虽然我现在还没有成为后妈，但我觉得不应该这么不客观地看待后妈这个群体，首先，我们是作为一个妻子嫁给老公的，而不是作为一个后妈去嫁给老公加入他的家庭。因为他（男方）有一个9岁的儿子，所以我就去接触了一些后妈，发现她们其实都是努力对继子女好的，但是还是要经常被别人说闲话，所以说，我现在还是有点担心结婚后的日子，而且我肯定会生一个和我老公的孩子，到时候就怕被别人说我偏心。"

（二）后妈的家庭认同情况

（1）家庭中继子女、丈夫对于后妈以及后妈这个群体的认知与态度

对继子的认知：由于h与继子目前虽有感情，但是没有交流过这个，因此没有办法回答这个问题。但是h说："我跟孩子已经有了很深的感情，孩子对我特别地依恋，有一次我跟他爸爸聊天，讲话双方都比较严肃，他在旁边马上说头疼让我们不要讲，我问他是不是怕我们吵架，他说是的，怕我离开他们，怕失去妈妈，他不想再换妈妈了，也不要爸爸再离婚了，已经有过一次了，他害怕，听到这些我很心疼。"从这里可以看出，h的继子实际上并没有多少受到平时流言所说的后妈不好的感染，对后妈这个角色没有产生抵触心理。

对丈夫的认知："他是大人了，怎么可能还这么不理智呢，如果他讨厌后妈这群人那怎么还会娶我呢！"

（2）家庭关系和睦的，后妈、继子女、丈夫这三方的相处模式存在何种特点（相处融洽的原因）

因为目前h还尚未和男方结婚，所以只能告诉笔者其目前和孩子感情很深，家里比较融洽的原因，主要是"由于工作关系我都是一周回家一次，孩子就他一个人带，白天上班晚上辅导孩子作业，晚上有应酬时就让公司文员之类的带"，而且平时和孩子在一起的时候，h对继子也很好，很心疼孩子。丈夫并不偏袒任何一方，一直对儿子和h都很好，即使有什么问题的时候，他们也会避开孩子偷偷商量。h认为最大的原因是继子受过父母离婚的伤害，对h并没有抵触心理，并且丈夫也一直在向儿子说着h的好，一直在做一个调和者。

（3）继子女与后妈的关系如何，继子女对后妈的观点如何形成

"我跟孩子已经有了很深的感情，孩子对我特别地依恋。""主要是他（男方）在我没见过孩子之前就一直在对孩子'洗脑'我的好，哈哈，而且孩子也没有听过什么乱七八糟的不好的后妈的传言，我和他相处的时候因为心疼他，也对他很好，

尽量去和他做朋友。"

(4) 丈夫在家庭中的角色地位以及处事的态度

丈夫在家庭中应该是一个调和者，是一个公正的角色，不过分偏袒妻子也不过分溺爱孩子。而且得要有自己的主见，不能被后妈或孩子或婆婆牵着鼻子走。在后妈受欺负时也要做好一个老公的角色，安慰什么的不能少。而父亲对于孩子这方面更要重视，要在日常生活中慢慢教会孩子用公正的目光去看待这个妈妈，让孩子慢慢去接受这个后妈，而在解决冲突时，要公正，甚至于稍微偏袒孩子，但也不能过分溺爱。父亲就像一个维持天平平衡的人，孩子和后妈就是天平两端，其角色是非常重要的。

(5) 后妈的父母对后妈群体的认知与态度

"我爸妈就是觉得我丢人，真的不知道怎么办才好，他们都不肯告诉我那边的亲戚我男朋友是离过婚带着小孩的……他们就是觉得后妈应该是离过婚的女人去当得，没结过婚的女孩子干嘛要去当后妈，就是觉得丢人。反正他们是很反对的……"

(6) 后妈的公婆对后妈这个群体的认知与态度

"他们并没有看不起后妈啊什么的，我觉得。因为他们还催着我们快结婚，也很放心把孙子交给我，原来孩子一直是由他们带着的。其实我也不知道他们怎么看的，就算他们讨厌后妈，那谁叫他们的儿子离婚了，后妈不得不要啊！"

(7) 其他

我：你现在最大的顾虑是什么？

h："其实我虽然和孩子的感情挺深的，但是还是很害怕结婚后和孩子一直待一块的，因为毕竟不是我亲生的，就怕起矛盾，而且他爸很爱孩子，对于孩子这一块什么也不会妥协的，我们在一起两年多真正意义上就吵过一回，我一辈子都忘不了，他说了一句话是他可以不要任何人，但不可能不要儿子，儿子在他心里比任何人都重要，那次我们差点分手，但最后还是我自己舍不得放弃又走到一起了，其实我也想过孩子不跟我们一起生活，但是那样觉得很对不起他，对不起孩子，我挺怕和孩子起矛盾的，但是他说我跟孩子如果出现矛盾他一定会站在我这边，我很相信他说的话，可是如果现在跟他商量要孩子回老家的话我都不知道怎么开口，而且对孩子心理应该也会造成很大影响，我最不忍心的就是伤害孩子且我以后肯定也要生我自己的孩子呀，我再怎么不偏心一碗水端平，人家也会觉得我偏心的。所以这一块比我要不要举行婚礼真的是烦多了，现在真的感觉后妈不好当啊。"

3. 我要如何来爱你

〔访谈背景〕

一开始做调研，我询问了不少亲友是否认识类似情况的人，均得到了否定的答复，怎样寻找合适的访谈对象让我感到非常苦恼，继父继母的存在肯定是不会少的，但要如何找到他们，又如何开口采访呢？最终我决定通过论坛和微博寻找"后妈"。阿如就是我在这样的情况下找到的采访对象。

阿如（后妈）基本信息		继子女基本信息	
年龄	21	年龄	9
成为后妈时的年龄	20	性别	男
婚姻次数	首婚		
进入家庭的方式	正常二次婚配		
家庭孩子状况	无子女，流产一次		
与继子女关系	不理想		

访谈时间：2015年6月3日
访谈方式：网上访谈

〔访谈内容〕

阿如是个九四年出生的女孩子，当我知道她只比我大一岁时，尽管之前发现过不少二十出头、甚至还不到二十就结婚的案例，但我还是挺惊讶的。

她告诉我，目前她和她的男友还没有结婚。相识之初，阿如就知道他是离婚并且带着小孩的，但是阿如觉得男友人很好很体贴，所以一开始并不是特别介怀小孩子的事。那时候，她和男友一起住在未来婆婆那儿，同住的还有小叔子，孩子基本是由婆婆在带，阿如同他接触得很少。后来，由于工作的关系，阿如决定和男友到县城租房子住，这时候，婆婆表示不想带孩子了，阿如怕男友为难，于是就把孩子接来自己带。

孩子是在去年九月份来到阿如与男友的出租房的，房子里只有一张双人床，于是三个人只能挤在一起睡觉。也许同床异梦这个词用在这里不太恰当，但是阿如真的觉得自己尽管和这个孩子靠得如此近，却无法挨近他的内心。那是一个八岁的男孩子（今年九岁），对阿如来说，要把一个八九岁的孩子当成儿子也许是有困难的，她很迷茫该如何与这个孩子相处，只好像带弟弟一样对待他，带他去游乐园，去看电影，去吃西餐，替他洗脚剪指甲，睡前会为他准备好第二天要穿的衣裤。有一次带他去逛街，他看上了一个书包，结果阿如没有带够现金，就直接刷卡给他买了。

　　然而有一次吃完饭，阿如带孩子到家附近的小公园里玩，期间孩子叫了她几声她没有听见，结果孩子朝她脸上吐了口水。"我从来没有对他不好，可还是喂不熟。"当对话框里跳出这行字时，尽管我无法透过屏幕看到阿如的表情，可是我知道她很痛苦。对于这件事，阿如在叙述的时候并没有用很激烈的词语，也没有指责孩子，但是她表示很困惑迷茫，"为什么会这样？我觉得我对他的好都不值得，我只希望他能够叫我一声阿姨"。

　　我有点不知道说什么好，只好安慰她说等孩子长大了，谁对他好他会记得的。但是我并不知道阿如还能不能坚持下去，因为接下来阿如就告诉我，她前几天流产了，她觉得她连自己都要顾不上了，想把孩子送到他奶奶那儿去，过段时间再接回来也行，男友却没有答应。聊到这里，我特别替阿如不值，一个年华正好的女孩子，跟了一个九岁孩子的爹，图不到什么好，还丢了自己的孩子，也许我不能站在这个立场去说这句话，但我还是觉得，阿如实在太傻了。

　　然后我就提了一个不知道恰不恰当的问题，就是关于孩子的生母。我感觉这个问题可能正好戳到了阿如的心上，阿如不像之前那样一段段地打字，而是连续发了几条短句。她觉得是孩子的生母教小孩恨她和她男友，阿如还说，孩子亲妈经常会来看孩子，孩子听亲妈的话，觉得她是破坏他们家庭的小三。实际上，是因为"孩子的生母犯了原则性的错误"才导致了离婚，而阿如是在这之后才与男友走到一起的。对此，阿如表示很愤怒，"你要看孩子可以啊，孩子没了亲妈也蛮可怜的，但是请不要教他不好的东西"，如果后妈对孩子不好，亲妈这样教育孩子她还可以接受，但自己明明来到这个家，也接受了孩子，还要受到这样的刺激，这让阿如觉得很委屈，而未来婆婆还总是挤对她，希望孩子的亲妈回来，这更让她沮丧不已。

　　最后我问她，她心里是如何看待这个孩子的。阿如说，心里没有疙瘩是不可能的，但孩子来了，至少不能让他饿着冻着，他想要什么东西，只要不过分，都会满足他，她在行动上已经做到了接受这个孩子，她也愿意尝试从心底里真正接纳这个孩子，只希望有一天孩子能够明白，她也相信，孩子都是不坏的，真诚地对待，总能把心给捂热。

在联系上阿如之前，我在网上关注了不少当后妈或者将要当后妈的女孩子，不得不说，二十岁上下的女孩子这种情况的真的很多，当然可能只是因为年轻人用网络社交比率高的缘故。

对于男友是一次离异并带着孩子的很多年轻女孩都非常困惑，是分手还是坚持，她们将这个问题抛给素不相识的网友，也希望能够从有相似经历的人那里得到帮助。多数网友都表示"长痛不如短痛"，也许从理性上来讲，她们可能都知道，分开才是最好的，不然也不会心中如此犹豫和动摇，但情感上就是割舍不下，二十岁左右，偏偏又是容易为爱不顾一切的年纪。我没有经历过这种情况，但也觉得应该很难在这种情况下产生"爱屋及乌"的感觉而对继子女的存在一点膈应都没有，有一个这种情况的女孩就表示，她对象有个五岁的女儿，姑娘是好姑娘，但她就是打心眼儿里不喜欢这个孩子，而这种"膈应"一旦存在，你就算对孩子好，也很难说是真心好了。

我自认为要做到对继子女"真心好"真的很难，一般来说继子女都不太接受后妈（小婴儿大概可以），一个人要去讨好一个不喜欢自己的人，这种感觉真的很糟糕，也许不少后妈在开始都是很想和继子女搞好关系的，但受这种情绪的影响就很容易把事情搞砸，使得双方隔阂更深，这大概是一个恶性循环吧，而如果在孩子还不记事的时候就加入这个家庭，让孩子把自己当成真正的母亲，这或许是最好的情况了。

最后我只想说，"后妈不好当，入坑需谨慎"。

4. 重塑"后母"标签：90 后准后妈的故事

［访谈背景］

方女士（化名），现年 23 岁。年轻貌美，无婚姻经历。与男友葛先生（化名）相恋三年，计划 25 岁与其成婚。葛先生做个体生意，事业成功，虽然近来遭遇低谷期，仍然没有生活压力。曾经有过一段婚姻，与前妻生有一个 6 岁的男孩小天（化名）。

[访谈内容]

（一）方女士眼中的小天以及与其相处

在方女士眼中，六岁的小天是一个有点内向，专注力不是很好，很善良、帅气的男孩子，特别懂事。"也许是因为很小就缺失母爱吧，他好像很缺乏安全感。"她举例子，"比如他喜欢一些料子比较光滑贴肤的布料，绸子、莫代尔、真丝……最近喜欢上了他奶奶新买的一条内裤，捻着滑滑的料子就入睡了。"方女士对于他这不寻常的习惯还是给予理解。

当问及小天花了多久来接受她和他们第一次见面的情形时，方女士表示，在她的记忆里，未来的母子俩相处好像挺容易的。那是在小天三岁的时候，"一开始我以阿姨的身份接近，他很少问我和他爸爸的关系。我不经意间对于他爸比的'霸占'，他也很少吃醋。"对此方女士也作出了自己的解释，"这些理解我想可能一是源于他有个很开明的奶奶，把一切他不懂的都告诉他了。就像他知道爸妈离婚了，我是爸爸的女朋友等。二是源于他可能是个男孩子从小胸襟比较开阔，比女孩子接受新事物的能力强一些。最重要的是我接触他的时间刚刚好，在他3岁时我们就认识了，不淘气排斥反倒有些乖巧。"

方女士喜欢小天。甚至在交谈中出现了"我爱孩子胜过爱男友"的言辞。

一个有意思的地方在于，继子女的性别似乎也影响着双方相处。在方女士看来，异性相吸这个貌似不靠谱的定律通常下还是适用的。生活经验告诉我们，女孩子更倾向于父爱，男孩子还是更珍爱于母爱。方女士很幸运自己遇到的是渴望母爱的小男孩。

（二）方女士怎样向小天解释自己和其生母的关系

三岁的小天很快习惯了方女士的存在，两人相处愉快。随着时间的流逝，葛先生开始要求小天叫方女士"妈咪"。考虑到小天还小，方女士用天真的孩子话来和小天对答。"他有些不解地问我说为什么要叫你妈妈。我说我是你妈妈派来照顾你的，你妈妈很忙啊。你叫我小妈，这样你有两个妈妈了，多好。"

方女士也坦然接受了其生母的存在，尽量地用平等坦诚的心态去对待。小天是定期看望生母的。"每次他去看他妈妈，都是我们亲自送他回去，我还会挑好礼物让他带去。"

对于有两个妈妈的情况，小天欣然接受。方女士含笑回忆，"他那段时间很自豪自己有两个妈妈，而且也总是自豪地向几个姑奶奶炫耀。""让我庆幸的是，当有些人提及我和他妈妈他更爱谁，他会说我。""但是在窃喜之余我还是教育他要记住自己的妈妈，'她生你很痛苦'。"方女士竭力不辜负孩子的信任，让自己做一个识大体的后妈。她不无感慨地表示，现在小孩子貌似都很聪明，知道大人之间的种种感情游戏。孩子真的都没有错，大人间的游戏不应该活生生地擦伤孩子，"我希望他能坦然面对这个世界，不怀任何愤恨和遗憾"。

不伤害孩子的愿望是美好的，然而如何做到这一点呢？方女士的答案很简单，"其实真的说白了就是爱与理解"。她用实例在解释这个简单而豁达到有些浅白的道理，"我会给他洗衣服做饭，讲故事哄他睡觉。他呢会哄我睡觉，早上上学之前起来会跑到我屋里亲吻我。会留巧克力给我吃。因为我的爱他感觉到了，所以他会反馈。"

（三）方女士的困难和烦恼

在采访的前半段，方女士一直以非常积极的态度来阐述这个重组家庭的关系。然而说了这么多好的，其实中间也有很多矛盾存在。

孩子方面，孩子的大权还是在奶奶手里攥着，尽管她很不赞同他们的一些教育方式，但是方女士决定不插手。问及主要的教育理念冲突，方女士举例，惯孩子，王子公主式的圈养，是中国式的爷奶教育理念吧？他作业不会，奶奶提笔帮他写。挑食，不节约，骄傲，等等，都是惯出来的。但是方女士说，"我不会针锋相对。事后会私下指出他的错误，孩子的是非观必须要树立。"

男友方面，他无法完全脱离"后妈"普世印象的标签，选择方女士，有部分原因是她待孩子好，而也有不完全信任的隐忧。偶尔的小矛盾冲突，让方女士明白这个标签不是能够完全去掉的。

而方女生的母亲这边，出于对女儿未来生活的考量也持强烈反对的状态，在下文具体采访母亲相关态度时我们会有更加深入的探讨。

（四）方女士对生活现状以及日后生活的看法

方女士对现在生活总体是满意的。虽然有困难和需要解决的矛盾，然而她用平静的态度来明白坦诚地看待生活。

她的世界观已经是成熟的，不矫情，不探求。现实地追寻陪伴和温暖，一切的开始是条件匹配、物质保障，而后总会在相处扶持中产生温情。她理解葛先生想要为孩子找后妈的心情。男方是要给孩子找妈，那她愿意嫁给二婚男人，也一样原因是为孩子吗？方女士的回答是，源于习惯。"其实爱就是习惯。就算思维多高大上也抵不过现实的冲击。家里经济状况不错，婆婆挺好还年轻，男朋友顾家，然后就在一起了。但是两年前家里变故破产，车房卖了好多。衰落很多。但是不能就这样离去，爱不就是一步步相扶走来吗？"

展望未来，方女士相信她能够一点一滴说服自己的母亲，也与男友有更大的默契，与小天相互关爱。方女士勾画的未来图景里还有一个自己的孩子。她希望是一个与小天年龄差距大一些的小女孩。这无疑是一个非常聪明的做法。年龄差能够避免争夺宠爱，照顾了继子女的心理状态。而兄妹间相互友爱扶持，无疑是给女儿最好的一份礼物。

作为九零后的年轻一代，方女士格外地坦白和洒脱，"我爱孩子胜过爱男友。我是不相信小爱的，包括男女之爱。我所信的爱是人与人之间的，整个自然气场的大爱。"说到后来，方女士自己也笑了，"我的思维逻辑三观确实很让人费解，包括我妈"。

（五）方女士自身如何看待后母这个群体

方女士认识到"后母"这个标签难以挣脱。然而她在接受的同时，并不愿意让自己被这个标签物化和束缚。作为一个自我意识主体，她相信自己又和固化的概念是有所区别的。在社会发展过程中，随着她们一代一代的行为变化，后母的概念也将会在人生字典里有新的含义。

或许方女士的观念折射出现今新一代年轻后母的新思维。她们并不再抱着对爱情的天真期待，更加冷静地看待婚姻与家庭。然而她们也不乏柔和温情，愿意对再组建家庭的孩子给予一份母爱。她们或许才是最为适合作为后母的人选。

第四章
祖辈继母们：似曾相似燕归来

1. 后妈群体的社会变迁

[访谈背景]

如今，后妈问题属于一个比较敏感的问题。无论是在寻找采访对象上还是在进行采访方面，都是非常困难的。因此，笔者从自身家庭出发，试图寻找最适宜的采访对象。经多方询问，从母亲那里，惊讶地得知外婆刘氏是后妈。但是，由于外婆已经辞世，笔者转而询问了其亲生女儿——笔者的母亲。因为母亲不住在杭州，也不会使用QQ、微信等聊天工具，笔者决定进行电话采访。

访谈对象：后妈的亲生女儿——访谈者的母亲

访谈时间：2015年5月28日20时

访谈方式：电话

[访谈内容]

刘氏是广西南宁人。从小生活在相对比较闭塞的农村，没有接受过教育，属于比较典型的农村妇女。于2015年春辞世，享年82岁。20世纪50年代，李某的原配去世后，经熟人介绍，续弦娶了刘氏。当时，刘氏22岁左右，是第一次婚姻，没有子女。（20世纪80年代，李某去世，但刘氏并无改嫁）刘氏嫁过去之前，李某的原配留下了一个2岁左右的女儿。她和李某一直相依为命。由于继女年幼丧母，对于母亲的观念并不成熟，所以对于刘氏这一新加进来的成员，没有异样的表现。刘氏嫁过去之后，对继女一如自己所出，因此，继女也是十分亲近刘氏。之后，刘氏为李某添了 4 个男孩和 2 个女孩。直到 20 世纪 70 年代，继女嫁给邻村的农民，继女开始了自己的家庭生活，而且继女的生活相比于之前的家庭，更加宽裕。

李某虽然是村里的记账先生（类似于如今的村会计），但还是非常穷。刘氏立刻担负起家庭的重担，一直过着艰苦的生活。当时的刘氏对于未来的希望，也只是能够吃饱饭，一家人平平安安地生活。李某将孩子全部交由刘氏管教。虽然这方面，刘氏在也发过牢骚。毕竟继女和亲生子女之间，管教的度比较难以把握。幸有李某一直支持着刘氏。

刘氏对继女非常照顾，甚至比对自己的亲生女儿还要好。有什么东西都先给继女，比如新衣服等。她自己的女儿都是穿继女穿不下的衣服。从这一方面可以体现刘氏对于继女的爱护。同样地，继女也是把刘氏当亲生母亲看待。继女和刘氏非常亲。即使继女嫁人之后，逢年过节都会回来看刘氏，而且每次都是带了钱和东西。直到刘氏临死前，还一直夸继女好。

因此，李某的家庭是非常幸福的。至于家庭和睦的原因，有以下几方面：

（一）从刘氏方面讲，有两点：首先，刘氏是个老实人，心地善良。她的性格比较温和，不曾跟人争吵。其次，刘氏小的时候也是苦孩子，从小就失去了父亲，因此，能对继女的遭遇感同身受。

（二）从继女方面来讲，主要是当时她的年龄尚幼，对亲生母亲的印象不是很深。而且，刘氏待她非常好，这自然而然地拉近了两人的距离。

（三）从李某方面来讲，首先是他并不排斥续弦，从这里可以看出，他对于后妈这一群体并无严重偏见。其次，李某信任刘氏，对于刘氏管教孩子方面，从不插手。而且，由于李某曾受过高等教育，比较能够理性处理刘氏碰到的问题，并及时给予建议。

（四）从家庭构成来讲，李某的家庭构成比较简单。李某的父母较早亡故，因此，家庭成员只有李某、继女和刘氏。李某将孩子的管教权全权委托给刘氏，而且没有其他更有权威的人来施加压力。因此，在管教孩子方面，刘氏有较为自由的权力。

（五）从家庭环境来讲，李某家比较贫穷，一家人生活得比较艰苦。在这种环境下，可能一家人更加团结友爱。

（六）从社会层面来讲，在 20 世纪 50 年代的中国，人们对后妈这个群体并没有像现在这么大的偏见。当笔者询问母亲时，她认为刘氏生前认为自己的身份是个母亲而不是后妈。特别是传统续弦所造成的"后妈",在当时很常见。母亲说,笔者的曾祖父也多次续弦。

针对后妈群体,笔者母亲给出了她自己的看法。她认为后妈要分类型,"有好的后妈,也有坏的后妈"。母亲认为这个世界上既存在像刘氏这样"好的后妈",也会存在虐待继子女的"坏的后妈"。而后妈的好坏,主要看后妈的性格。如果后妈善良的话,自然会是一个好后妈;如果后妈性格不好的话,可能会虐待继子女。特别是后妈有了自己的孩子,情况就会更难说。

当这次访谈主题定为"后妈"时,笔者的朋友圈、QQ空间瞬间被刷屏,纷纷表示太难做了。究其原因,无非是找不到采访对象,或是就算有采访对象,也不方便采访。从这个现象,笔者推测出后妈群体已经完全成为一个贬义的群体。如果是一个褒义或是中性评价的群体,同学们就不会这么束手无策。

对于这次访谈,笔者认为还是有很多不足之处。首先,选择笔者的母亲即刘氏的亲女儿,从某些方面来看,有失一些客观性。其次,由于刘氏已经去世,不能拿到第一手的资料,也确实可惜。与此同时,没有对案例中的继女进行采访,也使整个采访客观程度降低。但是,笔者从对母亲的采访中了解到一个很重要的信息,即后妈群体在中国社会中的演变——从传统的客观存在转变为异样的贬义群体。这是笔者在这次采访中的最大收获。笔者推测这主要是过去的后妈多是男子丧偶之后续弦而产生的。但是如今的后妈可能是正常二次婚配,也有可能是传统续弦,或者是第三者上位。当今社会对于后者即第三者上位的媒体宣传颇多,不管是明星八卦还是肥皂剧,充斥着这些对于后妈来说颇为负面的因素。不仅如此,各种书籍、影视剧等也充斥着"灰姑娘式的童话故事"——后妈虐待继子女。与此同时,媒体的推波助澜更是导致了后妈这一群体的风评一落千丈。譬如继母虐杀继子女的极端报道屡见不鲜。这都导致了中国社会年轻一代对后妈的排斥感。

在这次访谈中,笔者也更加了解中国过去社会的家庭状况。在阅读费孝通先生所著的《乡土中国》时,笔者总是对一些乡村的现象不是非常了解,这回算是弄懂了一些东西。最后,是笔者更加了解身边的亲人。在生活中,我们总是习惯性地忽略一些东西。特别是那些非常亲近的人、事、物,我们常常对其熟若无睹。直到外婆去世,笔者都不了解外婆的婚姻状况,甚至连外婆的名字都不知道,实在愧为人女。生活中的美,实在需要我们用眼睛来发现,用耳朵来倾听。

2. 谁愿天生作恶？

【访谈背景】

因为奶奶的后妈已经去世，便当面采访了当事人奶奶黄某，间接采访了太外婆的儿媳舅婆，并采访了我的妈妈对于后妈的普遍看法等。

访谈对象：采访我的奶奶（一般叫法为外婆）黄某和我的妈妈，聊奶奶的后妈的故事，下文的后妈均指我的太外婆

访谈时间：2015年5月2日

【访谈内容】

（一）奶奶的后妈是在什么情况下成为她的后妈的？他们怎么认识的？那时后妈几岁，太外公几岁，奶奶几岁？

奶奶六岁时妈妈就去世了，奶奶是老大，下面还有一个弟弟、两个妹妹。而太外公常年在南昌做锯板工，照顾不了这么多孩子，下面的两个妹妹一个送人做了女儿，一个做了童养媳，奶奶就带着弟弟二人在乡下生活。

因为太外公担心后娘对孩子不好一直未娶。后来奶奶和她弟弟进了城开始读书了，家里需要有人照料，太外公就找了一个给人做保姆的续弦（第一个后妈）。这人还善良，可是染上了赌博的恶习，家里的东西都拿出去输掉了，所以离了。

第二个后妈曾结过两次婚，都是老公死了改嫁的，各生了一个孩子，但是都并没有带着孩子改嫁，第二任老公是一个开理发店的，老公去世后就给人做保姆。和太外公可能是剃头时认识的，太外公40岁左右，后妈比太外公大两三岁，但人长得不错。

（二）后妈之前结过婚吗？如果有，为何离婚？如果没有，她为何会愿意嫁给太外公做后妈？因为生活所迫还是什么原因？

后太外婆曾经有过两次婚姻，都是丈夫死了再改嫁的，第二个丈夫是在南昌市开着一家有"七把交椅"的理发店的老板，因肺病去世。

愿做后妈的原因：太外公年轻时有武功懂中医，生活有一定的经济来源，而太外公觉得找一个生活坎坷的人在一起生活可能会对孩子好一些，可能是这个原因两人在一起的。

（三）后妈的性格是怎么样的？是否与她小时的成长环境也有关？后妈受教育程度？后妈的父母是做什么的？对后妈教育如何？是否关心？

（1）性格：因为生活经历也很坎坷，命运不济，迫于生计，做保姆为生，但是对太外公也好，对奶奶、舅公等其他家人也罢都留有一手，没有亲人的感觉，只是凑合着过。

（2）受教育程度：父母都是农民，没有受过教育。

（四）后妈后来做什么工作？

后太外婆曾经做过保姆、纺织女工。

后来舅婆生了儿子，太外公就说你要想有人给你送终养老你就好好带这个孙子，就帮着带孙子，带这个孙子算是给家里最大的贡献。

（五）后妈与奶奶家里人关系如何？

（1）后妈与太外公感情如何？太外公对后妈如何？后妈对太外公如何？

太外公是一个有个性有脾气但心地善良的人，有时看到她对家人不好就会拳脚相加，太外婆就会跑出去躲几天，回来后会收敛一些。因是半路的夫妻，两人也都好不到哪里去，搭伙过日子。

（2）公公婆婆对后妈态度如何？后妈对婆婆公公的态度如何？

应该没有见过公公婆婆，都去世得早。

（3）后妈对奶奶和舅公态度如何？（请举印象最深的2—3个例子）

因太外公看重孩子，奶奶和舅公挨她骂也从不做声，所以也没有挨过她的打，但也好不到哪里去：

为省钱，不让孩子在家里用油灯看书，两个孩子只能在路灯下看书。

每天到路灯下去读书前，奶奶和舅公两人要先打二十个草包（防洪用的）拿到店里卖掉才能去读书。一个可以赚半分钱，一人赚一毛钱积攒下来交学费。

有一回，奶奶小学毕业要交6块钱，她心里不爽，借题发挥，奶奶有一块洗澡毛巾放在盆里没有拿出来晾，她就破口大骂，把毛巾都抛掉了。

（六）后妈的缺点主要是什么？

自私——夏天时，自己用冰糖炖梨吃，孩子都没得吃。

贪财——太外公做郎中，赚了点小钱，她经常会"落铜"，墙角塞塞，床底塞塞，太外公外出打工，买好一点食物在家里留给孩子们，等太外公一走，她经常会把东西卖掉，钱自己留起来，也可能想留给自己的孩子；弥补一点不在身边的愧疚。

虚假——太外公在家和不在家对小孩不一样。

心狠——改嫁时与之前两任老公的孩子都没有带在身边，而是都送了人。

（七）后妈态度不好的原因是什么？（对后妈身份的不满？与太外公性格是否有关系？自身性格与经历的影响？）

原因很复杂，自己生活得不顺心，前二任老公都去世，自己两个小孩也都不在身边，带别人的孩子怎么会尽心？

太外公如果看她对孩子不好也会拳脚相加，她可能也没有安全感，所以想方设法多存点钱，自己也劳动赚钱——打草包，炒瓜子卖，做纺织工，趁太外公不在家把家里的东西拿出去卖，太外公的一些零钱能"落铜"的就"落铜"，听说那个时候存下了八百块钱放在一个亲戚那。

或许是对于自己未来的担心，手中有粮，心中不慌。

（八）后妈有什么优点么？做过什么好事吗？

优点：还算是一个勤劳的人，家里的事愿意不愿意都操持了不少；

好事：孙子一岁半之前是由自己的外婆带的，一岁半之后就是由她带的，因为太外公说了，你不好好带孙子，你以后有好日子过吗？谁还会记挂你？所以带孙子还是比较用心的，并且基本上每个月舅婆给的六元钱，都会给孙子用掉，其他的人、外孙、（外）孙女一概得不到她半分钱。

（九）您觉得后妈有什么难处么？

难处是，没有和自己的孩子生活在一起，后来孩子长大了会买东西来看看她，听说她以前做老板娘时有好几个金戒指，但家里人都没有得到，应该是给了自己的孩子，弥补对孩子的愧疚之心。

太外公看孩子比看她要重，所以她一方面为了寻求安全感存私房钱，一方面对孩子表里不一。

（1）比如您觉得当时的时代背景对后妈的舆论评价是怎样的？

对后妈的评价普遍是恶的、凶的，主要是因为亲妈对自己完全是无私奉献的，是任何人都无法比拟的，后妈做得再好也不可能好过亲妈，所以干脆随心所欲，不约束自己的行为，再者对后妈的评价也要根据她自身的生活经历对她影响来综合评价。

（2）产生过最大的矛盾冲突是什么，后妈是如何解决的？

最大冲突的故事：

奶奶做童养媳的妹妹在人家家里受虐待，13岁时只有45斤重，被太外公接回来了，因家里突然多了一张吃饭的口，后妈气不打一处来，从此打骂这个妹妹成了家常便饭，而这个妹妹因长期受欺负，性格懦弱并且有些木讷，听任其打骂，没有反抗精神，所以后妈更加变本加厉。

直到有一次后妈在太外公面前告这个妹妹的恶状，太外公没有搭理她，第二天等太外公一出去工作，她又开始打骂这个妹妹，谁料太外公又折回来看到这一幕，就不得了了，把后妈狠狠地打了一顿，叫你欺负我的女儿！后来她有所收敛。

但是后妈临终前，这个妹妹像女儿一样伺候她，后妈说了一句，原来对不住的地方请她原谅的话。人之将死，其言也善。

（十）您觉得当今社会环境下的后妈，与当时社会环境下的后妈，处境有哪些相同和不同？为什么？

相同：后妈在任何时候都不好当；做得好与不好主要在于后妈本性的善与恶、生活经历、家庭环境、夫妻感情等。

不同：当今社会女性有一定的经济能力和社会保障，丧偶的自己也能生存下去，并不一定要再嫁，即使再嫁当后妈也要出去工作，相处时间相对会少些，矛盾可能也会少些；如今社会教育、服务途径多元化，大人、小孩受教育机会多，素质提高了，心性提高了，彼此之间多一份理解和宽容，可减少摩擦。

（十一）现在您怎么综合评价后妈这个群体？（如果你有一个朋友是后妈，你会怎么看待她？）

（1）当后妈是因为选择了一个有孩子的男人做丈夫的附属品，虽选的是这个男人而不是孩子，但是和睦与幸福与否很大程度上取决于后妈如何对孩子，以及丈夫是否能站在公正的立场上对待后妈及孩子；既然选择了这个男人，自然要接受他的孩子，这是重组的家庭唯一幸福的途径；

（2）后妈不好当，对孩子好大家认为是理所当然，但再好好不过亲妈，孩子心里不一定愿意接受，后妈心里也别扭，但是孩子毕竟是孩子，后妈要学着当后妈，视孩子如己出，孩子终究会感受到的；

（3）有一个女同学离婚后再婚，男方也离异多年，有一个已成年的儿子，没有正经工作，与他们分开住，只在缺钱用的时候会来要钱，跟这个同学几乎没有交流，同学也不多管他的事，互不干扰，因为孩子这么大了，从感情上很难再接受一个妈，加之单亲家庭长大，性格不太容易沟通，所以同学也只有这么着了。

总而言之，妈是自己的好，夫妻是结发的亲！

在采访的过程中，令我惊讶的是，其实收获最大的并不是我，而是我的奶奶和妈妈。因为我之前一直听她们说，奶奶的后妈是个非常恶毒的女人，然而，经过我这次比较客观但也有一定的人类学视角的倾向性：发掘人物行为与性格背后的深层原因，多维度地理解每个人的生活。

奶奶当我问完几个关于后妈小时候的家庭背景和早年经历的问题后，就说："哎，她也是个好可怜的人，怪不得会这样……"

后来妈妈也对我说，她之前也是道听途说觉得这后妈"作恶多端"，提及后妈都是用"善恶"的道德标准来衡量。而现在她好像慢慢能理解她后来一些缺乏安全感的行为了。妈妈为她之前对后妈的过于绝对的评价还有点不好意思。

在我看来，这就是访谈的目的与人类学的关怀所在，打破人们长久的成见，促进不同人群之间的相互理解。后妈，这个一直被污名化的群体，值得我们走进她们真实的境遇，并真正地理解她们的难处。

3. 鳏寡结合的家庭生活

[访谈背景]

随着社会经济的发展，越来越多的人从偏远地区和经济落后地区向经济发达地区集中，这就导致了严重的社会问题，大量农村青壮年外出务工，使得农村地区的孤寡老人和留守儿童的生活形势更加严峻。对于大多数农村的孤寡老人而言，子女的长期外出意味着更加艰难的晚年生活和孤独感，而丧失配偶的老人生活更是如此。采访对象是两个留守农村的老人结合的家庭。李奶奶67岁，52岁丧偶，有二子三女，但仅有一女仍然居住在当地；孙爷爷69岁，55岁丧偶，有四子二女，全部出门在外。两人组成新的家庭已经有8年，子女的态度也由最初的否定、怀疑，最后到接受和支持。

访谈对象：李奶奶、孙爷爷及其家庭成员

访谈时间：2015年7月6日

[访谈内容]

李奶奶和孙爷爷的生活环境是在农村，两人的子女之间都是相互熟识的，都有同学和朋友关系，因此对于两位老人的结合也进行了一定的商议和决定。

由于是在农村，虽然子女都离家在外，但是李奶奶和孙爷爷仍然坚持自己种植水稻以及各种蔬菜。即使有子女提供的赡养金，但是两位老人都坚持自给自足，甚至不舍得使用煤气，经常上山捡拾枯枝作为柴火。同时还养了两头猪和一群鸡、鸭、兔等禽畜。双方的子女都劝两位老人享享清福，不要再从事这些费劳费力的事情；劝他们缺什么东西都自己买，不要舍不得钱。之后老人虽然不再养猪了，但仍然会种植蔬菜和养鸡鸭，希望子女能够吃自己种、养的健康的食物，而且一辈子的劳作让老人不能放弃劳动和耕作。这是两位老人现在生活的写照，过年的时候两边的子女凑在一起非常热闹，甚至孙子孙女一辈也已经习惯了新的爷爷奶奶或者外公外婆。

李奶奶接受采访时说两人决定在一起的原因是年纪大了，体力跟不上，老眼昏花了，许多重活都干不动了。有时候要从楼上拿个稍微重些的东西就气喘吁吁，更不要说养着牲畜和鸡鸭的时候，要每天一大早起来准备饲料，上山把用来烧火的树枝捆背回来，打稻子、背谷子，这些活都已经比较费劲了，希望有个老伴能够帮着。孙爷爷被采访时说他现在年纪大了，虽然劳力还有但是记忆力、眼睛都比较差了，有时候事情做着做着就忘了，吃药也会忘记，而且看不懂药上的字，不知道怎么吃。希望有一个贴心的老伴能够陪着。两位老人都认为在一起最主要的原因除了能够相互扶持、相互帮助、共同生活之外，还在于子女都出门在外，甚至孙子孙女都被带离农村，没有了精神的依靠和支撑，每年只有在过年的时候才能享受和子女在一起，子孙满堂的乐趣，生活的孤独和精神的没有依赖使得老人结合在一起。而且两位老人在一起生活很大程度上有利于老人的安全和健康，老人倾诉说不希望有一天老死在床上，发臭了都还没有人知道；不希望哪一天吃错了药突然就死去了；不希望某一天从楼梯上跌落下来，叫破嗓子都没有人来帮忙。这就是在子女都离开甚至孙子女都被带走之后孤寡老人的生存状态和心理写照。他们一方面要承受没有老伴在身边的孤独，另一方面还要在田地中劳作，在生存和精神层面都是匮乏的。

子女在接受采访时表示在最初的时候对两位老人的结合表示了否定和不能接受。这也是和中国传统尤其是在农村的小农心理有关，首先他们认为这是对已故的父亲或母亲的不尊重，而且两位老人故去后如何安排墓葬也是一个很大的问题。其次两位老人代表了两个家庭的组合，双方子女之间能不能形成共识，尤其是对如何赡养老人的问题能否形成共识以及老人故去后财产包括田地和宅基地的继承和分配。这两个是最主要的原因，再加上其他一些因素的影响，双方子女都对这样的结合不怎么赞同。但是随着子女同双方父母的沟通和理解，子女开始尝试接受两位老人的结合。子女表示其实在思考之后还是能够接受的，尤其是在看到两位老人一起生活得很好的时候。他们也意识到老人在没有子女陪伴的时候内心的孤寂和生活的孤独，希望通过老人的结合能够让老人之间成为相互的精神依赖，能够相互解闷。而且也是意识到老人的担忧是有道理的，两个人在一起可以有个依靠，有什么问题能够共同解决，特别是在发生意外的时候可以及时通知人来帮助，毕竟两个人在一起总是能够相互关照的，比一个老人独居在家安全得多。而且在经过老人8年的共同生活后，子女对老人的选择表示接受和赞同，也习惯于此了。在老人的共同生活过程中，子女也看到了一起生活的好处，老人之间相互照顾让出门在外的子女能够安心。而对于在城市中赚钱和生活的子女而言，原先那种小农的思想也逐渐转变了，对土地财产也不再斤斤计较。对于最初的担心和忧虑也有了解决的思路和方法。于是对老人的态度也发生了明显的转变，从否定到肯定，从拒绝到接受。

青壮年大量外出使得生活在农村的孤寡老人数量增多，对于老人相互结合共同生活，子女要保持理解的态度。老人独自生活在农村，没有子女的陪伴，缺乏精神的依靠，甚至随着年龄的增大，身体衰老，不能再进行基础的劳作甚至连基本的生活也不能保证。除了将老人接到子女生存的城市，让父母和自己一起生活，或是将老人送到养老院里面，这种老人之间的结合也是一种有效的方式。特别是对这些生活在农村、习惯于农村生活中、安土重迁的老人们而言，鳏寡老人的结合也许是对老人最负责和最合适的方式，但是这种结合对于老人而言尤其需要来自自己子女的支持和理解，因为老人的晚年依赖于子女，他们把希望寄托于子女，因而子女的理解对老人格外重要。虽然这样的结合牵扯了其他一些问题，但都是能够克服的，子女要站在父母的立场上为他们考虑，老人们最需要的不是金钱和物质，而是精神和心理的倚靠和支撑。

卷三：
继母身边的关系人物群像

卷首语
花季？花祭？

哈姆雷特曾发出灵魂的拷问："生存还是毁灭，这是一个值得考虑的问题。"尤其当我们处于这个失望之冬与希望之春交替之际，我们将迎来的是一场花季，还是一场花祭？

继母，从来都是一个相对的概念。有继母则必然有带着继子女的丈夫。在这一卷，我们将重点关注继母身边的人群，旨在了解在继母的生活中，继子女、丈夫以及周遭的亲友都扮演了何种角色，同时又是如何看待"继母"这一身份的。

"独木桥"与"双行道"

每个家庭重组之前，必然有1~2个家庭关系的破裂。而在所有的破裂婚姻中，孩子往往是受到最大伤害的一个，亦是最无辜的一个。

如今的双双谈起自己的"不幸"，觉得一切都源于5岁时父母的离异。因为对双双来说，张阿姨从来就不是她的妈妈。可以说，5岁之后，妈妈这个角色就彻底从双双的生命中离开了。（摘自《我就是不幸的那一个》）

人们对于继母的恶意，也往往出于对继子女的同情。但对于经历父母关系破裂的小人儿，无论他们是否选择接受继母，都是应该被悉心呵护的那一个。

但是Z一直觉得妈妈的离开是由于自己太不听话，不懂事，老是哭闹，如果不是他的出现，可能他爸妈就不会离婚。他担心如果他不听话，连爸爸也会不要他，所以他默默地接受了这一切。（摘自《你没有错》）

某是由于继母是第三者上位而对继母产生严重抵触的继子女，同时使用逃避的方式来表达这种抵触。而这种逃避一方面保证了家庭关系并没有处于完全的敌对状态，另一方面也导致了某难以接受到家庭带来的更有效的呵护，间接导致某的成绩相对落后。（摘自《继子与第三者上位的继母难以共洽》）

当然，对于有些幸运的孩子，他们能够碰到更好的母亲，对他们而言亦是一种福分。

"你看起来很依赖你妈妈。"我说。"当然了，我很爱我的妈妈。""那你之前的那个……"乐乐打断我的话说，"我只有一个妈妈，就是我现在的妈妈。"（摘自《我只有一个妈妈》）

当他说这句话的时候我深深感受到了一个小孩对于养育他的但不是亲生妈妈的完全接受了的情感。他憧憬着考上一个好的大学，他有着属于自己的小小梦想，至于这些梦想中，我猜想会不会有一个是将来报答现在的妈妈呢。（摘自《重新感受到母爱》）

在小清看来，一个家庭只有完整才是幸福的。对于一个支离破碎的家庭来说，后妈的到来是一种弥补。她坦言自己是幸运的，可以遇上小玉这样的"后妈"。（摘自《后妈有时比亲妈好》）

从"独木桥"走上"双行道"，这背后必然包含了继母与继子女还有整个家庭的努力。更多的时候，往往是"如人饮水，冷暖自知"。

"造梦者"还是"毁梦人"

俗语有云："有了后娘就有后爹。"丈夫这个角色在整个家庭中究竟置于何地？对于新入这个家庭的继母，他是"造梦者"还是"毁梦人"？对于这个家原有的孩子，他的选择又是在"造梦"还是在"毁梦"？

丈夫这个角色，从来都是打包出现的，不是随着继母，就是随着继子女。所以对于丈夫这一角色在家庭中地位的描述，也只能从一些只言片语中去获得。

丈夫作为继母与继子女之间沟通的桥梁，在促进家庭和谐中起着不可替代的作用。

丈夫就是一种沟通与宽容的相处模式，他会顾及妻子与儿子的感受，出现小问题小矛盾就会很好地第一时间进行沟通，减少误解，主动道歉，很大程度上阻止了矛盾进一步扩大。而且，他也打算和童姐再生一个孩子，这也有利于增进稳固夫妻的感情，更好地维持这个家。（摘自《和谐小家的背后》）

而这一角色的缺失,对于继母与继子女双方而言,均是无形的压力。

而陈父在妻子与女儿这场"冷战"中基本上都处于缺席的状态,"刚开始我偶尔跟他抱怨后妈的不好,可是得到的回答却是'忍着点吧',最爱的人却不能在我最需要的时候,给我安慰,真的很难受,那时恨不得赶快离家出走。后来我就直接不抱怨,把什么事都埋在心里了,因为觉得根本没有人能理解我。"就这样,陈雪萍与家人越来越疏远。(摘自《后妈的"成长"》)

那么,丈夫这一角色对于继母这个群体又是如何看待的呢?

生活相对幸福的丈夫表示,即便偶尔会与妻子有争执和矛盾,但是对于妻子的爱是不减的。夫妻之间的相处没必要始终惦记着二次婚姻。后妈这个群体应该得到正视,不是所有的后妈都是狠辣的,也会有全心为家的好妻子。(摘自《从后妈个体到家庭重构》)

其余的,不妨从该章中去一寻究竟吧。前文已提到,因为丈夫这一角色总是伴随式出现,所以在其他章节的案例中也会时不时现出身影,若能串联架构起来,当能更好地理解这一角色的地位和作用。

"当局者"或"旁观者"

所谓"当局者迷,旁观者清",旁观者真的能够比当局者看到更多的东西吗?在重组家庭的身边,在继母周遭,围绕着许许多多带着千丝万缕联系的人,这些人对于继母这一群体又是如何看待的呢?

有固执原有想法的。

她认为比起距离造成张某和婷婷疏远的原因还是在于张某对婷婷的关心不够,说张某平时连个电话也不给婷婷打,对她的生活学习也不管不问,居然还指望婷婷亲近她。通过访谈能够明显感受到婆婆对于张某的不满。(摘自《婆媳问题》)

起初亲戚们对舅舅要再婚的对象抱着非常怀疑的态度,认为不可能有一个未婚的年轻姑娘能看得上舅舅。在对舅妈猜测议论的同时还对哥哥十分同情感慨,出于对"后妈"的敏感,总是注意着舅妈对哥哥的一举一动,想等到他们的猜测落实那天对哥哥伸出援手,共同谴责后妈的"黄连心"。(摘自《后妈心,黄连心?》)

亦有因为继母本身而改观的。

周围的街坊邻居提到她的时候都说她对自己的孩子很好,真的像亲生的,不像

是一个后妈。（摘自《令我改观的一位后妈》）

后来去询问了一些邻居的看法，普遍表示小谨非常吃苦耐劳，勤劳能干。"他家靠她撑起了半边天呐！""没有她洪华（小谨的丈夫）都不知道怎么办！"之类的表述很多。在与他们的交流过程中，他们觉得孩子们有这个后妈是赚到了，甚至表示她的付出比孩子们的亲妈还多。（摘自《亲妈后妈，对孩子好的都是好妈》）

在《天下后妈真的都一般黑吗?》一文中，一位继母的母亲提出了自己的疑问，而她的问题，亦是我们乃至整个社会都需要好好思考的。

我的女儿是个好后妈。她的婚姻比较坎坷，好不容易嫁个好人家，可惜没福气享受了。我一直教育我女儿人不能忘本，要懂得感恩，我女儿也一直对她继子很好，毕竟是个可怜的孩子。我不认为后妈都是坏的，当然有不少是坏的。我知道大家对后妈的坏印象很难改变，其实包括我自己也觉得后妈大多是坏的，好像一直以来就这么觉得，也不知道为什么会这么想。当自己的女儿成为后妈时，我才觉得当后妈真难，一方面要面对外面人的质疑，一方面要处理和继子的关系。其实，我们觉得大家都应该反思一下，一味地对后妈泼污水到底对不对。这不是一个人的问题，而是整个社会的问题。

结　语

那些家庭的记忆，落在春的泥土里，是滋养了大地，开出下一个花季？还是因花残凋零，而变成一场花祭？无论选择"独木桥"还是"双行道"，无论是"造梦者"还是"毁梦人"，无论作为一个"当局者"还是一个"旁观者"，哈姆雷特所提的那个问题都值得我们深深思虑："生存还是毁灭，这是一个值得考虑的问题。"

期待花开。

第一章
"独木桥"与"双行道":继子女的抉择

1. 我只有一个妈妈

[访谈背景]

访谈对象基本信息(以下人名均为化名):

人物	年龄	职业
瑶瑶	约22	大学生
乐乐	20	大学生
乐乐奶奶	60+	退休前是老师
乐乐后妈	约45	大学老师

乐乐是家中孙子辈里唯一一个从小跟着爷爷奶奶长大的男孩子,所以特别受家人的宠爱。基本上有什么请求都会尽量满足,而在亲生父母离异之后,更是如此。谈话中的瑶瑶是乐乐的堂姐,从小和乐乐一起在爷爷奶奶家长大,关系亲密。

[访谈内容]

(一)面对面访谈瑶瑶

我和瑶瑶约好在一家茶馆见面,她穿着一件干净的白 T 恤和牛仔裤出现在我面前时,我几乎不敢相信。一个独自在外求学的女孩子可以显得这么干净、利落。

"你考上大学之后就自己一个人出来上学了吗?家里人不会担心吗?"

"不会啊,我爸妈工作忙,所以我很早就在外面自己一个人读书,11 岁上初中、后来上高中都是考的当地的寄宿制学校,几乎不在家里待。"

"你弟弟是从小和你一起长大的?他是个怎样的男孩儿?"

"我和乐乐相差两岁,所以不算有什么代沟。我们从小一起长大,小时候经常在一起打打闹闹,现在都长大之后感情变得特别深。"

瑶瑶顿了顿,继续说。

"他从小体弱多病,所以奶奶特别疼爱他。加上他是家里孙子辈中最受宠爱的,所以家里人都很惯着他。但是在他7岁那年,他爸爸妈妈因为一些事情产生分歧,最后甚至上升到两家人之间的直接矛盾,闹得不可开交。后来因为财产分配问题闹到法院,最后,他爸爸在经济上做出了很大退让,好像是给了几十万吧,这我也不太清楚。然后才算是解决了这个问题。"

"后来法院裁决把乐乐判给他爸爸抚养,他妈妈因为没有正式工作所以每个月付很少的抚养费就可以了。但是事实上据我所知,他妈妈几乎没有付过抚养费。"

"乐乐也是可怜。"我说。

"是啊,自从他爸爸和妈妈离婚之后,他妈妈也没怎么看过他,几乎不管不问。那时候,乐乐还不是很懂事,他爸爸上班工作又忙,所以就是爷爷奶奶退休在家帮忙带着他。"

"那乐乐是什么时候有第二个妈妈的?"我问道。

瑶瑶叹了一口气说,"那是后来乐乐长到13岁左右的时候吧。那个时候他快小学毕业了,家里打算让乐乐去离家远一点的重点中学读初中,那个时候乐乐也开始对这些事情有了一点概念,觉得为什么偏偏自己没有妈妈,自己在同学面前有种抬不起头的感觉。乐乐爸爸这边呢,工作一直很忙,很多时候没有时间照顾乐乐,管他的学习和生活。只是一味地知道给他钱,缺少对他的关怀照顾。奶奶和爷爷商量着觉得这样长此以往也不是个办法,就让儿子再给乐乐找一个妈妈,至少让他觉得自己的家庭是完整的。"

"这样,乐乐才又有了一个新的妈妈。"

"那乐乐自己喜欢这个新妈妈吗?"我好奇地问瑶瑶。

"其实也没有什么喜不喜欢,乐乐长期生活在家人的庇护之下,很多事情,他都只能接受,而不能自己来做选择,所以长期以来他也就服从家里人的意志而渐渐放弃自我选择的权利了。我还记得新妈妈刚进家门的时候,乐乐一直和新妈妈处不好,我见了他的新妈妈也不知道叫什么好。大家都觉得很尴尬。乐乐给奶奶说,他叫她妈妈，她都不理他。后来，奶奶就教乐乐，'你就一直叫她妈妈，她会答应你的。'这样持续了大概半年的时间吧，最后才算是慢慢磨合好一点的。"

"你觉得这个新妈妈性格怎么样？对乐乐还有对家里人怎么样？"我问道。

"乐乐的这个新妈妈是一个职业技术学校的体育老师，能说会道，应酬交际很多，是他们家里最小的孩子，但是却是家里最有主意的一个，家里人基本上都听她的话。所以她在他们家的地位很高。不过她刚来家里的时候，基本上不怎么说话，只是在奶奶家吃点饭就走了。后来慢慢开始给爷爷奶奶买些滋补品，开始辅导乐乐做功课、监督他学习，带他锻炼身体。就这样慢慢地乐乐还有家里人都开始接纳她，她也没有以前那么不自在和拘束了。"

"那现在乐乐应该也是上大学了吧？"

"是啊，去年高考失利，最后还是他妈妈把他安排到自己所在的职业技术学校里最好的专业去的。"

"你喜欢乐乐的这个新妈妈吗？"我问她。

"说实话，我挺喜欢她的。可能是她做老师的缘故，所以她很了解孩子的心理。很懂得孩子的需求，我每次放假回家的时候，她都会带我和乐乐出去玩，背着爷爷奶奶带我们出去吃夜间烧烤，去免税店买进口零食。我和乐乐都挺喜欢她的。"

"那她有没有生自己的孩子呢？"我有点不好意思地问。

"没有，这个新妈妈好像没有生孩子的意思，这好像是刚进家门的时候，奶奶和她约定的吧，具体的我也不是很清楚。"

（二）QQ 对话访谈乐乐

一个星期六的下午，在瑶瑶的帮助下，我和乐乐取得了联系。

"你好，你是乐乐吗？你堂姐瑶瑶跟我说的你的联系方式，我可以和你聊聊吗？"我说。

"嗯，可以。"

"平常有什么兴趣爱好吗？"

"打游戏，看电影。"

"你现在上大学了吧？在学校的生活怎么样？还习惯吗？"

"挺好的，大学里平时课程不是很多，也很轻松，不过大学里社团活动挺多的，会占去我大部分的课余时间。妈妈帮我在学校找了很多的活动机会，让我多锻炼锻炼，所以平常都不怎么回家。"

"哦，那你平时一定很忙了。那你在学校的时候经常和妈妈在一起吗？"

"那倒没有，刚开学的时候，我还一直不想让学校其他同学和老师知道我和妈妈的关系，但是妈妈经常带我和她学校里同事一起玩，所以他们教研室的老师都认识我，所以在学校里我一怎么样，我妈立刻就知道了。"

"这是一种什么样的感觉呢？"

"呃，开始的时候觉得同学会在背后议论我说我是走后门什么什么的，但是后来妈妈跟我说'你上这个学校又不是分数不够，而是正常达到分数线，考进来的，没必要有这样的担忧。'之后我就再也没有在意过别人的议论了。妈妈也利用她在学校里的一些资源帮我争取了很多在学校活动中的机会，找了很多优秀的学长学姐帮助我，我开始觉得这样的感觉挺好的，也慢慢适应了这样的方式。"

"你看起来很依赖你妈妈。"我说。

"当然了，我很爱我的妈妈。"

"那你之前的那个……"

乐乐打断我的话说，"我只有一个妈妈，就是我现在的妈妈。"

不难看出，乐乐到现在为止已经很适应这个新妈妈了。而且他已经认定现在这个妈妈就是自己唯一的妈妈，我不知道这算是幸还是不幸。但是至少看到乐乐现在的生活很幸福快乐，或许这就是最好的安排和结局了吧。

从和瑶瑶、乐乐的谈话中，不难发现这位新妈妈已经基本上被乐乐的家人接纳了。后母和亲生母亲这两者在孩子的心中真的是一对永不可调和的矛盾吗？但是在乐乐身上，我似乎看到了一种例外。虽然有时候可能也会发生一些小的矛盾冲突，但是总体上来看他们之间的相处是那么融洽。这样和谐的后母与继子之间的关系，我想应该是在再婚家庭中所能够形成的一种最好的局面了。总结一下来看，我们不难发现在他们之间的相处中，始终都是很真诚用心地沟通和交流，所以有了这样的好局面。

现在乐乐坚决地表明这个新妈妈才是自己唯一的妈妈，这种态度一方面表明了自己对这个新妈妈还算是比较满意，另一方面也恰恰说明了他之前在这个问题上有多痛苦，这对于乐乐来说，还是心底里一个难以磨灭的创口。婚姻的破灭不仅对于夫妻双方有着巨大的伤害，对孩子尤其是这样。但是长期以来被"污名化"的后妈也不是不能与继子女友好地相处，虽然能够和谐共处的后妈与继子女不多，但是我认为乐乐就是其中一个很好的例子。这是乐乐的幸运，也是这个家庭的幸运。

2. 重新感受到母爱

［访谈背景］

此次访谈对象是一个 15 岁的男生，是我一个朋友的表弟，这位朋友的姨妈在第一次婚姻失败后和现在的丈夫组成新家庭，组成新家庭的时候是在七年前，在组成新家不久后，丈夫就出意外去世了，把孩子留给了这个并不是亲生的妈妈，这位母亲现年 43 岁，没有自己亲生的孩子，在男孩 8 岁的时候成为他的后妈，一直把他养育到现在。

［访谈内容］

我进行的是电话访谈，电话那头是朋友和他的表弟。

访谈开始，我很担心，要怎么去跟这样的一个男生做访谈，怕我的访谈内容会伤及他，所以让朋友在旁边观察一下他的情绪、照顾一下他。我觉得直接问他关于后妈的问题会太唐突，所以先聊了一下他的学习方面，刚好他今年中考，我和朋友就对他讲了讲高中会是什么样子，大学会是什么样子。在他放松聊天的时候慢慢问他关于后妈的事情，我问他在中考的时候，谁送你去考场的啊？中考考好了，妈妈有没有奖励你之类的。他说去中考的时候是妈妈送他去的，他说妈妈一直在考场外面等着他，他考完了妈妈就带他去吃好吃的。见他对于妈妈的话题一点都不排斥，我就紧接着问他更多关于妈妈的话题，当我问他喜不喜欢妈妈时，他毫不犹豫地回答说喜欢。之后我问了很多关于妈妈的问题，在这儿我就不把问题一一罗列，而是把他的回答稍作整理描述。

在他很小的时候亲妈就离开了他，他对于亲妈的记忆只是一个头发长长黑黑的女人，在他 8 岁的时候爸爸给他找了个新妈妈，但是当时他并不了解新妈妈，新妈妈的形象和亲妈妈也不是很相似，不是短发但并不长，因此刚开始有点排斥新妈妈，但出于爸爸的命令，还是以"妈妈"的称呼喊她，只是很少去喊。在有后妈之后他才感受到母爱，后妈每天早上给他做早饭，把他送到学校，给他辅导功课，带他去游乐园。随着跟新妈妈相处，他对新妈妈的排斥也减少了，对她喊妈妈也变得自然、变得频繁。在他还没有新妈妈之前他早上很多时候都不会吃早饭，总是急匆匆地去上学，课后做家庭作业的时候也没有人辅导，没有人监督他学习，因此成绩一直是班里倒数，但是有新妈妈之后，她会关注他的学习，教导他，成绩也有所提高，会在班里中上游。"我还考过班级前十呢！"他很开心地说，他还说："比起跟爸爸在一起，更喜欢和妈妈、和妈妈的家人们在一起，跟爸爸在一起的时候吃不到早饭，没人教我写作业。"他爸爸经常出差很少陪他，也很少陪现在的后妈，在他五年级的时候爸爸离开了，他偶尔还是会想念爸爸，但是他说他还有妈妈，如果没有妈妈，他就成孤儿了。当他说这句话的时候我深深感受到一个小孩对于养育他的但不是亲生妈妈的完全接受了的情感。他憧憬着考上一个好的大学，他有着属于自己的小小梦想，至于这些梦想中我猜想会不会有一个是将来报答现在的妈妈呢。

在跟这个小男生谈完后，我跟朋友也了解了一些他的情况，朋友说，当他刚开始见到这个小男孩的时候，小男孩有些寡言、沉默，除了他爸爸让他跟大家打招呼之外，基本不会说话，也很少笑。不过现在开朗很多，在他身上会有同龄人没有的成熟，他总是会跟朋友问大学是什么样子的，高中是什么样子的。我朋友说，这个男孩，挺有礼貌的，做事会小心翼翼地，其实，有时候看着这个男孩觉得挺可怜的，那么小妈妈就离开了，好不容易从新妈妈那儿得到点母爱，父亲又离开了，还好他遇到的是朋友的姨妈这样的好人，要不然他的命得多苦，缺少父爱或者母爱的孩子都会有点早熟。朋友的姨妈是个很有爱心、乐于助人的人。

朋友的姨妈现在以一个单身妈妈的身份养着一个和自己没有血缘关系的孩子，是很无私的一个人，这样的无私也在某种意义上拯救了一个小男孩的人生。

对于"后妈"这个词，大多数人会想到像《灰姑娘》里头的后妈一样狠毒、自私，但是这个个案让我感受到，不是后妈这个词就带着贬义的，而是成为后妈的那些对不是亲生的孩子的不一视同仁，放不下自私的成分而使后妈的角色成为对孩子不利的角色，当然，不是所有的后妈都是不对孩子付出爱的，很多后妈为不能够走进孩子心里而苦恼着。我觉得，如果要真正走进孩子心里，那就必须站在孩子的角度，不是征服他，而是真心地无私地关爱他，当你真正地在为他着想的时候，孩子是能够感受得到的，在时间的治愈下，久而久之他就会打开心扉接受你。我想孩子是单纯的、简单的，他不会拒绝一个真心爱他的人，当他感受到这种发自内心的，顾及他感受的母爱的时候，他就会接受这样的母爱。在组建新家庭的时候，心理波动最大的是孩子，或许去做好一个后妈确实是一个比较难的问题，但是，对于孩子来说，接受一个陌生的女子做为自己的妈妈何尝不是个难题呢，本来就要承受自己亲生妈妈离开的痛苦，还要去接受一个陌生人，喊她妈妈，这对于一个孩子来说不也是一种痛苦吗？因此，我觉得做好后妈，在孩子接受自己之前，先一定要接受孩子，这是一个互相接受的问题。让孩子重新感受到母爱，孩子也会接受你的。

3. 继子口中的"妈妈"

［访谈背景］

本文通过访谈之前的大致家庭信息了解和访谈，了解到一位受访者作为继子与继母的相处方式和细节、情感认知等方面的情况。试图从文化人类学的角度对这个案例作理性的分析，提出自己的分析和思考。

此次的访谈对象是小C同学。他的继母张女士，现年41岁。32岁与C同学的父亲结婚，成为C的继母，当时C同学13岁，C同学的父亲39岁。这是张女士的第二次婚姻，之前并没有孩子。结婚两年后，C的继母生下了C同父异母的弟弟。C对自己与继母的关系评价为"还不错"。C的亲生父母婚姻在其童年时破裂，原因是母亲有婚内出轨行为。C的家境殷实，亲生父亲和继母收入都较高。

［访谈内容］

刚认识C的时候，我就知道他家中有一个和他相差14岁的弟弟，他也经常将弟弟和妈妈的事挂在嘴边。在熟识挺长一段时间后的一次谈心时，我才了解到他家庭的真实状况：妈妈其实是他的继母，而弟弟是同父异母的。当时我表现出了些许震惊，他却笑着说："我没像别人说的单亲家庭孩子那么阴暗吧？"慢慢地我也了解到了更多他的家庭状况的细节，加之此次有针对性的访谈，归纳出了以下几方面的内容。

（一）继母子之间相处方式

C对自己和继母的关系的评价是"还不错"。他举了不少生活中的例子来说明这一点，如高考前夕陪自己在学校旁边租房子备考；每月给自己打生活费和零用钱，还时不时问自己是否够用。此外，我在访谈之前还了解到他的继母在前段时间赴香港旅游时，为C购买了一台苹果电脑；也经常见到她在天气突变时打电话提醒C添加衣物；C与继母在暑假期间，一起去四川成都旅游。我认为由以上事实和细节都能够在一定程度上看出继母对C是尽到照顾的责任，并且可以说对继子很好。

而被问及"认为继母是个怎样的人"时，C也认为继母对自己很不错，并且表示自己对和继母在生活中发生小摩擦是有一定责任的,现在自己更加能体会到父母的难处,对目前的生活状态表示很满意。事实上,前段时间的母亲节前后,C还为他的继母网购了护肤品作为母亲节的礼物。另外,在平常的交流中,C都十分自然地将继母称为"妈妈"。基于以上事实,都可以在一定程度上认为这对继母子之间的关系是和睦融洽的。

然而,访谈中C也提到了自己和继母之间是有过矛盾的,他们的矛盾主要集中在对摄影器材的购置花费以及对弟弟的偏袒问题上。继母偶尔会抱怨C购买单反镜头是浪费钱的行为,让其今后少买;在弟弟的玩闹影响自己学习生活时,继母表现出了对弟弟的偏袒也是让C不愉快的原因之一。事实上我认为亲生母子之间尚且会有这样或那样的争执和摩擦,继母子的身份会让这样日常的矛盾变得更加尴尬、难以完全解决。

总体来说,C对目前的家庭生活是满意的,在访谈中表示自己理解继母照顾两个孩子很辛苦,甚至认为继母比自己的亲生母亲对自己更好。

(二)关系和睦的原因分析

(1) 父母再婚的时间节点

C的父亲再婚是在C小学六年级时,而小学毕业前,C跟随他的奶奶生活,并且大多数的时间都居住在奶奶家中。继母进入家庭不久后,C就升入初中。由于这所初中离家较远,C开始了寄宿生活,一周到两周回一次家,接送都由父亲负责。这样长时间离开家的生活为C与继母的关系实际上提供了一个缓冲期,为双方都提供了适应的空间。大多数时间C和继母都不需要生活在同一个屋檐下,减少了家庭新关系带来的情感上的不舒适和不自在。此外,进入了新的学校,面对的是一群新的伙伴,同学之间难免会提及自己父母的情况,继母的出现能够让C在同学面前缓解之前没有母亲的尴尬。

(2) 继母和继子的个人性格

据了解,C的继母在一家酒店工作,收入较高,为人也较为爽朗。通过日常和C的交谈,我得知C的继母对C的影响不小,包括饮食、旅行、生活爱好方面的影响,比如C目前所用的支付宝账户都是他继母的实名信息。此外,通过访谈,可以了解到继母对C的照顾是可以用"尽责"来形容的,她履行到了日常生活中母亲的职责,也扮演好了家庭中母亲的角色。人不是没有感情的冷血动物,他人给予的关爱是能够被感知和回馈的。可以说C的继母在这段和谐融洽的继母子关系中起到了重要的作用。

C 的性格相对来说比较粗线条，通常表现得大大咧咧，但是对于某些自己格外在意的小事会特别地固执，冲动时爱发脾气。由于 C 不是一个敏感的人，这段继母子的关系经营起来就没有那么困难，能够在一定程度上让 C 更快地接受家庭的新成员，减少继母与继子之间的矛盾。

（3）弟弟的出生

同父异母的弟弟虽然偶尔会成为继母子之间矛盾的导火索，但是这个小生命同时也成为 C 与继母交流沟通的纽带。弟弟出生后，继母的很大一部分注意力会转移到自己的孩子身上，对日常生活中的小摩擦可能没有这么敏感。比方说，C 在假期中会代替继母在家里管弟弟，陪弟弟看动画片，准时让他睡觉；在弟弟的教育和成长方面，继母也不时地会咨询 C 的意见；在弟弟升入小学后，继母经常把弟弟学校里的问题让 C 来解答。这样一来二去，不仅能让继母子之间增加交流和沟通，也能够培养重组家庭中和谐的氛围。

（4）亲生母亲的负面影响

在对 C 的访谈之前，我就了解到，C 父亲的前一段婚姻并不顺利。C 童年时母亲的出轨行为直接导致了这段婚姻的破裂，因此可以推断，在 C 很长一段时间的成长过程中，母亲这个角色是缺失的，亲生母亲留在 C 心中的形象是不那么美好的。这样的母爱空缺为继母的进入提供了机会，使善良爽朗的继母能够更容易被继子所接纳。

（5）父亲所扮演的角色

父亲在这个重组家庭中扮演的角色是微妙的。据了解，如果 C 在学校生活费不够花，想问父母要钱时，他往往会求助于父亲，C 也坦白说因为父亲出手比较大方。事实上，这背后也能够反映出作为重组家庭的孩子，C 从心底里还是将亲生父亲当成最信赖的人，血缘亲情不容忽视。而 C 也透露，自己的父亲给自己提供了很优越的生活环境，一方面是目前家庭经济状况较好，另一方面也是对自己童年的弥补（C 小学毕业之前都在奶奶家长大，父亲的照顾也较少）。由此可见，C 的亲生父亲在家庭中所扮演的角色更像是一个协调者，协调着继母与继子之间的关系，并且努力不让儿子在这个家庭中受委屈。这也是和睦融洽的家庭氛围形成的重要原因之一。

（三）小结

在这个后妈个案中值得注意的一点是，尽管继母子之间的关系是较为和谐稳定的，但是 C 的同学和朋友中很少有人知道他口中的"妈妈"并不是亲生母亲，也很少人知道 C 生活在一个重组家庭之中。也许 C 并无意对同龄伙伴们刻意隐瞒自己的家庭状况，但是显而易见他并不情愿让更多的人知道自己生活在一个重组家庭之中。这显然和社会中的价值取向有关，我们会自然而然地认为，父母再婚、重组家庭、后妈这些字眼都是不幸的代名词，会让人同情怜惜，甚至会让人在背后说三道四。从以白雪公主为代表的"后妈系"童话故事，到骇人听闻的后妈虐待继子的社会新闻，后妈的负面形象已经深入人心，后妈污名化的现状难以在短时间内改变。因此当事人会习惯性地在家庭之外的公共场合回避后妈这样的话题，这样其实也是一种精神层面的自我保护行为。

现实生活往往不如童话故事那样简单，后妈对继子来说，作为家庭中的新成员以及微妙的亲缘关系，影响是全面而多元的。正如本案中的继母子关系一样，继母子之间有温馨的关怀照顾，也有生活中的小矛盾小摩擦。通过原因的分析，可以看到继母子关系的成功经营和许多因素密不可分，个人认为鉴于后妈和继子之间特殊的关系，最重要的就是相互之间的沟通与包容。

在此也祝愿 C 的家庭能够永远幸福美满。

4. 命运终究还是由自己选择

[访谈背景]

张璐（化名），女，17 岁，家住杭州市，初中毕业后进入某职业高级中学，学习财会专业。

就张璐而言，她给我的最初印象是一个礼貌、内向、谨慎的 90 后小女生。

在交流中，她的回答总是比较言简意赅，也不太主动寻求话题。且在微信聊天中，她习惯性地使用"……"这样的符号。她也没有像很多 90 后的学生一样喜欢用夸张、有趣的表情符号。但其实就她个人的朋友圈动态来说，我发现她还是像许多 90 后的小女生一样喜欢上传一些自拍照，而她的相册除了一些自己的个人照，并没有看到她和自己家人的合照。在与她的聊天中，我也可以看出她的生活是较为单调的，平时除了上学和在家上网以外，很少会和同学或是朋友出外游玩。而且旁的交际圈也较少，她似乎也非常怀念以前的日子。她在一篇 QQ 日志中写道：

我不明白……曾经那么好的玩伴，为什么隔了 7 年，那种感觉就没了。

你们都成长了，而我还在那段记忆里活着，我一直记得当时的情景。

好想大家聚聚，但又想，我肯定会被遗忘在一个角落里……

或是，你们对我的拘束而感到气愤的尴尬……

见到你们加我的时刻，很开心……毕竟那么久没联系了……

可你们没像当初那样待我了，你们也忘记当初那些点滴了……

就我还记得……就因为我身体不好，接触过的人，只有你们，所以我记得？

我真的……很想念从前的时候……

可惜再也回不去了……

七年前，也就是张璐上小学五、六年级的时候。可见，她相当怀念那时的日子和那时的伙伴，可是由于她在初中毕业后较少与朋友们联系，导致了他们之间的疏离。而最近，在人人网上，一些张璐以前的同学又再联系上了，她觉得非常开心和感激，同时又有了无限的感慨。而且从该日志中我们可以看到，她有被"遗弃"的感觉，这可能与她的家庭以及她自身的性格有极大的关系。

[访谈内容]

（一）不善表达、不愿长大

张璐并非是一个完全没有自己想法或是梦想的人，只是她非常不善于，或者说是不愿意向他人提起，特别是对自己的家人。比如她说到特别想去内蒙古旅游，向往那里广阔的草原，觉得躺在草地上的感觉肯定很舒服。由此说明她在现实生活中有一定的压抑感。当我说到和朋友一起旅游的趣事时，她也表示非常向往，但却从未将之付之于行动，甚至都未曾争取过。

另外，张璐曾经提到她认为自己的性格比较成熟，但她的同学们都觉得她比较幼稚。在我和她交流中，我也感觉她的想法还是比较偏幼稚的，且有明显的怀念过去、不愿长大的倾向。从她在人人网上所分享的东西就能看出很多她的兴趣所在。我发现她所分享的内容大都集中在以下几个方面：星座、爱情故事、美妆、搞笑视频和相册。而不像同龄的大学生可能会关注一些时政或者与个人发展有关的内容。另外，她对家庭的依赖性较强，虽然对自己的家庭并不满意，但是她还是离不开家庭的照顾，也知道自己还不够独立，想让自己变得再坚强一些。

张璐虽然是离异家庭的孩子，对于爸爸的再婚和对自己兴趣的不支持有一定的不满，但是总的来说，她还是能很好地感受到父亲对她的关爱，比如在春节期间父亲刚给她买了不久的手机被偷时，她说道：

>张璐 20：15：57
>第一部是爸爸帮我买的。
>他好不容易答应帮我买，
>却用了一个星期还没到就被偷掉了。
>张璐 20：16：07
>我从来没想过我的东西会被偷掉。
>
>张璐 20：17：04
>嗯……
>爸爸平时就不怎么吃好的穿好的。
>他都省给我们的，一下子一部手机就被偷了。

从这里我们也可以看出，张璐对于自己的父亲和家庭还是抱着一定的感激的态度的。她的父亲是司机，赚钱也很辛苦。只是她似乎不是很善于和父亲多做交流，比较惧怕和家人袒露自己的心声。另外，她也说自己从小是受着父母宠爱长大的，比较希望有个哥哥而不是弟弟妹妹。由此我们可以看出她还是比较渴望有人可以给予保护，希望可以有个能依靠、交流的同龄人。由此也体现了她不愿长大和不成熟的心理倾向。她在人人网中转载的一篇日志的题目就是《给我们终究会逝去的青春》。

张璐也在人人网中分享过一个视频，令我记忆深刻。该视频说的是一个叫艾莲娜的小女孩在 6 岁时就因患有脑癌去世了。她去世后，她的父母在家中的角角落落中发现了艾莲娜身前所写的许多小纸片，上面写着 "I LOVE YOU" 之类的字样。张璐在分享这一视频时给出的评论是"艾莲娜真的很坚强很勇敢"。这是她为数不多的，除星座、爱情故事、美妆、搞笑视频和相册之外，讲的是亲情、成长与生命的话题。

张璐也常会有自怨自艾的话语。比如她的微信个性签名一直都是：地球是运动的，一个人不会永远处在倒霉的位置。她的一条人人状态是：老天要考验我到什么时候，我也想健健康康地好好活着。对于现实的无奈，将许多不如意总结为命中注定，非人所能改变的，但是从她的话语中又能看出她不甘于如此的心态。

(二) 尴尬的亲情

张璐生活在一个重组家庭中，父母于早年离婚，她跟随父亲一起生活。随后父亲再婚，继母与其父在她 12 岁那年产下了一个男孩。虽说张璐在父母离婚时年龄较小，可在对待这个问题上却有着超出她年龄的客观认识。她体谅父亲，对父亲的再婚给予了支持，认为父亲再婚的动因主要是为了弥补自己缺失的母爱。但是与此同时，她并没有主动接纳继母，始终称呼继母为"阿姨"；对于弟弟，她也没有把他当作亲生弟弟那样去疼爱，给人的感觉像是不得不住在一起的两个群体之间的相互包容与忍让，有着不可逾越的界限和一定距离的礼貌。

当她谈及弟弟时，她说了以下言语：

张璐 18：28：42
很（顽）皮。他谁都不怕。

张璐 18：30：04
家里就一个孩子，肯定更加关爱了。

张璐 18：31：50
反正他要的东西都给他，
不给就找爸爸。
有时候他打我，我不还手，他也说我打他。
感觉很不讲理。

张璐 18：33：50
说不定长大后，他什么都知道了，也不会把我当姐姐看。

张璐 18：34：37
毕竟相差 12 岁，都可以叫我为阿姨了。
我叫他妈就叫阿姨的，等他大了，肯定会想为什么不叫妈而叫阿姨。

而对于她的生母，张璐似乎有些埋怨之情。当我问及她的生母时，她以"我没有妈妈"来回答。

(三) 小结

1. 角色调适

家庭作为个体社会化最重要的载体，其地位和作用不言而喻。在家庭中，孩子通过对其父母的看法抱以"同感"，从而实现自我意识，完成社会化。从对个案的描述中，我们不难看出个案对于亲情、友情和爱的憧憬与向往。父亲再婚直至弟弟出生后，这种重组的家庭关系对于这个只有十几岁的女孩来讲过于复杂，继而带来了角色调整和适应的问题。著名的社会学家W·古德认为，离婚后的调整包括改变他或她趋向于以离婚前周围的"参照的原点"进行思考的这一途径，来把这些变化和分裂融入新的个人生活中。对于张璐的父亲，再婚后最大的变化莫过于新添儿子。为了稳定一个新组建起来的家庭，对于儿子自然要容忍疼爱。而张璐作为旧家庭的成员，也被父亲寄予了"好姐姐"和"好女儿"的角色期待。对于张璐来讲，她自知背负着父亲的角色期待，而早期的社会化过程又让她内化了社会普通家庭中对"母亲"这个角色的理解。最后她找到了"阿姨"这个处于"母亲"与"后妈"之间的中性词汇，是对父亲期待和社会理解冲突的一种妥协和心理调适。

2. 角色规范

再者，社会对于重组家庭这一相对新兴的家庭形态还并没有达成普遍一致的角色认知和共识，重组家庭里的社会成员并不明确地知道自己的角色规范——应该与其他家庭成员维持一种什么样的关系，怎样处理家庭冲突，家庭成员的权利和义务等。张璐的独立自主能力并不强，对家庭的依赖性很大，在她内化的传统社会化观点中，家庭就只有自己和父亲。她对于生母憎恨是由于生母不符合她对"母亲"这个角色的期待，这也影响了她对"母亲"这个角色的排斥。她并不接受继母，继母与弟弟不在她"家庭"概念范围里；同时她又心疼父亲，始终不愿相信父亲与继母之间存在爱情，认为父亲是为了给自己"找个妈"才再婚的。这种对父亲爱的独占欲使得她随时处于戒备状态。

3. "自我"概念

心理学家罗杰斯认为，自我概念是个人现象场中与个人自身有关的内容，是个人自我知觉的组织系统和看待自身的方式。对一个人的个性和行为有重要影响的是他的自我概念，而不是他的真实的自我（real self）。张璐并不认为自己是"三失"青少年，对自己的现状比较满意，主要还是由于她的自我概念。而她自我概念的形成，与她周围的环境是分不开的。根据张璐的描述，她的家境比较贫寒，居住在人员流动性较大的富阳老式住宅区，故她没有与他人进行良好的社会互动，加之她性格内向，不善交流，内心自卑等，造成她自我意识形成的参照群体十分有限而沉浸在自己的世界里。这也是周围同学认为她幼稚，而她自己却觉得自己成熟的原因。

5. 后妈有时比亲妈好

[访谈背景]

小清（化名），21 岁，小学时父母离婚，原因是母亲有外遇，离婚后母亲随即另嫁他人，初中毕业后父亲与另外一个女人小玉（化名）结婚，小玉在 2014 年诞下一名男婴。小清在初中毕业后就在中学国际班就读，现在正在美国念大学。由于访谈者与继女比较熟悉，所以本次访谈是通过对继女的微信访谈来获得信息并展开。

笔者与小清是初中三年的同班同学，而且初一初二的时候被分配到了同一个寝室，因此在日常交往及寝室卧谈中大致了解到小清家中的一些信息。小学时的小清生活在一个三口之家，父母都是在市税务局工作的公务员，父亲长得清秀帅气，母亲也是温柔可人，为城市户口，家庭条件优越。小清无例外地遗传了父母的优点，身材姣好，是班里的美女。

渐渐熟悉起来以后，我们才发现这个处处完美的女生背后也有痛苦。对于初中刚刚住校的我们，尽管冒着被寝室阿姨扣分的危险，寝室卧谈仍是每天必不可少的环节，也正是在这个过程中我们聆听了小清家里的故事。起因是小清的母亲与税务局的另外一个有妇之夫"勾搭"在了一起。据小清描述，小清的母亲甚至把那个男人带到了家中，还有被小清的父亲发现了厕所垃圾桶中的避孕套的事。在听得瞠目结舌的同时，年幼的我们也为小清这么小却承受了如此不堪的事实而感到惋惜。不久后，小清的母亲怀上了那个男人的孩子，正如上文所提到的，小清的父母离婚了。

这时候，另一个女人小玉出现在了小清的口中。小清称她为小玉姐姐，根据之后的了解，其实小玉比小清只大了 5 岁，正处青春年华，是小清父亲的助理。由于父母在小学时就离婚了，尽管已另嫁他人的母亲也会经常出现在教室门外，为小清送些吃穿用品，但毕竟有了另外一个家，而且也有了另外的孩子，不可能再做到像以前那般无微不至，于是小玉这个女助理偶尔也会来到小清家里帮些忙。看多了电视剧的我们听到这样的桥段不免会觉得小玉是一个很有心计的女人，可谓傍上了一个"金龟婿"，毕竟小清的父亲名副其实地做到了"男人四十一枝花"，看上去十分年轻，而且事业有成、家底殷实。然而在小清的口中，小玉却不是我们所想象的那样。由于年龄相仿，两人间代沟少，小玉由于家中条件不好，高三没读完就出了社会，因此又显现出不同于同龄女孩的成熟，这也是她成为小清父亲得力助手的原因之一。"我们像姐妹更像是感情深厚的闺蜜。她陪我走过了我人生中非常重要的转折点和最坎坷的时光，成为我不可或缺的人。"小清在访谈的时候如是说，可见小玉在她的单亲家庭生活中扮演了十分重要的角色，在小清青春期的时候给了她来自女性的关爱，一定程度上弥补了缺失的母爱，也扮演了一个贴心而成熟的姐姐的角色。于是，在 2011 年，我们看到了小清上传到网上的婚纱照，小玉与小清的父亲走入了婚姻的殿堂，照片上男帅女靓，长相年轻的小清父亲和可人的小玉在一起毫无我们刻板印象中"老夫少妻"的违和感，反而显得格外甜蜜。2014 年，小玉诞下了一个健康可爱的男婴，取名为 Andy。

[访谈内容]

我说明了意图后与小清约好了在微信上聊天的时间，于是网络访谈便顺利地展开了。在美国已经待了两年的小清比一般的中国人更为开放，尽管"后妈"这一话题有些敏感，但由于后妈在这个家庭中扮演着积极的角色，所以我们的交谈少了尴尬，很快就进入了话题。

尽管上文的访谈背景中已经比较明确地写出了小清家的基本信息，但为了阅读的方便，笔者认为还是有必要系统地罗列一番：后妈小玉今年 26 岁，成为后妈的年龄是 22 岁，本次婚姻是她的第一次婚姻；小清是她的唯一继女，现年 21 岁；后妈小玉进入家庭的方式为正常二次婚配，由于是第一次婚姻，她并没有带着自己的孩子进入新家庭，她在进入这个新家庭的第三年生了新的孩子；后妈小玉与继女小清的关系很好。

小清告诉笔者，由于自己常年在外留学，回家的次数很少，与小玉的联系多通过网络，但从小玉在各社交平台发布的日常状态的文字和照片可以看出，小 Andy 健康地成长着，家里也被打理得井井有条，还会与小清分享一些她父亲日常的糗事，让她时刻感受着家的温度。"我常年不在家，把我爸交给小玉姐姐来照顾我觉得很放心。"小清这样评价小玉。小玉仍然在政府部门工作，闲暇时光也会做些网络代购，生活十分充实，每天看着日渐成长起来的小 Andy，打理着自己的小商铺，还有一个完美的老公，简直羡煞旁人。公公婆婆看到在小清母亲的出轨行为之后，本来对儿子的婚姻状况十分担忧，但是看到新的儿媳妇如此懂事、能干，还让他们抱上了孙子,也从刚开始的反对到渐渐接纳。"小玉姐姐对奶奶很尊敬,奶奶本来担心我受委屈,但后来竟对我说很高兴我有这么一个好后妈,不过我还是喜欢叫她小玉姐姐。"小清这样表示道。

当笔者问起小清她认为促进他们家关系和睦的原因时,她认为小玉为这个家庭的重建做出了很大的贡献。"小玉姐姐虽然年纪很轻,但心智却很成熟。每次我回家,她都会抽出时间来陪伴我,为我打理好一切。这和她从小的成长环境是分不开的,她能够想别人所想,是家庭关系和睦的重要原因。""当然,我爸的贡献也是不可磨灭的啦!他是我的偶像,受过高等教育,思想也比较开明,也正是我爸这么有魅力的男人才能吸引到小玉姐姐那样好的女人吧,呵呵……"即使结婚后,小清与小玉也仍然以姐妹相待,几乎没有代沟也是这个家庭和睦的原因。如果说问题的话,可能是小玉与小清父亲无论在社会阶层还是在受教育程度上都存在一定差距,所以价值观的差异会引起日常的一些小冲突,不过我们从小清口中得知小玉也在努力地让自己不落伍,而小清的父亲也会耐心地指导她,所以往往是小事化了。

最后,笔者询问了小清对于后妈这一群体的认知和态度。在小清看来,一个家庭只有完整才是幸福的。对于一个支离破碎的家庭来说,后妈的到来是一种弥补。她坦言自己是幸运的,可以遇上小玉这样的"后妈"。而当笔者说到现在社会中存在的一些后妈虐待继子女、对自己的孩子和继子女区别对待的情况时,小清认为对继子女区别对待是情有可原的,血浓于水,对自己亲生孩子的那一种感情是不可替代的,而虐待继子女的行为则让她很气愤。在她看来,婚姻的破裂是夫妻之间的事情,不应该让无辜的孩子成为受害者,继子女受到虐待不仅仅有后妈作为一个母亲的失职,还是孩子父亲的失职。小清又继续补充道:"对于后妈的偏见是长久积累下来的,因此后妈确实很难当。然而这也是不能一概而论的,而且只要后妈以实际行动来证明自己,还是能得到家人的接纳的。"

在这个离婚率如此之高的时代,无从了解小清父母离婚背后种种原因的我们不能一口断定是小清母亲的过错,也许他们真的不合适。塞翁失马,焉知非福。我们也为小清失去了妈妈又得到如此好的一个"姐姐"感到欣慰。除去小清在访谈中所谈到的一些原因,笔者认为在夫妻同心的背后,良好的经济基础是他们家庭和睦必不可少的因素。经济基础决定上层建筑,缺少良好的经济基础,穷夫妻之间总会有很多无法实现的无奈。同时,也应该考虑继子女的人数、性别、年龄等因素,也许后妈对于一个继子就会更加难以沟通,而作为一个继女,相同的性别在一定程度上有利于沟通和亲近；而如果原生家庭中的继子女人数超过一个，可能会互相商量着排挤后妈，对后妈融入这一家庭产生更大的障碍；至于继子女的年龄，如果继子女刚好处于叛逆期，也会更容易对后妈产生排斥。

在这个对后妈非议满满的时代，我们不能过于片面地看问题。有时候，后妈也许比亲妈更好。笔者期待社会给后妈更大的理解和支持，也希望那些决定成为后妈的女子面对社会的非议时要有一定的心理准备，坚持付出自己的母爱。

6. 我就是不幸的那一个

[访谈背景]

双双（化名）的爸爸出生于 1970 年，初中毕业，是一名普通工人，在与双双妈妈离婚两年后又再婚了，娶了一位安徽的姑娘，也就是张阿姨。张阿姨比双双爸爸小 8 岁，嫁给双双爸爸时 23 岁，之前没有结过婚，人长得也挺好看，尤其是那双圆圆的眼睛，伶俐又可爱。唯一的缺点就是，张阿姨的左脚是瘸的，走路一拐一拐地，不能跑，自然也就干不了重的体力活。这样的缺陷导致张阿姨不能像正常人一样在公司上班，只能在家接一些帮工厂组装小零件的私活儿，以补贴家用。

张阿姨嫁给双双爸爸的第二年，双双同父异母的妹妹出生了。双双妹妹长得和她妈妈很像，尤其是那双圆圆的眼睛，特别惹人疼。小时候去双双家玩，我们几个小孩子还争着抱双双妹妹。小姑娘长大后性格也是温柔文静的。外人都看得出来双双和张阿姨并不亲热，但双双却格外喜欢妹妹，妹妹对双双也很依赖。

[访谈内容]

（一）对亲生父母离异前家庭的印象、感受

双双的父母是在她 5 岁的时候离婚的。双双对 5 岁之前家庭生活的印象已经很模糊了，虽然不记得一些的具体场景，却记得那是十分幸福的时光。用双双的话说，那是一段纯真、快乐、简单、温馨的时光，每每想起它，都感觉如同做梦一般。然而经历了许多之后，双双却渐渐开始对那段时光产生反感。因为生活的感受都是通过比较得来的。正是因为那段时光让自己品尝到了快乐的滋味，以至于之后的痛苦显得那么残酷。

（二）对父母离婚的看法、感受

父母离婚对于一个5岁的孩子来讲有多么残忍可想而知，然而对于双双而言，更多的却是无助。小孩并不懂大人的世界，5岁的双双对离婚的认识就是父母会分开，妈妈会离开。她哭过、闹过，可最终都无济于事。毕竟那个时候还有爷爷奶奶，最亲的爸爸也在身边。在父母离婚后很长一段时间里，双双都是和爷爷奶奶住在一起。对于双双父母离婚这件事，爷爷奶奶自然是觉得双双妈妈要承担更多责任。已经离开的妈妈无法反驳和辩解什么，双双因此也慢慢觉得父母离婚是妈妈的错，妈妈不安本分，抛夫弃女。毕竟离婚后一直陪在自己身边照顾自己的是爸爸。

如今的双双谈起自己的"不幸"，觉得一切都源于5岁时父母的离异。因为对双双来说，张阿姨从来就不是她的妈妈。可以说，5岁之后，妈妈这个角色就彻底从双双的生命中离开了。

（三）对妈妈再婚的看法、感受

双双7岁的时候，妈妈再婚了。对于一个已经离开的人来说，其实妈妈的再婚并没有对双双的生活造成多大的影响。只是在心里，双双多少想过父母还有可能再在一起。可妈妈的再婚却彻底打破了这一幻想。

（四）对爸爸再婚的看法、感受

继妈妈再婚之后不久，爸爸也再婚了。因为已经经历过妈妈的再婚，爸爸的再婚对双双来说，在心理上更能够接受。但是在生活上，双双却要经历一次大的变化——将有一位陌生女人进入自己的家庭，替代原来这个家庭中妈妈的位置。同一屋檐下，抬头不见低头见。更何况自己还是一个7岁的孩子呢？张阿姨的进入给原本自己最熟悉温暖的家带来了陌生的气息。人都需要一个栖息的港湾，无论是身体还是心理，更何况是小孩子。用爱浇灌大的孩子心中也是充满爱的；而缺乏爱的孩子长大后又怎么会对这个世界有爱呢？

（五）对妹妹出生的看法、感受

对于妹妹，双双是十分疼爱的。双双觉得妹妹是爸爸的孩子，自己也是爸爸的孩子，那么妹妹就是自己的亲妹妹。妹妹一出生，双双就帮妹妹换尿布、喂妹妹喝奶、哄妹妹睡觉，对于双双来说，妹妹是自己要保护的亲人。随着妹妹逐渐长大，妹妹对双双也越来越依赖。还记得有一次我们一群小伙伴在我家玩的时候，突然听见有人在门外喊双双的名字，原来是张阿姨带着双双妹妹来了。因为双双妹妹一直哭着要找双双，张阿姨只好带着她来找双双。即使后来双双与家里越来越有隔阂的阶段，双双仍然会每个月回家一次，目的就是为了看妹妹。每次妹妹都会抱着双双不让她走，而此时的双双总会眼眶湿润。在对爸爸都已经完全失望的情况下，双双对妹妹仍然充满了爱，妹妹已经成了双双在世上唯一的牵挂，是她心里最柔软的地方。

（六）与张阿姨的关系

双双从小就是个懂事的孩子，张阿姨刚进入家庭的时候，双双跟着爷爷奶奶一起住，与张阿姨的交集只限于饭桌上。每次双双都会礼貌地叫一声"阿姨"。妹妹出生后，双双开始和爸爸、张阿姨、妹妹一起住。那时双双9岁。然而张阿姨与双双的关系并没有亲密多少。因为双双的生活一直是自己在打理。自己洗头、洗澡、整理书包、前一天晚上装好第二天带到学校的盒饭。双双告诉我，有一次在她爸爸留了一只鸡翅准备给她做第二天的午饭时，张阿姨竟流露出不满的神情。据双双回忆，张阿姨并不勤快。每天的晚饭都是双双煮的，而菜是爸爸下班回家后做的。张阿姨负责的就只是做手工活补贴家用。而且张阿姨对双双有要求，每天必须组装完成一定数量的小零件才能出门玩。据双双描述，爸爸是很有耐性的男人，对张阿姨很好，也很迁就。即使每天下班回家后还要做菜，也没有怨言。双双上高中之前，双双爸爸因为张阿姨对双双不够体贴关心和张阿姨争吵过几次，每次争吵中都格外严肃，表情是平时少见的生气。但即使如此，张阿姨对双双也从未有过亲昵行为。这点我是确信的。小时候去双双家，双双与张阿姨之间的隔膜显而易见。正如双双对张阿姨的称呼一样，张阿姨对双双来说，就真的只是一位"阿姨"而已。而双双在张阿姨的生活中究竟扮演着什么样的角色，我们并不清楚。

渐渐地，张阿姨在双双心中的形象就是一个典型的后妈——并不在生活上照顾自己，只是一个生活在一起的爸爸的现任妻子。

（七）对爸爸态度的转变

小时候的双双非常爱自己的爸爸，或许是因为相比于妈妈的生而不养，爸爸始终陪在自己身边照顾自己，看着自己成长。

那时候的双双对爸爸格外依恋，张阿姨没有在双双的成长中扮演妈妈的角色，双双对于妈妈的感情只能寄托在爸爸身上。曾经双双和我们抱怨过张阿姨不愿意做菜，爸爸辛苦工作了一天回到家还要做菜给张阿姨吃。双双对此表示很心疼。

但是，随着双双逐渐长大，双双感觉爸爸对自己的关心不像小时候那么强烈了。上初中之后，我们小时候一起玩耍的小伙伴联系越来越少，那段时间，双双感觉越来越孤独，情感也无处寄托。

高一读了两个月，双双决定辍学，开始一个人出门赚钱。之后的5年里，双双感受到的来自家庭的温暖几乎为零。而这一时期正是双双心理成熟的关键期，家人的冷漠让双双对其失去了希望。渐渐地，即使回到家，双双与爸爸之间有的也只剩争吵。爸爸训斥双双不着家，在外头经历了挫折和委屈的双双回到家不仅没有感受到温暖，反而还要承受误解和指责，这让双双对爸爸彻底失望了。

说到与爸爸关系的淡漠，双双不禁流下了眼泪。"我就是不幸的那一个，从小就是。从他们离婚那天开始，我的悲剧就注定了。"双双的话让我很心疼。

双双的案例让我颇有感触：

第一，父母离异对孩子的影响。父母离异家庭的孩子长期缺少父母一方的关爱，会造成心理的缺失。妈妈这个角色无疑是孩子成长中最重要的角色。妈妈是孩子人生的导师，亲生母亲对孩子的爱是先天无需条件的，这种爱会不由自主地表现在日常生活的点点滴滴。父母离异对孩子的影响将会是长远而持续的，极有可能给孩子的童年留下阴影。

第二，后妈角色对继子女的影响。后妈在继子女的生活中同样扮演着非常重要的角色。如果后妈能够像继子女的亲生母亲一样对待孩子，用爱浇灌孩子，那么孩子的母爱就会得到补给。如果后妈只是和孩子一起生活的人而并不和孩子亲热，那么孩子的心理会有很大的空白无法填补。如果后妈做出伤害、虐待孩子的行为，那么必将对孩子的人生造成巨大的冲击和不良后果。

7. 继子与第三者上位的继母难以共洽

［访谈背景］

接受访谈者是21周岁的男性，大学在读，家庭是再婚家庭，主要询问内容是关于其继母的信息等内容。以下涉及该访谈者时用某来代指。

某的继母现在四十多岁，某称具体多少岁不清楚，而且不知道继母的属相。某父及继母皆为银行职员，在某六年级时再婚。继母带来一个大某两岁的姐姐，已工作。某的继母和父皆为二婚。进入新家庭之后没有生育新的孩子。

访谈方式是电话，在征得某的同意之下进行了录音。访谈时间为2015年7月8日下午2点。

[访谈内容]

在询问了一些基本信息之后，我抛出了关于继母进入家庭方式的问题。某起初没有听懂，在一两句解释之后，某稍微犹豫了一下，回答说是插入进来的。当说这个的时候，某的声音明显有些沉重。接着我问道，你和你继母的关系如何？某不假思索地回答：一般。

此时整个访谈过程显得有些发闷，我有些不知该如何进行下去，于是问某你觉得你后妈是一个什么样的人。某回答平时没有什么太大感觉，比较挑剔（这里指的是继母比较挑剔）。

考虑到除了他以外其他家庭成员与后妈都有着比较紧密的联系，因此我觉得考虑后妈与其他家庭成员的关系没什么意义（某是核心家庭）。而提到继母带来的姐姐的时候，某回答与其不怎么接触。在回忆继母刚刚进入这个家庭的时候，某表达了比较强烈的抵触性。

为了缓和气氛，我选择跳过某与其继母的单体关系，问某对于后妈这个群体是怎样看待的。某回答要分情况而定。

这里引起了我的兴趣，问到什么情况怎么看。某回答，一种是无所谓，一种是比较反感。无所谓对应的是男方已经离异之后，正常二次婚配的继母无所谓；比较反感的是男方还没有离异就出现的未来继母。

到这里我觉得某对于自己的继母是有比较强烈的抵触的感觉的，某表示了肯定。

我又问到了关于继母、丈夫、继子女三方关系的情况。某回答不是很融洽。而后某又表示了其对于父亲的不满意。顺着他的角度，我问某关于其父亲的家庭角色地位，他提到三个关键词：厨师、经济来源、父亲。并且，某认为其父亲在家庭中的话语权还是可以的。

我又问他，从刚开始对继母的抵触到现在的关系一般这样的过程是怎样形成的？某表示时间久了就很自然形成了。当问到困难烦恼之类的问题时，某表示对于自己来说沟通上出现了点情况，和家里沟通少了。同时，某对于其继母和父亲在家庭中的困难烦恼并不了解。

最后问到对家庭关系的未来期望时，某回答已经不抱期望了。

首先声明，某是我的初中同学，所以我不保证以下分析不包含个人价值判断，但是我会尽量保持价值中立原则。

某的继母是通过第三者上位这一方式进入了某的家庭，可想而知某对于其继母会抱有一定的敌意。这种敌意也饱含着某对于其生母的眷恋。然而继母进入这个家庭时某已经六年级了，虽然不是一个成熟的年纪但是也已经和天真任性说了再见，所以可能更多的是通过逃避来对继母表示抵触。

某是一个性格开朗十分乐天的人，对什么事情都抱有一种没关系总会过去的态度。但是其所指出的家庭交流比较少可能是某隐藏在笑容下少有的几件心事之一。

从访谈中可以看出，某从一开始就对继母以及将继母带入这个家庭的父亲有着比较大的意见，恨屋及乌地对异姓姐姐也保持了一定的距离。时间过去近十年，仍能看出某对继母的抵触心理始终没有多大改观，对于未来也并不抱有什么期望。

某的成绩并不是十分理想，平时也更多是在外面玩，其父亲采用放养式的教育模式，而继母即使想要管教限于身份也不会有多大效果，而且正是初中高中逆反心理昂扬的时候，说教反而造成严重后果的例子比比皆是。

某对于其父亲还是保持着尊重的，在提到父亲的角色定位时某笑着问厨师算不算。平时在日常交流的时候某也会常提到自己的父亲，但是一般情况下不会提自己的母亲，无论是继母还是生母。

综合来看，某对于继母抱有抵触情绪，但是随着年龄的增长，某的这种抵触逐渐变淡（可能是隐藏得更深），同时通过对家庭关系的逃避也加速了这一过程。

从个案角度分析，某是由于继母是第三者上位而对继母产生严重抵触的继子，同时使用逃避的方式来表达这种抵触。而这种逃避一方面保证了家庭关系并没有处于完全的敌对状态，另一方面也导致了某难以接受到家庭带来的更有效的呵护，间接导致某的成绩相对落后。

针对继母这个角色某始终表示由于交流比较少所以基本完全不了解，从这个角度看，继母进入家庭的方式很大程度上会影响家庭关系，尤其是继母与继子女之间的关系。可能因为继子女的年龄相对较大，所以没有发生继母与继子女之间比较强烈的矛盾冲突，但是我们仍要看到，继母的角色在某的眼中始终是难以融洽共存的一种存在。

或许单凭一个个案并不能说明太多东西，但是我们仍然可以对继母提出一个假设，也即：通过第三者上位的继母难以获得继子女的有效沟通和谅解，相对应的家庭氛围想要融洽也是比较困难的。

8. 我终将拥有自己的生活

〔访谈背景〕

林轩（化名），男，22岁，亲生母亲在他幼年时期生病去世，父亲在他12岁时与现在的继母结婚并在两年后生育一子。目前他在上海一所高校就读大学。

林轩是我初中时期的同学，一直以来是比较知心的朋友，但在初中之后因为学校的不同、住址的搬迁我们便也渐渐少了联系，但在高中和大学时期我们都曾通电话聊彼此的近况与未来的打算。

关于他的家庭情况，我们在初中时谈起过，记得当时的他乐观开朗，尽管生活因继母的到来而产生了一些变化，但他说继母甚至是继母的家人都对他比较照顾，就像自家的长辈一样。然而借由这次访谈，他告诉我的却是不同的但更为真实的答案。

由于父亲工作繁忙，林轩在初中二年级之前大多与他的爷爷奶奶一起生活。初二时，因为房子的拆迁，爷爷奶奶不得不搬家，而林轩为了上学方便，就搬进父亲与继母的房子。接下来的两年是他与继母相处最为密切的时间，许多对于继母的印象也正是在这一时期形成。到了高中以至大学，林轩则基本住在学校里，与父亲、继母的接触频率也大大减少，即使是放假他也只回到爷爷奶奶家，每年只在过年时的亲戚聚会场面上才会和继母见面。

访谈时间：2015年6月6日20点

访谈方式：以电话采访为主，同时也使用了微信、QQ等网络通讯平台

〔访谈内容〕

从通讯录中找出林轩的名字，带着一丝忐忑，我编辑好一条微信消息：嗨，好久不见！想找你帮个忙呢。犹豫片刻，摁下发送键。几秒后，手机提示音响起，是林轩的回复：嗯！你尽管说！他还是那么开朗而活泼，有的人即使很少见面，仍有一种说不出的亲切感，如同老友重逢般的愉悦。得知我的请求后，林轩欣然答应了，坦然而诚恳。我们约好在周六的晚上八点通电话。

我几乎准时拨出了号码，一会儿电话便被接起了，传来了熟悉的声音。我们自然而然地寒暄着，谈着彼此最近在忙的事，以及之后的规划——他一直是个很能谈

心又有自己想法的人。

谈起自己的家庭，他的语气近乎平静，好像那些事已过去很久以至于都难以从回忆中记起，他说，我不希望那些不愉快的记忆过多地占据我的生活，所以会选择清理掉，大脑会趋向性地忘记她说过的话做过的事。

他一直称呼她为"阿姨"，知道"阿姨"成为他家庭中的一员大概是在他小学五年级的时候，继母在嫁给他父亲之前并没有过婚姻。他偶尔听到亲戚们的谈论，得知父亲与继母大约是朋友介绍相识，至于她的年纪他至今也不了解，因为从来没想过要去了解这些。

在继母刚到来的两年时间里，他们的关系还是比较融洽的，她会时常关心他的学习，在生活中也照顾周到。然而他们的关系随着弟弟的出世也便自然发生了变化。

但究竟是哪些行为或态度让他感觉到了变化，他却想不起来了，只是觉得变得很像人们所普遍认为的那种继母的样子。这时他正好搬去与父亲一家同住，与继母的接触大大增多，他说，那段时期留给他最深的感觉就是自己是寄人篱下，好像那并不是他的家。也正是在那段时间，他形成了对她的印象：带有一种小市民的自私做派，无论是说话的方式、为人处世的方式还是做事的风格。他直言不讳地说："其实我从初中那时就很不喜欢她，非常不喜欢。虽然她并没有对我做什么特别过分的事情，也没打过我，但就是很讨厌这个人，自私自利、格局很小。只是我希望身边的人都可以开心，也希望能够友善地对待他人，所以很少在别人面前坦白自己的感受；甚至当爷爷奶奶和她发生矛盾时，我还会从中协调帮忙解释，但其实我可以说更过分的话，但这样对我而言并没有什么意义。"

在上高中之后，他便搬出了父亲与继母的家，此后他与他们的见面也就仅仅局限于每年过年时的亲戚聚餐了。

尽管他并不喜欢继母，但表面上总能维持和谐的模样。她总是能在人前对他表现出态度很好的样子，但却让人感到切切实实的虚假。对于她说的话、做的事实际想要表达的意思，他心里都很清楚，只是不愿拆穿也没有必要拆穿。因为他一直觉得自己终将拥有属于自己的生活，只要过一段时间他便可以不再和这个人接触，所以也就无需计较。

而他的父亲——这个本来应该调和双方关系的重要角色——却一直没有意识到自己的责任。他和父亲的关系一直很差，一方面父亲一直忙于工作，没时间和他相处，疏于沟通（不排除继母对父亲看法的影响）；另一方面，父亲也没有想要处理家庭关系、父子关系的这种想法和意愿。所以直到现在，他父亲都以为他与继母的关系十分融洽。他与父亲的这种僵化关系也就一直放在那里，没人想过要去缓和，也并不想缓和。

他与弟弟的关系还是比较纯粹的。小时候他对弟弟很好，也常会有独自照顾他的时候，弟弟一直都很喜欢他，很听他的话，所以两人的相处还是比较愉悦的。但是因为大人的缘故，他们现在平时几乎不会接触，但每到过年见面时都能开心地聊天玩闹。

当他现在回想起过去的生活，继母对他的成长还是产生了比较大的影响，尽管他并不太愿意承认。他说，她让他学会更"聪明"地生活——学会揣摩他人的情绪和心思、读懂他人要说的话；同时也学会了忍耐。然而继母的出现也使他与父亲的关系更差更远，使他在少年时期缺失了家庭的关爱。

他说，其实走到现在，已经不太在乎与父亲继母他们的关系了，因为他终将拥有自己的生活，而冥冥之中他坚信着自己会有更美好的未来，他也在不断地为这一目标而努力，努力让自己活得漂亮。

无论是少年时还是如今，林轩给我的感觉总是乐观开朗的，在谈起自己的家庭时他语气平和，用一种坦然的心境去讲述当时的感触，但我仍然能感受到他曾有过的心酸与坚持。

对于一个出生于不同寻常的家庭中的孩子而言，成长是件既艰难又容易的事。艰难的是，他缺少正常的关爱与照顾，需要让自己的内心变得更强大来面对生活；容易的是，家庭环境也将促使他比其他孩子更早地学会独立、学会坚强。但这并不意味着他在情感上的寡淡。

林轩或许缺乏父母的关心，但爷爷奶奶的疼爱与关怀使他懂得爱与感恩。他很感谢他们一直以来的照顾，每到假期都会回去看望并陪伴他们。同时，祖父母对他的选择有着充分的信任，对于他的学习工作方面都很放心，所以现在的他也一直朝着自己规划的生活一步步地努力，未来也将去从事自己喜欢的职业，通过自己的双手创造属于自己的新生活。

继母是很容易被社会加标签的一类人群，就像小三一样，人们在听到的时候第一反应大多是消极的，甚至会产生很负面的印象。而这种社会普遍性的固有思维其实也是有一定原因的，这其中很重要的是人的天性的影响。

每个人对自己的家庭、自己的财产都有惯性的保护趋向，如果不是自己的亲生孩子，又有几个人能做到"视如己出"呢？继母作为一个家庭的新成员，家庭中原有的孩子代表着旧有的家庭关系，那么她自然会觉得这个孩子会或多或少影响她正在尽力营造的新家庭关系，因此难免会选择忽视甚至是伤害继子女而保护自己的家庭利益。尽管我们不能排除这世界上有真正善良无私的人存在，但社会上对后妈的污名化是有其内在深层原因的，可以说是基于人的本性以及心理所形成的普遍观点。

在上述这个案例中，继母在来到这个新家庭时，家庭中原有的孩子已经12岁，可以说是一个已经具有自我意识的少年了。而继母之前没有过婚姻，在进入这个新家庭后又生育了自己的孩子，这在很大程度上影响了整个家庭的相处模式。她在潜意识中就会倾向于保护自己的新家庭关系，而这种"保护"可能就会通过疏远父亲与原有家庭的孩子的关系，或是告诫自己的孩子真实的家庭关系以树立孩子的自我保护意识等方式，这些都或多或少导致原有家庭的孩子与整个家庭的疏离。所以，继母在进入新家庭后是否生育新的子女，以及旧有家庭中孩子的年龄，这些都是重组家庭和睦程度的重要影响因素。

9.你没有错

[访谈背景]

Z是我的同学，朋友们经常称他为滥好人。但是对于采访这种问题，是否要找他我还是犹豫的，害怕伤害到他。我谨慎地向他提出我有个作业想要他帮忙的请求，他答应了。由于我们认识已经有一段时间了，所以他的基本情况我是了解的。所以这次访谈更像两个朋友之间的深入交流，气氛很轻松。

在Z六岁的时候，父母离异，Z跟随了父亲。一年后父亲另娶一女性A为妻，并且带来了她的独生女儿C。Z的奶奶并不是很同意Z的父亲另娶他人，更不同意Z和别的女性一同生活，担心孙子会受到伤害的奶奶向Z的父亲提出由自己抚养孙子。于是Z的父亲给Z和奶奶在同小区相隔不远的地方买了一套房子安顿他们。因此，自从父亲与继母结婚以来，Z几乎是由奶奶带着长大的，而Z的父亲则和继母以及继母的女儿生活在一起，并且一直没有再生育子女。

[访谈内容]

　　Z 的继母 A 嫁给 Z 的父亲的时候大约 28 岁，她女儿三岁。A 之前有过一段婚姻，但是丈夫在车祸中丧生了。A 与前夫相识相恋于校园，毕业后结婚，之后又拥有了一个女儿，可以说原来的家庭是十分幸福的。可惜天有不测风云，丈夫在车祸中不幸丧生。失去丈夫后的 A 独自抚养年幼的女儿十分辛苦，既要工作，又要照顾家里的孩子，无暇分身，备感疲惫。面对滚滚而来的生活压力，在丈夫过世一年多以后，A 选择了再婚，既可以给自己找个依靠，也让女儿能有个完整的家。

　　父母离异以后，原本住在乡下的奶奶赶过来照顾他，所以 Z 和爸爸和奶奶生活在一起。但是爸爸再婚后，奶奶就把他接走分开住了，因为奶奶觉得后妈会对 Z 不好，如果后妈偏心自己的女儿，那么 Z 就会受委屈，奶奶不想让 Z 受到欺负。当时 Z 心里是不愿意的。但是 Z 一直觉得妈妈的离开是由于自己太不听话，不懂事，老是哭闹，如果不是他的出现，可能他爸妈就不会离婚。他担心如果他不听话，连爸爸也会不要他，所以他默默地接受了这一切。

　　可以说，Z 一直是由奶奶抚养长大的，父亲和母亲的角色在他的成长过程中几乎是缺失的。父亲、继母和继母的女儿组成了一个三人小家庭，而 Z 则是被排除在外的。Z 的继母 A 是很潮流的女性，拥有一份体面的工作，生活态度积极且富有情趣，所以说继母到来以后，Z 的爸爸的生活更加井然有序，生活质量也大大提高，她对内对外的事情都处理得井井有条，滴水不漏，可以说上得厅堂，下得厨房。A 一直努力地照顾丈夫和女儿，对于他们的三人小家庭而言，她无疑是称职和优秀的。我想，A 应该的确是一个充满魅力又有能力的女人吧，不然怎么会让一个男人以放弃陪伴自己的儿子成长的快乐来换取呢。由于 Z 是和奶奶住的，处理和继子之间的关系问题，于她来说就轻松简单了很多。对于 Z，继母会经常给他买些文具、衣服之类的东西，也会经常邀请他过去吃饭。Z 觉得，对于那个三人小家庭而言，自己一直就像个客人一样，彼此都以礼相待，没有家人之间的亲密，对于父亲和继母也没有精神上的依赖。Z 谈到，继母的女儿，也就是他的妹妹，今年高三了，即将高考。他回家的时候，感觉家里一派典型的高三家庭的气氛，继母和父亲都很紧张，想尽各种办法让妹妹有个安静的学习环境，给妹妹买各种好吃的和补充营养的东西，满足妹妹的一切要求，全家都以他妹妹为中心转。饭桌上谈的也尽是他妹妹的学习和前途之类的话题，并且嘱咐他要好好教教妹妹，传授点考试经验。Z 说，面对这种景象，还是有些失落的，感觉自己从来没有像妹妹那样，被那么紧张过，被那么重视过。也是在那一刻，他觉得他们之间的确是一家人，因为他们如此团结，他们有着共同的目标和愿望，他妹妹是无形之中连接着他们的纽带。而他，则是被排除在外的一个局外人而已。或许一直以来，他都太懂事了，和同学们相处得好，学习成绩也好，所以在父亲和继母看来，他是不需要操心的了。他也想要更多的关心和照顾，可是又担心一旦自己变得不听话了，就会被爸爸和继母所讨厌。我问他是否嫉妒妹妹，他说并没有，因为妹妹很小的时候就来他家了，所以他一直当他是亲妹妹，而且继母对自己的亲生女儿好也是无可厚非的吧。而且由于妹妹一直和父亲、继母住在一起，感情自然更加深一些。

　　他认为他和继母的关系一般，平平淡淡的，就好像白开水，并无特别的。继母一直对他以礼相待，他也一直很懂事，两个人没有很要好的理由，也没有要争吵的理由。他觉得继母毕竟不是亲生母亲，有时候不必抱太多的期望，提太多的要求，不然失望的还是自己。父亲一直和继母生活得很幸福，他也觉得很替父亲感到高兴。可能男性本来就是这样的吧，不善于表达感情，也不会对孩子嘘寒问暖，照顾孩子的方方面面，所以关于父亲对他的忽略，他也选择了理解。他不愿意和继母站在对立面，让父亲为难。所以迄今为止他接受了父亲和继母的一切安排，从不反驳。听到这里我忽然觉得有些心酸，这个家庭表面的和睦难道不是 Z 的隐忍换来的吗？

　　父母的离异有时候是不得已的，分开可能对于双方来说都是最好的选择。但是怎样把对孩子的伤害降到最低，应该是每对父母都应该思考的问题。都说父爱是深沉的，父亲对爱的表达是笨拙的，但是即使父亲什么都不说，能够一直陪伴在孩子身边，对于孩子来说或许也就足够了，这种安定的感受是别人都给不了的。年幼的孩子总觉得父母的离开是自己不够好，自己不足以让父母为了他努力改善关系，努力维系这个家庭。所以今后的生活中可能都满怀着愧疚和自责，表面很懂事，内心却十分地压抑和痛苦。所以如何给孩子安全感，让孩子知道父母的分开并不是他的错，让他摆脱被抛弃的感觉和一味的自责，应该是每个即将离异的父母为自己的孩子考虑的问题。在追求自己新生活的过程中，不要忽略了孩子，因为孩子和新生活并不必然是矛盾的。想要告诉他不是他的错，其实千百次的安慰都比不上一个实际行动：你始终在他身边。对于后妈来说也是一样，人生路漫漫，若有人可以同行，即使当后妈又何妨，可是在追求自己幸福的同时，也别忘记了对继子女的关爱，毕竟他们从来没有选择的权利。

10. 复杂的生活

〔访谈背景〕

故事主人公 L 是我的朋友，她 6 岁的时候父母离异了，原因也不是什么秘密，村子里都知道她的母亲在精神上出现了一点问题。三年以后，她爸爸再娶了一个，两家住得也近，都是离婚，也就走在了一起。L 当时 9 岁，他们没有办婚礼。那一年，他爸 34 岁。两人一起去外地做生意，有时一年也不会回来一趟。她的继母再婚那年是 31 岁。她继母之前有过一段婚姻，也有一个儿子，这个儿子和我是幼儿园同学。不过，他从没有出现在 L 家里，L 也从没有见过他。L 10 岁的时候，L 有了一个同父异母的弟弟 M。M 出生的信息传来的时候，我和她正放暑假一起补课，她似乎挺兴奋的。现在 L 22 岁，她的弟弟也有 12 岁了。

〔访谈内容〕

下面是 L 的阐述，我作了整合。

首先，她父母离异的时候，她 6 岁，情况的转变，她完全感觉得到。她说她陷入的是深深的恐惧。不过因为她从小是由她的祖母照料的，和亲生母亲的感情也不深，过了几天后，也就没有什么异常了。她的父亲照常出去做生意，身边陪着的还是奶奶。但唯一的区别是，当她在小巷里、池塘边，看见拿着脸盆的母亲时，往往会从梦中惊醒，意识到一切都已经不一样了。但很快她又忘记了这一切，她说她不愿意去思考这一切，不愿意去想。

我记得以前我们一起玩，讲到长大成为富翁恩泽家人时，她落泪了。她说难道离婚了的母亲就不是她的母亲了吗？她的母亲该怎么办？当时气氛的尴尬至今依旧难忘。

她父亲再娶，她表示并不吃惊，也不难受。她觉得只要奶奶在身边，其他一切都不是那么重要。她父亲与继母在家的日子是极为短暂的，她一直受奶奶照顾，生活上也不需要继母关照什么，父亲给予抚养费也只通过她奶奶和她姑姑的手，一切似乎都没有什么问题。虽然她直言与继母的关系不算特别好，但她承认继母没有亏待过她什么，每年都会给她买几件衣服，也从来没有骂过她。再者，见面的机会也不多。

刚开始的时候，见到继母，L 是不叫的。继母倒也没有要求什么。后来，慢慢地也就开口了，虽然有点僵硬，但在短暂的接触中，关系也还融洽。L 说，她一年前手机丢了，想买部新手机，电话打给的就是继母而不是她爸爸，这是她奶奶告诉她这么做的。她继母答应得也很爽快。她们之间的关系就像阿姨和侄女一样——这是她自己的形容。

说到弟弟 M，L 的看法是有转变的。她说，小时候她觉得这个弟弟长得很可爱，白白净净的，讨人喜欢。她很喜欢这个弟弟，老是把他带到同学面前显摆。过年以后，弟弟跟着父母去外地的时候，和她道别："姐姐，我走啦。"L 说，她的眼泪都要下来了，是真的舍不得。而 8 岁的时候，弟弟也开始留在了奶奶家，开始念书。这样他们就长时间住在一起了。不过，当时 L 是住校的，最多也就一星期回来一趟。现在上大学了，又找了份兼职，接触的时间就更少了。不过，她弟弟越来越淘气却是有目共睹的。现在，村子里凡是哪里出了点小事，第一个想到的就是她弟弟。上次把人家整个菜地给打得什么都不剩。这件事情，我听我奶奶、我叔叔还有许多路人说过，已经成为村中的笑谈了。L 谈到这里时，是有点不高兴的。也正因为如此，几个同龄的堂表兄弟都不愿意跟他玩。L 也开始有点讨厌他，每次遇见时，M 的调皮和固执确实如此，因此 L 忍不住就要批评他，M 眼泪掉得也快，闷气能生很久，然后她的奶奶就会批评 M 脾气大。不过在这方面，她的继母也没有说什么。父亲对 M 的批评也很严厉，继母也不是很客气，因此 M 被打几乎是家常便饭。

不过，对于这样的状况，L 的继母很担忧。L 也很沮丧，为什么她弟弟会变成这个样子？她指责了她的堂弟，也就是她父亲弟弟的儿子 S，是他开始疏远 M 的，老是说他的坏话，导致周边的孩子都开始指责他，讨厌他，他才变成这样的。她越来越看不惯 S 了。

我问她为什么老是不回家，工作有必要那么满吗？她提到了很多，她觉得自己有钱，日子过得才踏实。虽然继母没有什么不好，但与亲妈还是不一样。另外，现在她的父亲和继母都不出去了，就在家附近工作。回家的话，见到总是有些尴尬。比起继母，她其实更不知道该怎么和她爸爸交流。她的爸爸很少在具体的事情上管她，一切都是奶奶在打点，这点上 L 对父亲其实是有意见的。

她又提到了她的母亲，老是神经兮兮的，时好时坏。但母亲就是母亲，不管她变成什么样，都没有忘记过 L。她说，她母亲老是买东西给她，过年的时候，跟她一起去城里逛，毕竟是亲妈，那感觉和继母真的不一样。她们一直保持通话。

然后就是 L 的外祖父了。他常常抱怨为什么 L 也不去看他。他们家就在 L 家的后面。他跟我祖父是牌友，说的时候，正是 L 高考完去上大学那年，上大学也算出远门，来看看自己也是应该的。L 说，她也不知道该不该去，也没有人带她去过，不知道见面要怎么说，平时也就是路上见到叫一声而已。两年前，她奶奶给她准备了东西，让 L 去外公家看看，今年过年的时候她就自己去了。

L 说，确实她的生活相对而言有点复杂，虽然很多看来已是不幸中的万幸，但是对于自己心灵的伤害，依然令她无法释怀。现在逐渐长大了，多方面的问题也不是简单敷衍就可以搪塞过去，她需要考虑那些原本可以等待奶奶安排的事情。对于解开心结，她还有很长一段路要走。

第二章
"造梦者"还是"毁梦人":丈夫的角色

1. 父亲的角色

[访谈背景]

母爱是无私且伟大的,在家庭生活中,父亲母亲养育教育子女,满足子女成长需要的物质需求和精神需求。我们都知道,母亲的形象往往是温暖的。母亲爱护自己的子女,把最好的留给他们,有时甚至愿意付出生命来保护孩子。而后妈在很长一段时间背负着负面能量,文学作品如《白雪公主》与《灰姑娘》,对后妈进行刻画:她们尽管养大了丈夫的女儿,却对她百般刁难甚至虐待。社会生活中,我们往往也能听说邻里或舆论对关于后妈带来的家庭问题的抨击,这是为什么呢?仅仅是因为社会对原配的尊重,那么重组家庭的每个成员应该怎样去避免不必要的冲突呢?

家庭信息:闵某一家生活在辽宁省的一个乡村里,家庭生活条件一般。2011年闵父与前妻徐某离婚(原因未透露),同年与李某重组家庭,2014年闵父与李某因性格不合离婚。其后至今,闵某父子始终两个人生活。

后妈的信息:李某,与闵父相识前曾有过一段失败的婚姻,但并不孕有子女。35岁与离异不久的闵父结合,成为后妈。2014年,38岁的李某与闵父离婚,第二次婚姻宣告失败。(随后的生活状态受访者未透露)

继子信息:闵某,男,17岁,之前在辽宁省某中学就读,今年刚刚参加了辽宁省普通高考。2011年,正在读初中二年级的闵某父母离异,其父随后很快再娶。

后妈与继子关系:一般(稍微有些差)

访谈时间:2015年6月20日

访谈方式：非面对面访谈（QQ 语音）

[访谈内容]

由于在笔者的生活圈子实在无法找到一个符合要求且会全面配合访谈的后妈，因此笔者找到了曾经有过继子经历的闵某为主要访谈对象，另外一些必要问题适当地与其父进行交流。访谈过程由于空间限制，在线上以 QQ 语音的形式进行（有录音），经整理后，得出以下调查现象与相应分析。

受访者闵某与曾经做了自己三年多后妈的李某并没有太多的感情，在他的回忆陈述中，"他也就给我洗洗衣服、做做饭，其他都基本不管我"，当提到两者日常交集多少的时候，他说"后来我读高中，住校，上学期间也就跟她没什么交集，放假回家了我也就打游戏，没注意过别的"。当问及"如果你的后妈经常管教你，你会有什么反应"时，他明显地停顿了一段时间（10 秒左右）后说，"管我干啥，不用她管……"问道"你父亲和她的关系好吗？后来为什么离婚了？"等问题时，他表现出了明显的不屑，"跟我有啥关系，我不知道"。感觉到了闵某情绪的转变后，我立刻改变了我们交流的话题。我问到了他对自己今年的高考怎么看，他表示还算满意。（因我与其算是发小）我提到他小学初中学习都挺不错的，后来怎么成绩下降了许多。这时他有些支吾地说"后来不爱学，都玩游戏了"。我追问道。"假如你爸妈当初没离婚，你觉得你的学习还会这样下降吗？"他又停顿了几秒钟，说道，"兴许能好点儿吧……我也不知道。"之后我们一起聊了一些其他的问题，都是大概围绕他在之前那三年多的生活、感受之类的。

在其后，我与闵某的父亲进行了交流，问及了他在日常对闵某的管教方式和管教尺度之类问题，以及他在第一次离异有没有对闵某的担忧或愧疚之类的问题。闵父表示自（第一次）离婚以来，他自己对闵某的态度在大多时候都会处于一种尴尬的情况。一方面他觉得愧对闵某，希望闵某能够过得幸福快乐，从而在很多时候都会适当地纵容他；另一方面他看着闵某成绩的下滑和游戏时间越来越长，心里非常着急，想去管教却怕闵某产生较大的抵触情绪。我又问到了，与李某一起生活的三年时间里，家庭气氛是怎样的。他表示，闵某虽然爱玩，但还是比较懂事的，所以在生活中并没有发生过什么冲突，就是闵某和后妈的关系比较一般，大多时候像是"井水不犯河水"，让人无奈。

通过访谈交流，我发现，闵某当初和自己后妈的感情仅仅能算得上是一般，因为二者在日常生活中尽量避免冲突的同时，也都错过了很多沟通和了解的机会。两者的关系虽然不像有些典型"后妈—继子女式"的关系一样火气冲天，但却如同冰山一样，始终没能融化。这种不好不坏的关系，虽说比冲突不断的关系好得多，但总归并不是我们所期望看到的状态。如果双方都能放平心态，多多交流，他们之间的关系一定会得到改善的。而想要实现关系的破冰，首先父亲要在其间做好调和工作，为后妈与继子女的相互沟通和交流创造尽可能多的平台；其次，后妈要掌握方法"率先出击"，毕竟孩子的心灵是脆弱的，当遭受到一次家庭破裂带来的伤害之后，我们不能寄希望于孩子会主动与继母沟通，而是应该更多地了解孩子的需求，并予以帮助和爱护；最后，继子女本身也要懂事听话，生活还要继续，对于真正爱自己的人同样也要回报以真心，不能以怨报德。

另外，我们不难看出，家庭婚姻的状况对子女的学业前途都有着很大的影响。一段婚姻破裂后，父亲对孩子的管教便很难像之前那样"自然"，孩子的情绪也极其容易时常处于爆炸的边缘，后妈在"严厉与负责""慈祥与不负责"之间始终无法做到尽如人意。就这样，在家庭三个成员之间的种种尴尬情绪状态之下，孩子的管教事宜就往往被搁置了。我们知道，无论家庭出了什么不好的状况，孩子的前途都不能就此荒废，为此，父亲要做好表率作用，严格要求自己，从而教育孩子。同时要适时地与孩子进行沟通交流，了解孩子的心理状态，及时进行指导教育，绝对不能让孩子在悲观的情绪中随波逐流。同时，继母在与孩子做到了关系破冰，保持了良好的沟通之后，同样要加入到孩子的日常教育任务中去。所谓"聊胜于无"，就算是相对无力的管教或相对效果较低的母爱，总要比肆意放纵孩子好得多。

其实，我们可以看到，社会中的后妈也是妈妈，她往往并不像童话和传说那样恶毒。但我们不得不承认，若想让后妈与子女的关系达到亲生一样的好，还是需要费一番脑筋和周折的。在现今社会状态下，离婚普遍性越来越强，后妈污名化已达到相当的程度，继母与继子女的关系不得不被看做是一种亟待处理和缓和的关系而得到广泛的关注和讨论。

当然，我们不得不承认，首要的是后妈急需"洗白"。在广大后妈们不断努力做好一个妈妈的同时，还需要社会给予后妈们充分的理解，要了解到后妈们的不易，了解到后妈们的辛苦，看到后妈们的真心。具体到实践上，便需要舆论别再像以往那样过多传播后妈恶毒丑恶的信息，多传递一些关于后妈的温暖的正能量。我认为，社会不应该给后妈这个群体一个污化了的标签，我更相信，这个标签在全社会的努力下一定会实现真正的"去污存真"。

2. 后妈的"成长"

[访谈背景]

此次关于后妈的访谈,共邀请到两个重组家庭的六位访谈对象,分别是:陈家的陈雪萍(化名,22岁,女)、陈妈、陈奶奶,刘家的刘宇涵(化名,18岁,男)、刘妈、刘爸,应受访者要求,文中将不出现家属的姓名,而代之以称呼。两个家庭的情况各有不同,甚至形成了鲜明的对比,因此,本文的主题就是:后妈的成长。

[访谈内容]

(一)陈家:缺乏沟通导致家庭关系疏远

陈雪萍,女,22岁,现在就读于某大学中文系。她现在的妈妈姓王,今年40岁,几年前陈妈的丈夫因为一场矿难去世,孩子孤苦伶仃;而陈雪萍的亲生母亲离家出走,后来陈爸和陈妈经熟人介绍认识,2010年两人正式结婚,女方带来一个13岁男孩,之后没有再生育。那时,陈雪萍17岁,正在备战高考,很少回家,也很少与父母联系,她对后妈的印象大概就只是"沉默寡言"。

陈妈是标准的农村家庭妇女,但进入新家庭后很快管理起整个家庭,把各项事务都弄得井井有条。但她坦言与继女相处起来还是"有些困难","尽管自己曾经心里很想改善和女儿的关系,但就是不知道该怎么说,有时候想问问她的生活学习的事情,但总觉得自己是个后妈,没权力过问这么多,而且女儿似乎也没有想增进关系的意思,女儿进入大学后,两人在一起的时间更少,因此感情也一般"。

陈妈读书不多,思想也比较保守,沉默寡言。她最大的烦恼无疑是与女儿的沟通问题,现在女儿读大三了,但两人有时一个月都不联系一次,这样的相处方式让陈妈觉得自己"始终不被继女接受"。她现在最大的愿望就是女儿能够多和自己说说话,不要把什么事情都藏在心底。

对于"后妈"这个词,陈妈显得有些低落,"后妈始终比不上亲妈"。不论在哪方面,她坦诚自己在对待自己的儿子和继女时,标准是不一样的,"我儿子考试的时候,总希望他能多考几分,对他的监督会多许多,但是对继女要求和管理就没有这么严格,一方面是不敢多管,另一方面是她自身本来就比较拼命吧。"她半开玩笑地说：我和她的关系大概就持续到她嫁出去那天吧，脸上却写着无奈，也许在她淳朴的心里，凡事只能听天由命吧。

而在陈雪萍心中，母亲这个概念"从妈妈离开的时候就消失了"，她坦言，"我已经 10 多年没有说过这个词了，现在你让我叫也叫不出口。"她说自己并不是想与后妈针锋相对，而是自己真的无法与后妈相处，对她没有任何感情，偶尔联系，也只谈谈生活费的问题。

这样的相处模式的确令人担忧，我想最大的问题就是继母与继女的沟通太过缺乏。与陈妈短暂的接触中，我看得出来母亲还是想关心女儿的，但她找不到合适的方式表达自己的心意。加之其对待继女和亲生儿子的不同态度本身就令继女更加不满。

而陈父在妻子与女儿这场"冷战"中基本上都处于缺席的状态，"刚开始我偶尔跟他抱怨后妈的不好，可是得到的回答却是'忍着点吧'，最爱的人却不能在我最需要的时候，给我安慰，真的很难受，那时恨不得赶快离家出走。后来我就直接不抱怨，把什么事都埋在心里了，因为觉得根本没有人能理解我。"就这样，陈雪萍与家人越来越疏远。

亲生母亲的过早缺席，父亲关爱缺乏，继母的不管不问，让陈雪萍在感情上变得越来越冷漠。她对继母实际上是没有任何感情的，在她的心里，父亲与这个女人的结合，仅仅是为了养育各自的子女，搭伙过生活而已。"后妈从来没有与她交流过感情，也没有像关注亲生儿子那样认真地关心过自己的生活和学习，更感觉唯一的父亲被两个莫名其妙到来的人夺走了。"于是一家人的关系就只能维系在外面，这么多年都没有任何改善。

（二）刘家：用爱与诚意编织和谐之网

刘宇涵今年 18 岁，正在备战高考，因此，本次采访殊为不易，对他的采访基本上都是在电话里完成的。他现在的妈妈姓李，31 岁，刘妈的前夫脾气暴躁，游手好闲，结婚两年后离婚，两人尚未生育孩子；而刘父因为性格不合与妻子离婚，后两人相知相爱，感觉志趣相投，2011 年他们结婚，婚后生育一男孩，一家人日子过得很和谐。

刘妈是一个新时代的职业女性，是一个公司的职员，与继子的关系历经波折。刚进入这个新家庭时，继子年仅 13 岁，性格十分叛逆，不接受这个比父亲年龄小很多的女人，因此常常针锋相对，甚至直骂她是"小三"，没做过母亲的她常常感到十分委屈，但她没有放弃对儿子的关爱，即使是后来的小儿子出生，也丝毫没有撼动她对大儿子的关爱。哪怕是怀孕期间，也不忘带着亲自做的菜去学校看望住校的儿子。在母亲的悉心照顾下，刘宇涵慢慢懂得父母的良苦用心和苦衷，渐渐转变了对继母的态度，如今，他们一家人相处得十分融洽。

谈起自己与继子的往事，刘妈显得很淡定，仿佛这个女人一早就知道自己进入这个家庭注定不容易，但她也 hold 得住。面对即将上大学的大儿子，她却有一些担心："他从小都是被我们俩捧在手心里长大的，没吃过一点苦，也没有接触过那些残酷的世界，如今就要步入大学的校门，我担心我们会因为距离而变得疏远，也担心他学坏。"她最大的期望是儿子不要懈怠学习，自己也能兼顾家庭和工作。

关于后妈这个角色，刘妈有不同的看法，她认为亲生子女也好，继子女也好，能够成为一家人就是一种缘分，两个大人是经历过一次婚姻的人，更应该珍惜拥有的一切。"只有换位思考才能带来更多的理解，毕竟小孩子的知识结构和情商是不断改变的，你给他灌输正能量的东西，他脑海里的东西就是正能量的，也更能理解你，反之。""我待他如亲生儿子，他也会待我如亲生母亲，只是时间长短的问题，这是大家都懂的道理。"

正在竭力备战高考的刘宇涵显得十分轻松，他说，后妈如今一周都会去学校探望一次，每次都会给他带去好吃的饭菜和爱吃的零食，让他一心一意准备高考。其实一开始他是无法接受后妈的，"那时我还在读初三，个性很叛逆，常常对她大呼小叫，甚至说一些很难听的话，就想着把她赶走，让妈妈回来。"

但是一次长痘的惨痛经历让他对后妈有了很大的改观："那天起床，就感觉自己全身痒痒的，不久就全身蔓延了许多红色的东西，同学们都吓坏了。老师打电话到家里，刚好是她接电话，她显然明白是怎么回事，于是把我接回家，用盐兑水洗澡、冰敷，去医院输液、打针……上上下下忙活了一个星期，每天都是把我安顿好了，她才去上班，这令我很感动，我第一次意识到，其实她才是个好妈妈。"从此，他对后妈的态度大为改观。

说到家庭生活，刘父的满足感溢于言表，也很乐意谈及这个话题，"感谢上天赐予我这么个能干又顾家的妻子和一对好儿子，他们让我很幸福。"事实上，他在与妻子结婚之前，也考虑过孩子的问题，传说中后妈虐待继子女的案例太多了，毕竟孩子还小，妻子也没有做妈妈的经验，他们相处起来肯定会有很多矛盾，所幸妻子凭借智慧和恒心赢得了儿子的理解和支持。

刘宇涵一家相处得其乐融融，作为整个家庭的核心人物，刘父的表现值得所有人借鉴，他不仅会关心新妻子会不会适应这样一个不好相处的儿子，常常安慰失落的妻子，与其商量教育的方式等等，他也常常与儿子聊天，说心里话，哪怕是抱怨新妈妈的不好也可以。这种既不因为儿子而怠慢妻子，也不因为妻子就疏远儿子的方式对孩子的成长有利得多。因此，婚前婚后在儿子的心里就没有巨大的反差，一家人相处起来就容易多了。由此可见，父亲在家庭中扮演的角色是何其重要。

经过近乎搜索式的多方寻找，我有幸访谈到了两组重组家庭，但是两个家庭给我的感受是截然不同的：陈家就是标准的 90 年代前重组家庭的真实写照，他们文化水平不高，生活平淡如水，家庭关系也一般般；而刘家父母拥有较高的文化素质，其观念也很前卫时髦，更注重与孩子沟通、交流，重组后的新生活过得有声有色。

总结陈、刘两个重组家庭各成员之间的相处情况，我大致得到这样的结论：重组家庭也可以很幸福，关键的因素就是每一位家庭成员，尤其是"后妈"这样一个"外来人"，需要付出双倍甚至多倍的努力。

首先，"后妈"应该摆正自己的姿态，接受自己一开始是"外来者"的事实，在与家庭成员特别是孩子相处时发挥自己的智慧和魅力，对继子和亲生子女一视同仁，与他们加强沟通和联系，用爱与诚意改变孩子的偏见，渐渐成为家庭真正的一分子。

其次，作为孩子心目中最重要的人之一，父亲在家庭关系中也该扮演一个协调者的角色。"知子莫若父"，孩子的一个眼神、一个小小的瘪嘴可能都是意见的表达，有时候新妈妈不一定看得出来，这就需要父亲帮忙说出其心声。而孩子很多时候也并不了解新妈妈的脾气个性，这时父亲就应该承担起桥梁的作用。

最后，孩子是除后妈之外的另一个重要因素，孩子在获得爱与关怀的同时，也应该多多与父母协调沟通，开诚布公地协商，懂得适当进退，多多换位思考，理解父母的良苦用心，才能获得良好的生活体悟，对其将来的生长和发展都是极为有利的。

3. 和谐小家的背后

［访谈背景］

本次后妈个案访谈对象是我堂姐的闺蜜，而我小时候就认识这个姐姐（下文称之为"童姐"），本次访谈通过 QQ 聊天的形式进行。

访谈家庭信息详见下表：

现在的年龄	30
成为后妈时的年龄	28
后妈婚姻次数	两次
后妈进入家庭的方式	正常二次婚配
家庭孩子情况	自己无子，进入的新家庭有一男孩
继子现在年龄	6
后妈与继子关系	好

[访谈内容]

（一）后妈自我认同情况

（1）成为后妈的原因

童姐于 2010 年初次结婚，夫妻关系初期还是很好的，后来丈夫开始晚归、酗酒等。童姐因为忍受不了丈夫的行为，所以在两年后（2012 年）提出了离婚。因为婚后一直没有子女，所以离婚时没有太多纠葛。2013 年经人介绍，与现任丈夫张某认识并相爱，于半年后结婚。

跟张某结婚有三个方面的原因：一是觉得张某为人可靠，性格温和；二是自己年龄也不小了而且离过婚，家里人催促她快些结婚；三是考虑到虽然丈夫与其前妻育有一子，但这个男孩年龄还小，当时只有四岁，相处起来也不会有太多问题。

（2）进入新家庭后的生活状况

童姐觉得进入新家庭后情况比她想象的要好，因为两家经济情况都不差，在物质方面没有遇到什么困难。结婚后，她和丈夫还有孩子住进了新房，她一直对继子态度很好，家庭生活很和谐。

（3）与家庭成员关系

丈夫与她性格方面很合得来，现在为止很少发生矛盾。而对于她的继子，本来会担心有抵触行为，但实际上孩子年龄还小，在一段时间后就适应了她，据说现在已经改口叫妈妈了。童姐的公公婆婆其实不是太操心他们的事情，自己家与公婆家住得很远，来往也没有那么密切。童姐觉得家庭关系还是很和睦的。

（4）存在的烦恼和困难

首先，是关于管教继子的问题。虽然童姐现在跟继子相处得不错，但再怎么亲密她也不能把继子视为己出。男孩正处于一个很顽皮的阶段，有时候她想管教继子，但又不敢表现得太严厉，怕表现出那种大家所谓的"后妈的脾气"，但也不能任由继子这样不听话。童姐觉得很难把握这个管教的度。

其次，童姐其实很想要一个自己的孩子。丈夫的态度是同意的，他们现在也在争取再生一个。但童姐还是有些顾虑，再生一个的话对继子的影响是不是不好，会不会出现两个小孩之间的矛盾之类的问题。

最后，继子的亲生母亲现在身在国外，基本没有联系。但童姐担心如果以后亲生母亲回来，会不会干扰到他们家的生活。

（5）对未来生活的期待状况

童姐觉得现在的家庭氛围还是很好的，希望以后也能继续下去，和丈夫更恩爱，和继子更亲密。对于未来，就是还想要个女儿，一家四口能够更加幸福地生活。

（6）如何看待后妈这个群体

童姐说如果不是有些因素限制，她肯定不会选择当后妈的。因为社会对后妈这个群体的评价很差，当后妈多少都会被指指点点。她觉得当后妈挺不容易的，社会上很多人丑化后妈这个群体，但她觉得好的后妈还是很多的。她也希望自己能成为一个好的后妈，能够被大家尤其是继子认同。

（二）后妈的家庭认同情况

（1）家庭成员对后妈的态度

丈夫：童姐和丈夫因为缘分与爱情走在一起，两人性格很合，一直都很恩爱。丈夫把她当做一个好妻子和孩子的母亲，他觉得因为有童姐，这个家才圆满，也能让孩子在一个健康的环境下成长。丈夫为人成熟稳重，比较照顾她的感受。在一开始的时候，他为协调这个家的关系作出了很大的努力，比如经常组织全家一起郊游、逛街、聚餐等。

继子：童姐说她准备要当"后妈"的时候很紧张，怕孩子有很多抵触。刚开始见到继子的时候他才4岁，还是会经常嚷着要妈妈，问妈妈去哪儿了。但孩子终归还小，哄一会儿就好了。慢慢地，发现这孩子挺善良可爱的，这两年相处都很愉快，孩子现在也是以妈妈称呼她，逐渐地依赖她，有事也愿意和她分享，和亲生母子没什么差别。由此可见，孩子挺认同童姐的。

(2) 家庭成员对后妈群体的认知

丈夫：丈夫觉得后妈这个群体在当今时代非常多见，他也不会有任何偏见。虽然不乏有新闻报道后妈虐待孩子、品行恶劣的，但不能一概而论。后妈的好坏是由一个人的品性而定。更重要的是，家庭里缺了母亲这个角色会不完整，而后妈恰好弥补了这一缺陷。即使后妈与继子女的关系没有特别好，或者说继子女不能完全认可接受后妈，但至少家还是完整的，后妈扮演的角色是父亲不能替代的。

继子：孩子对后妈这个词是有一定概念的，但由于继子才六岁年龄还小，他只说，现在这个妈妈对他很好，他也喜欢这个妈妈，她会给他讲故事、买好吃的，他喜欢跟妈妈出去玩。他说他不喜欢灰姑娘和白雪公主的后妈，他说他妈妈很好。可见，继子对后妈的看法还是挺乐观的。

(三) 家庭相处融洽原因

童姐的家庭生活和睦融洽，主要从童姐自己、丈夫、继子三方面来说。

童姐当好了一个慈母贤妻的角色，一开始对待四岁的男孩子有足够的耐心，用真正的母爱去对待继子，这样也不会出现太多不和谐的事情，让丈夫夹在儿子与她之间。平时也多体谅丈夫，舒缓他的压力，这样营造一个比较轻松有爱的家庭环境。

而丈夫就是一种沟通与宽容的相处模式，他会顾及妻子与儿子的感受，出现小问题小矛盾都会很好地第一时间进行沟通，减少误解，主动道歉，很大程度上阻止了矛盾进一步扩大。而且，他也打算和童姐再生一个孩子，这也有利于增进稳固夫妻的感情，更好地维持这个家。

对于继子，由于还小，与亲生母亲的感情不是很深，就像小苗根基不太稳固，移植比较方便一样，对后妈没有特别大的抗拒力，而且也对后妈有一定的依赖感和信任度，促进了家庭的和谐氛围。

和谐小家的背后是三方的真心和付出。

其实后妈真的很难当。一方面来说，父母离婚，在孩子的心里当然是会留下创伤，如果孩子跟了爸爸，那么孩子心里最想念的就是妈妈。原来的妈妈走了，来了一个素不相识的女人，很多孩子会变得内向、沉默寡言、不喜欢与人交流。还有一些孩子,对后妈爱理不理,视后妈为仇敌。另一方面,当后妈自己也有了孩子的时候,对继子女稍有差池,他们敏感的心灵都会遭受二次打击,孩子的心都是敏感的,对待继子女太好,疏忽了自己的亲生孩子,亲生孩子对自己又会有意见,左右为难,手心手背都是肉,后妈真的很难做。

但是,对比起当下报道中的对孩子不管不顾、殴打孩子,甚至杀害孩子的后妈,童姐真的是一个好榜样,她能够用母爱去对待继子,让家庭和谐融洽,这也是她的生活智慧吧。

4. 压力与期望

[访谈背景]

受访家庭信息详见下表:

后妈年龄	46 岁	继子女年龄	18 岁
成为后妈时的年龄	35 岁	继子女性别	女
婚姻次数	2 次	家庭孩子情况	后妈未带着自己的孩子进入新家庭,而在进入新家庭后生育一子。
后妈进入家庭的方式	传统续弦	后妈与继子女关系	一般

[访谈内容]

(一)后妈的自我认同情况

(1)成为后妈的原因

与前夫关系不合而离婚,而后遇到现任。双方都离异过,觉得双方条件差不多,然后也比较谈得来。

(2)进入新家庭后生活如何

觉得压力还是很大的,包括丈夫、公婆、继女。要处理好家庭成员的关系的同时,还要能够做好在家里的家务,处理好家庭财务。同时还有自己的工作。刚开始的时候,心理压力和生理压力都很大,在担心自己不能处理好亲戚的关系的同时,还要分很多精力去做好各方面的事情。后来缓和了很多,包括公婆和丈夫对自己的支持。然后和继女的关系也有所缓和。整个融入到家庭后就感觉家庭为自己也分担了很多，压力也减少了。

（3）与家庭各成员关系如何

①和丈夫：个人和丈夫对待大事的处理方面还是比较能够达成一致意见的，最主要的分歧是两个，一个是对继女的教育问题，另一个就是再生育问题。对继女的教育问题分歧在严格程度和受教育要求这两者。丈夫认为没必要让她学得太多，然后也没必要要求太多什么，包括举止等。但后妈认为还是需要加强继女受教育程度，以及在互相沟通中认为继女的举止也很不得体。在再生育问题上，后妈想要再生育一子，但是丈夫觉得对继女有亏欠，觉得这样不好，所以在协商之后搁置了很久。

②和继女：继女在后妈进入新家庭将近一年的时间都很排斥和继母进行沟通交谈。面对继母的努力，包括很耐心的对话和关照都选择不回答或者不搭理，以及也会出现顶撞后妈的话，不听从后妈的安排。最主要的问题还是拒绝沟通，信息难以传达，也没办法说走得更加亲密一些或者是怎么样。后期好了很多。

③和公婆：一开始的时候觉得公婆也还是有一些排斥的，不过后来因为后妈努力表现，在侍奉公婆方面也没有留下什么把柄或者缺点，然后也尽力表现得更好，逐渐使公婆一开始的看法改观，也帮助后妈处理继女教育问题。在生育一子之后，公婆的埋怨也更少了。

④和其他亲戚：因为丈夫那边的家庭是个大家庭，逢年过节的时候都会互相走动。亲戚那边其他的联系不多，主要是台面上的互相往来。所以维持得还不错，在拜访的时候礼数和礼节都做足了，也没给婆家丢脸。

（4）现阶段的生活状态

工作压力不大，最主要的精力还是在照料家庭这边。带带孩子，烧菜买生活用品，和公婆多接触聊天。精神上放松了很多，所有的事情都步入正轨，感觉接下来就是为孩子的未来操心了。平时偶尔也会去一两个朋友家聊天说说话。生活状态也没什么特别。

（5）如何看待后妈这个群体

其实就像家家都有本难念的经一样，谁想过自己会当后妈呢？对于后妈这个群体和身份的认知，在自己真正身处这样一个角色中之后才能明白有多不容易。各个方面关系的打点，和继女小心翼翼的接触等，想当好一个后妈要做出的努力比很多人眼里看起来的都要困难得多。就真的能感受到，天下的妈妈都是一样的。真正把继女当成自己的女儿之后就会没有身份上的差异了。对于一些表现得很偏激消极的后妈，应该是还没有吸取教训真正认真地相处和生活吧。

（二）后妈的家庭认同情况

（1）家庭中继子女、丈夫对于后妈以及后妈这个群体的认知与态度

①继女对后妈

继女一开始很排斥后妈的存在，包括在后妈进入新家庭的时候，当时的女儿还处于小学二年级左右的年龄段，心智不成熟，同时一些对后妈的表达和行为方面也是，语言顶撞，不听话，几句话不和摔门就走。内心对后妈不满，并且认为后妈并没有权利取代亲生母亲的位置。然后继女到中学时代成熟了很多，包括了解到家庭客观条件并没有这么宽裕，平时也会帮忙干活，对后妈的理解也提升了很多。目前和后妈就相安无事，并且偶尔还能聊一些事情。对于一些大事也会去征询后妈的意见，比如一些女性问题和关于择校教育问题等等。

②丈夫对后妈

上面也提到了丈夫和后妈之间的一些问题的分歧。除了大事方面的问题分歧之外，丈夫对后妈的要求并没有很高。在这场双方都不是第一次的婚姻中，互相的了解沟通变得格外重要。丈夫对于后妈本身还是很认同的，因为各个方面都在努力处理好事情，做事也很靠谱。对于后妈群体没有特别的认知，觉得后妈如何最主要的还是要看人、看家庭环境是怎么样的。

（2）家庭关系还好，后妈、继子女、丈夫这三方的相处模式存在的特点：

下面描述的特点主要体现在整个家庭关系缓和之后。

①互相有效沟通

关系缓和之后，虽然彼此之间对于一些问题还存在或多或少的分歧，但是在出现问题的时候都会提出来共同面对解决。矛盾存在但是不会回避矛盾。包括对继子女教育这个问题上的看法，后妈和丈夫之间虽然有分歧但是能够提出来并且得到一个恰当的解决。而继子女和后妈之间，后期能够良性沟通，问题的交换，继子女成熟后站在后妈角度的换位思考，都促成了她们之间的有效沟通。

②适当的距离感

虽然能够有互相的有效沟通，但是还是有难以消除的距离感，因为毕竟后妈并不是整个继女成长原生环境中的因素，以及继女还是有对于亲生母亲的依恋。血缘上的隔阂并没有因为关系的和缓而消失。但这一特点另一方面也为互相之间能够还

好地相处创造了条件。在相处的过程中，互相不会提出很过分的要求和意见，因为本身也并不觉得是能够那么亲近地寻求帮助的关系。母亲虽然会对继女有要求，也不会过分地严苛。所以适当的距离感也是家庭和睦的一个原因。

对于家庭中这个后妈的看法，觉得客观上来讲做得其实很周到，考虑事情、养孩子、养公婆都尽全力在做好，大家其实也有目共睹。不过确实也有做得不够的地方，包括对儿子女儿的态度，在一个非本家人看来还是有所偏袒的。

除了这个后妈之外，包括工作和生活范围接触到的后妈有五六个。在这些范围内，觉得没有做好的后妈是只管做自己的事情，不管继子继女的事情，也不会侍奉公婆，有些家庭不和睦的会不回家。不和睦最重要的一个方面是经济方面。后妈是否会将自己的资金投入到子女或者公婆身上。而后妈又会有主观上的认知，认为丈夫理应拿出自己的工资等来培养子女、供奉老人。所以两个人的经济无法共有的话，更加容易导致双方的隔阂越来越深，也使得彼此之间的关系更加紧张。

除此之外，后妈也确实难当，确实很不容易。因为众人常常会戴有色眼镜去看待后妈这个群体，认为后妈肯定会对自己亲生的孩子好一些，而对没有血缘关系的孩子则不会很上心。在这样的群体看法之下，后妈想要对继子女进行稍为严格的教育便会引来很多骂名，尤其是一些特别宠爱孩子的家庭。

5. 别说我命苦

[访谈背景]

访谈对象有五人，奶奶、父亲、母亲、两个女儿，其中妹妹不在现场，另通过电话访谈。父亲姓水，现年 54 岁，水奶奶的小儿子，是我父亲的同学，我称他为水叔叔。水叔叔早年在国企工厂工作，1999 年工厂因经营不善而进行资产重组时，下岗经商，在老家开了个店面从事五金买卖，经营得当，家境良好。两个女儿中不在场的妹妹是他的亲生女儿，今年 23 岁，就读于北京某大学，刚考上研究生，由于往返不便端午放假并没有回家，因而不在现场。母亲姓江，现年 52 岁，江阿姨，我一般称她为瑶瑶妈妈，瑶瑶就是那位妹妹的小名。瑶瑶妈妈原也是同工厂的工人，1999 年与水叔叔同批下岗，之后一直帮助家中五金店的经营。姐姐是母亲的亲生女儿，24 岁，叫晓娟，就读于某职业技术学院，目前正在实习工作中，端午放假回家。

访谈时间：2015年6月21日

[访谈内容]

  水叔叔和江阿姨都经历了青年丧偶。瑶瑶的亲生母亲是因病去世的，当时瑶瑶生下才八个月不到，是一场突发的产后大出血，在医院还没来得及给出病因的情况下去世了。水叔叔应该是深爱瑶瑶的亲生母亲的。这一点从水奶奶和江阿姨的谈话中都可以看出来。水奶奶说水叔叔这么多年来对她都不放心，觉得她对瑶瑶不够好，她觉得有些委屈。当年瑶瑶的亲生母亲去世后一年不到，水奶奶给水叔叔介绍对象，希望他能够再婚，结果被水叔叔严声厉色地拒绝了，并且要求她不要再做这样的事。水奶奶说她是出于一片好心，觉得水叔叔那时还年轻，30岁出头，而且又有那么小的瑶瑶需要人照顾，家里没个年轻的女人不行，况且再多等几年，水奶奶怕找不到合适的对象。水奶奶又补充说她这么做也有私心，当时她要帮忙照顾在外地经商的大儿子的两个小孩已经有些吃力，瑶瑶又小身体又有些虚弱，她担心照顾不好。她觉得小儿子命太苦，并且由于瑶瑶妈妈这样的去世多少让她心里有些介怀（老太太多多少少有些封建思想，觉得瑶瑶的出生有些不吉利），看到瑶瑶心里或多或少有些忌讳。江阿姨也说水叔叔对瑶瑶的亲妈妈是几十年不变的真爱，并强调说这是有目共睹的。江阿姨说水叔叔每年的各个时节以及瑶瑶亲妈妈的忌日都会买上相当丰富的祭品，有些是特别订做的，据说是瑶瑶亲妈妈生前喜欢的东西，早早地去祭拜，并且每次都在那里呆上半天诉说衷情，每每都是声泪俱下。这件事在街道上已经是出了名了。我问江阿姨对此是否会心里感到不舒服。她当着水叔叔的面很直接就说了"当然不舒服"，不过她又说她能充分理解，她每年也会去拜祭晓娟的亲爸爸。她只是觉得水叔叔每逢时节忌日这一去就在坟前哭半天让她有些瘆得慌，还有场面这么轰动让她有些尴尬，不过这么多年了，习惯了。江阿姨的第一任丈夫，晓娟的父亲也是因病去世的，并且由于治病几乎花光了家里所有的资产。后由江阿姨独自一人带着晓娟在厂里生活。她说晓娟的爷爷奶奶人都很好，但是丈夫的那场病已经让老人付出了所有，老人以后要跟着大儿子生活，她不能把晓娟给他们，给老人和晓娟原大伯家增加压力（他们帮忙还晓娟爸爸看病的部分借款），另外她也舍不得让晓娟离开她。

  水叔叔和江阿姨的结合是在瑶瑶五岁的时候。当时水叔叔36岁，江阿姨34岁。水叔叔说他之所以要再婚是瑶瑶问了他，说了想要个妈妈，他才考虑的结婚。

水叔叔在这里反复强调说瑶瑶命太苦了,那么小就没有了妈妈。我就此问了瑶瑶她的想法。瑶瑶说小时候她爸爸在城里厂里上班,周末才回来,她跟爷爷、奶奶住一起。虽然奶奶对她也不坏(瑶瑶用"也不坏"描述记忆中与奶奶生活的日子),但她总觉得奶奶对她和对哥哥姐姐(瑶瑶大伯的孩子)是不一样的,她也从街坊邻居那边听到过奶奶在她亲妈妈去世不到一年的时间就想让她爸爸再结婚的消息,她和奶奶似乎从小就不是很亲,瑶瑶自己的说法是"我们很客气"。瑶瑶说她其实不是真的很想要新妈妈,但是她不想老是听别人说起自己的亲妈妈,并且每次诉说的重点都是那场突发的疾病,每次都带"你真可怜"的眼神说起这些。瑶瑶说她对她的亲妈妈其实没有什么想法,她甚至都怕了别人提起她。她不想被人当成可怜虫,不想别人看着她来回忆她妈妈的那场疾病。这让我感到很意外,瑶瑶对自己的亲生母亲竟然如此避讳。瑶瑶说因为这个原因她想有个新妈妈,还有就是她觉得她爸爸这样子一个人照顾她,她觉得她爸爸太苦了,太可怜了。于是在瑶瑶五岁多的时候,水叔叔经人介绍认识了江阿姨,在瑶瑶表现出对江阿姨的好感后,他们结婚了。我在江阿姨独自一人的时候问了她对这段婚姻的想法。江阿姨说她会与水叔叔结婚很大原因是晓娟需要一个爸爸,她再怎么细心照顾都不可能完全替代父亲这个角色保护她,而且她担心没有父亲对晓娟以后的生活有碍(比如说婚姻),她因为早早地丧夫就遭受了一些流言蜚语,她不愿意晓娟也被人口舌。再者水叔叔是个好人,踏实能干,而且她觉得瑶瑶很可怜又那么懂事,她也很喜欢瑶瑶,晓娟也能接受水叔叔,并且和瑶瑶相处也没有问题,在这样的考量下她与水叔叔结婚了。

　　问及婚后生活如何,水叔叔一家人都给出了满意的回答。水叔叔和江阿姨在1999年下岗后就回到了老家开始做生意,两个人相互扶持一直经营至今。水叔叔很感谢江阿姨这么多年的陪伴,觉得自己能够有如今的成就多亏了她的支持、付出。瑶瑶今天的成就也少不了江阿姨的努力。水奶奶在等了那么多年以后终于又有了小儿媳妇,并且还是一个勤劳、孝顺、顾家的媳妇,因而觉得很满足。瑶瑶与江阿姨相处也是十分融洽,从乡邻对江阿姨"瑶瑶妈妈"这一称呼就可见一斑。瑶瑶说刚开始她觉得水叔叔很可怜所以让他给自己找个新妈妈,但是有了江阿姨并相处这么多年之后,她觉得江阿姨太可怜了,因为水叔叔有了自己亲生妈妈这一颗朱砂痣、这一抹白月光,江阿姨就一直当着憋屈的蚊子血、白米粒。瑶瑶觉得水叔叔始终放不下她的亲妈妈,她为"妈妈"(江阿姨)感到委屈,而且水叔叔实在是太敏感太重视她了，有时候会为了一点她不在意的小事就对"妈妈"大声，她对"妈妈"和姐姐很抱歉。我后来向江阿姨转述了瑶瑶的想法，江阿姨感到很开心。她还说水叔叔确实太敏感了，而且又偏心，就是个实心的小心眼。她刚嫁过来时第一次为晓娟在家里洗澡，水叔叔看到后就要求她一定要帮瑶瑶也洗个澡，并要求她以后得先顾着瑶瑶。凡是晓娟要买的也要给瑶瑶买，但其实有的瑶瑶一点都不喜欢。当瑶瑶和晓娟两个人吵架的时候，他就急得团团转，就只会找她让她去解决，每次都说让她去管管晓娟别让瑶瑶受委屈。但其实每次给瑶瑶买东西水叔叔也会给晓娟买一样的，陪瑶瑶玩的时候他也会陪晓娟。晓娟也表示如此。她说"爸爸"就是个缺心眼的，小时候每次都在嘴巴上说要是她欺负瑶瑶就教训她，结果她长这么大已经数不清和瑶瑶争吵过几次，他就只会找妈妈。晓娟说从小到大她要什么"爸爸"都会尽可能满足她，学习成绩不好的时候他还会让瑶瑶辅导自己（晓娟和瑶瑶同年上的小学），外面有人惹她欺负她的时候会去人家家里理论。晓娟说她很满足有这样的爸爸，虽然有时有些偏心。水叔叔和江阿姨婚后没有新生育孩子，一是因为他们觉得有两个孩子已经足够了，二是当时年龄也已经不小了况且政策也不允许，再则是担心万一有了新生儿两个孩子可能会有想法。

最后我问了瑶瑶她当初向水叔叔提出要一个新妈妈时有没有担心过后妈可能会对她不友好。瑶瑶说当然还是有担心过的，因为她那时候早就看过了《灰姑娘》和《白雪公主》，从旁人那里也听说过后妈对孩子不好的事情，但是她觉得她爸爸还是会保护她的，所以能够接受。瑶瑶还说水叔叔经常感叹她命苦，但是她觉得自己很满足，因为她觉得她的爸爸妈妈比一般家庭里的父母更爱她。

从这次访谈可以发现水叔叔他们一家相处相当的融洽，更难得可贵的是他们家人彼此之间的那一种互相体谅。瑶瑶为江阿姨的抱屈，晓娟调侃水叔叔的偏心，江阿姨和水叔叔之间对彼此的珍惜理解，这些都是他们家庭的幸福之处。基本的善意，彼此的体谅是家庭和睦的基础。

从这次访谈来看，水叔叔一家人对于外界对他们的看法各自有不同程度的在意，尤其是瑶瑶她从小就因为街坊邻居对她亲生母亲的一些传闻而感到不适，瑶瑶对自己亲生母亲有一种避讳的态度，这种态度该如何去理解？该如何认识社会观点对实际当中的重组家庭的影响，尤其是重组家庭中的孩子对亲生母亲和后妈的态度？

6. 从后妈个体到家庭重构

〔访谈背景〕

后妈这个群体似乎一直为人所诟病，人们的固有偏见加上社会上的负面案例尤为加深了人们对这个群体的回避与否定。借此次访谈后妈的机会，我深入了解了访谈对象的婚姻经历、家庭组建与内在想法，也因此对后妈这个群体的印象产生了一定的改观。在尊重事实的基础上，结合个人的剖析，本文形成了一份后妈访谈个案资料。访谈以电话形式进行，访谈对象称为蓉姨（化名），是作者的亲戚。以下所有采访资料与事实皆为真实，毫无虚构。

后妈现在的年龄是44岁，她在32岁时再婚成为后妈。她有一个继女，现年17岁。她通过正常二次婚配进入新的家庭。她有自己的孩子，是一个男孩，她把儿子带入新家，之后并未和丈夫孕育新的孩子。她与继女关系较好。

〔访谈内容〕

（一）后妈的自我认同情况

（1）成为后妈的原因

蓉姨离异后，带着孩子碰到了现任丈夫。当时，男方也是离异人士，原本自己开了家小工厂，亏损之后妻子要求离婚。于是他带着女儿独身一人，同时背负着十多万的债务。十多年前的这笔债务连深陷爱情甜蜜里的蓉姨都感到未知与担忧，更别说蓉姨的父母。蓉姨向来是十分坚强独立的性格，尽管对方债务在身，但是她认为男方聪明又为人勤劳，觉得只要双方努力一切就会好起来，因此不愿放弃这段来之不易的爱情。认识两年之后，蓉姨在2002年结婚，并为此付出了与父母断绝三年来往的代价。

（2）进入新家庭后的生活

在丈夫一无所有的经济背景下，与父母断绝往来的蓉姨在一开始的新家庭生活中是辛苦又无助的。不过蓉姨有经济头脑也有足够的决断力——投资棋牌室；房屋拆迁后分房卖房，再在市区买房出租；为了长远发展离开令人艳羡的采购经理岗位而努力挤上中层领导到成为培训学校负责人，如今已是校长。而丈夫方面因为每天打两份工，经济情况也有所缓和，家庭生活逐渐步上正轨。

婚后磨合了约两三年之后,丈夫把一开始出于保护目的而养在乡下外婆家的女儿接进了家里,最终构成完满的四口之家。蓉姨与父母的关系也在外婆的桥梁作用之下逐渐缓和。

(3) 与家庭各成员的关系

蓉姨的其他家庭成员分别为丈夫,17岁的继女,16岁的儿子。

蓉姨与丈夫和儿子的关系最为亲密,这个现象是可预想并且合乎情理的。事实上,蓉姨与继女的关系经历了一个相对复杂的过程。

女儿刚被接入新家庭的时候,蓉姨对她很好,生活上事事尽心,为她添置各种用品,学习上也注重对她的培养,全心以待。然而一次巧合之下,蓉姨看到了继女手机对自己的备注为"新妈",这让蓉姨感到自己的付出与得到的情感回报不成正比,因而有些心灰意冷,对继女的态度也有些许转淡。蓉姨毕竟还是个相对强势的女人,有着自己的自尊和骄傲。继女在心底对自己的不认同使得她情感受挫,但两人长期以来仍能和谐共处。

(4) 现阶段生活状态与未来期待

自双方事业步上正轨,蓉姨的家庭生活条件便逐渐改善,如今生活幸福,相对富足。问及烦恼与困难,除了儿子的学习成绩令她略为忧心,别无其他。然而,她对儿子也并不苛责。她认为自己没有从小给儿子一个安稳积极的成长环境,对孩子学习的关切也不够,孩子学习成绩差她自己也负有责任。相应地,蓉姨为儿子另辟蹊径,培养他向美术方面发展,并下决心一定要让孩子读上本科。

"一定要让他读上本科。现在的社会与过去不同了,不再是只靠技术便能立足,知识实在太重要了。"

同时,蓉姨表示,她和丈夫都对未来第三代的教育有所规划。"自己经历过以后,就觉得孩子的教育非常重要,我和我老公都认为在未来,教育是头等大事。"她表示对于第三代的教育两人都会倾注心血。

(二) 后妈的家庭认同情况

(1) 家庭成员(丈夫、继女)的认知与态度

对于重组家庭的看法,继女小宁(化名)认为她的父母会比他们这一代更为敏感,但是,重组家庭对她的影响依旧是不可谓不大的。"其实作为重组家庭的下一代,小时候会比较痛苦,因为幼稚以及世界观人生观的不成熟。"

但是长大以后,这样的家庭环境实则促使小宁比同龄人更早地自立,对家庭的

依赖性更小，大体上都是自己规划自己的学习与生活，遇到困难更多地也是自己去面对并解决，而不是哭哭啼啼。

比起父亲的打骂曾带来的深刻印象，以及父亲的期待给小宁带来的动力，蓉姨对小宁的影响对她来说微乎其微。"她对我没什么影响"，小宁如是说，"她很喜欢说道理，的确句句在理。我比较谦虚，虽然不说什么，但是她讲的基本都听，不管是不是讲给我听的。"

小宁对后妈群体的看法很简单，却也直截了当地反映了普遍存在于后妈和继子女之间的微妙关系——"后妈有所偏爱也是在所难免的，我觉得毕竟血浓于水。所以只求相安无事就好。"

对蓉姨在家庭中的角色，丈夫则给予了肯定。蓉姨为新家庭的构建付出了许多努力，在精神上给予了他很大的支持。两位家长在家庭中各自扮演的角色十分互补。据蓉姨说，家里所有的家务都是丈夫包办。而蓉姨更多地是在想方设法赚钱。这实际上反映了蓉姨在家庭关系中的强势，但由于丈夫的性格也相对刚毅并不软弱，因而她又非绝对强势。对于女儿与妻子的关系，丈夫认为顺其自然较好，希望女儿能得到很好的照顾，但也没必要强逼着两人亲密如亲生母女。而他表示，自己确实把继子当做亲生儿子在管教。

生活相对幸福的丈夫表示，即便偶尔会与妻子有争执和矛盾，但是对于妻子的爱是不减的。夫妻之间的相处没必要始终惦记着二次婚姻。后妈这个群体应该得到正视，不是所有的后妈都是狠辣的，也会有全心为家的好妻子。

这其中，丈夫在家庭关系的处理上，家庭角色的扮演上亦有着至关重要的作用。丈夫应在大体上支持妻子，来促进家庭关系的整体塑造；在细处，又应该仔细体贴孩子，避免孩子遭到某些方面的忽视，从而内心更加孤单。

(2) 家庭相处模式

这个重组家庭与很多传统家庭相似，有着严厉的父亲，和相对温和的母亲。一儿一女虽无血缘关系但是姐弟两人关系亲密，相处融洽。

继女与后妈的关系已在上文介绍，然而值得一提的是，蓉姨对女儿的某些诸如学习生活上的建议会通过她的父亲提出，若父亲也认为有必要，则两人会把事情从明面上与女儿进行商量。这种相处模式实则是非常敏感的。蓉姨知道继女的有些事情自己直接插手或是提建议可能反而效果不佳，或是令女儿反感；通过丈夫这一中间桥梁再与女儿进行沟通将会使得这种商议更为平稳理性也更能为双方，尤其是女儿所接受。同时，有些事情，尤其是重要事情，对于继女的亲生父亲来说，更有决定权，也更能为女儿做出符合她利益的选择。蓉姨这种做法实则也是在维护她与丈夫之间的关系，让两人不会因为在女儿事情的处理上发生矛盾。

相比继女与后妈的关系，儿子与丈夫的关系则亲近融合许多，彼此之间会经常进行沟通。这和男生与女生的不同性格有关。继女是个非常安静内敛的女孩，而女孩在很多事情上会比男生更为敏感细致，尤其在情感处理上，因而出现这样的差别并不奇怪。然而，在这个家庭中，蓉姨的儿子与继女的关系是十分亲近融洽的。这与他们自小住在一个房间同吃同喝同睡有关，也与孩子之间毕竟相对纯粹的相处方式有关。

不过无论对于女儿还是儿子，父亲都是十分严厉的。用蓉姨的话来说，父亲一个眼神扫过去，两人连大气也不敢出。蓉姨作为母亲虽然相对温和，但是性格中不乏几分严格与泼辣，对于孩子的管教也必不会懈怠。这体现在这个家庭严格的家教上。一个例子是，若饭桌上父母还没举筷吃饭，孩子们是不敢动筷。这个家庭对孩子在礼仪道德方面的培养令蓉姨自信并骄傲。

但是在这个家庭的相处模式中，父母依旧给了孩子最好的庇护以及力所能及地营造的成长环境。家庭的烦心事或矛盾，如经济问题或是夫妻之间的争吵等，从不会在孩子面前展露。这是对两个未成年孩子的保护，也对这个重组家庭维持关系稳定、氛围融洽有着重要意义。然而这种在家庭事务上的处理方式并不特别，因为许多普通家庭中往往也会如此处理，不过对于重组家庭来说，这种方式更显得相对必要。

重组家庭若要打造并维护幸福融洽的家庭关系需要夫妻双方，包括孩子在内，共同付出比在普通家庭中更多的努力。家庭的相处模式至关重要。对于重组家庭来说，沟通实在必不可少，这是一种经营家庭的有效方法；然而，夫妻之间的真爱、家庭成员之间的尊重关怀更是支撑这个家庭克服困难走下去的关键，只有这样，大家才愿意包容彼此，不计得失地为对方付出。

"后妈"几乎成为"狠毒"的代名词之一。在固有成见之下，后妈这个群体不仅会激起孩子们的畏惧与排斥，更往往遭受着社会的诟病与指责。然而，随着当今经济与文化发展革新，这个群体正在渐渐剥去负面的外衣。越来越多的后妈向我们展示了重组家庭也可以幸福完满。尽管不能完全肯定这整个群体，但是后妈这个群体应该得到越来越多人的正视。这也是文明社会家庭文化发展的重要节点。

7. 如何当好一个后妈

〔访谈背景〕

小黄阿姨家位于杭州市某村,全家一共 6 个人,分别是小黄阿姨、老公、小黄阿姨与老公生的小儿子、老公与前妻生的大女儿佳佳、公公和婆婆;全家人一起居住在自建的 4 层楼房内;家里经营一家旅馆,并且做一些煤生意,有两辆车,年收入在 50 万元人民币左右。

小黄阿姨是江西人,今年 42 岁。成为后妈时 33 岁,婚姻次数为两次。之前有一段婚姻,后因为与前夫感情破裂而离婚,离婚时 30 岁,与前夫育有一女,女儿归前夫抚养。

小黄阿姨的继女现在 18 岁,某职业技术学院在读。

〔访谈内容〕

(一)后妈的自我认同情况

(1)成为后妈的原因

据小黄阿姨讲,她有一个不幸的童年。她父母早逝,外公外婆无力抚养她(爷爷奶奶均已去世),将她送给别人收养。由于种种原因,收养人家几度更换,养父母也换了几人。由于生活一直不稳定,她 12 岁才上学读书。然而因为家里生活条件的关系,她只读到初中就辍学出去打工,赚钱贴补家用了。21 岁的她初踏上社会,由于学历较低,文化程度不高,几乎没有企业愿意招收她。无奈之下,她只好去理发店做学徒工,也算是学一门吃饭的手艺活儿。

在理发店做了一年之后,她的养父母为她定下了一门亲事(当时小黄阿姨家条件差,养父母想早点把她嫁出去换回一笔聘礼,也好为自己儿子的婚事早做打算)。所以,在小黄阿姨 22 岁那年,她嫁入了当地一户条件不错的人家。然而好景不长,小黄阿姨的前夫整天不务正业,白天打牌抽烟,晚上和狐朋狗友们喝酒,每次都酩酊大醉地回家,回家后一旦小黄阿姨有怨言,就会对她大打出手,她经常被打得鼻青脸肿的。久而久之,小黄阿姨再也无法忍受这样的生活了,她便和前夫离了婚。

离婚之后,小黄阿姨为了彻底和前夫断开,只身一人来到杭州,开了一家美容美发店。在她开理发店的时候,小黄阿姨现在的丈夫小沈经常光顾,并且在生活上很照顾小黄阿姨，两个人慢慢就走到了一起。

（注：小黄阿姨现在的丈夫小沈也是因为和前妻感情不和，在生活理念上存在许多不可调和的矛盾而离婚，离婚后女儿归他抚养。）

（2）进入新家庭后的生活

小沈先生做事细心周到，脾气不急不躁，富有爱心和责任心。佳佳乖巧可爱，非常懂事。而小黄阿姨为人友善，与人极易相处。因此黄、沈二人结婚后，一家三口生活得很和谐，很少发生矛盾冲突和不快。

按说小黄阿姨应该感到幸福和满足了，但自从结婚以来，她一直被某种情绪压抑着，从而影响了她的婚姻质量。表面上她对这个家十分地满意，看上去她也很幸福，但她的内心从来没有轻松过。

小黄阿姨和我说了她的心事："当初她在和沈先生谈恋爱时就知道他有一个女儿，当时她内心就隐隐有些不安。她虽然说已经是一个孩子的母亲，但是她一和沈先生结婚就会成为佳佳的妈妈，这能行吗？孩子能接纳我吗？常言道后妈难当，我这后妈能当好吗？万一当不好，世人会怎么看我呢？"

（3）现阶段的生活状态以及对未来的期待

生活上，自从和沈先生结婚后，沈先生对小黄阿姨很好，很会照顾她，而小黄阿姨本身就体贴贤惠，因此两人过得很愉快，也有了属于他们两人自己的孩子。孩子一天天长大，现在已经上小学二年级。小黄阿姨和佳佳之间也没有什么矛盾。

工作上，因为家里本来就比较忙，小黄阿姨就不再经营自己原来的美容美发店了，她主要在家管理旅馆的生意这一块。由于公公婆婆的年纪也比较大了，旅馆里的事务弄得也不是很明白，所以沈先生把旅馆里大大小小的事情都托付给小黄阿姨管理。小黄阿姨有自己开店的经验，所以管理起来还算得心应手，旅馆的生意也还不错。

小黄阿姨和我说，她现在最大的愿望是全家人都健健康康的；儿子茁壮成长，将来考个好大学，做一个有出息的人；佳佳和她的关系能够得到改善，两个人能走入彼此的内心，成为真正的母女；老公小沈的煤生意和家里旅馆的生意都红红火火的。

（二）家庭成员对后妈的认同情况

继女佳佳说："小黄阿姨来到我家的时候，我没有做好充分的心理准备。之前爸爸偶尔在我面前提起过她，说她适合过日子，会是个好母亲，对此我有点半信半疑。外面的人都说后妈不好，会打骂孩子，有的甚至还使用家庭暴力来虐待孩子，所以我对她始终毕恭毕敬的，在平时的生活中减少和她的接触，尽量少和她说话，自己的心事儿也不和她分享，生怕哪天做错了什么事情会惹她不高兴。可是时间久了，我觉得她并不像故事中描述的后妈那样蛮横无理，也不像邻居议论的继母那样狠心待孩子，而是十分友好和善地待我。我想这可能是一种伪装吧，或许时间再长一点她就会暴露真面目了。但我又实在想象不出她凶起来会是什么样子，因为她是那么和善，说话总是轻声细语。对爸爸照顾得十分周到，对我的饮食起居及学习也照顾得井井有条。我发现她其实对我很好，是个很善良的人。但是不知道为什么，我和她之间总感觉存在着隔阂，这个隔阂阻碍了我们之间心灵上的交流。慢慢地我开始喜欢并接纳她了，我放下了戒备之心，并渴望与她接近。可是，一接近她我就感到别扭，我不知该与她说什么，而且我找不到那种面对妈妈时的感觉。爸爸总让我叫她妈妈，可我说什么也张不开口，我似乎突破不了心中那道栅栏。为此苦恼过，后来我觉得她好像并不在乎我对她的态度，也就放弃了这种努力。其实我多想她是我的妈妈呀，可我……不知为什么，总有一个声音在提醒我，她不是我的妈妈，于是我总也迈不出这一步。我时常幻想着她能为我梳理头发，为我抚平衣服的皱褶，我该多么幸福呀，但是我们从没有这样亲密过。我也时常鼓励自己，在她忙着做饭的时候帮她一把，在她口渴的时候给她倒一杯水，可我却总也没有勇气。

对于后妈这个群体，我觉得她们很不容易。她们经历了感情上的一次失败，重新组成一个家庭，需要面对一个崭新的环境。她们需要照顾家里的老人，支持丈夫的事业，最关键的还要教育好家里的孩子。后妈并不是像大家说的那么可怕，只要两个人真诚地相处，孩子和后妈之间的关系自然而然就和睦了。"

丈夫小沈说："我认为小黄成为我的妻子之后，和我过得很愉快。另外，她把家里的旅馆管理得井井有条，和佳佳的关系也处理得不错。我的妻子和女儿都过得幸福，我给了她们无私的爱，妻子不止一次地说我是一个好丈夫，女儿也因为有我这样的爸爸而自豪。

对于后妈这个群体，我觉得后妈就是普普通通的妈妈。人们不应该戴着有色眼镜去看待她们，毕竟那些对待孩子不好的只是极少的一部分，她们中的绝大多数人能和孩子好好相处。我认为只要后妈正视自己的身份，切切实实地做一些为孩子好的事情，孩子是不可能视而不见的；而孩子对待后妈也应该做到像对自己亲生母亲那样。两个人都做到了自己应该做的事情，整个家庭就和谐了。"

经过此次采访，我感想颇多。其中我特别想提一点：丈夫在家庭中的角色地位和处事态度。

丈夫在家里是一个妻子的辅助者和在妻子和孩子之间沟通桥梁的角色，具体可以做到以下几点：

（1）丈夫权力下放

要想成为有魅力的丈夫，首先要把自己的身份搞清楚，无论你是从事任何工作或地位有多高，对外你可以当英雄，但回到家里你最好是当学生。记住一个宗旨，男主外女主内，聪明的男人在这方面表现出的都是大智若愚，把权力下放给妻子，妻子也把这当成爱的表现，以为丈夫看重、相信自己，她就会积极主动地管理好日常生活的油盐柴米，一个愿打，一个愿挨，结果双方皆大欢喜。一个善讨妻子欢心的男人常挂在嘴边的一句话就是：你比我强、能干，它更能激起妻子对家庭的热爱和奉献。

（2）给妻子一个宽松的空间

现代社会是一个竞争激烈的社会，尤其是女人，除了担负传统的人类再生产以外，还要和男人一样经受竞争考验，因此，她们比男人累。在这种情况下，一个善于体贴妻子的丈夫，不但关心妻子还要会鼓励妻子走出家门，到人群中去，参加社会交往，参与社会活动，多交些朋友，开阔视野，以此放松心情，缓解生活中的压力。这种男人能深入妻子的心灵，相信自己的魅力，更相信妻子的品格和人格，从来不把妻子当成私有财产看紧看严，所以他们常常能得到妻子更多的回报。

（3）会做家务

很多女性在择偶时已把对方是否会做家务当做一个条件来考虑，她们觉得一个男人会做家务，至少说明他大男子主义不是太重，是一个比较勤快的人，更有一些女性认为，男人会做家务，使女人更可爱更温柔，更能促进夫妻感情的加深。

（4）当好和事佬

当妻子和家人之间发生一些不愉快的时候，丈夫就应该扮演好和事佬的角色。在家人面前应该说支持家人的话，平复他们的情绪；在妻子面前应该多鼓励妻子，称赞她做得不错。这样一来，等双方的火气渐渐消除，家庭就和睦如初了。

第三章
"当局者"或"旁观者":周遭亲友的目光

1. 当一个普普通通的后妈

[访谈背景]

在准备此次调研时,我试图寻找到一位"后妈"作为我的访谈对象。遗憾的是,在我目前简陋的社交网络中,并不存在一位熟悉而可供访谈的"后妈"。不得已,我向父母求助,希望他们能提供给我一些线索。幸运的是,父亲的好友——陈朝军先生(为保护当事人隐私,所有人名一律为化名),已经再婚两年了,第二任妻子刚给他诞下一个女婴,符合访谈要求。在父亲的联系下,我与陈先生的第二任妻子——吴晓芬女士进行了一次电话访谈。

下表是吴女士的相关资料:

姓名	吴晓芬
现在的年龄	27 岁
成为后妈时的年龄	26 岁
婚姻次数	1 次
继子女性别	男
继子女现在的年龄	14 岁
进入家庭的方式	第三者上位
家庭孩子情况	吴女士与陈先生刚诞下一女,有 2 个月大
后妈与继子女关系	一般

[访谈内容]

（一）新家庭的组建

正式访谈的第一句话，吴女士就表示，"我从来没想过有一天会成为别人的后妈"。说实话，对于当时未婚的吴女士而言，的确没想到会嫁给一个有着孩子的男人。吴女士告诉我，她与陈先生的相识缘于生意上的往来。在做水晶生意时，陈先生要定期送水晶成品到义乌水晶市场代销。而吴女士是开网店的，水晶饰品恰好是其重点销售对象，因此她每隔一段时间就要去义乌水晶市场进货。在送货、进货过程中，吴女士与陈先生熟悉了起来。当时吴女士已经25岁了，她渴望有个成熟的男人来关心她，爱护她，呵护她，她憧憬着美好爱情和美满婚姻的到来。因此，陈先生的体贴和温柔很快攻陷了她的心灵，虽然陈先生比她大了10岁，但她并不在乎这一点。"爱情真是让人盲目"，吴女士感慨万千道。当时处在热恋期的吴女士一直不知道陈先生是已婚之夫，她也不知道自己已经成了破坏别人家庭的"第三者"。差不多过了一年，陈先生才告诉她实情，说他还有一个妻子和一个13岁大的儿子。那时，吴女士的大脑一片空白，她不知道该怎么办，是和陈先生一刀两断，还是继续这段令人不齿的婚外情呢？陈先生告诉吴女士，他和原配是经人介绍后成婚的，并没有感情基础；婚后这么多年，两人的感情依然很淡薄，他想追求真正属于自己的幸福。陈先生的第一任妻子叫丽丽，于女士在22岁时嫁给23岁的陈先生，婚后两人的生活平平淡淡，于女士没有外出工作，主要在家操持家务，相夫教子。陈先生向吴女士承诺，他会与原配离婚，再娶她进门的。虽然感觉对不起于女士，但吴女士实在难以放下和陈先生的感情，她已经陷得太深了。

虽然下定决心要和陈先生继续走下去，吴女士仍然有些犹豫，内心十分矛盾。毕竟她那时也就26岁，没嫁过人，也没有自己的孩子，从来没有做过妈妈，现在突然要当一个13岁孩子的后妈，实在没有心理准备。再加上，后妈在当今社会的名声很不好，倘若与孩子相处不好，其他人只会责怪后妈对孩子太苛刻，却不会想到可能是孩子过于抗拒后妈，太难相处。因此，吴女士和陈先生约法三章：不要要求我对待小凡像对待亲生儿子一样；也不要要求小凡对待我像对待他亲妈一样；我和小凡能成为一种类似于朋友般的关系就够了。陈先生对吴女士的要求表示认可，他说会处理好吴女士与小凡间的关系，不会偏袒小凡的，叫她放心。

（二）亲友们的看法

（1）与大伯的关系

由于开网店的经验比较丰富，吴女士又帮助大伯（指陈先生的哥哥陈朝辉）也开了网店，并时常悉心指导，听说现在的生意还不错。起初，陈朝辉先生是在浦江县执法大队当临时工的，开网店后就主动辞职了。由此可见，开网店的收益是远大于当临时工的，不然陈朝辉先生也不会辞职。仅仅因为这一点，吴女士就与大伯搞好了关系，更不用说吴女士去大伯家拜访时常带些水果之类的礼品，很有礼貌。总之，大伯是很满意吴女士这个弟媳的。

（2）与公婆的关系

吴女士与陈先生的父母（即公婆）的关系经历了一个由坏转好的过程。一开始，陈先生的父母根本不同意陈先生和于女士离婚，因为于女士是一位传统的好媳妇，不仅温柔持家，而且十分孝敬长辈。他们认为，于女士没有做错的地方，错的是自己的儿子，不能离婚。但于女士在知道陈先生对她并没有感情，在外面有了女人，不想和她继续过日子后，没有缠着陈先生不放，主动和陈先生离婚了。对此，陈先生的父母不得不承认吴女士这个新的儿媳妇了，但他们仍不是很喜欢吴女士。一方面，他们难以介怀吴女士的第三者身份；另一方面，他们也担心吴女士会苛待他们的孙子。

现在，陈先生的父母已经完全接纳吴女士了。这主要有四方面原因：一是他们得知吴女士不是主动当"小三"的，是自己的儿子一开始故意隐瞒了已婚身份；二是孙子小凡由他们亲自照顾，吴女士也主动提供每月3000元的生活费，小凡没什么委屈的地方；三是吴女士还帮助他们的大儿子开了网店，生意也不错，有效解决了经济问题；四是吴女士常常买些水果、衣服之类的孝敬两位老人，他们实在做不到板着个脸对待这位儿媳妇。

（3）后妈父母对"后妈"的看法

在了解了吴女士和重组家庭成员的关系后，我又询问了吴女士的父母对她成为"后妈"的看法。吴女士告诉我，她的父母起初并不支持女儿嫁给育有一子的陈先生，他们认为当后妈太难，心疼女儿，怕女儿适应不了有继子的婚后生活。但由于吴女士坚决要嫁给陈先生，陈先生也表示会帮她处理与继子小凡的关系，他们就没有特别坚决地反对，最后还是同意她嫁给陈先生。

在吴女士的父母看来，要当好"后妈"，要让继子女把"后妈"当"亲妈"看，基本是不可能的。因为，后妈必须用更多的，甚至是超过亲妈的爱，来对待继子女，他们才会真正接纳后妈（这往往会激起亲生子女的不满）。即使这样，继子女很可能因为一点小矛盾而重新抗拒后妈，怀疑后妈的用心，后妈又要花大精力来修复与继子女的关系，"后妈难当啊"。因此，吴女士的父母赞成她的看法，他们都认为当后妈不要太起劲，虽不能虐待继子，但也用不着掏心窝子地和继子相处，关系差不多就可以了。

（三）我的感受

在吴女士这一个案中，她与继子的关系一般，算不上好，也不算太差。造成这种关系的原因，我认为是多方面的：首先是吴女士的观念问题。吴女士在嫁给陈先生之前，就意识到不能要求小凡像对待他亲妈一样对待她，她也无法真正把小凡当作自己的亲生儿子。这种观念虽说有些不近人情，但在客观上规范了吴女士与小凡的相处模式。其次是经济实力的问题。因为开网店，吴女士的经济比较宽裕，因此能主动给小凡提供每月 3000 元的生活费。而吴女士主动帮助大伯开网店的行为，更是加速了吴女士融入陈先生家庭的进程。最后是家庭其他成员的影响。陈先生作为家庭男主人，主动承担调停者的责任，比较公平地对待吴女士和小凡，没有特意偏袒某一方。陈先生的父母，在认可和接纳吴女士后，也向孙子解释吴女士嫁给陈先生的具体情况，化解了他对吴女士的误解和怨气，大大促进了吴女士和小凡关系的正常化。

倘若我们真心希望改善后妈与继子女的关系，希望在最大程度上实现后妈与继子女关系的正常化，我们就不能否认母亲更爱自己亲骨肉的这一天性。降低对后妈的过高要求，让后妈和继子女在合理范围内实现融洽相处，也许有助于重组家庭的幸福。

2. 婆媳问题

［访谈背景］

后妈年龄	48 岁
婚姻次数	2 次
生育情况	没有子女
继女年龄	22 岁
后妈进入家庭方式	传统续弦
后妈与继女关系	淡漠

【访谈内容】

接受采访的时候张某和丈夫正守在自家的商店里,这是一间 30 平米左右的店面,主要经营着烟酒食品,二楼的隔间是夫妻二人的卧室。其实张某现在的公婆家就在商店旁边的小区里,但平时张某和丈夫还是基本住在店里,问及原因张某只是笑笑没有说话。

今年 48 岁的张某和现在的丈夫已经结婚 9 年,对于夫妻二人这都是第二段婚姻,双方都是离婚后经人介绍认识的。丈夫和前妻的女儿婷婷(化名)今年已经 22 岁,而张某至今还没有自己的孩子,"没有自己的孩子肯定遗憾,但是这么大岁数了,再说婷婷这孩子也挺不错。"说到孩子,张某还是难掩心中的遗憾。张某和丈夫结婚时婷婷 13 岁刚上初一,一年之后就离开家乡去外地的姨妈家读书,期间只有寒暑假回家,张某和婷婷相处的时间一共也没有多久,据张某说婷婷到现在也是一直叫她阿姨。这一点不难理解,张某与丈夫再婚时婷婷情感和思想已经成长得比较稳定了,因此婷婷对于张某的突然出现是很难在短时间内接受的。在与婷婷的微信交流中,我也了解到她对于生母的感情至今也是十分浓厚的,后妈则很少关心她的学习和生活,而且造成她和后妈张某关系疏远的另一个重要原因是后妈和奶奶的关系一直都不太和睦。就此我询问了张某和婆婆的关系如何,她说婆婆好像一直都看不惯她,丈夫此时想要解释却被张某给制止了,从交谈中能够感受到张某在家庭中明显处于强势的一方。访谈进行到一半的时候张某的婆婆来给夫妻俩送饭,为了避免尴尬,访谈不得不暂停,但我在一旁的观察发现张某和婆婆表面上还是比较和谐的,但是两人之间的交流还是很少,老人主要是和儿子交谈。

老人离开后,张某说起了和婆婆之间的介蒂,她说婆婆总是和小区里的其他老人抱怨她的穿衣有些轻浮之类的琐事,而且似乎对于她总是将商店的收益拿回娘家也有些不满。张某说家里就她和哥哥两个孩子,哥哥还在外地生活平时很少回家,父亲前几年去世后母亲身体也一直不太好,张某觉得自己把店里的钱拿回家是理所应当的,这是夫妻的共同财产,何况丈夫都没有什么意见,婆婆怎么就是不能理解一下自己呢。张某还说起了一件让她对婆婆感到无奈的事情,张某直言不讳地表示自己平时比较爱打扮,偶尔也会买一些价格比较高的衣服,而这在婆婆看来似乎是"不安分"的表现,不仅如此,婆婆和其他邻居议论此事也传到了张某这里,这令张某感到有些不快。当谈到和婷婷的关系问题时,张某尴尬地笑了笑说:"我知道大家对后妈都没什么好印象，新闻上也总是报道后妈怎么虐待小孩，就因为这些极个别的现象就觉得后妈都是恶毒的女人，我们真是挺冤的。我和婷婷还没互相了解她就去外地了，说句不好听的，别说虐待了我一年都见不了她几面，别看表面上我们和和气气的，但其实隔着一大段距离呢，终究不是亲生的怎么都亲近不了。"可见张某进入家庭已经这么多年，但是和婷婷的关系依然很疏远，除了时间、距离这些客观因素，张某与婆婆之间的隔阂也是一个主要原因。所以张某目前生活中比较大的困难还是在于和婆婆的关系，因为这也是影响她和婷婷之间关系的一个原因。对未来的期望，张某表示自己也没什么奢望，主要就是和丈夫好好经营自家的商店，安安稳稳地过日子就可以了。

就这些情况，我随后又对张某的婆婆进行了访谈，两人矛盾的焦点还是集中在上述两点，除此之外，老人还提到了自己前儿媳，时至今日老人对此还是感到很惋惜，"他（儿子）前妻很贤惠、很能干的，对我们老两口也很孝顺，怎么看都比现在这个强啊。她要么就是待在店里，要么就是回娘家，平时也不回来做饭、收拾家，别说照顾我们了，他俩的三顿饭都还要我去送呢。老伴这段时间身体不太好，就这么近也没见她回来照顾照顾。"在访谈的过程中能够感受到老人最心疼的和最放心不下的就是在自己身边长大的孙女婷婷了，当我询问老人张某和婷婷的关系问题时，老人的回答和张某有一些出入，她认为比起距离而言，造成张某和婷婷疏远的原因还是在于张某对婷婷的关心不够，说张某平时连个电话也不给婷婷打，对她的生活学习也不管不问的，居然还指望婷婷亲近她。通过访谈能够明显感受到婆婆对于张某的不满，归结起来还是由于张某对这个家、对婷婷缺乏关心，但是老人相对保守的观念也造成了对张某带有一定的偏见。在中国家庭中婆媳关系本就是一大难题，再加上再婚、后妈这样的情况，关系就更难处理了。

随后我又通过微信联系到了婷婷，当我提出访谈的主题时，她的态度十分抗拒，"我不想谈这个话题。"经过一段时间的沟通她才敞开心扉，婷婷对于后妈张某的态度绝不仅是张某所说的不够亲近，能够明显感受到婷婷对于张某的排斥，"她对我爷爷奶奶不好，就冲这点，她别指望我亲近她。"婷婷还说张某在自己面前表现得似乎很关心自己，但是这都是伪装，背地里不仅不孝敬爷爷奶奶，更过分的是会恶意地议论自己的生母，这两点是自己无论如何也不能忍受的。我还从婷婷那了解到父亲在家庭关系的处理上一直处于弱势的地位，总是受制于张某，对此她也感到很无奈。对于今后是否会缓和与张某的关系，婷婷表示自己并没有强烈的意愿。

从张某的故事中,我发现后妈与子女的关系问题绝不仅仅是双方面临的问题,还涉及家庭其他成员,例如孩子的爷爷奶奶以及生母。尽管目前社会上后妈污名化现象还是普遍地存在着,很多再婚女性也会因此遭到不公平的对待,但是就我访谈的结果来看,这并不是影响后妈与子女关系的主要原因,关键还是在于后妈如何处理家庭关系。诚然当一位好后妈是很困难的,在子女的眼中后妈很可能会被当作父母婚姻破裂的元凶,所以后妈和子女的关系要经历从不接受到接受最终到亲近这样一个漫长的过程。后妈取代了母亲的位置,如果不能给予母亲一般的关爱就很难化解与子女之间的隔阂,所以需要付出更多的耐心与关怀。但是我相信,后妈如果愿意对继子女和其他家庭成员付出真心,应该还是可以融入新家庭并和继子女建立和睦的关系,毕竟人都是有感情的。在这一点上张某还有很多需要努力的地方。而社会也应当给成为后妈的女性更多的包容,尤其是那些通过正当途径成为后妈的女性。如果大众对后妈有一种美好的期待,我认为后者应当也会朝着这个方向努力,毕竟新闻报道和影视剧作品中出现的恶毒后妈还是个别现象,不能以偏概全。

3. 天下后妈真的都一般黑吗?

[访谈背景]

访谈家庭信息:

后妈基本信息	现在的年龄 44 岁、成为后妈时的年龄 34 岁、后妈婚姻次数 2 次
继子基本信息	继子现在的年龄 24 岁、成为继子时的年龄 14 岁
重组家庭孩子的情况	后妈未带着自己的孩子进入新家庭,后妈进入新家庭后生有一女
后妈进入家庭的方式	正常二次婚配
后妈与继子女关系	关系总体比较和谐,但是仍有矛盾存在
访谈主要问题	后妈的自我认同情况 后妈的家庭认同情况 后妈的父母、公婆以及其他亲戚对后妈以及后妈这个群体的认知与态度

访谈对象:后妈和继子为主,后妈哥哥和后妈母亲为辅

访谈时间:2015 年 6 月 22 日

访谈方式:面对面

[访谈内容]

（一）后妈的自我认同情况

（1）问后妈：不好意思，方便问一下您成为后妈的原因吗？

答：当然可以啊。我是经过朋友介绍和现在老公认识的。那时两人都处于单身状态，我离了几年了，他丧偶几年了，我们互相都有好感，而且都想再找个伴，就抱着处处看的态度，没想到也处了好几年，最后我俩就顺利结婚。我老公有个儿子，他母亲在他很小时就去世了，我和他爸结婚后自然成了他继母。所以，我们是正常二次婚配组成的家庭，一个由我、老公、继子和后来出生的女儿组成的四口之家。

（2）问后妈：儿女双全确实很好啊。可以问一下您进入新家庭后的生活如何？还有与家庭各成员的关系怎么样吗？

答：老公去世以前生活很幸福啊，现在，说说都是泪啊，没什么盼头了。老公在世时对我很好啊，烧饭洗衣都他干，跟前任老公相比，我感觉根本是天堂和地狱的生活，可是为什么好人总是不长命。他爸在世时，我们一家非常和谐，基本没有什么矛盾，虽然和继子说不上亲密，但也相处比较不错，本来现在该有多幸福啊。但是很不幸，我们的女儿刚出生不久，老公就因车祸去世了，现在家里就我、继子以及女儿。老公去世那会，我和继子因财产纠纷有段不好的回忆，因此还和老公那边亲戚闹得很不开心，因为他们怀疑我会私吞家产还有虐待继子。但是，我怎么会呢，当时很委屈。不过现在继子还和我住在一起，我们的关系也越来越好了，毕竟我们相依为命几年了。

（3）问后妈：作为一个后妈，请问一下您如何看待后妈这个群体呢？

答：大家对后妈是有偏见的，我可以问心无愧地说我对这个儿子真是尽心尽力了。他爸对我好，念着他爸这份情，我也会一辈子对他好。我和他爸在一起时，他还在读小学，妈妈已经去世了，当时住在学校里面，我经常买点零食去看他，后来他上初中高中，也基本上是我和他爸一起每月去给他打生活费。现在他爸去了，本来我们应该相依为命，可是他姑姑们总是挑拨离间，怕我缺他吃喝，硬是从我这儿分去了他爸车祸后一半的补偿，这让我感到不平。本来我们可以更好，但是总是被他姑姑们离间。其实不少人问过我，和继子很难相处吧，做后妈真不容易啊。当然，刚开始我也面临不少家庭压力和有色眼光，但是后来发现其实并没有那么难，就是正常生活，不要刻意去讨好继子，只要用心待他就可以了，我们的关系也是慢慢变化改善的。现在的人一谈到后妈就不分青红皂白指责，我不否认确实存在虐待继子女的后妈，但是我觉得不应该一棍子打死所有的后妈，这不仅对后妈，对继子女也是一种伤害，这可能会影响一个家庭的正常生活。所以，我真的非常希望能为一些善良的后妈正名，正因为你的采访很有意义所以我才配合的。

（二）后妈的家庭认同情况

（1）问继子：你好，不好意思，你可以结合自身情况谈谈你对后妈以及后妈这个群体的理解吗？

答：可以啊。其实我感觉我挺对不起我后妈的，刚好趁这个机会来表达我的歉意。别人我不知道，但我后妈对我真的不错。我亲妈死得早，我从后妈这儿得到了很多母爱。不过我爸刚去世后，我们有过财产纠纷，其实都是我姑姑们在争在抢，根本不是我自己内心的想法。曾经担心这样一闹她可能会抛弃我，那我就真的无父无母孤苦无依了，但她一直对我很好，我觉得自己真不该。我爸在世时，我是管她叫阿姨的，因为其实心里有疙瘩。后来我爸爸不幸车祸去世了，我反而慢慢地改口叫她妈妈了，可能她给我的爱和感动真的太多，不知不觉中我已经从心底认可她了。我现在每次寒暑假节假日回家去，她都会给我烧各种各样我喜欢的菜，让我可以感受到一个有温度有亲情的家。所以，并不是所有的后妈都是坏的，起码我的后妈不是。我觉得大家对后妈存在很大的误解，坏后妈确实存在，但我觉得后妈的坏被无限放大了，后妈的好却反而变得那么不同寻常。如果有机会，我想对所有的继子女说：我知道接受一个后妈并不容易，因为无论什么时候亲妈都是不可替代的。但是当你必须接受一个后妈时，你不能戴着有色眼镜去审视她。如果她好，那么多一个人对你好并没有什么不好；如果她不好，那你就真的要懂得保护自我寻求帮助。所以，应该给你的后妈一个机会，好或不好，认真体验之后你再下定论。

（2）问继子：不好意思，可能提到你的伤心往事了，非常抱歉。请问一下以前你爸在世时你们家庭关系和睦吗？你觉得你们几人的相处模式存在何种特点？

答：我爸在世时我们当然相处和睦啦，没什么大矛盾，一直平淡和谐。我们的相处模式嘛，其实刚一开始时我对后妈比较讨厌，甚至一看到她听到她说话就很反感，提都不想提她。后来她真的成了我的后妈，为了不让我爸难做，我对她还比较客气，像对待客人一样的，一直想着要疏远她。再后来相处着越来越了解她了，感到她对我是真心的好，慢慢地就把她当家人，所以我对她的认可可能经过了这样一个过渡吧。现在我在她面前非常自在了，不再把她当一个外人了，已经从心底把她当做我的另一个妈妈了。可能我们俩关系改善主要是两个人，一是我爸，我们都爱着我爸；二是我妹，我们虽然同父异母，但我还是很爱她。当然最重要的是，她真的是一个好人，对我真心真意，而非虚情假意，不然我也不会认可和接受她的。

（三）后妈的父母、公婆以及其他亲戚对后妈以及后妈这个群体的认知与态度

（1）问后妈母亲：我知道您的女儿就是一个后妈，那么您是如何看待后妈的呢，方便结合你女儿的情况谈谈你的认识吗？

答：没错，我的女儿是个好后妈。她的婚姻比较坎坷，好不容易嫁个好人家，可惜没福气享受了。我一直教育我女儿人不能忘本，要懂得感恩，我女儿也一直对她继子很好，毕竟是个可怜的孩子，没爹没娘的。我不认为后妈都是坏的，当然有不少是坏的。我知道大家对后妈的坏印象很难改变，其实包括我自己也觉得后妈大多是坏的，好像一直以来就这么觉得，也不知道为什么会这么想。当自己的女儿成为后妈时，我才觉得当后妈真难，一方面要面对外面人的质疑，一方面要处理和继子的关系。其实，我们觉得大家都应该反思一下，一味地对后妈泼污水到底对不对。这不是一个人的问题，而是整个社会的问题。

（2）问后妈哥哥：我知道您的妹妹就是一个后妈，那么您是如何看待后妈的呢，方便结合你妹妹的情况谈谈你的认识吗？

答：我妹妹就是个后妈，是个善良的后妈。我是看着她一路走过来的，所以我敢说她一定是个好后妈。我知道她老公去世后她受了很多委屈，但她一直比较坚强，对她继子也好。关于后妈，现在社会上很多人都认为后妈就会虐待继子女，其实人心都是肉长的，后妈也不都是恶人，后妈的好坏很大程度上是由家庭本身决定的。以前我妹夫对我妹就很好，让她感到了被保护的温暖，我妹这人特别容易感动，我想她一辈子都不会忘记我妹夫的好。念着妹夫的这份情，相信她会一辈子守着这个家，一辈子对她继子好的。其实我觉得，一个后妈的好坏很大程度上是丈夫的好坏决定的。

（四）访谈小结

（1）不足之处

针对本次访谈，本人觉得存在不足之处。因为后妈问题是一个比较敏感的问题，所以选择自己的姑姑作为访谈对象，比较容易进行深入访谈。但是我家姑姑的

情况比较特殊，因为改嫁后的老公已意外去世了，可能会对访谈结果有一定的影响，如有不足之处，希望见谅。另外，由于当时访谈语言以家乡方言进行，所以此文档经过后期组织翻译形成，并非完全记录原话，但表达意思没有变化。

(2) 个人感悟

最后，我想简单谈谈我对于后妈这个群体的看法。曾经我在贴吧上看到一个关于"大家觉得自己的后妈怎么样？"的投票讨论话题，结果出乎我的意料。这个投票选项中甚至没有一个关于后妈的正面评价，让我不禁质疑，难道天下后妈真的都是一般黑吗？

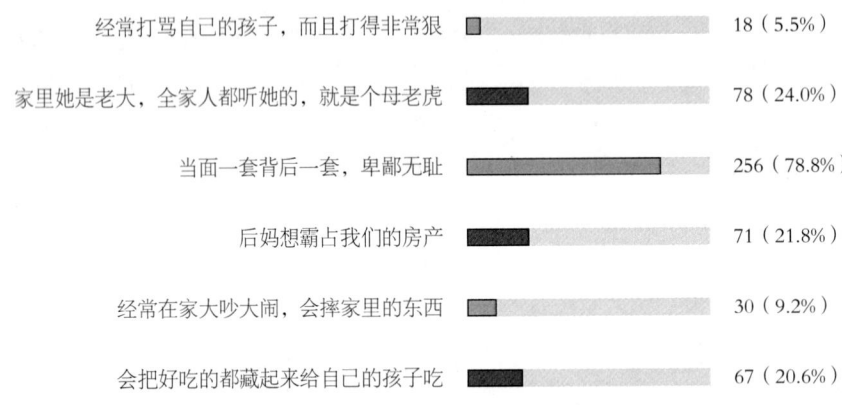

截止时间：2013-09-05 11:52:48 ｜ 已有投票人数：325

资料来源：百度贴吧 http://tieba.baidu.com/p/1882889534。

从上述投票结果可以看出，一是没有任何关于后妈的正面或中立评价；二是认为后妈当面一套背后一套的占多数。我不知道上述投票情况是否完全属实，但是可以看出大家对后妈持否定观点。我觉得大家对后妈存在误解主要有以下两个方面的原因：一是传统观念、后天教育等环境因素影响。二是一颗老鼠屎坏了一锅粥。一个坏后妈的事迹往往广为流传，导致后妈的坏被大家无限放大了。

在现代社会，离婚的人多了，后妈自然多了，为后妈正名非常迫切和必要。此访谈个案还原了一个真实的后妈，一个不坏的后妈，希望大家对后妈这个角色有重新的理解和定义，而不再被蒙蔽和误导。

4. 后妈心，黄连心？

［访谈背景］

我现在的舅妈是舅舅的第二任妻子。关于第一个舅妈的事，因我当时还没有出生，仅仅从亲戚那边听说她是因病去世，留下当时只有 3 岁的儿子，也就是我的哥哥。后来现在的舅妈嫁给了舅舅，并生下了一个女儿，也就是我的姐姐。

舅妈成为哥哥的继母时哥哥还只是个小孩子，现在哥哥 29 岁了，已经结婚成家，拥有了幸福美满的家庭，还有了一个可爱的女儿。哥哥一家还是跟舅舅舅妈住在一起，平日里哥哥嫂嫂去上班，已经退休的舅舅舅妈就帮忙带孙女，尽享天伦。

访谈对象：舅妈，其他亲戚等

访谈时间：2015 年 6 月 21 日

［访谈内容］

（一）关于为什么要嫁给舅舅

回忆起过去，舅妈止不住扬起幸福的嘴角。舅舅当时是二婚，所以这件事不仅遭到了来自自己家里的反对，就连舅舅这一方的亲戚都觉得这不合适，况且当时哥哥还小，又失去了亲生母亲，亲戚们都很担心这位年轻舅妈的到来会让哥哥以后的生活更加艰难。

"但是我没有放弃"，舅妈这么说的时候，眼中满是坚定，"当时你舅舅说希望我能成为他儿子的妈妈，照顾这一个家。他说得很认真，非常诚恳。"舅妈笑出了眼角的皱纹。据她说，她看中的正是舅舅的踏实顾家，觉得他非常可靠，也不管他结过婚还带着一个幼儿，不顾当时那个时代有多少非议和不理解，就领证结婚了。

（二）关于对哥哥（继子）和姐姐（亲生女儿）的态度

起初舅妈与舅舅刚刚结婚的时候，她就对哥哥十分上心，"他还这么小，我就一直想做到最好，给他妈妈的感觉。"哥哥的亲生母亲去世的时候舅舅还是瞒着哥哥的，也怕他从小失去母亲对他人生影响不好，后来遇到了倾心的舅妈，舅舅也是出于哥哥这一方面的考虑，认为舅妈这么善良温柔的人一定能成为称职的母亲。"其实，我一直努力这么做了，从上学接送到准备好学习用品和午餐。"但那个时候哥哥非常内向，也很少跟舅妈说话，"有时候就会想这个小孩子从早到晚到底在想些什么,我也搞不清楚,似乎总是有种屏障。"

后来舅妈有了自己的孩子,也就是我的姐姐。舅妈说姐姐刚刚出生那几年里,她确实对哥哥疏忽了许多,注意力全部都在照顾新生小婴儿上。但也正是在真正成为母亲的时候,她才真正感觉到当母亲的不容易,生活好像就只是围绕着孩子团团转了,一旦自己做什么事最先想起的总是现在孩子怎么样了。舅妈说这个时候哥哥刚刚要升初中,也渐渐懂事了,从亲戚和邻里之间也了解了不少家里的事,但是自己对他的关心太缺乏了,所以这一段时间里两人关系非常僵。"上初中的时候,他爸爸事业正在上升期,对家里的情况也不是很了解,我自己也忙不过来,你哥哥就跟着几个初中差生一起混。"舅妈说起这个就不住叹气,带着愧疚和自责。"有一次,你哥哥在跟你姐姐玩的时候,我一不注意,你姐姐——还是个小孩子——就被蒙在被子里了。我当时真吓坏了,第一次动手打了他。他一声都不吭,靠着墙站了好久。我冷静下来的时候,才意识到下手太重了。"

哥哥中考的时候考得不好,需要多拿出钱才能去读普高,但舅舅和舅妈都全力支持。高中是需要住宿的,于是舅妈就亲自帮哥哥采购了齐备的各种生活用品,送哥哥去上高中。舅妈说这个时候她能感受到与哥哥关系的改善,尽管不善表达的哥哥什么都没说。

在哥哥高三那一年,舅舅生意失败,承包的工地上还出了安全事故,舅舅身体也很不好,住院了很久。生病、负债、官司一系列厄运纠缠着舅舅一家。他们卖掉了一套公寓,搬到了出租房里。在最灰暗的那几年,舅妈带着姐姐去菜市场卖三鲜,早起进货,晚上深夜才休息,愣是支撑到舅舅出院,还顶住压力帮哥哥交完了学费,支持他考大专,送他去上大学。这些是在我记事以来对舅舅一家印象最深的事件,觉得舅妈真的太不容易了。但是在她自己看来,这不过是最理所应当的了。她很高兴在这之后哥哥和她关系变得非常融洽,直到后来哥哥恋爱、结婚、生子,舅妈都一直担任着十分重要的角色。说着说着,舅妈又笑得非常幸福,望向在一旁玩得很开心的小孙女。

(三)关于"后妈"看法及对自己二十几年的后妈生活评价

生活带给舅妈的是历经岁月冲洗和命运考验后的沉静与安稳的心境。她说自己在嫁给舅舅之前就做好了准备,虽然当时很多人劝她找一个"条件更好的",不要成为别人口中的"后妈",但是她却觉得出于爱,她可以接受舅舅的一切,无论是与哥哥的相处,还是后来一家遭遇的变故,她都能坚持下来,并尽最大努力去维护操持一个完满的家。

对于自己二十多年来"后妈生涯",她说她想尽力去做到对自己的每一个孩子一样好,但是可能有的时候要抑制住私心太难了,而且姐姐毕竟是女生,年纪小,在很长一段时间内不得不从一个母亲的角度想把一切最好的都给予她。对于哥哥,她说不能算是无私奉献,也足以达到问心无愧。无论是在教育方面还是生活方面,她都能倾尽所有去保证哥哥与同龄人一样拥有正常的人生轨迹。与人们印象中的后妈非常不一样,舅妈用她自己的行动展现了女性的坚守、善良与智慧。

(四)其他亲戚对舅妈的看法

关于其他亲戚对舅妈的看法,我主要是从旁观者——我的妈妈——那里总结得来的。起初亲戚们对舅舅要再婚的对象抱着非常怀疑的态度,认为不可能有一个未婚的年轻姑娘能看得上舅舅。在对舅妈的猜测议论的同时还对哥哥十分同情感慨,出于对"后妈"的敏感,总是注意着舅妈对哥哥的一举一动,想等到他们的猜测落实那天对哥哥伸出援手,共同谴责后妈的"黄连心"。所以亲戚们对哥哥一直都非常关心、宽容。在我印象中我妈妈也是喜欢哥哥多一些,总是留他吃饭,送他东西。等到舅妈有了自己的女儿,哥哥出现了叛逆,"不是亲生的待遇不一样"这样的观点又仿佛是坐实了。

后来舅舅一家出现了变故,舅妈一个人撑起了一个家,不仅悉心照顾舅舅,还不辞辛苦赚钱支持哥哥去读大学。舅舅一家没有被厄运打倒,而是在舅妈的坚持下走出了最无望的困境,并朝着更好的方向发展。现在哥哥事业有成,姐姐也嫁人了,舅舅舅妈退休养生,帮助照料小孙女,日子平和而安详。舅妈在亲戚们眼中的形象也完全改观,彻底摘掉了"恶毒后妈"的帽子,成为一个受尊重的坚强的女性。

人们对后妈的看法往往出于社会成见,受到深刻的社会文化影响。对后妈的污名化长期存在,后妈狠毒的形象已经强势控制了我们的惯用思维方式,不可避免地在我们脑中形成了刻板印象。通过个案访谈及生活观察,可以发现我们身边普遍存在着忽视每个人的特性、整齐划一地将所有后妈贴上带有主观色彩的标签的现象。这样一个社会的"普遍认同"背后隐藏着的深层的文化因素值得我们反思。

作为母亲的女性处于天然本能偏向于自己的子女,是应该被社会接受与理解的,但是现在却存在着超脱人伦本性而要求后妈"一视同仁"的观点,与之相左便会遭到非议猜测乃至口诛笔伐。在后妈继子的家庭中,后妈的表现是否被过度放大了?人们对后妈的期望值是否已经超出了正常范围?成为后妈的女性要取得认同所需要付出的精力往往超出预想，这是否也应该引起普遍的讨论与思考呢？

5. 亲妈后妈，对孩子好的都是好妈

[访谈背景]

本案主要采访了一个生活在农村的后妈。访谈主要内容由方言翻译过来，为方便阅读，某些名词直接以普通话的口语呈现。

村人多称这位后妈为小谨。小谨今年39岁，成为后妈时37岁，这是她第二次婚姻。

家中共有三个孩子，都为女儿，大女儿小名冰冰，今年17岁，目前在上高中；二女儿14岁，小名杨杨，目前在上初中；小女儿11岁，小名小妹子（年龄最小的意思），目前在上5年级。家中还有一位老人，跛脚，生活逐渐不能自理。

后妈进入家庭的方式，正常二次婚配。后妈没有带孩子进入新的家庭，目前尚未生育新的孩子。

后妈与大女儿的关系较差，与二女儿的关系一般，与小女儿的关系较好。

笔者在村子中长大，自小对村中的人和事都有些了解。村子依山而建，规模很小，只有50多户人家，所以一户人家的鸡毛蒜皮的小事也会成为村中茶余饭后的谈资，一个家庭发生大大小小的事情多被其他村民知晓。

冰冰一家住在村子一隅，自小与她家有比较多的交集，笔者也见证了一个家庭由破裂走向新组的过程。

2011年，听闻冰冰生母因为车祸去世，一家人陷入无限的悲痛中。

2012年，小谨作为继母来至冰冰家中承担起母亲、妻子和儿媳的责任。

在村子中，邻里之间都有一定的亲戚关系，笔者称小谨为"婶婶"。笔者小长假和寒暑假会回家，也偶尔会去小谨家看望三个妹妹，也曾与小谨婶婶有过一定的聊天（这种亲戚关系是比较疏远的，只因为在同一个村子会彼此熟识）。

2015年放假回家，正巧借着看望三个妹妹的契机，与三个妹妹和小谨阿姨做一次访谈。考虑到正式的访谈会使她们有顾虑，笔者采用随意聊天的形式来探寻后妈的生活状况；有些问题不好直接询问，就征询了部分邻居的意见。

访谈时间：2015年6月21日—6月22日

[访谈内容]

考虑到后妈这个话题的敏感性，我在跟家中几位成员聊天时都是以一对一的形式，尽量避开人多的场合。

小谨婶婶家有两间连在一起的木质的老房子，二层楼。现在新的砖头房子在装修，所以一家人还挤在老房子中。去小谨家的时候，从门口往里看家中只有小谨一个人，在做工艺品。于是我敲了下门就走了进去，打了招呼，和小谨攀谈起来。

我先是询问了三个女儿是否在家，说好久没见到她们了。小谨说孩子爸带她们出去逛集市了，下午才能回来。我觉得这是一个比较好的时机，于是坐下来准备和她聊天，同时开始录音。

小谨文化水平较低，生活压力蛮大。丈夫是水泥工人，干的是体力活。小谨平常要照顾5个人的起居，大女儿和二女儿都在中学住校，给小谨的负担较轻，平常周末回家，有时会带回来衣服让小谨洗；小女儿还小，在读小学，每天回家，但不需接送；公公腿脚不是很灵便，也需要小谨照顾。小谨在做完家务后，若有空闲时间会做一些手工艺品。

谈及三个女儿各自情况时，小谨有欣喜也有忧愁。忧愁来自大女儿，正值青春期，正是叛逆的时候，小谨的出现让大女儿有些接受不了。"她觉得我没有必要（存在）。"小谨如是说。在小谨看来，大女儿并没有很好地接受她，甚至有时候并不把她"放在眼里"：跟她说话时心不在焉，总是问一句答一句；晚上睡觉时喜欢放很大声的音乐。大女儿已经到了生活能够自理的年纪，只要每星期给予充足的生活费就可以。"冰冰（大女儿）爱追时髦，经常向她爸爸要钱，每个星期都要买衣服。而我只能在旁边看着，又不能说什么。说狠了会觉得我这个后妈太过分。要是自己的亲女儿我肯定说了。""感觉冰冰对我很冷。""有时候给她买东西感觉怪怪的，她好像不太愿意接受。"小谨还表示冰冰到现在都没有和她谈过心，平常说的话都是有的没的。这让她很伤心。

小谨最喜欢的还是小女儿，"小妹子能听我话，她最乖。"谈到小女儿时小谨脸上浮现出笑容，并向我陈述和小女儿一起经历的事情。小女儿在她烧饭时会来帮忙烧锅灶（一种比较原始的烧饭方式，使用木柴），帮忙添柴火；在她洗衣服时也会过来，虽然她大衣服洗不干净，只能洗洗袜子之类的，这也让她很欣慰。"她愿意叫我妈妈。这让我挺高兴的。"

二女儿总体表现还好，对小谨没有表现出百分百的热情，也没有非常冷淡。

谈到家中存在的困难时，小谨表示最大的困难来自生活压力。三个孩子的升学压力，以及公公逐渐老去，接下来肯定需要有专人照顾。虽然丈夫做水泥匠的工作能有将近300元的日收入，但人不是铁打的，总有一天会累，而且这笔钱对整个家庭来说还是有些低。现在生活还比较拮据，几个孩子都申请了贫困生的补助。另外一个问题就是融入和接纳的问题，正如前面所说，大女儿对小谨还是持比较冷淡的态度。"可能是（相处）时间没到吧，无论她怎么看我，我还是会对她好的。"小谨对新母女的关系还是充满希望的，她觉得总有一天大女儿会接纳她。

这天晚上，我又去看望了小谨的公公，老人在看电视。在与他闲聊的过程中，能感受到他对新儿媳的满意。同时也表示自己老了不中用，身体越来越吃不消。

第二天正巧看到小妹子（小女儿）和几个小孩在我家门前的小溪里玩，我招呼她过来，从冰箱里拿了一根旺旺碎冰冰给她，然后问她新妈妈对她好不好。"好好哇！（方言中很好的意思）""妈妈经常给我买好吃的。"在小妹子（小女儿）看来，后妈和亲妈的差别并不大，只要对她好的，都是好妈妈。

后来询问了一些邻居的看法，普遍表示小谨非常吃苦耐劳，勤劳能干。"他家靠她撑起了半边天呐！""没有她洪华（小谨的丈夫）都不知道怎么办！"之类的表述很多。在与他们的交流过程中，他们觉得孩子们有这个后妈是赚到了，甚至表示她的付出比孩子们的亲妈还多。另外，村民也表示大女儿经常不听话，经常和她父亲顶嘴、吵架。

据村民介绍，洪华（小谨丈夫）是一个话不多但很实在的人，前妻去世后，也是在亲戚和村人的鼓励下找的第二任。不好赌博，抽烟但不酗酒，小谨的出现算是老天对洪华的一个弥补。

据村民介绍，小谨是因为不能生育才和前一任离婚的。而冰冰家已经有了三个孩子，而且小谨人本身不坏，很踏实很勤劳，洪华（小谨丈夫）才找她的。在采访了几个村民关于"后妈"的问题时，有一个回答让我印象深刻："亲妈后妈，对孩子好的都是好妈。"

在有一次和冰冰（大女儿）的聊天过程中，我得知冰冰对后妈的看法。那是在冰冰生母去世之后，而继母到家中来之前。我和她堂哥在私下问她是否需要一个后妈。当时她的表示是不需要，而且很反对。她觉得后妈肯定对继子女很差，让她很没有安全感。这也可以说明冰冰（大女儿）对后妈态度的冷淡的原因，一种刻板印象使得她在心底不愿意接受后妈这个群体。

尽管大女儿并没有完全接受小谨,但总的来说,此个案中后妈和家庭其他成员的关系是融洽的。在这种家庭模式下,男方有多个孩子,女方没有孩子。这样子的组合,避免了后妈在处理自己亲生子女和非亲生子女关系过程中的矛盾。另外从家庭分工来看,丈夫主外,负责工作、挣钱,是家庭主要经济来源;妻子主内,做农活、家务、洗衣,主要承担照顾老人、孩子起居的责任,并在闲时开展一些简单的手工制作,增补家用。从男女双方性格看,丈夫和妻子都是属于比较保守的类型,勤劳、踏实,一心一意为整个家庭奋斗,能够为了同一个目标努力,家庭成员能够和睦。后妈能够积极主动去融入到整个家庭中,为每一个成员服务,并且能够忍受外来非议和家庭的重担。

还是那句大白话,"亲妈后妈,对孩子好的都是好妈"。

6."后妈"——从多角度来认知

[访谈背景]

由于个人的能力有限,我感觉并不能找到后妈的例子。而由于一些社会的顾忌,我觉得就算找到了个例,采访也不会顺利进行。因此我也打算从线上找对象从而进行线上采访,然而线上例子的真实性有待考究。最终我还是采取面对面的采访,相对来说真实性可以得到保障。我通过我母亲来推荐家乡的人(由于我妈妈在镇上从事计划生育工作已经快 20 年了,掌握这方面的事情可能比较多)。结果在我的意料之中,符合条件的例子有很多,我也挑了一个各方面都比较容易入手的开始准备进一步调研。(主要从地域因素如是否在家,交通因素如是否在镇上,母亲掌握情况的多少以及能够接受采访的容纳性等方面进行考虑)我最终选择了某村厉先生一家作为调查对象。

家庭基本信息:

厉先生(下文简称为 A)	43 岁	40 岁再婚	
李女士(下文简称为 B)	38 岁	35 岁再婚	
大女儿(下文简称为 C)	18 岁	15 岁父亲再婚	B 继女
小儿子(下文简称为 D)	13 岁	10 岁父亲再婚	B 继子
小女儿(下文简称为 E)	1 岁	再婚所生	

以上信息主要从我母亲掌握的一些档案资料以及与当事人浅显的对话中得知。厉先生的前妻于4年前不幸死于煤气中毒。因此李女士是续弦。而李女士也曾经历过一段不和谐的婚姻。现在家庭的主要矛盾是C与B的冲突，D与B的关系也还好但是也出现了一些问题。

[访谈内容]

（一）李女士的委屈

B刚刚在2011年结束一段失败的婚姻，而A则在2011年经历了丧妻之痛。由于A经常要开车运货，对孩子照顾不够，因此便有了再婚的想法。而经过朋友介绍A与B相识了。不久双方便正常恋爱，感情也越来越深。由于B没有孩子，又到了母性光辉闪耀的年纪，B一点都不介意A的两个孩子。由此A和B便于2012年五一结婚。在两人谈恋爱的时候，由于D还在小学阶段，B与D还接触过一段时间，因此D对B并没有太大的意见。而且B确实对D照顾周到，所以D在B结婚后不久便改口叫妈妈了。这一点也是B最为欣慰的一点。而C则是在母亲遭受意外后，一度低迷，加上那时候的年纪又较为叛逆，以及A忙于生意，疏于照顾，所以C便经常住校不回来，一个人在县城里。她对于父亲再婚是坚决反对的，从她的表姐处得知，C经常看一些言情小说，老是看些情情爱爱的事。首先便是觉得父亲对母亲是不够忠诚的。她母亲在周围人眼里是个勤劳能干的贤内助，因此C觉得父亲对不住自己的母亲，是个薄情的男人。因此C对父亲也没有什么好脸色。而且言情小说充斥着类似灰姑娘的故事，（我还专门在手机上看了一部，类似女主漂亮，却有个后妈，后妈老是算计着家里的钱。父亲又偏袒后妈，最后被赶出家门等狗血故事情节）她觉得后妈本身便是不好的，是要算计家里的钱。最要命的还是C外婆对于这件事的煽风点火。C外公家一直强调是A害死他们的女儿，要求A赔偿。而且不止一次对C灌输A与B是在其母亲在世时便好上了，是她父亲把母亲害死的。因此，还没有怎么接触，C便开始对B有敌意。

因此在后面的接触中，B与C便有很多小摩擦。生活中的各种小事都会成为导火索。B也给我举了几个例子，比如说剩菜的问题。一旦饭桌上出现剩菜或者隔夜菜，C肯定会冷嘲热讽。比如说"爸爸今天不在家，就开始吃剩菜了。""啧啧，我一回来就吃剩菜了。果然不是亲生的"等等类似的话。而这之后就会摔下碗筷不去吃饭，转而会向外婆那边诉苦。说到动情处，B还擦起了眼泪。"去年我怀孕那会儿，有一天身体不舒服。我就让 C 准备今天的晚饭和小儿子一起吃。C 却什么都不做，还到处说我果然不是亲妈，毕竟不是自己的儿女，连饭都不做。现在孩子还没有生下来就这样，生下来我弟弟会怎么办。"这还不算，C 还向外婆家诉苦，整得好像我虐待他们一般。"她舅舅家一帮人赶过来要来打我，说我虐待他外甥，连饭都不给吃。我那时还怀着孩子啊，我容易吗？"这件事确实闹得很大，我母亲那时候就是代表计生委来调节纠纷的。

因此我也问了我母亲来证实情况。"那家人真的是痞气浓厚啊，连一个孕妇都搞出这样的事情来，真的没有道德！"我母亲如是说，"C 外婆家也是会挑拨是非，本来 C 母亲死于意外，对孩子打击够大了，还要孩子活在莫名的仇恨中，真是不应该。"现在 C 已经不读书了，开始了工作。这也使得 C 经常不回家，也不想回家，但是一回家就会闹出动静来。"我现在也懒得理她，尽量不招惹她。有时候想想真的过分，到处说我怎么对她有偏见，说我虐待她弟弟。这都是没有依据的呀！我现在就尽量地不和她冲突，搞得 A 也夹在中间难做人。"唯一还值得 B 感觉欣慰的便是小儿子还是很认同她。还有现在有一个小女儿，感觉还是幸福的。

（二）邻里观察

由于第一次采访的暂时中断，时间还有空，我便和我母亲开始对邻居进行一个简单的采访。而在这个简单的口头问答中，我也大致了解了这么几个情况。首先，邻居的看法差异性很大。一部分人非常认同 B，同时也为 B 感到委屈。"B 这个人，真的贤惠得不得了，真的把孩子当成自己的亲孩子，跟别人说是买娘（后妈的方言）都不会有人信。"这一部分人主要也是和 AB 夫妻相仿年纪的青壮年人群，与 B 接触也比较频繁，关系也比较密切。他们纷纷指责 C 的过分以及 C 外婆家的无理取闹。"你看看，D 就与 B 相处得那么好。"另一部分便是相当保守的老年人代表，他们固有的理念便是后妈对孩子肯定是不好的，对 B 不认同。"你别看 B 表面好像怎么贤惠，受到什么委屈一样，其实内心是狠的。"这群人便举出他们日常中所见的例子，比如和 C 老是激烈的争吵，在一次争吵中双方都是拿东西砸。"孩子就是再不对，作为大人，也不应该这样对待孩子。"而且家里的财政大权被 B 掌握了，使得 C 老是因此而与 B 争吵。"D 那时候可能还小一些，懂不了那么多。"还有一些邻居则是了解相对较少，但是也有所耳闻。但是普遍的认识便是 B 与 D 关系还不错，B 与 C 关系则是比较紧张。

(三) B 的再次访谈

在傍晚时分，我再次和 B 进行了访谈。这次，我将空余时间所收集到的信息与 B 进行一些简单的交流。B 也更加敞开心扉地叙述起来。"有多少人会想当后妈，当后妈不容易啊！我时时刻刻都在想尽力维护这个家庭，可是我却得不到认同。这让人多难过"。B 对于自己后妈的身份还是有认知的："当初我家里人极力反对我嫁给 A，因为要面对两个孩子，并不容易。我却坚持了下来，因为一方面我已经离过一次婚，我还是有自知之明的。另一方面，有孩子也并不可怕。我也想对孩子好，我也尽力把他们当自己的子女看待，我想我只要和电视剧里说的一样，只要做好我自己，我们的关系会比较和谐的"。但现实情况却与想象不符，C 根本就没有认同过 B，导致 B 的态度也发生改变。"我以前对 C 还是很友善的，可是我的热脸老是贴着冷屁股"，经常性的言语攻击，直至 C 舅舅闹事，使得 B 的内心发生严重的变化。"你想想看，这种事都做得出来，我还是孕妇呢！还有没有人性！"也大概从那时候开始，C 一旦和 B 争执，B 也不会老是忍气吞声，也开始展现自己的脾气。"人都是有脾气的呀，我也不是那么好欺负的！"现在 C 也经常不回家（这次端午便没有回来），使得现在的家庭关系维持着"和平"。

(四) 小结

真的是由于时间有限以及一些其他原因，我对于李女士的个案也只能梳理到这个层次，本来还想与厉先生以及在本案例中具有重要作用的大女儿进行交谈。缺失这一环节，使得这个个案的真实情况还没有真正讨论清楚，也不够全面。不过从这已有的材料中，我们可以看到：后妈是否是"善"的或者说后妈是否"合格"，一方面在于对于自己角色的定位与看法，另外一方面在于继子女对于后妈的认同或排斥，还有一个方面便是第三方对这个关系的认识与看法。而"后妈"在一个特定的生活圈子中是否能够得到承认便是这三方面相互作用的结果。对于后妈的认识并不能仅仅从继子女的角度来看待问题。如果从 C 的立场上看，B 就是邪恶的化身。后妈就是坏的，对于非亲生子女就是会不用心对待。而这也是社会上后妈污名化的重要原因。但是我们忽略了后妈群体对于自身的认同，就如 B，她起先并不打算将自己定性为后妈，她还是想承担亲生母亲的责任，想促成一个和谐幸福美满的家庭关系。从这一点来看，B 也是充满着无奈。还有便是从第三方的角度来看待问题（这里的第三方分为利益第三方以及无利益第三方）。从利益第三方来看，比如说从 C 的外婆家族来看，他们可能一方面为了维护自己外甥女的切身利益，另一方面也是想从中获取一些利益，因此，即使 B 如圣母一般，也会被其主观地污名化。而从没有利害关系的第三人来看，如邻居的口中来看这名后妈，也会由于自己的接触程度和刻板认知而造成可能截然相反的看法。因此，对一名后妈的看法还是要综合各方面才能更好地评议出来。单单从继子女一方的观点来看待后妈，这本身就显得不够公平。

7. 若以诚心相待，亦以诚心相报

［访谈背景］

此次访谈对象的重组家庭有三口人。

男主人 B，1966 年生人，因有外遇与前妻分居多年，几年前离婚。之后历经三任女友（包括外遇在内），直至遇到女主人。

女主人 A，1975 年生人，因前夫外遇而离婚，经正常二次婚配与男主人 B 再婚。

C，男主人 B 之女，1995 年生人，20 岁，大学生，本次访谈补充访谈的对象。

D，女主人之子，2002 年生人，小学六年级，由前夫监护。

E，男主人 B 之二姐之女，与男主人 B 之女 C 为表亲关系，本次访谈补充访谈的对象。

访谈时间：2015 年 6 月 23 日星期二 21：14—22：20

访谈方式：电话访谈

［访谈内容］

访谈者说明来意后，先行介绍了社会上对于后妈的刻板印象与偏见，同时询问了女主人 A 在没有成为后妈之前对于后妈这一群体的看法。女主人 A 表示她原来对于后妈这个群体并没有任何歧视与偏见，把她们当成普通的人一样看待，按她的原话说就是"没有什么感觉"。而现在女主人 A 成了后妈，她认为这是出于自身幸福的考虑，因为婚姻与家庭所连结而成的本身就是一个互相帮助的人类群体。

访谈者接下来询问了女主人 A 对成为后妈之前经历的婚姻的感受。女主人 A 表示，离婚是一个无奈之举，如果不是出现一些问题，谁都想保持本来的初婚家庭继续生活下去，而不是做出离婚这样对于原夫妻双方以及孩子有一定伤害的事。女主人 A 同时还认为婚姻生活中除了利用"忍"字诀来包容对方以外，还需要存在一定的底线，如果越过了这个底线，最终走向的只会是离婚这条不归路。访谈者与女主人A聊到了一些超越底线的行为，例如说家暴等。女主人A也对忍受着家暴折磨而没有选择离婚的女性群体表现出了深深的同情与惋惜。而对于为什么要再婚的这个问题，女主人A表示人最终还是群居动物，对于家庭有着依赖感，并且随着年华的老去会更加地明显。虽然一个人的生活并没有什么不便之处，然而最终还是会有寂寞感，所以她选择了再婚这条人生的道路。

之后访谈者询问了女主人A的再婚生活以及对后妈身份的感受。对于怎样扮演好自己在家庭中的角色这一问题，女主人A认为最基础的环节是用诚心相待，接下来就是静下心来做好自己该做的事情。而现实生活中，通过对男主人B的女儿C的补充访谈，也可以得知女主人A确实是这么做的。

然后访谈者还询问了女主人A对于家庭的预期以及实际情况。访谈者问女主人A之前有没有预想过会有什么问题以及可能会是什么问题。女主人A表示她曾经担心过男主人B的家人尤其是男主人B的女儿C会不会接受她，以及相互之间相处会不会融洽之类的问题，然而实际相处下来发现这些问题根本不存在。而实际上出现的新的问题反而在于男主人B和继女C之间的亲子关系的漏洞。对于这个问题，女主人A表示她正在做出努力。

谈及娘家人的态度，女主人A表示娘家人都很支持她，他们认为只要女主人幸福就好。

补充访谈一：对象为男主人B的女儿C

补充访谈中访谈者观察到男主人B的女儿C对于女主人A的印象还是很不错的。C认为女主人A给家庭带来了积极的东西：比如家里现在有了8盆生机勃勃的植物等；又比如由于C在大学时期较为忙碌，无暇回家，女主人A趁着去接女主人A的儿子D的时候会顺道来学校看望C，并给C带去一些水果之类的慰问品；又比如作为拥有怪癖的父亲B（比如从不打电话给C，又比如性格上的吝啬、自高自大以自我为中心）惹C不开心的时候，女主人A总是能很好地劝导C，并平衡C与B的关系。同时A也积极地改变B对于B的85岁母亲的态度——作为家中老幺且拥有四个姐姐的B早已被宠坏了。原本B从不去看他的母亲，往往C提起时会说让C作为代表去看看，导致B有近十年没见过其母。然而A的到来，改变了B，面对A的劝说与努力，B开始面对母亲，即使有作秀的成分（雷声大雨点小），依然有让老人安享晚年的趋势。A也常常积极面对B的四位年龄可以近乎当其母的姐姐，虽然共同语言很少，也不常发表意见，但 A 会仔细倾听，并进行交流。C 说到 A 的时候会心的微笑让访谈者想起 A 对于家庭的诚心，可见若以诚心相待，对方亦以诚心相报。

补充访谈二：对象为男主人 B 之二姐之女 E

当访谈者转向男主人 B 之二姐之女 E 的时候，事情却发生了变化。E 认为 A 再婚嫁给 B 是带有某些目的和企图的。E 的理由是 A 原来不是杭州户口，在再婚嫁给 B 以后，B 没有主动提及让 A 改户口一事，而 A 却利用 B 好面子的性格，以不改户口没有面子为由改成了杭州户口。E 对于表亲 C 报以担忧，她认为表亲 C 应注意 A 的行为，对 A 提防警戒。然而 E 承认说她与 A 没有深入的接触。这里可以看出 B 的有些亲戚，对于 A 依旧抱有怀疑态度，这不知是社会上对于后妈的刻板印象还是 A 的行为所致。

8. 令我改观的一位后妈

【访谈背景】

在访谈前，我觉得后妈一般是很难完全融入一个家庭的，毕竟旧的家庭总是有旧人的影响，会存在来自于丈夫那里的阻力，包括丈夫的父母亲属等对自己的认可，丈夫的孩子以及小辈对自己的认同，街坊邻居对自己的态度；同时，也存在来自自己这边的压力，包括自己这边的父母亲属，最重要的是自己的孩子（如果有的话）的态度。一个后妈想融入新的家庭，会面临很多困难，更何况传统保守思想的影响，如果没有结过婚还好，如果是结过婚的后妈，来自丈夫亲属的压力会格外地大。在这样的考虑下，我觉得后妈的生活一定是很累的，起码在一开始处理人际关系的问题上会特别累心。而且，我觉得假如后妈带着孩子进入新家庭，新家庭也有孩子的话，两个人之间的和平共处并不总是能很好地成立。在对待孩子方面，后妈也很难做到一视同仁，肯定会稍微偏爱自己的孩子。此外，由于和新的丈夫不可能像初次结婚那样经历过很长的恋爱和接触，更不会有隆重的婚礼，故此很难得到对方家人的认可。这样看来，一个后妈应该是很累的才对。但经过访谈后，我却大有改观。

【访谈内容】

（一）访谈片段

Q：阿姨，您好，很冒昧打扰您，因为我需要进行相关调研，所以想要询问您一些关于成为后妈之后的事情,放心,我不会透露您的任何信息的。

A:哦,没关系的。小伙子你问吧。(表现相当配合)

Q:阿姨您今年多大了?

A:我今年41岁了。

Q:阿姨您是什么时候进入现在的家庭的呢?

A:大约是8年前吧,那时候我女儿才10岁不到,我就和我现在的老公结婚了,他家里也有一个10岁的小孩子,他也是和原来的老婆离婚多年的,然后我就嫁到他家里了。

Q:不好意思,我想问一下,您和您前任丈夫离婚的时候是几岁?

A:那时候我30岁,我女儿才7岁,小学都没有上,大家谈不拢,于是就离婚了。我一个人带孩子,还好那时候我的几个姐妹也很照顾我,大家互相帮衬。(看出此时她对于前夫的事情并不想提及过多,于是也就跳过了)

Q:嗯,阿姨,有这样的姐妹确实很好。那么和现在的丈夫结婚后,你们有没有要一个新的孩子呢?

A:这个没有,因为我们已经有了两个小孩子,也就没有再生一个的打算,反正我女儿很乖,也很聪明,会帮我分担,也会体贴我(提起她女儿的时候,这位母亲眼中的骄傲怎么也掩饰不住,继续说了很多),而且我儿子也是个很棒的小伙子,把我当成亲妈妈一样,我也把他当成自己的孩子。一家人这样相处真的很不错,所以也就没有考虑再生一个。

Q:刚开始小孩子有没有表现得很抗拒,不想你进入新家庭之类的?

A:也没有,其实小孩子都很懂事的。而且和他们好好相处,好好沟通之后,他们会很听话。(这番话虽然说得很真诚,不过后来证实是一个母亲的谎言,毕竟谁也不愿意对不熟悉的人说自己孩子的不好)我对我女儿说"我给你找了一个爸爸,你说怎么样。"她一开始不是很乐意,后来也就接受了,也很听爸爸的话。我儿子刚开始有点犟,我对他好,他也就接受我了。

(二)后妈的认同状况访谈

(1)后妈自身认同状况

当我询问她一直以来的生活时,这位母亲说了很多,从她离婚到现在(因为话语太多故不作对话体记录)。她提到刚离婚的时候,自己一个人带孩子真的很累,后来遇到了自己的先生。刚开始进入新家庭的时候是有一些不舒服的,但是为了自己的孩子有一个父亲，而不至于成为单亲家庭，她还是忍受了。"我自己受一点委屈没关系，要让小孩过得好一点。"这是她的原话。她嫁过来之后，一开始周围邻居一个都不认识，所以不得不经常和家里的亲戚打电话解闷，那段日子很累，她老公鼓励和安慰她，她家里的亲戚也经常和她说话解闷，还经常来看她，她也可以帮丈夫做做工作，管理一下车间，公公婆婆也很快接受了她，把她当成儿媳妇对待，没有在意她是一个离过婚的女人。靠着这份认同，她才可以坚持下去。渐渐地，和邻居什么的熟悉之后，自己也就没有那么难过了，然后就像一个普通的妻子一样相夫教子，帮家里做一点事情，当时她对自己能否在这个家里做一个好妈妈实在不怎么有信心，对于未来虽然有了一定的想法，但是依然相当忐忑，特别是两个孩子之间相处的问题。等到孩子都开始寄宿了，她肩上的担子终于稍微轻松了一点。期间她也获得了儿子的肯定，从一开始不理不睬，一回家就把自己关在房间里不理她，到了回家后会叫一声"妈"，她说，当她听到那个孩子叫她一声妈的时候，她真的有一种眼泪要掉下来的感觉。她觉得自己那么长时间来承受的苦和遭受的累都值得了，所有的一切都变得值得了。对于未来的生活，她觉得自己已经真正融入了这个家中，所以就可以像正常家庭的母亲一样好好生活。

（2）后妈家庭的认可状况

这位母亲的公公婆婆对这个媳妇是很满意的。"她对我们很孝顺，对小孩子（继子）也很好，就像她亲生的一样，我们也很喜欢她。"她的孩子也表示自己一开始不怎么待见自己的母亲是不对的，因为这个女人对他就像亲人一样，所以自己也没有那么难过了，至于亲生母亲，反而早就不怎么记得了。"不过她现在变得唠叨了很多。"小伙子认同母亲的同时不忘记稍微嘟囔几句。很多的事情他都说记不起来了。至于她的女儿，因为学习比较忙的缘故，最后没有接受我的访谈。最后我询问这位母亲的丈夫，获得了更加全面的资料。他说，妻子在刚进入这个家的时候就和自己表示会把儿子当成自己亲生的对待，而后，孩子还小，一开始不怎么懂事，和妈妈冷战，不肯接受这个新妈妈，一直叫她"阿姨"，当时他也很多次指责孩子，但是小孩子因为自己妈妈走了，心里不高兴，反倒是女儿接受自己比较快。不过说到女儿，他提道，自己和女儿关系很难亲近一点，女儿虽然接受了自己，但是不像正常的父女那样亲密。由于家庭成员之间互相指责比较少，所以没有因为两个孩子之间的矛盾弄出很大的问题，相处相对融洽，不过，家庭中姐弟俩各自有各自的朋友圈，平时也不怎么一起说话，所以有比较大的隔阂，女儿这边的亲戚也不少，有自己的弟弟,对那些弟弟更加亲切。这种事情他也看开了,只要不吵起来就好。"刚开始的时候她还是亲近她妈妈,儿子就亲近我多一点,有事情帮忙什么的都各自叫自己的家长,我们两个有时候就会告诉他们可以让你妈妈(爸爸)帮你。这样可以加快他们对我们两个家长的认同感,或许这个就是我们相处比较融洽的原因吧。"这位中年男子被问到家庭相处融洽的秘诀时如是说。

(3)后妈周围人群的认同情况

周围的邻居提到她的时候都说她对自己家的孩子很好,真的像亲生的,不像是一个后妈。后妈的周围人大多对其抱有肯定态度,而且其中一位邻居还提到另一个她认识的后妈,那个后妈对孩子也不错的,不过那家的公婆对这个后妈不够认同,家里有一些矛盾。

经过这一次访谈,我对后妈这一个群体的印象有所改变,所谓的后妈,是一个新家庭的产生,多数的后妈还是善良的,电视剧中那种夸大的恶并不存在,更多的是像《家有儿女》里面的后妈刘梅,对孩子一视同仁的好母亲。后妈们一面受到社会的误会,一面受到家庭和子女的质疑,内心承受很大的压力,却依然对孩子那么好,这是值得我们敬佩的。而且她们并没有因此抱怨什么,在获得认同的时候更是觉得一切的辛苦都值得,这样一种付出和牺牲精神也让人大为感动。

卷四：
殊方剪影——不同地域的继母剪影

卷首语
何处安心是吾乡

余光中有一本散文集，名叫《凭一张地图》。他说："凭一张精确而美丽的地图，凭着旁座读地图的伴侣，天涯海角的名胜古迹都可以召来。"而这句话，也是编选此卷的原因之一。

这一卷的分类与前三卷大相径庭，但在内容上却与前三卷有重复之处。单独将其分出一卷，除却前面这个浪漫的原因外，另有三个理由：

所谓"纵有千古，横有八荒"，其一，便是看一看此次访谈的地域广度。在"全国各地的继母"一章中，案例来自北京、河北、河南、甘肃、山东、湖北、湖南、江苏、四川、重庆、广东、浙江、上海、新疆、安徽、贵州、云南和台湾这18个省和地区；在"异国他乡的继母"一章中，案例来自美国、韩国、乌克兰和德国这4个国家。由此可见，继母问题是一个全球性的问题，在中国遍及的范围也很广。继母的污名化问题则迫在眉睫，亟须解决。

其二，因为每一处只有1~2个案例，确实不能客观地表现当地的情况，但却能从这些案例中，一窥当地的人文风土，和当地人对继母这一身份的看法，是为"剪影"。提取信息是否为"管中窥豹"，可自行筛选定夺。版图已经铺开，你亦可为其增添实例，以验证提取信息的可信度，也可开拓新疆域，点亮无案例板块。继母问题的研究正在进行，并将一直持续下去，每个人都可以是调研者。

其三，方便不同地区之间、不同国度之间，进行对比。比如，提到与继母相关的俗语，台湾与大陆区别并不大。

古人云："春天后母面（闽南语）"——春天气候多变、忽冷忽热，就像后妈的情绪变化无常。一样是象征母亲的俗语，却有别于指母爱伟大、同温暖阳光的"春晖"，意象上的差距足以显现。（摘自《春天后母心》）

其四，在婚姻观念上，欧美国家会相对更开放。

Thomas 一家总体上来讲比中国式重组家庭更开明，而且 Thomas 和任女士都受过高等教育，并且 Thomas 是德国人，使得这个家庭在面对再婚、继母等问题上更开明和开放。（摘自《跨国重组家庭的后妈》）

即使在国外，继母也逃脱不了被周围人群评价的命运。

其他亲戚对后妈以及后妈这个群体的态度表示得很不一样，认识他们很长时间的人表示支持，觉得很幸运能见到安娜；有一些人觉得他们家庭关系那么好是因为后妈的专业，她可以懂得每个人的心理，并且很好地去和他（她）们沟通交流。（摘自《当后妈好吗?》）

至于还有何其他相同与相异之处，且交由亲爱的读者你来做对比分析。

最后需再说明一点，那些异国继母的案例多为该国调研者所做，他们在中文陈述方面不似中国人这般流畅，虽然编者已对部分案例进行了语句的调改，但为保证访谈资料的一手性，并未做大的改动，故而在阅读过程中可能会碰到语句不够通顺及话语重复的问题，特此说明。

继母这个群体，历经波折，又饱受非议。待尘埃落定，她们问询自己"何处安心是吾乡"之时，能感觉到"此处安心是吾乡"。

何处安心是吾乡？

此处。

第一章
山河诉情：全国各地的继母剪影

1. 甘肃·断臂的维纳斯，不完美的完美

[访谈背景]

访谈对象：兰月（化名），28岁，甘肃兰州人，全职，在家赚钱。丈夫，做生意，2006年离婚，和丈夫于2011年认识并结婚。丈夫带有一个儿子，现年十岁，和丈夫父母住在一起，离婚时孩子一岁半。目前兰月和兰月的丈夫以及兰月的父亲，住在兰月父亲送给她的大房子里，大约200平方米。丈夫的父母和丈夫与前妻所生小孩，住在丈夫买的房子内，大约138平方米。

兰月是我在兼职做家教时认识的一名家庭教师。她在家中开设了一个辅导班，专门辅导小学生和初中生。

有一次，和她谈起我最近在做的事情，我说我需要采访后妈，可是一直都找不到。兰月看我很是烦恼的样子，就和我透露了她的后妈身份。在那之后，我对兰月的了解慢慢加深，也知道了更多关于她感情生活的事情，经过一次又一次的访谈，我对兰月越来越了解，但也越来越矛盾。因为我发现，后妈这个身份给兰月带来的东西的确很复杂，我作为旁观者每每需要给出自己的意见和建议时，我的态度也是很复杂的。

[访谈内容]

（以下以问答方式进行，记者简称"我"，访谈对象为"兰月"）

我：说说孩子的情况吧。

兰月：我想，可能他从小就没有很好的教导，毕竟是出生一岁半的样子，爸爸妈妈就离婚了，所以孩子养成了很多坏习惯，而且学习成绩也不好。26个英文字母默写，他只对了8个。

我：你和你丈夫有想过什么解决措施吗？

兰月：因为转眼到明年就要上5年级了，我老公很担心他的成绩。最近几天和我商量，说是不是考虑在他妈妈家附近买套房子，这样可以和孩子住在一起。直到孩子读完小学，初中寄宿再把房子卖了，学校离家里只有2分钟路程。

现在孩子不怕爷爷奶奶，没有一点规矩，成绩也不好。我老公想如果我们能和孩子住一起可以天天辅导孩子，那么成绩就会变好一些。

我：那你怎么想呢？

兰月：我的情况是，准备要猴宝宝，因为他妈妈是医生，我老公又说这样住在附近他妈妈可以照顾我之类的。但是这样一来，我就要放弃我现在的家，现在的大房子。现在我家就我爸爸和我、老公三个人住一起。我真的不想为了孩子读书而另外要买房子，所以真的蛮无助的。

我：你们买房子的话怎么出钱呢？

兰月：房子的钱当然是老公出，我老公的意思就是孩子读完小学，上初中寄宿学校了，就把房子卖出去。我在意的是，孩子和我们住会不会成绩好。很多习惯是从小养成的。不是说我们带他几年说变就变的。而且我老公很忙是没有时间带孩子的。

孩子很多习惯不好：吃饭的时候喝水，喜欢打赤脚，喜欢用手捏菜吃，不爱叫人。学习的时候不停地动，他没有一刻是安静的，要他读书他手里不停地要抓个东西玩，还喜欢顶嘴，不爱读书。但是这些我都不计较，问题是这些毛病不是花2年时间就能治好的。

还记得第一次和孩子见面的时候，我让他在我脸上亲一下，他在我脸上吐了一口唾沫，那个时候我就应该清醒。可是，爱是盲目的，我并没有想到今后生活给我带来的种种考验。

我：你爸妈怎么看呢？

兰月：我父母之前也是不赞同的，那个时候我才23岁不到24。也是我的性格倔强，执意要嫁给现在的老公。我爸爸曾经把我们的爱情比喻成"断臂的维纳斯，不完美的完美"，只看你怎么去看待它。结婚前，我老公就说好了，孩子要让他父母带，他父母是特地从乡下过来给他带孩子的。

孩子从出生到我们恋爱那会都是他父母带，到现在为止，四年了，除了我父母，我家的任何亲人都不知道，我嫁了一个二婚男。外人都很羡慕我，家里有几套房子，还有几部车，所以他们都羡慕我找了个爱我的好老公。包括我老公的朋友都很少知道他是离过婚并且有一个孩子的。

我也觉得婚姻就是两个人的事情，谁都希望把自己最美好的生活展现在亲戚面前。你们觉得不可思议也好，怎么过分也罢。我觉得有些事情别人知道得越少越好。孩子亲爸妈是 2006 年离婚，我和孩子爸是 2011 年认识并结婚，结婚后的 4 年里，孩子一直和他的爷爷奶奶一起生活。现在是孩子大了，爷爷奶奶管不住了，所以我老公提出再买套房子，孩子要和我们同住。

我：那孩子和他亲生妈妈的关系怎么样呢？

兰月：孩子和他妈妈关系也不好。他妈妈老是觉得孩子成绩不好是学校的责任，还要我老公给换学校。本来他妈妈想让孩子去她那边上学。我是考虑只有两年了，我每天辛苦点，晚上去给孩子补习完课再回家，才没有答应他妈妈要他转学的要求。

我之所以否决让他亲妈带过去是有原因的：孩子爱玩电脑，就是他亲妈培养的，每次见到我第一件事就是问我要 PSP 或者手机游戏玩。如果周末他亲妈带去玩，周一是肯定要受到老师批评的。现在周一到周四的作业老师给的都是 A，但是逢周一老师就来短信批评了，你说我怎么敢放心把孩子给他妈妈带。

再说他妈妈现在还是单身，很喜欢交际的一个女人。不能保证她会全心全意对孩子的。当初孩子小的时候，他妈妈一年都难得过来看几次，因为孩子本身很黑，所以他妈妈不是太喜欢。只是最近几年，看到前夫结婚了，觉得以后老了也要有个人来依靠了，从 6 岁开始才每周或者十天半个月来接次儿子。我老公妈妈说 6 岁以前都是一年来看几次的。

我：也就是说你现在实在担心他妈妈带来的影响？

兰月：我担心孩子他妈妈，要拍拖，而且也带不住孩子。他想要孩子去她那边读书我不反对，可我不希望带不了多久就经常来电话投诉孩子怎么不好之类的，与其这样还不如不转学。

我老公之前从来没有说过孩子会要和我住，让我带，一直都说是父母带，只是现在他父母觉得带不好，主要是淘气了也打不得，所以觉得很无奈，才想让我老公带的。

如果一开始我老公说孩子要我带的话，我也肯定不会和老公结婚的。我不是圣人，所以我可以诚实地说。现在老公提出孩子要跟我们一起住，我很犹豫，我担心我和老公会因此而影响感情，离婚。

我：能谈谈你为什么不愿意带孩子吗？

兰月：其实是这样的，我家孩子近几年进入青春反叛期，上网成瘾，性格内向孤僻，因为从小受爷爷奶奶的娇惯，生活习惯更是糟糕。去年曾几度离家出走。每次都是我和他爸一个网吧、一个网吧地进行地毯式搜索才把他找回来。

我也知道，如果小孩从内心里不能接受你，那还是维持现状的好。我之所以长期住在娘家，就是因为那个家的气氛让我压抑，特别是之后会有自己的小孩，我不愿意让他在那样的家庭氛围中成长。但是我也会经常给孩子买衣服或学习用品，以及每日补课，也会做了菜给他送过去。但也仅限于此。

我：我觉得你应该趁现在小孩年龄不大，抓紧时间培养感情。否则大了就难了。

兰月：这个我是明白的。其实如果孩子的亲妈可以在教育辅导小孩这方面能够做得比我好，起码不会比小孩现在的情况更糟糕的话，我是愿意让小孩亲妈自己带的。我现在最大的顾虑在于一旦小孩的亲妈自己带之后发现小孩的教育并不是那么好抓的时候，会一丢了之，到时候这个烂摊子还是要由我来收拾，更有可能的情况是小孩的习惯会更进一步地糟糕。

单纯就事论事，孩子的妈妈在他1岁半的时候就走了，其间几年时间也仅仅只见了几次面，要说他们之间有啥深厚的感情还真不现实，有的应该是小孩对血缘上的一种依恋吧。而且孩子的妈妈也大多只是在拿好玩的、买好吃的来与小孩培养感情，真要说教育怕也搭不上边。在这种情况下，接小孩过去只怕也起不到教育辅导的作用。

我：你在这个过程当中有没有去了解一下相关的和继子相处的经验呢？

兰月：我有一个小学同学也有过后妈。在她小学的时候，她的心情总有被忽视的痛苦，还有不自信和家长离婚带来的痛苦。在我那个同学还没有长大成熟的时候，不能承受的压力变成了性格上的问题，而且她真的是越闹越压抑越无助，所以我也明白，只要我对孩子给一点点时间和共情，就会少很多以后生活中的芥蒂。

我：你觉得你的老公在这个过程当中所扮演的角色称职吗？

兰月：不够称职。老公，不只是我的老公，他还有个身份是孩子的父亲。孩子需要家长对他人格上的关爱和培养，而且父亲能带给孩子的安全感和教育是母亲单方面所不能完善的，包括后来他把孩子给爷爷奶奶带，又想送到寄宿学校这个想法，从旁观者角度看，他不是个好父亲，只是个善于推卸责任的父亲，天下有哪个学校能代替父母的重视和爱呢。但是我却不是个旁观者，是个参与其中的人，我的小私心让我不能接受和孩子待在一起会很痛苦的事实。

我：你怎么看待后妈这个角色？

兰月：我觉得做后妈，绝对不能要求对继子像对自己亲生的。每个人都有自己的责任要负，但我觉得后妈对孩子，一定要有善意的关心，就像是自己的一个小亲人。在我看来，如果孩子需要教养，一定是他的亲生父母要多教养，而不是我天天教养，甚至影响到新家庭的构成。

作为后妈，我要做的应当是多督促他父亲尽责，包括鼓励他父亲和他母亲沟通，如果他母亲实在自私，父亲也是更要检讨自己生活中的过失给孩子带来的伤害。

虽然我不能分割老公和孩子，也不必去帮老公像继子亲妈一样教养孩子。大家都彼此尊重一下，尽责不是推卸，家庭的意义，说白了，应该达成高度的合作关系。

不做形式上的后妈，而作真正的后妈，明确分配责任，并一直对继子真心地关心和同情，这才会真正避免很多矛盾的产生，维护一个家庭实质上的稳定。

兰月的心情我很理解，作为一个没结过婚没生过孩子的女人，心底里对爱情、对未来的生活总有着很多的憧憬和期盼，想到未来，总是三人行的生活模式，两人的空间完完全全被挤占。对于那个孩子，即将步入青春期的孩子如果叛逆起来，自己是否有能力招架的担心，心里面更多的是彷徨和无助，继而会觉得恐惧和委屈。

我想对所有的后妈说，有付出，必有收获。孩子的心灵需要你的关爱，孩子需要的是真诚。

2. 山东·摇摇欲坠的地基

[访谈背景]

当我准备开始调研时，我首先想到的便是朱阿姨。朱阿姨是妈妈的一位朋友，今年38岁，人长得很漂亮，现在自己在山东省经营一家美容店。朱阿姨32岁离婚后34岁二婚,带着8岁的女儿嫁给了现任丈夫老黄,成为一名后妈。于是,通过电话和微信我对朱阿姨及其母亲、女儿进行了采访。

老黄今年50岁,和前妻因感情破裂离婚后,当时16岁的儿子判给了老黄。老黄在儿子20岁的时候和朱阿姨结婚,现在老黄的儿子24岁,已经结婚成家。

[访谈内容]

(一)成为后妈的原因

朱阿姨原来的职业是一名中学的音乐教师,因为第一任丈夫沉迷赌博,每次输钱的时候都会家暴才决定和丈夫离婚,女儿判给了朱阿姨。朱阿姨人长得漂亮,心气也比较高,离婚后不想听别人在背后议论自己,便从当时任职的学校辞职,一个人带着女儿从昌邑来到潍坊,投进大部分积蓄开始经营一家汗蒸美容院。一个人带着女儿在陌生的城市打拼,这对一直生活优渥的朱阿姨来说是个很大的挑战,也正是这时朱阿姨认识了她的现任丈夫老黄。

老黄当时是山东一家房地产公司的副总,认识朱阿姨后,对她无论是生意上还是生活上都很照顾。离开父母和两个姐姐,一个人带着女儿在潍坊打拼的朱阿姨慢慢地在很多事上都很依赖老黄,特别是美容院初期基本上是老黄出资帮朱阿姨开起来的。再加上老黄离异后一直处在单身状态,两人认识一年多后便登记结婚了。

朱阿姨说她当时和老黄结婚时也没想那么多,当时主要是被老黄的能力和为人所吸引于是决定和他结婚。虽然老黄比朱阿姨大12岁还带着个只比自己小14岁的儿子,但一直以来老黄在各方面都很照顾朱阿姨,这让朱阿姨很感动。朱阿姨觉着自己一个人带着孩子在潍坊的确很不容易,也想快点找个有能力照顾自己的人安定下来,毕竟自己也三十多岁,年龄不小了。经过一年多的相处,朱阿姨觉着老黄为人不错,不仅很有能力而且办事也很靠谱,值得信赖。而且朱阿姨很多事都要依赖老黄,离不开他,所以即使对方年纪比较大还带着个20岁的儿子,朱阿姨当时也没有特别在意,就结婚了。

(二)婚前如何看待后妈群体

婚前,朱阿姨对后妈这个群体的了解基本上是比较偏负面的,一提到后妈就会联想到媒体报道的各种后妈家庭的虐童事件和电视剧中塑造的诸多恶毒后妈的角色。所以,朱阿姨起初觉着后妈家庭中存在的许多问题很大程度上是后妈的不尽职所造成的,后妈对继子女的冷淡疏远甚至恶意伤害引发各种冲突矛盾。也正因为这样,朱阿姨和老黄结婚后特别想处理好和继子的关系,好好对待继子,使家庭成员间能相处和睦。

(三)婚后与继子的冲突

婚前,朱阿姨没有想到当后妈会遇到这么多的矛盾冲突。

重组家庭刚建立后,继子和朱阿姨的关系还比较融洽。那时,朱阿姨的继子在外省上大学,两人面对面交流的机会比较少,于是朱阿姨常常主动给继子打电话,关心询问他最近过得怎么样,有没有遇到什么困难,缺什么东西需要邮寄等等。面对朱阿姨的这些关心,继子一开始还会和朱阿姨聊一会儿,但后来不知为什么继子变得常常不接朱阿姨的电话,偶尔接了继子上来就说"缺钱"或是"在忙,先挂了",搞得朱阿姨也很尴尬,觉着自己热脸贴人家冷屁股,好心得不到回应,慢慢地也就不打了。

面对继子刻意的疏远冷淡,朱阿姨一开始还很困惑,以为是自己哪里做错了惹得继子不开心。但后来,朱阿姨觉着肯定是继子的亲妈在继子面前说自己坏话,挑拨继子和自己的关系。

继子上大学时,因为离家比较远每年也就寒暑假的时候有空回山东,但每次回来大半时间都先和他亲生妈妈住在一起。在山东这边住的时候,起初见到朱阿姨时都会叫"朱阿姨",后来慢慢地见面也装作没看到。有一次在饭桌上,朱阿姨对老黄说美容店需要购买新的美容仪器,差不多需要投资10万,继子听到后脱口而出:"你能不能不花我爸的钱啊,我妈说你嫁过来就是图我爸的钱一点都没错,我爸的钱是要留给我结婚的。"这件事之后,朱阿姨和继子的关系更是急转直下。

然而,朱阿姨与继子的矛盾集中爆发在继子大学毕业结婚的时候。继子结婚的时候,老黄给儿子在潍坊买了一套房子和一辆保时捷,朱阿姨当时觉得买一套房子就行,再买一辆车花的有点太多。毕竟老黄当年和妻子离婚时把大部分财产都留给了妻子,包括大部分存款和青岛、潍坊的两处房产,老黄自己只留下潍坊的一处房产和小部分存款,所以车子应该由老黄的前妻出钱,不能什么都让老黄买。但最终老黄还是给儿子买了一套房子和一辆汽车,这惹得朱阿姨很不高兴,和老黄吵了好几次。

然而朱阿姨的继子却觉得这还不够,非向老黄再要20万。才买了一套房子和一辆汽车后,老黄当时手头实在是一下子拿不出20万,而且也觉着儿子着实要的有点多,就不打算再给儿子这么多钱。这事被继子知道后,继子认定这完全是朱阿姨的挑唆使得他爸爸不愿意再给他钱，认为肯定是朱阿姨自己想要那笔钱。于是继子和他亲生妈妈到朱阿姨的美容店闹事，并且动手打了朱阿姨。朱阿姨继子对老黄说不给这20万两人就断绝父子关系。老黄当时手头上实在是没有这么多钱，以为儿子那句话也只是随便说说就没怎么放在心上，最终也没再给儿子20万，结果儿子结婚当天就没有邀请老黄和朱阿姨去参加他的婚礼。这件事让老黄和朱阿姨特别生气和伤心，父子俩的关系也因此坠入谷底。自这件事后，继子和朱阿姨至今没有任何联系，朱阿姨说她的手机通讯录里早把继子的联系方式拉入了黑名单。

（四）婚后与老黄的矛盾

婚后，朱阿姨和老黄的矛盾一开始主要表现在对继子问题的处理上。面对继子的有意疏远，朱阿姨不知道怎么办才好只能找老黄商量，想问问老黄的意见。可是老黄的回答不是"你肯定是做错什么事惹他生气了"就是"你自己想想你做了些什么"，老黄的不理解和对儿子的袒护让朱阿姨觉得很委屈。

婚后，面对儿子和朱阿姨之间的矛盾，老黄总是一味地站在儿子那一方，责怪朱阿姨这么大的人却和小孩一般见识，不够宽容。那次继子在饭桌上说朱阿姨"嫁过来就是图钱"的时候，老黄不但没有责怪儿子反而让朱阿姨噤声。甚至朱阿姨被继子和老黄前妻殴打，老黄都没有说什么，更不用说为朱阿姨出头让继子和前妻道歉了。这一系列的事让朱阿姨很寒心，觉着在老黄心里自己并不算什么。

对于朱阿姨的女儿，老黄也基本不关心，和继女间的关系比较冷淡。婚后，老黄强烈要求朱阿姨把女儿送去寄宿学校，为这件事朱阿姨和老黄吵了很多次。但最终老黄还是不同意，朱阿姨没办法只能把女儿送去寄宿学校。

但真正让朱阿姨和老黄的婚姻亮起红灯的是老黄的失业。和儿子闹翻后不久，老黄就职的房地产公司换了新的老总，开始进行内部的人员整顿。老黄当年是潍坊某银行的副行长，辞职后加入这家房地产公司直接任副总。这么多年过去后，老黄曾经的很多熟人要么调到外地要么换了岗位。新总上任，由于和老黄的关系不怎么好，便想提拔和自己关系更好的下属任副总让老黄当个主管。老黄一下子气不过，觉着自己这么多年没有功劳也有苦劳，便连着一个月待在家没去上班。本来老黄以为公司会派人来请他回去，结果没有想到老总直接以此为由将老黄解雇了。

被解雇后，50岁的老黄才发现找到一个适合自己的工作真的很难。从副总的职位上被辞退，一般的工作看不上，但比较好的工作自己的年纪又大了，缺乏竞争力，所以迟迟没能再就业。这使得朱阿姨和老黄的关系变得很紧张。

一方面，朱阿姨埋怨老黄意气用事，留在原来的房地产公司当个主管也比现在找不到工作，坐吃山空要好得多，又怪老黄给那个没良心的儿子又买房子又买车，结果现在自己的存款没剩多少，儿子也不认他这个爹了。另一方面，老黄失业后开始整天念叨结婚以来朱阿姨吃的、穿的、用的以及开美容院花的都是他的钱，那么多钱投进去美容院没赚多少反而赔了不少钱，怪朱阿姨净做些赔钱生意，白白浪费他的钱。

现在，老黄卖了自己在山东的那套房产和朱阿姨租房子住，两人之间常常为了一些小事吵个不停，婚姻关系变得越来越紧张。

（五）婚后如何看待后妈群体

经历了这么多事，再谈及如何看待后妈群体这个问题，朱阿姨流露出自己作为后妈的委屈。朱阿姨说做后妈前自己也会习惯性地戴着有色眼镜看待后妈，认为后妈家庭中的矛盾冲突很多都是后妈故意挑起来的，但直到自己做了后妈后才真心体会到后妈的不容易。

"你对他好吧，他觉着你别有用心，故意在他爸面前表现；你稍微说几句那更不行，他觉着你一个外人有什么资格来说他。而且他们父子之间的矛盾到头来也都怨在我身上，觉着是我在一旁挑拨教唆，你说说这都算些什么事啊。"

现在，朱阿姨觉着社会应该用一种更包容的眼光来看待后妈。后妈也有好有坏，不是所有的后妈都心肠恶毒，一心想着挑拨离间，很多后妈其实很想和继子女建立良好的关系，希望能建立一个和睦的家庭。然而很多人却习惯性地把后妈往坏里想，仿佛无论后妈做什么都是有心计的，特别是有些继子女的亲生妈妈还在世的，更是会觉着后妈事事都亏待她的孩子。

所以婚后，朱阿姨觉着相当一部分后妈是很委屈的，容易受人误解，就像她是真心想对继子好，结果在继子和他亲生妈妈眼里却成了在老黄面前演戏。而且有时候真是连个诉苦的人都没有，朱阿姨说向老公倾诉吧在继子眼里成了打小报告，和别人说吧这不是明着叫人看笑话嘛，真的是后妈难当啊！

虽然朱阿姨是妈妈的朋友，这样说似乎有点不妥，但我觉着朱阿姨第二段婚姻中其实并没有多少爱情因素。朱阿姨并不是因为她真心爱老黄才结的婚，而是看重老黄的能力和财产，老黄也并没有那么爱朱阿姨，而仅仅是因为她漂亮的外表。虽然，爱情不是婚姻的必要条件，然而却为理想婚姻所不可或缺。或许正因为这段婚姻中爱的元素太少，所以朱阿姨没有那么多爱心去做一个好继母，老黄和朱阿姨也没有那么多耐心去共同解决婚姻中面临的一个个难题。或许继子说的没错,朱阿姨嫁给老黄看重更多的是老黄的钱,正因如此朱阿姨才会在继子结婚时和继子闹得不可开交,在老黄失业时和老黄的婚姻亮起红灯。

但在朱阿姨和继子的这段关系中,有错的并不只是朱阿姨,还有继子、老黄和老黄前妻。老黄前妻一开始就把朱阿姨想得太坏,觉着朱阿姨一心贪图老黄留给自己儿子的家产,故意挑拨儿子和朱阿姨的关系。其实朱阿姨要的更多的是一份稳定的生活,并没有老黄前妻想的那么蛇蝎心肠。面对朱阿姨的好心,继子和老黄前妻以敌对的态度面对,而老黄作为这三人关系的纽带却不能在关键时刻起到调解的作用,只是一味地偏向儿子,任由矛盾冲突加剧。

通过朱阿姨的后妈经历,真心觉着后妈家庭中想要建立和睦的家庭关系就像在盖房子。爱是地基,没有爱,和睦的家庭关系无从谈起,但想要建成坚固的房子更需要一家人面对各种矛盾时互相包容,共同面对。

3. 湖北·唯懂爱,方幸福

[访谈背景]

受访者信息如下:

姓名	居住地	成为后妈时的年龄
郝馨(化名)	湖北襄阳	32岁
婚姻次数	再婚家庭情况	继子年龄
2	四口之家(男方带一儿,女方带一女)	8岁
后妈进入家庭的方式	与继子关系	
正常二次婚配	很好	

访谈时间:2015年7月1日

访谈方式:电话、网络联系

[访谈内容]

郝馨是我妈妈班上学生的家长，现年 35 岁，重组家庭，丈夫带了一个儿子，她自己有一个女儿。通过妈妈的介绍，我和她取得了联系，通过网络完成了访谈。

和郝馨的对话使我受益匪浅，她是一个很懂爱的女人，自信、内心强大。在我眼里，她作为一位妻子、一位母亲是极其成功的。对抛弃她的初恋，她没有怨恨，反倒说"错过我是他的遗憾"；对于继子，她视如己出，循循善诱，操心他的学习生活；对现任丈夫，她通情达理，做一名合格的贤内助。她把家庭经营得极为成功，同时还有着自己的事业，开着一家小公司。

虽然她只是一位生活在小城市的普通女性，然而她身上的许多品质足以让很多人自愧弗如。她的感情经历可以说是比较坎坷的，但她懂得爱，会爱人，也值得别人去爱，所以才有了如今这样一个幸福的家庭。

（一）爱是双向的——第一次婚姻

她在孩子两岁时离异，原因是丈夫觉得她和孩子是累赘，加之两人又是异地，所以婚姻以失败告终。前任是郝馨的初恋，2006 年两人一起去广州打拼。网络工程师是前任一直以来的理想，所以郝馨便打工挣钱来供他读书，经过一年的学习，前任找到了理想的工作。2008 年郝馨怀孕，考虑到两人在广州举目无亲，郝馨便回老家待产。就这样异地生活了两年，前任提出了离婚。

郝馨说，前任没有父母，跟着爷爷奶奶，生活在一个自私冷漠的家庭，不懂得如何做一个父亲，她不能让孩子步他的后尘。关于这段婚姻的访谈给了我很大的启发，就是爱之于家庭的重要性。要懂得爱，学会去爱别人、才能承担起一个家庭的责任。同时爱也是相互的，一个人付出、另一个人索取的家庭必然破碎。

（二）以真心换真心——重组家庭

和现任丈夫是通过同学介绍认识的，对方是因为性格不合所以离婚，带着一个八岁的男孩，两人于 2012 年结婚，"我就是觉得他对我闺女好，才和他结婚的"。郝馨如是说。婚后家内财政基本由郝馨掌管，丈夫在外面打工，工资全部上交；她经营着一家小公司，同时管着两个孩子的学习生活。郝馨一手把握家中财政大权，大项支出由夫妻两人共同协商，日常开支等由郝馨独自负责，整个家被她料理得井井有条，所以在婚后家庭并没有因财政产生过矛盾。

由于男孩小时候在农村爷爷奶奶家长大，重组家庭后，郝馨提议把他接到城里来，城里教育资源比较丰富，有利于孩子的成长。2012年9月，郝馨动用自己的人脉关系，将男孩送到市内重点小学。同时，郝馨发现男孩学习基础比自己想象的还要差，于是她便每晚辅导两个孩子的学习，从拼音到算术，让两个孩子比着学，和他们一起念故事书。日积月累，男孩的成绩由末等逐渐变为中等偏上。

"父母的爱对于孩子的成长是很重要的，我之所以再婚，主要就是不想让我的孩子缺失父爱，不想让她成为她亲生父亲那样自私冷漠的人。那同理，他（指现任丈夫）的儿子我也想给他尽可能多的母爱，让孩子在健全的家庭环境下成长。教育孩子，人品排第一，学习排第二。"

（三）爱是润物细无声——继子态度的转变

前文提到过，男孩从小在农村长大，因而对亲生母亲没什么感情，所以重组家庭后，郝馨和他的相处没有遇到太大的问题。加之郝馨性格开朗，喜欢和孩子玩，辅导孩子学习也很有一套，所以男孩和她相处十分愉快，也喜欢和她一起玩。虽说男孩子晚熟，但八岁的他也多多少少懂了一些事，组建家庭的第一年，他和郝馨关系再好，从没开口叫过一声妈。

转变发生在郝馨结婚第二年夏天。男孩开口问郝馨，为什么之前郝馨不和他跟爸爸在一起？（因为男孩还小，不怎么记事，所以他爷爷奶奶之前一直骗他说郝馨就是他亲妈，小时候把他放在家里，去广州打工挣钱，后来有了妹妹，要照顾妹妹，才没有把他带到身边。）郝馨觉得，是时候向男孩说明一切了，于是她告诉男孩："因为各种原因，你爸爸和妈妈分开了，我与妹妹的爸爸分开了，而我们重新组成一个家庭，以后爸爸是你的爸爸，也是妹妹的爸爸，而我是妹妹的妈妈，以后也是你的妈妈，一样地爱你们！"

不久后便是郝馨的生日，当天不少亲友过来庆生，趁着气氛好，大家都鼓动儿子，说妈妈对你这么好，也对妈妈说句祝福的话。这时，一声久违的"妈妈"方才被喊出了口。郝馨一直以来的付出并没有白费，小孩子心里其实都有一杆秤，谁对他好谁对他不好，门儿清。孩子的心比大人要单纯得多，只要你是真心对他好，真心爱他，他都会记在心里，通过笨拙却直接的方式，向你表达他的爱。

（四）知足常乐——四口之家共叙天伦

"有时候我出差，哥哥在家会做饭，就照顾妹妹，有什么好吃的，哥哥也会让着妹妹吃，我们一起外出，如果我提重的东西，通常哥哥都抢着帮我拎。"

聊天栏中郝馨给我发过来这样一段话，隔着屏幕我也感受到了浓浓的幸福气息。其实访谈时，郝馨对男孩一直称的是"儿子"，我写本文为了区分才用的"男孩"。对话中可以感觉得到，郝馨对男孩完全视如己出，会操心孩子糟糕的成绩、顽皮的性格，也会为孩子学习的进步、懂事的行为而感到开心，如果不是事先知道，可能根本不会想到这并不是亲母子。

生活当然不可能永远都是欢声笑语，访谈最后，郝馨也提到，关于前夫的事情，她是趁丈夫出差时写的，怕丈夫多心，"他有些小心眼"，郝馨说道，"我不会忘记前夫，我觉得初恋对任何人来讲都不可能忘记，但他就会比较在意。男人可能和女人不一样，我认为爱情经历过一次就够了，我与他现在的感情就像亲情，平淡，适合生活。"第一段婚姻的破裂郝馨多少还是会感到一些遗憾，但无论遗憾或喜悦，那都已经成为人生过去的经历，对郝馨而言，知足常乐，珍惜眼下才是最重要的。有恩爱的丈夫和懂事的孩子们，四口之家其乐融融，已经足矣。

无可置疑，郝馨这位"后妈"当的是很成功的，其本人正如前文所述，是一位懂得爱、拥有爱人能力的女性。爱别人，说起来很容易，但却未必人人都能做到，当今社会，不相信爱情的言论泛滥成灾，其实很多人已经丧失了爱人的能力，后妈的"污名化"也未必与此无关。

（五）唯懂爱，方幸福——我的感受

爱要有智慧，例如郝馨，第一次婚姻她爱得毫无保留，却以离异收场，第二次婚姻，她不仅会爱，还教会了别人去爱，所以有了现在这样一个幸福的家庭。当然，幸福家庭的经营需要各方的努力，郝馨也十分幸运地遇到了理解她、爱她的家人。再婚后，上至公婆，下至继子，都喜欢她、尊重她。

诚然，郝馨与继子的和谐相处有一定的机遇成分——孩子年龄尚小，和亲妈感情不深，所以才能发自内心地接纳郝馨这个"后妈"。但更重要的是郝馨的爱，不然哪个孩子会轻易接受一个陌生的女人做自己的妈妈呢？

对于现今社会后妈污名化的问题，我认为其主要原因就在于爱与理解的缺失，首先，双方不懂得爱和包容，对彼此充满敌意，这就为以后的矛盾埋下了导火索；其次，爱的缺失带来沟通不畅、理解缺位，彼此间矛盾激化，和平相处更是无从谈起。而爱是解决这一问题的良方，所谓"爱的能力"，是指自己知道如何去爱别人，用爱去感动别人，然后教会他人如何去爱。爱人，不是指你需要毫无保留、掏心掏肺，而是润物细无声地、渐进地去爱，让对方感受到的同时不会觉得有压力。同时，还要记得爱自己。

所以，针对社会对后妈的污名化，我们首先要摒弃成见，学会爱、学会接纳，然后，真爱自会创造奇迹。

4. 贵州·宝贝，该怎么给你安全感

〔访谈背景〕

小丽，初三学生，贵州湄潭人。亲生母亲在其小学六年级时意外溺水去世，一年后父亲续弦，组建了新的家庭。目前，该家庭成员有小丽父亲、后妈、爷爷、奶奶、12岁弟弟（小丽亲生母亲所生），1岁弟弟（小丽后妈所生）。

访谈时间：6月21日

访谈方式：非面对面访谈，通过QQ进行采访

〔访谈内容〕

小丽是我去年支教班上的一位同学，每次记起她那稚嫩的脸上总是挂着她这个年纪不应该有的懂事，就觉得十分心疼。知道她的家庭状况完全是个偶然，那时支教队为了丰富支教活动，拉近与孩子们之间的距离，组织了几次大型的素质拓展活动。在"我生命中的五样"活动中，孩子们被要求在纸上写下五个对自己来说最重要的东西，之后需一个个划去。当时的场景我记忆犹新，教室里渐渐出现了小声的啜泣，同学们大多将头埋在自己的臂间，一股浓浓的悲伤飘荡在了教室里。那的孩子是个特殊群体，有超过一半的同学是留守儿童，我想这个活动是深深触动了他们内心深处最柔软的地方。悲伤过后的他们很有勇气，都主动站起来与大家分享自己剩下最珍贵的东西，小丽也是其中一个。

她最后剩下的是妈妈，记得当时的她哽咽不已，用最质朴的语言表达着对在天堂的妈妈的思念。"我快有小弟弟了。"她和大家分享着新妈妈即将生孩子的喜事，但当时我看不懂她心里对此到底是开心还是难受。

在知道要谈后妈话题的时候，我的脑海里就出现了她。在贵州的时候，我们也曾在某个夜晚，坐在学校的小角落里聊起过这个话题。当时由于话题的敏感性，我更多的是倾听，听她愿意分享给我知道的东西，然后谈我自身的感受。而本次采访与之大不相同，我需要进一步地提问，探究她更多的私人信息，我怕自己不经意的一个问题就伤了她敏感的心灵，更怕自己不恰当的处理方式失去了她对我的那份信

任。所以我的采访开始得小心翼翼。鉴于她这个学期都在备战中考,所以我特地在她结束考试后联系了她。当我在 QQ 上说明意图后,她很快同意了,并热情表达着对我的想念,邀请我今年再去。这开场白让我们的采访气氛变得轻松了一些。

小丽的爸爸是当地一位普通的农民,平时靠做农活、打散工支撑整个家庭。在小丽妈妈去世后,他身上的担子变得异常沉重,一家五口人的生活都担在了他的身上。或许是因为平时压力过重,小丽爸爸对待孩子的态度不那么柔和,经常打骂孩子。"我爸爸有点凶","我不怎么敢和我爸爸说话","我从来没和他说过心里话","他也很辛苦,很累",小丽怯怯地讲着自己的爸爸,在意识到自己对爸爸有不满之色后,又会十分懂事地表达对爸爸的理解。

小丽告诉我,她是在某天放学回家后突然知道自己即将有一个新妈妈的,当时父亲领着一个陌生的人来到她的家里,告诉她和弟弟这是他们的新妈妈,并让他们开口喊人。小丽告诉我她愣了很久很久。我问她心里是什么感受时,她回复我说:"姐姐,你不知道那种感受,我突然很想很想我的妈妈。""想为什么只有我的妈妈遇到这样的事,为什么她要抛下我们,如果她还在,我们会很幸福。""新来的妈妈很好,给我和弟弟都买了礼物,但是我很害怕","我无法将这些话说给爸爸听,只能在夜里自己偷偷地给妈妈写信"。对于爸爸的再婚,小丽懂事地表示理解,但新成员的加入仍让她有些不习惯,父亲平时的不宠爱也让她渐渐地封闭在自己的小世界里。

当问及之后与后妈的相处时,小丽的言语里只有对后妈的夸赞。"我以前以为后妈都是很坏的,会随便打人,但我妈妈不这样,她对我和弟弟很好,从没打过我们,有时候爸爸对我们凶,她还会帮着我们。"小丽先前对后妈形成的刻板印象一部分来自于电视剧、新闻,那些恶毒的后妈形象在她的脑海中挥之不去;另一部分来自于长辈们的家长里短,在新妈妈刚进门的时候,小丽的奶奶还特地嘱咐小丽和弟弟要听话,受到委屈要多忍忍,这是在所难免的。因而一开始的时候,小丽和弟弟的内心其实是排斥的,但为了爸爸,他们隐藏起自己的心情。幸运的是,他们遇到的后妈不是他们害怕的那一类。在家中,新妈妈很温柔,忙里忙外照顾一家人的生活,那段时间爸爸也变得温和起来,家庭气氛异常和谐。"妈妈去世后我很久没有这么高兴了,我觉得我很幸运,所以很珍惜。"

不久后,小丽的后妈就怀上了小孩,父亲对她百般照顾,这让小丽的内心又开始不安起来。"我也不知道我这样想对不对,但我心里真的很害怕,怕我没有家了,妈妈有了自己的宝宝，和爸爸是完整的一个家，那我呢？我该怎么办？"现在小孩已经出生了，小丽虽然很喜欢这个可爱的小弟弟，但是仍然极度缺乏安全感。她觉得对于这个家庭来说自己是多余的，她感受不到自己的存在。每晚的黑夜更加让小丽变得不安，她找不到可以倾诉的人，更不愿让爸爸为自己烦心。

听她说这一番话，我真想给她一个温暖的拥抱，告诉她"如此懂事的人儿，你不该这样想"。我们之间隔着太远的距离，我只能通过语音和她说，告诉她要和爸爸妈妈多交流，不要自己一个人想很多事情，告诉她要珍惜与新妈妈之间的感情。但自始至终通过机器传达的语言都太无力了。她内心最深处的那个部位也只有她自己可以调节，外人无法插手。希望她能够调整好自己的心态，开心地成长，珍惜拥有的一切。

妈妈的去世让年幼的小丽变得十分敏感，她尽力隐藏自己的心情去使每个人都开心，只有在深夜的时候才会静下来想起自己的内心感受，这让她慢慢地沉浸在了自己的世界里。在有后妈组成的家庭里，她极度缺乏安全感，这与家人之间缺乏沟通不无关系。

孩子对后妈的敌意看似天然，实则极大程度上是对后妈的刻板印象所造成的。传媒舆论追求新闻噱头，频繁传播狠毒后妈事件，一次次将后妈推上风口浪尖，影视作品中的后妈形象也往往被污名化，这给我们传递了一种不好的假象，全天下的后妈似乎都很坏。这让孩子在潜移默化中对后妈产生了一种敌意。除却这些，周围人群尤其是长辈们对后妈的看法也将影响孩子的心理。在重塑后妈形象的道路上，大家都该好好地进行反思。

在重组家庭中，孩子的心灵是敏感脆弱的。除了孩子自身要加强心理建设外，家长也应该负起相应的责任，与孩子多多交流，照顾好孩子的心情。如果后妈孕有自己的孩子，也不应因此产生偏颇，让孩子产生心理落差，失去安全感。彼此珍惜感情。

5. 江苏·愧疚而幸福的陌生人

[访谈背景]

后妈是不可忽视的群体，许多年来一直活跃在文学作品和口口相传之中，"后妈"这一形象也被固化许多年。随着社会信息的交流发展，"后妈"群体愈发呈现多面化。

与很多人不一样的是,我周围认识的"后妈"和她们的家庭,没有太多难以启齿的家庭秘闻,没有坊间流传着的家庭冲突,平平淡淡地过了许多年。或许,这些事例不够吸引眼球,但我还是想讲述平凡生活着的她们的故事。

我此次访谈的后妈名叫徐凤兰,她是江苏省盐城市人,职业为护士。她的婚姻情况详见下表:

婚姻情况	
1990 年	与大自己 18 岁的丈夫师生恋 丈夫当时未离婚,有一对儿女
1994 年	与丈夫确定未婚夫妻关系
1998 年	正式登记结婚
2004 年	与丈夫育有一女

访谈时间:2015 年 6 月 15 日
访谈方式:微信访谈、电话访谈

[访谈内容]

徐凤兰与丈夫相恋时,正值她上初三,1990 年的时候。丈夫是她当时的老师,比她大整整 18 岁,当时已经结婚并且有一双儿女。

徐凤兰坦言:"当时年纪太小,不懂事。"虽然有过挣扎和犹豫,但是和丈夫之间的爱情,以及丈夫当时第一次婚姻的不幸福和危机都让她坚定了要一直和丈夫生活下去的决心。没多久之后,丈夫便与前妻离婚,孩子留给了前妻。

1994 年,徐凤兰中专毕业,正式成为护士参加工作。本来她已经和丈夫约定在她中专毕业之后便登记结婚,组成家庭,当时徐凤兰 23 岁。只是那时候,丈夫的两个孩子都还在上中学未毕业。丈夫和她都很在意这两个孩子的感受,"如果当时就结婚,我们怕造成两个未成年的孩子对我们的误解,也怕伤害他们。"徐凤兰感慨道。所以他们一直等到那两个孩子都上了大学才正式登记结婚,那年是 1998 年。

对于丈夫上一次婚姻中的两个孩子,虽然接触不多,但是徐凤兰对他们的心情依旧很复杂。她比长子大不了几岁,每次相见都有些尴尬和愧疚。她总觉得是自己对不住他们,虽然现在各自生活都很不错,但她依旧无法真正很释然这件事,"毕竟我的幸福是建立在他们当时的痛苦之上的。"最初相见之时，双方的氛围很不好，两个孩子对她颇有敌意。即使已经确定下来那两个孩子交给丈夫前妻抚养，徐凤兰还是希望能够改善大家之间的关系，能够让他们不排斥她。在这一方面她还是做了很多努力，去和那两个孩子沟通、玩耍，有的时候帮忙尽心照顾一下这两个孩子的起居，甚至丈夫的前妻，在一次子宫肌瘤开刀住院的过程中，被徐凤兰一直无微不至地照顾着，俩人之后成为很好的朋友。在这些努力之下，他们之间的相处也愈发融洽和谐。1997年时，她和丈夫一起送丈夫的小女儿去南京读书，一路上相处十分愉悦。"这种事一开始肯定不会相处很好，但是时间长了，也就这样了。"徐凤兰回想之前的经历，这样总结。

现在，这两个孩子都已经成家有各自的孩子了，一个在上海，一个在南京，生活都很幸福美满。而徐凤兰在2004年生下女儿，现在女儿12岁了。上初中之后，丈夫特地去做女儿的老师教育女儿。他们又买了新房，一家人生活得其乐融融。过年的时候，那两个孩子会回到盐城和他们团聚。她现在只希望大家都能各自按照目前的道路继续幸福地生活下去，虽然会有一些遗憾，但这已经是作为最平凡的人能够想到的最好的方式。

就这样子这么多年，大家客客气气平平淡淡地相处着，相互理解包容。做着有交集却不熟悉的"家人"，也是各自幸福着。

选择这位阿姨做访谈对象的初衷就是想要做一次有关后妈的平淡温馨的访谈。我们都是平凡人，多数人的生活循规蹈矩，没有太大的波折。那些后妈对孩子极致好抑或极致坏的例子其实都是少见的，大多数人就像这个家庭一样，有些带点淡漠的羁绊，像是平行线因为命运的捉弄无意中交错过但又迅速分开。对于徐凤兰阿姨，师生恋或许已经算是她人生中最浓墨重彩的一笔，之后的故事只是平淡而温馨。

总觉得这种状态或许是一种比较舒服的状态。我们相识，因为同一个人牵绊，但是努力弥合缝隙，努力不再伤害对方，虽然不能当成完全的一家人，但还是要做各自幸福着的陌生人。我在和阿姨聊天的过程中，感受到她许多种情绪的切换，但每一种情绪都十分坚定，对丈夫的爱情，对那两个孩子的愧疚，对家庭的守护，以及对未来生活的期待都被表现出来，这种情绪虽然很能理解但还是很令我触动。

也曾见过阿姨的丈夫和女儿，眉眼很像，都有种斯文气质。现在想起他们的模样，忍不住感叹其实我们都是平凡的普通人啊。或许家家都有段故事，但是无论故事的开篇或结尾多么华丽波澜，也总还是要收尾的呀，所以最终我们都以最平凡的姿态活着，老去。我在想，如果以"初三""师生恋""后妈"之类的字眼为关键词，那一定可以成为时下热点，因为有多少围观的网民最爱看这些秘闻一般的猎奇事，但是了解完一个故事，发现那开端似乎的确令人不容易接受，但是十几年的时间，大家平淡相处，幸福生活，也算是对往事有一个交代，那其他的评论似乎都没有意义。

即使不是很能理解当年师生恋的情绪，但是作为局外人，当事人如今都已经幸福地继续过日子，又何必强求细节。阿姨和我聊天的时候十分坦然，不曾抨击过丈夫前妻来证明自己的理所当然，只是讲述那些事，我感觉到，生活也就是这样了吧。

最心安的选择，也莫过于做心怀愧疚但希望各自都幸福的陌生人。

6. 北京·一句"那谁"，道尽冷漠

[访谈背景]

大二的时候，我陪大学闺蜜兼室友去上海找她的异性好朋友 YD。他和我闺蜜是初中同学，关系一直很好，在上海华东政法大学念国防生。那次去找他，他带上他的女友请我们吃西餐，饭桌上大家聊得很开心，他和他女友都很健谈，男才女貌很般配。回来之后到现在，我闺蜜会陆陆续续和我讲起他，比如每年都送昂贵的生日礼物给我闺蜜，现在他和他女友大四已经同居，等去广东军区呆完两年回来就结婚。他家里条件很好，他爸给他买好了房子和车，女朋友的条件更好，两个人经常晒幸福，给我的感觉是一个人生赢家。所以当闺蜜告诉我他现在的母亲是后母并且他和后母的关系很不好时，我还是惊讶了一下。在闺蜜的帮助下，我们去了一趟上海，去他学校找他聊了聊，考虑到他与后妈的僵硬关系，我没有再打算对后妈进行采访。

访谈时间：2015 年 6 月 6 日 13 时
访谈地点：上海华东政法大学校园

[访谈内容]

首先是一些基本信息，YD，北京人，21 岁念大四，初二的时候生母因病去世，

15岁高二，46岁的父亲经朋友介绍认识娶了35岁的后妈。现在父亲52岁，后妈41岁。他父亲是武警军官，经常全国各地到处跑不在家，后妈之前婚姻次数为0，嫁进他们家后没有工作，成为家庭主妇，平时喜欢看演出，打打牌。他和他后妈的关系较差，几乎无交流，偶尔的交流都是基于他爸的再三劝说。

我们三个在校园里边走边聊，气氛比较严肃。YD用很平淡的语气提起有关他后妈的事情。他说高二的时候他爸在娶后妈的问题上很认真地询问过他的意见，他说无所谓，因为他觉得自己无权干涉他爸的幸福，应该尊重他爸的选择，只是他自己感觉那样的话自己与他们就好像是两个家庭，自己只与爸爸有血缘关系，后妈对于他就是一个陌生阿姨。他在上海读书，他爸给他在北京买了一套房子和一辆车，每次回家他都住自己的房子，并不和他爸以及后妈住一起。

他生母的去世对他打击很大，生母刚去世的时候，他对他爸的态度很不好，不听话，很少敞开心扉交流，关系很冷淡。一直到近两年他和他爸的关系才缓和并且越来越亲近，但是他和后妈的关系一直很冰。平时他爸要打好几个电话劝说他他才愿意回家吃饭，以前他爸打电话找他回家和后妈一起看演出，他一开始都是拒绝，后来才慢慢愿意去，不希望他爸因为自己为难或者不开心，但是还是不会和后妈有交流，只和他爸交流。可以看出，他爸一直很努力地希望改善后妈和他的关系，很积极地想维持家庭和谐，只是很难避免他对后妈的排斥。他在和我们提起他后妈的时候，都称呼为"那谁"，我问他那你后妈平时怎么叫你的，他说就叫我名字啊。

另外，他很开心地提起了他姥姥，他和他姥姥关系特别好，他说他每次回家第一个先去看姥姥，可能和姥姥在一起的时光就像是他生母陪着他一样。于是我问他："你姥姥对你爸和后妈的态度还好吗？"他说："姥姥对他们挺好的，姥姥和他们住得近，有事没事就会去他们那里照看一下，有时候熬了汤煮了饺子还会送过去给那谁吃。"我当时很不解，现在有些理解了，这是一位善良的姥姥，可能她体谅自己的女婿，自己承受了白发人送黑发人的痛苦，所以理解女婿中年丧妻的伤痛，也能理解女婿需要陪伴。本来以她的立场可能应该是最排斥他后妈的存在的，但她选择了包容，也算是对这位后妈的一种认同。

在剩下的闲聊中，他说自己以后会对自己的孩子特别严厉，他觉得自己是个教育失败的案例，因为他爸总是不在家，没精力管他。或许是因为愧疚，或许是为了弥补，他爸十分舍得为他花钱，比如买房买车，很宠他，他自己平时花钱也大手大脚，缺钱了就再问他爸要。他自己认为这样是不好的，但是他没有改变的动力，从生活到读书，他成绩不好，他爸又正好是军官，所以最好的选择就是成为一名国防生。他并不是很满意自己现在这样的人生，但他又懒得去改变，他说反正我这辈子也就这样了，但是我不希望我的孩子也这样。他说他刚和女友在一起的时候就已经规划好了两个人的未来，几岁结婚，几岁生孩子，他的爱情观是谈恋爱就是奔着一辈子去的，他的婚姻观就是一个人一生应该只和一个人结婚生子白头偕老。

对他进行了短暂的采访之后，我又从我闺蜜那里了解了一些情况。她说有一次他们几个同学一起去YD的家里，YD进家门之后对后妈说了句"您好"，而后妈见到他们也只是和保姆打了声招呼让准备水果，然后就进房间再也没有出来，所以当时那些同学对这位阿姨的印象也不是很好。或许，并不是YD过于排斥她，她自己本身也并没有很积极地想拉近自己与孩子的关系，通常情况下，后妈要做很多努力，花很多时间精力才能让孩子接受自己信任自己，但是这位后妈似乎没有做出任何积极行动，她的态度也是造成YD不愿接受她的原因之一。

其次，生母的去世以及后妈进入家庭对他的爱情观婚姻观也有一定的影响。闺蜜说他很渴望婚姻，所以打算一毕业就结婚，而且他朋友圈的状态几乎都是和女友有关。我感觉可能因为现在家庭的不完整，导致他非常缺乏安全感，特别渴求拥有一个属于自己的稳定的家庭，非常依恋另一半，对爱情很憧憬，对另一半倾其所有。

最后，我就自己了解的这些情况说一下自己对这位后妈的想法。她35岁嫁给了YD的爸爸，算是一个大龄剩女，可能因为家庭情况可能因为自身性格品性等，最终选择成为一位后妈，并且通过对YD家庭情况的了解我认为他们家不可能再生一个孩子。YD的爸爸总是各地到处跑，她与YD的关系似乎也没有缓和的可能，所以她经常要一个人待在家里，自己也没有工作，这种寂寞对一位女性来说并不好受。再者，她嫁过去的时候YD已经高二，接近成人，懂得不少人情世故，和生母的感情陪伴了整个童年青少年，对陌生人的警惕心强，也不容易接受诱惑，所以她很难让YD接受她。个人认为，如果孩子还在幼儿园或者小学，那接受后妈会比YD容易得多。所以其实，这位后妈的生活也并不容易，并且也没有拥有一个完整家庭的可能，也令人同情。

血浓于水，亲情是世上最牢固的羁绊，现在社会的离婚率大大增加，更多的孩子会和与自己没有血缘关系的后妈成为一家人，虽然YD的家庭是一个负面例子，但是也有那些后妈经过努力之后成功融入家庭的正面例子。相比于孩子，后妈的思想和行动才是起决定性的因素。无论是还处于童年不懂事的小孩,还是已经长大成人的大孩子,后妈应该有什么样的心态,有什么样的行动才能打动他们接受自己?父亲又该如何更好地协调两者之间的关系?

7. 重庆·走向幸福的必经之途

【访谈背景】

我的表叔是一个中学的美术教师,因为工作的原因,和前妻长期两地分居,在前几年离婚,带着还在上小学的女儿一起生活。在之后的几年里,学校的一位语文老师走进了他的生活,最后成为他的人生伴侣,当然也就是表叔女儿的后妈。

这个新组建的家庭有几分像电视剧《家有儿女》里面的家庭构成,语文老师有一个儿子,比表叔的女儿大上几岁,于是这个四口之家就开始了他们的新生活。由于初高中时期我寄住在他们家里,所以对这一家人的生活比较了解。高中毕业后我离开表叔所在的学校,到外地求学。每年寒暑假都会回到重庆和表叔一家人见面,所以这次访谈就像一次叙旧一样,夹杂着我初高中六年的回忆。由于语文老师教我的初中语文,所以关系很好,我叫她老陈。因为双方熟识且关系亲密,所以谈到家庭事务不会出现尴尬,整个过程很轻松愉快。只是由于地理关系只能电话访谈。

访谈时间:2015年6月29日20时

访谈方式:电话访谈

【访谈内容】

访谈挑了一个老陈没有晚自习课的晚上,我打通了她的电话,和她拉了很久的家常。聊到表叔的女儿,她今年初三,快要中考了,在学校的实验班里感到压力很大。因为她之前在普通班的成绩排名是非常靠前的,而进入实验班后班上高手如云,成绩排名自然就不理想了,看到周围的同学在各科学习上都比自己优秀,她心理压力很大。老陈让我以过来人的身份开导开导她。老陈总是能很敏锐地察觉到孩子的精神和心理状态,她对孩子的身心健康很关心,对于成绩反倒没有多么严苛的要求。

老陈是一个很温柔的人,我觉得她很适合母亲这个家庭角色。我在她最初试图融入这个家庭的时候就感受到了。那时表叔离婚不久,年纪不大的女儿从妈妈所在的城市来到表叔身边，要熟悉新的环境，常常因为不适应而闹情绪。有时表叔在外面有酒局，回来得晚，女儿就会不停打电话催，哭闹。那时我刚上初中，寄住在表叔家里，面对这种情况也完全不知道该怎么办。而有一次，我的表妹又哭闹起来，不一会儿，门铃响了，我开门一看发现是老陈。那时她还是以表叔朋友的身份来安抚孩子的情绪的。不得不说，语文老师在安抚孩子情绪方面是有优势的，她把表妹领进卧室，几个故事和道理一讲完，表妹就安静了，老陈待到她睡着了才走。我在门外听得羡慕死了，心想要是我妈妈也这么温柔就好了。

我在电话里跟老陈提起这件事，她笑着说她都不记得了，不过她说当时表妹的心理状态的确不大好，一个还在读小学的孩子，要面对父母的离异和生活环境的巨大转变，出现严重的情绪问题是必然的，好在调整得好，没有落下心理上的严重伤痕。

然后她问我这个暑假有什么打算，我说我应该会实习很久。老陈说她这个暑假准备带着我表妹去参加一个采识中草药的夏令营，在中考之后让她好好放松一下，其他时间都让表妹自己安排，当然也会让她适当预习高中的课程。

这让我想起了初高中时期的生活，表叔家每次出门玩都会带上我，很多时候是去电影院看电影，那时学习生活其实不算轻松，而表叔和老陈的想法一样，那就是该学的时候学，该放松的时候放松，不论到了哪个学习阶段，周末玩的时候都会把我拖出去。表妹也是在这种共同的休闲娱乐生活中逐渐放下了心理上的障碍，变得活泼大方起来。老陈和表叔的教育理念使得我和表妹都受益无穷，张弛有度的生活使得我们有较高的学习效率和娱乐的探索之心，生活由此变得丰富多彩。

聊到最后，我不禁询问了下老陈的身体健康状况，她在工作上一直是很认真的人，所以身体劳损得比较厉害，我在读高中的时候就常见她身体抱恙，尤其是腰和颈椎。她说现在中学里的孩子比起以前的来说要更闹腾一些，管起来很费劲，有时根本不跟老师讲道理。不过她一直都是个很有耐心和责任感的老师，所以在为学生操心这件事上她清闲不下来，身体也自然是时好时坏。不过我想或许正因如此，她才能和表妹相处得融洽吧，老师这个职业要求对孩子有耐心，而这正是后妈和继子女相处融洽的起点。彼此靠近，彼此了解，彼此包容。这或许就是所有重组家庭走向幸福的必经之途吧。

其实这次访谈像是一次温馨的叙旧，没有什么尴尬的时刻。这中间也夹杂着不少我的回忆，因为真实地参与过他们的生活，所以有一些感触和体会。

或许大家一提到后妈就会想到继母和继子女间的不和谐，互相间的不理解甚至是纠纷、争吵、暴力相向。而近几年社会上屡屡曝出继母虐待继子女的案件，使得大家对后妈这个身份有了更加深刻的怀疑和偏见，其实我认为后妈与继子女的相处情况好坏往往和其受教育水平、自身性格与处世心态相关。社会上曝出的关于后妈的负面新闻，往往是发生在受教育水平低、经济条件差的底层人物中，这些人在处理其他事情时尤不能做到尽心尽力、自省自觉，更何况是在要求高度耐心、责任感和沟通能力的继子女关系处理上，自然多半以失败告终。而当今社会离异和重组的家庭何其多，像老陈这样兼具耐心、责任感和沟通力的继母又有多少呢，所以绝大部分后妈与继子女之间出现或大或小的矛盾就在所难免了。

后妈与继子女之间的关系是被人们长久热议的社会话题，重组家庭要建立良好的家庭关系从来都不是一件容易的事，但也不是毫无办法。后妈在和继子女的相处中究竟要具有哪些素质、采用哪些方法才能营造和谐的家庭氛围呢？

8. 深圳·难以消除的刻板印象

[访谈背景]

访谈的对象是笔者高中好友，由于保密原则本文将其称作 T 同学，其继母称作 Y 女士。T 同学现在山东读书，其家庭成员均在深圳，不便进行面对面的交流，因此访谈主要采用的是微信交流。由于访问的是继子对继母的看法，本文主要从继子的角度看待后妈，侧重于后妈的家庭认同情况。

Y 女士今年 44 周岁，33 周岁时成为后妈，一共有过两次婚姻。继子 T 同学今年 22 周岁，性别男。Y 女士通过正常婚配的方式进入重组家庭，据 T 同学透露是其父亲离异后回湖南与同样离异了的 Y 女士相亲而认识的。Y 女士进入重组家庭时带着自己与前夫的女儿，即 T 同学的妹妹，与 T 同学同年。婚后 Y 女士并无再生育。被问及与其阿姨关系时（T 同学称 Y 女士为阿姨），T 同学认为是良好。

[访谈内容]

访问伊始我便问 T 同学对后妈这个群体怎么看待，T 同学认为每个后妈都不相同，很难从总体上去判断这个群体。他特别提到社会上对后妈的刻板印象使她们遭受了许多偏见，并不是每个后妈都像灰姑娘的后妈一般恶毒狠辣。T 同学认为自己的后妈 Y 女士尽心尽力，真的把自己当作亲儿子一般抚养，却牺牲了带自己女儿的时间。

（一）初入重组家庭，顾此失彼

T 同学是深圳人，从小在深圳长大，在其 8 岁时父母亲便已离异。T 同学 10 岁时，其父亲回湖南相亲，认识了 Y 女士，2004 年把她带回了深圳。Y 女士的女儿刚开始并未随其母亲一同来到深圳，而是先被留在了湖南，到了 2008 年，Y 女士的女儿 15 岁时才被带到重组家庭中。不同于一般对后妈的理解，Y 女士非但没有偏向自己的女儿，反而更照顾继子 T 同学。Y 女士女儿 11 岁到 15 岁的成长期间，Y 女士并没有把她带在身边，由于分离两地也疏于照顾，她的女儿也因此感到十分不满，直到 15 岁后回到 Y 女士身边慢慢长大成人才渐渐理解。之所以偏向继子疏忽亲生女儿，有距离的原因，T 同学和 Y 女士在深圳，而 Y 女士女儿在湖南老家；初入重组家庭，若对继子 T 同学不够呵护照顾，会遭到闲言碎语，家里的压力特别是男方家庭施加的压力不小；T 同学母亲在他很小时离开他组建了新的家庭，T 同学的父亲是生意人，平时工作应酬繁忙，Y 女士认为 T 同学需要她投入更多的精力。

（二）尽心尽力，刻板印象难去

Y 女士的丈夫，也就是 T 同学的父亲对 Y 女士亦有不满意之处，他认为 Y 女士很多事情办不妥当，而且会经常以抱怨的方式表达出来，有时言辞让人难以忍受。Y 女士亦有自己的工作，在私企担任总经理，工作已不算轻松，同时还要照顾家庭，难免难以周全。比如 T 同学现已完成大学学业即将前往英国攻读硕士学位，最近需要准备出国材料，因 T 同学仍在山东学校不在家中，只得拜托家里人帮忙在深圳准备。T 同学的父亲并不亲自参与，把事情都交给 Y 女士，由于 Y 女士工作繁忙有所疏忽有些资料弄丢了，T 同学的父亲便十分生气，责备她没有把这件事做好。这样的小矛盾并不少，T 同学也坦言自己的父亲对 Y 女士相比于对自己更为苛责，平时不够体贴 Y 女士。即便如此，T 同学的父亲认为 Y 女士已是家庭中不可或缺的一分子，纵使他的家庭成员如他的母亲、他的妹妹对 Y 女士一直有所不满。

Y 女士自进入重组家庭以来一直不受 T 同学奶奶和姑姑的待见，她们主要的顾虑是 Y 女士会觊觎 T 同学父亲的财产，至今距 Y 女士来到 T 同学家已经过去 11 年，她们的看法仍然未曾改变，这或许与 Y 女士在重组家庭中管家庭资金流相关。即使是 T 同学重新组建家庭亦是他人继母的亲生母亲对 Y 女士亦不信任，她虽然从未当面表达过任何不满与反感，但私下里曾告诫 T 同学要提防 Y 女士。

与其姑姑、奶奶、生母想法相反，T同学十分信任自己的阿姨Y女士。在他看来，Y女士待他与亲生儿子无异，也会尽责地教育他。他觉得Y女士是一位直率真诚的人，不会更不屑于在背地里耍些手段。

（三）信任缺失，重组家庭艰难维系

T同学父亲的家里人对Y女士的不信任与防备溢于言表，Y女士自然不至于感知不到，Y女士面对男方家人从再婚伊始的质疑到11年后未曾改变的态度，更多的是一种忍耐。Y女士感到不论她如何做总是不能使男方家人感到满意，也经常感到不悦，有时候会忍不住闹离婚。在上文提到的最近发生的T同学出国资料弄丢的事件中，T同学、其父亲、奶奶、阿姨都很愤怒，结果因为这件事几个大人吵了起来，最后矛头对准了Y女士。T同学并不责怪Y女士而是埋怨他的父亲，因为他认为这件事原本是其父亲与Y女士一起做的，其父亲到后期便把整件事丢给了Y女士，结果男方家人都把怒气撒在了Y女士身上。Y女士因此感到心灰意冷，内心十分委屈，便与其丈夫发生了一些争吵，声称要离婚。而这种闹离婚事件基本上一年就会发生一次。而这么多年都未曾离开家庭大概也是因为离开的代价太大，即再带着女儿再嫁，且已经与重组家庭有了很深的联系。

（四）继母难当，继子理解

虽然Y女士与男方家人关系冷淡，但与T同学却不错。Y女士最近因出国资料不见的事与T同学交流时仍然可以看出她的委屈与不满，从聊天记录"你放心吧！财产我不会要的，我怎样来就怎样走吧！""正好你姑、你奶奶都不希望我在这。"而T同学则不断地表示"你在这里我根本不担心财产的问题""我希望你留下来"。T同学认为他的父亲与母亲没有真正地了解他，也并没有花时间花精力去照顾关心他，反而是他的继母Y女士更关心了解他，他更容易感受到Y女士的爱。T同学十分明确地表示他希望他的阿姨Y女士留下来。他承认很多外人难以相信会有继母把继子当做自己的亲生孩子，用心尽责地去养育去爱。

做完整个访谈，意料之中的是男方家庭对继母的排斥与不接受，意料之外的是继母与继子之间的深厚的联系。继母一词涵盖了太多的既定印象，她们似乎都像灰姑娘的后妈，恶毒无情、城府颇深、偏袒自己的孩子，也是如此，人们从心理上难以接受后妈，揣测她们的目的，怀疑她们的动机。就像Y女士再婚11年，仍然不被接受，男方家庭甚至是同为他人继母的T同学生母都担心她会觊觎、夺走男方的家产。

我想对继母的污名化与两性的地位及社会对既定性别的看法是密不可分的，甚至是可以相互呼应的。我们对继父的偏见远远低于对继母的偏见，这种偏见多是对成为继母的女人的目的的怀疑以及对她进入重组家庭后行为的预估。最为典型的便是继母觊觎男方财产，本文访谈内容便是其中典型。我们这个高举着男女平等的社会实际上不论是女人还是男人都有着根深蒂固的男权心理，女人与男人的结合常常被视作女人依赖于男人，女人没有足够的能力进行独立的自主生活，比如说没有经济独立的能力，因此年轻貌美的女性与年轻有为身家尚可的男性的结合，总被戴上有色眼镜的人们嗤作"贪婪其钱财"，完全忽视了女性实际上亦有经济能力。T同学的继母Y女士不止一次地向T同学、其丈夫及其丈夫的家人公开表示她未曾对财产有觊觎心理，自己亦有能力养家糊口，可这种言辞论调永远是不会被信任，Y女士也因此永远难以受到男方家人敞开心扉不加防备的对待。哪一天男女真正平等了，女性被社会赋予足够的尊重，女性的能力得到了认可，女性的晋升通道不再被刻意堵塞，或许继母与继父才能处于一个对等的评价体系中。

虽然T同学的奶奶、姑姑乃至生母都告诫T同学提防与谨慎，但他却十分信任阿姨Y女士更不愿她离开这个家庭。继母被承认源于她不吝啬于把自己的爱，同等甚至是多于自己亲生子女的爱，施于继子。离异家庭的孩子更容易感受到爱的缺失，更需要被小心地呵护，这与家庭的本质无疑是一致的——给人以爱的感受，已为继母的女人或是即将成为继母的女人的前路确实坎坷，可只要因为真正的爱而结合，用爱对待新的家人，那么继子女也会信任与需要继母。

爱能跨越一切障碍，希望被污名化的继母能用爱的力量证明给带着偏见的社会看，但愿我们的社会能更加包容与善待所有背负着刻板印象的群体。

9. 新疆·难受时抬头望望天，望着望着我就忘了

[访谈背景]

乐乐，新疆乌鲁木齐市人，出生于1993年9月4日，是我高中同学。

乐乐的父亲是新疆乌鲁木齐某知名律师事务所的老总，毕业于新疆石河子大学法律系，祖籍江苏苏州。曾经在我国沿海一带做过生意，后因父母之命回新疆定居，开了一家律师事务所，与乐乐母亲相识，并结婚，生下乐乐。我见过这位父亲，啤酒肚，一看便知是领导或老板，话语不多，不苟言笑，但为人亲和。

乐乐的母亲是一位空姐,年轻漂亮,出生在新疆,祖籍河南,经人介绍与乐乐的爸爸相识并结婚。乐乐的母亲,我见过这位辣妈,一看就是时尚界的领军人物,无论是她的穿着打扮,还是她的言行举止,无不透露着这位母亲身上个性、独特的风格。

乐乐的姥姥姥爷、爷爷奶奶都生活在新疆,姥姥姥爷是新疆某高校的教授,乐乐的爷爷曾经是官员,现已退休。

原来乐乐是一个名副其实的富二代,可能在乐乐爸爸妈妈的年代,他的爸爸就是富二代,他的妈妈就是白富美,但是为什么富二代与白富美犹如王子跟公主的故事到最后却是悲剧呢?于是我再次拨通了乐乐的电话。

[访谈内容]

2015年6月29日,我在微信上联系了乐乐,并说明了缘由,经过他的同意拨通了电话。乐乐现在也长大了,不像原来那么玩世不恭了。他告诉我很多关于父母离异的事情、祖辈和父母关系的事情,同时,我还大胆地问了他对于父母的感情,他对于父母离异这件事的看法,还知道了父母的离异给他的祖辈们带来的影响,给他自己的生活带来的影响。第一天的电话访谈之后,第二天我们再次通过微信进行进一步访谈,他更是敞开心扉跟我说了很多心里话,我不知道在电话的另一头,这个身高183cm的大男生是不是被我问哭了,但是他说,他很少愿意把自己的心里话说出来给别人听,他父母离异的事情也是我们认识一年多以后在不得已的情况下他才告诉我的。

(一)乐乐对父母离婚的看法、感受

乐乐说,那是一个周末,妈妈带他去了德克士,他可开心了,但妈妈一口也不吃只是看着乐乐,忽然眼泪直流,对乐乐说对不起,说以后乐乐就跟着爸爸过,但是妈妈也会时常回来看他,还会带他去南山玩的。乐乐已经初二了,他知道前些天住在姥姥家里,就是一个不祥预感,但是当妈妈亲口告诉他父母离婚这件事时,乐乐几乎是崩溃的。他在德克士里面大哭,但是又能怎么样呢?他想恨他的妈妈不要他了,他想恨他的爸爸狠心不要妈妈了,但是乐乐很懂事,他没有在心里积下恨,这要归功于姥姥姥爷对他的开导和陪伴。现在的他再去看父母当年的离婚,他甚至表示理解,但至少他觉得要不是父母当初的离婚,可能父母就要争吵一辈子。在父母离婚后的6年里,他反而看到了父母可以坐在一张桌子上吃饭,反而能抽出时间来一起陪他过个生日了。或许是父母觉得心里对孩子有愧,都不约而同地想为孩子建造一个家的感觉,但是这种感觉是浮现在他们离婚以后的,他还说起他高中父母在春节来看他的事情,为什么是父亲刚走没两天母亲又来,不是刻意要错开时间,而是他们本来想一起在珠海团聚的,但是两个人都不愿意先开口,乐乐说,这足以说明父母之间还是有爱的,他们并没有把对方恨之入骨,他们还是愿意再见面。离婚或者是当时冲动,或者是那个时期父母双方在沟通交流方面做得不够,都忙,都好强,都不愿意先低头,一气之下就离婚了。而随着年龄增长,两人事业都有所成就,母亲也不飞了,父亲的工作相对没那么忙了,两人有时间可以坐下来聊聊了。乐乐说,"他们离婚以后我反而经常可以感觉到母亲对父亲的思念,可以感觉到父亲对母亲的愧疚。"但是两个人却再也没有办法回到以前了,再也没有办法一起为乐乐组一个家了,想到这,乐乐说,父母的离婚是他心头永远都无法被抚平的痛,他还立誓以后自己绝对不会离婚,给孩子,给对方,给自己造成这么大的伤害。

(二)乐乐对父母再婚的看法

乐乐的母亲是在乐乐高三的时候再婚的,他并没有参加母亲的"婚礼",因为那时候他在珠海,他说即使他在乌鲁木齐也是不会去的,他一直以为父母会和好,会复婚,他一直以为父母离婚了以后的感情反而比结婚在一起的时候要好,然而很多话是父母拿来骗他的,很多事是父母故意做给他看的,不想让孩子心灵受到伤害,因此乐乐一直以为父母是可以复婚的,但实际上母亲早已决定要嫁给这个陈叔叔了,还在他面前演戏。这个如晴天霹雳的消息,真的给了乐乐沉痛的一击,他甚至下决心再也不要见到母亲,再也不想听母亲给他讲任何人生大道理了。他开始觉得他的家就像是在演电影,一幕一幕都是有导演在编排的,他已经分不清什么才是真实的了。不过,母亲的再嫁让乐乐一下子长大了,他开始学会承担责任,开始更加独立,开始全心全意学习,最后以优异成绩考入华中科技大学。他觉得父母的离婚都没能给他如此之大的打击,反而是母亲的再嫁,让他内心唯一的希望崩塌了,他开始恨那个陈叔叔,甚至有流言蜚语说乐乐的妈妈先前就是因为这个陈叔叔,所以才和乐乐爸爸离婚的,妈妈伟大的形象忽然就成了劈腿的形象,他再也不想见到妈妈了,从高三到大一,他一直生活在弥漫着恨的黑暗的日子里,他不愿意和别人有太多的交际,喜欢宅在宿舍,寒暑假也不回家,谈了女朋友吹掉再谈,因为他知道他爸爸也差不多是这个状态的。整个人像变了一个人似的。去年他父亲也再婚了,他已经没有属于他自己一个人的妈妈和爸爸了,甚至他的爸爸妈妈被那些陌生的孩子叫着爸爸妈妈，陪陌生的孩子入睡，给他们做饭洗衣服，一想到这，他就觉得自己是世界上最可怜的人，除了姥姥姥爷没人会爱他。因此在父母再婚以后，他和父母的关系一直很紧张，不愿意见他们，甚至连一声爸爸妈妈都不愿意叫，无论父母给了他多少物质上的补偿，他都无法无视那些叫自己妈妈是妈妈的小孩。大三了，他和妈妈的关系稍微缓和了一些，妈妈去武汉看他，也是哭得一把鼻涕一把泪，再婚后的生活也并没有多少幸福理想。

（三）乐乐妈妈再婚后的生活

乐乐妈妈再婚后，变成了两个孩子的后妈，一个比乐乐大，今年读大四，一个还在念高中，都在新疆上学。乐乐妈妈以前在家里也是很少处理家务，但是再嫁以后却要照顾两个孩子的起居，老大对她很是排斥，正眼都不看她，还背地里说乐乐妈妈是狐狸精，背地里叫她"小狐狸精"，小的还算是懂事，但是学习压力很大，方方面面都要照顾得很好。乐乐妈妈对这样的环境不得不去面对，她觉得很对不起自己的儿子，乐乐上高中的时候远在珠海一年才能见几回，都没有给儿子亲手做过几次饭，大三见到乐乐的时候，妈妈已经老了很多，没有当年叱咤风云的潇洒了，高跟鞋换成平底鞋了，短裤皮靴也都没了踪影，果然是岁月不饶人。唯一值得欣慰的是陈叔叔对乐乐妈妈很好，一定程度上比乐乐的爸爸会照顾儿女，会照顾人，也没有乐乐爸爸忙，两人在一起的时间很多，经常一起散步、谈心。听了许多妈妈给乐乐说的，乐乐忽然就觉得妈妈离婚再和陈叔叔结婚或者是正确的选择，她和爸爸在一起似乎从来没有一起散过步，更别提谈心了，看到妈妈能有个谈心的人，也是值得为她开心的。还有一件最不能适应的，就是陈叔叔是回族是穆斯林，在饮食起居方面与汉族是有很大不同的，甚至在丧葬婚嫁方面也都是严格按照伊斯兰教的教义礼节来进行的，而且穆斯林的家族是不可以娶非穆斯林的，所以妈妈在无可奈何之下只好进了教，随了陈叔叔。这样在生活中，妈妈就要学习很多穆斯林方面的礼节、教义了，起初在陈叔叔家族妈妈遭到很大的排斥，甚至家庭聚餐很多老人都不愿意与她同在一座一席，大人也不愿意小孩子来陈叔叔家里吃东西，母亲的心灵遭到很大的打击，在再婚之前母亲是没有想到嫁给一个穆斯林会面对如此之大的压力，好几次母亲都有离婚的冲动，这次不是因为和陈叔叔的关系不和，而是她实在受不了家族、孩子给她带来的压力、排外。很多时候，母亲也很后悔自己一开始就犯了错，就不该离异，就不该再嫁，然而事已至此，除了面对还能如何？好在陈叔叔是一个知书达理的人，他能体会母亲的苦衷，他在家族里有一定声望，他教会了母亲很多伊斯兰教的教义,让母亲在家族里也慢慢开始有了自己的地位,这一年,母亲的生活才算是慢慢有了希望有了好转,乐乐也愿意见她了。

乐乐是我的好朋友,今天我听了他这么多的故事,很后悔之前都因为自己忙,又是异地没能好好陪陪他,让他自己一个人经历了家庭的变故。但是从这次的访谈中我可以感觉得到,父母的离异和母亲的再嫁对乐乐带来的伤害,似乎小学和初中的美好回忆在这个时候回忆起来都带有悲观的色彩。乐乐没有高中时候那么乐天派的性格了,他变得沉郁,变得成熟,万事都说"不一定",总说"可能吧",自信心也不如原来,那股拼的劲也没那么鲜明了,我邀请他出来玩,他也是很直接就拒绝,以前我们也是特别好的朋友,他是很会和人交往的,现在他似乎并没有那么相信人与人之间的关系了,他的这种变化令我很痛心。

离婚,后妈,这些充满悲观色彩的词语,在乐乐身上显得更加具有悲观色彩,在我国,在当下肯定还有千千万万和乐乐一样的孩子,有和乐乐妈妈一样的妈妈,在新的家庭中同样面临着种种困难,同样需要作为后妈的自己去挑战自己。我们能做的就是祝福这些妈妈们,希望她们能在经历了一劫之后找到自己真正的幸福。

10. 台湾·春天后母心

[访谈背景]

古人云:"春天后母面(闽南语)"——春天气候多变、忽冷忽热,就像后妈的情绪变化无常。一样是象征母亲的俗语,却有别于指母爱伟大、同温暖阳光的"春晖",意象上的差距足以显现。

几年前一个台湾电视剧,由女星白冰冰主演的《春天后母心》即深刻描写社会上对后妈的眼光和评价,以及后妈不为人知的难处。一反大家对后妈的刻板印象,从古至今,大家都想当然地认为后妈一定会虐待继子女,但该剧该角色却是后妈为了继子女牺牲奉献、视如己出。

当时女主角也从上次的婚姻带了两个小孩再嫁,为了不落人口舌说(后妈虐待继子),女主角本身反而对别人的孩子比对自己的还要好。换个角度从后妈出发来想,这真是违背人性啊!所以,后妈恐亦有为难、委屈之隐。

后妈若与现任的老公生小孩,这种组合家庭受教必定十分困难。继子如无自觉,在这样的前提下,管教之恐被当作虐待;置之不理又会被认为是不关心。这样的立场实在是非常艰难。尤其是在比较溺爱孩子的家庭。又言，如果后妈再和现任丈夫生一个小孩，丈夫未必会照样同前妻生的孩子一样疼爱。

即使如此，孩子之间的心理落差和管教差距，甚至孩子的相处与互动又该如何呢？如是问题势必存在于各个组合家庭，且于孩子心里有深刻的影响。有许多的假设可能，端看站在怎么样的角度、为谁着想，而又该如何诠释了。

本次采访的对象是我从前家教的学生家长。因为和我母亲是旧识，从前尚未离开前任丈夫时，和我们家就有密切的来往。这位阿姨身为后妈（以下称为庄小姐），切身有很多的感悟和体会，由我母亲撮合之后，遂爽快地答应了这次采访。

[访谈内容]

庄小姐与前夫王先生育有一子（下面化名为：达达），离婚具体原因不明，但表示王先生之前经常会对母子俩家暴，于是抚养权也判给了庄小姐。离婚两年后，因为朋友介绍认识了现任丈夫赵先生。赵先生与前妻膝下有两个孩子，一男一女（下面化名为：汉汉、宁宁）。至于赵先生和前妻为何离婚，庄小姐没有太清楚地交代。三个孩子的年龄相仿，达达与汉汉同年，现在就读小学六年级，而宁宁又较哥哥们小两岁，现在就读小学四年级。

庄小姐表示原先对这样的家庭组合很满意，因为孩子们年幼且年龄相近，想着应该可以相处得不错。但庄小姐发现两边家庭的教育方式大相径庭，导致孩子们的价值观相差甚远，更因为后妈的立场关系，管教起来特别费力。

前面提到《春天后母心》这部电视剧是因为庄小姐和我提的，她说每每遭遇到一些挫折时，一个人看这部电视剧就能引起共鸣，也就可以减轻点难过的感受了。庄小姐说到，汉汉与宁宁只把她当作爸爸的"女朋友"，并不顺从管教。

庄小姐初嫁入赵家时，因为希望能给孩子们一点安全、信赖感，并没有很快地管教他们，孩子们犯错都先由丈夫扮黑脸，事后自己以软性政策开导孩子们。但是她发现，这么做仍无法得到孩子们的尊重，有时候自己都快看不下去。丈夫对犯了错的孩子各种纵容、尊宠，甚至无视，这些与自己先前教育孩子的方针有别。

庄小姐认为孩子们的习惯和人格个性都是从小培养的，所以这个时候的教育是很关键的。在原先的家庭，庄小姐会让达达自己先反思自身的过错，再辅以口气较严厉的教导。然而，据庄小姐形容，在新的家庭里，若汉汉、宁宁犯错了，丈夫只会说孩子们几句，且口气十分"无所谓"，并没有很负责任地纠正孩子。

她说后来询问过丈夫，自己可否介入管教，丈夫也给了她如此权力（因为丈夫懒得计较、管教孩子）。达达较丈夫的小孩们成熟、懂事、自律许多，却吃了不少苦头。（这里庄小姐说了很多证明的例子，如：达达的学习成绩总是第一名；房间也收拾得很干净；平时也会主动帮妈妈分担家事。而同龄的汉汉总是不写作业、房间乱七八糟、严重挑食就算了，小学六年级了还常常任性要爸爸喂他。）但是因为达达犯的错误比较少，且表现较优良，也许和原生家庭的环境有关，所以从小就学会独立。却因为如此，让庄小姐的婆婆眼红。庄小姐说到这里的时候有点哽咽，她说她最舍不得的就是孩子。

因为婆婆很看重学历和家世背景，而庄小姐只有学士毕业，丈夫却是硕士；庄小姐也因为一心扑在家庭而没有踏入职场，现在作为家庭主妇。她表示刚嫁到赵家之初，婆婆都没有给她好脸色看过，可能不想要承认她，也不称之"媳妇"（婆婆会称庄小姐的嫂子为"媳妇"），甚至被庄小姐听到婆婆在和邻居聊天时称其为"那个女人"。

但庄小姐说最不能接受的是婆婆对达达的态度。明显的偏心，导致孩子心理上的不舒服，则已经是常态。庄小姐语气转为激动地举了几个例子。

婆婆溺爱汉汉、宁宁的程度已经到了"变态"的地步（此为庄小姐原话）。汉汉看到餐桌上没有他想要吃的菜时，就会吵着说不吃了。庄小姐说孩子们都喜欢吃炸鸡，特地做了给汉汉吃，想不到汉汉哭闹说只想喝鸡汤，其他都不要。

婆婆当着丈夫与其哥哥嫂嫂，还有小孩们的面，斥责了她一番。之后安抚了下汉汉的情绪后，跑去黄昏市场（台湾的一种菜市场，在傍晚临饭点时卖一些晚餐食材），买鸡回来炖汤。

庄小姐语气愤愤地说，当时婆婆边说着"这种东西能给孩子吃吗？"边把炸鸡用力地放进达达的碗里。而她表示最不能接受的是，丈夫全程都没有说过一句话，表情稀松平常地继续吃饭。庄小姐感觉很受挫折、委屈，更不舍默默吃着饭的达达。

婆婆更对于达达的优异眼红。庄小姐说有次无意间听到婆婆在和邻居们聊天，邻居们因为有小孩和达达同班，向婆婆称赞着达达在班上的表现。没想到婆婆竟然说："那个孩子没什么好的啦！（庄小姐表示当时语气并不像是谦虚）还不是计划着以后要抢着分家产吧！就是个充满心机的孩子而已。"

庄小姐说到这里眼眶开始泛泪，闪着泪光。她觉得自己的孩子很无辜。许是因为达达较汉汉早出生两个月，算是家中长男，将来继承顺位算是第一。但想也知道，照目前他们母子俩在赵家的待遇，达达是不可能被当作长男的。

她继续说道，有天去载刚放学的达达和汉汉，在车上达达突然气喘发作得很严重（庄小姐表示因为突然开窗了，受到某些过敏刺激感染呼吸道），因为汉汉接着要去上围棋课，庄小姐怕会迟到，遂联系了丈夫来接汉汉，打算先把达达送去医院。

结果丈夫并没有接电话，情急之下，庄小姐就先送达达去医院，随后才把汉汉送到围棋教室，耽误了约一个小时。回家之后，婆婆的第一句话是"汉汉的围棋老师打电话问发生什么事了，怎么缺课了？你让汉汉丢脸了！怎么不先把孩子送去，之后再叫个救护车就好了啊！"庄小姐听到立刻气哭了，身旁的达达低着头、一副做错事的样子让她倍感心疼。

我问庄小姐和宁宁的相处状况如何？毕竟是女孩子，总是会和妈妈比较亲昵的吧？庄小姐勉强地笑着说，宁宁和汉汉比起来是比较乖巧的，但是个城府很深的孩子。她说先前和宁宁一起去看《灰姑娘》电影时，剧情演到灰姑娘的母亲过世，但还未发展到后妈上位时，宁宁小声地转过去在耳边和庄小姐说了一句话："这个故事我知道唷！后母（台湾叫法）都很坏，都花爸爸的钱。"

这话让庄小姐表示震惊，竟然会从一个那么小的孩子口中说出。如果不是别人教宁宁的，例如班上其他人的闲话，或是一直欲陷己于不义的婆婆，就是宁宁自身的想法了。而且宁宁一直和她保持着距离，冷冰冰的。虽然庄小姐说能够了解宁宁是思念亲生母亲或是还无法适应，但宁宁却从不给她机会，让她觉得很失望。

庄小姐说，大家都认为后妈会虐待继子，或是控制丈夫进而控制整个家庭，但自己却感觉很无辜之余，更多的是无奈。就是由于这样的社会刻板印象，让她连"自清"的机会都没有。接着她说到进入赵家时，遇到最崩溃的事情。

母亲节时，她收到了达达的卡片，里面用工整的字写到"感觉从我们来了之后，妈妈关心汉汉和宁宁比较多，对他们也比较好，骂我的时候感觉凶好多。但是我知道自己是哥哥了，和以前不一样，妈妈原本就应该对弟弟妹妹好一点的。我以前会躲起来哭，但是我现在长大了，懂得妈妈的用心了！我会保护您，不让您这么辛苦的！母亲节快乐，我爱您！"

庄小姐拿手机给我看这张卡片的照片，并逐字逐句慢慢地念了一遍，浓浓的鼻音，哽咽了。她说最心疼懂事的达达，明明还是个孩子，却无法同同龄孩子一样任性。自己有着和弟妹的比较心态,却藏着抑着不让妈妈担心。

她说自己很有罪恶感,觉得很讽刺、本末倒置。虽然不应该分姓赵和姓王的小孩子两家,但是很努力让汉汉、宁宁喜欢自己的同时,却使得自己的亲生骨肉有了心理落差。好不容易从家庭暴力中解救了达达,却好像让他承担了更多不属于他这个年龄该担忧的东西。说难听点是对别人家小孩比自己的还好,却不被领情。

我问到庄小姐如果不开心的话,有没有考虑离婚。她说达达还小,一直迁居感觉也不好,亦会影响到孩子现阶段的学习与发展。表示会等达达长大了点再考虑,也继续观察,抱着乐观态度希望目前的情况能改善吧,她苦笑着说。

总共两个多小时将近三个小时的采访,是在咖啡厅进行的。我依稀记得庄小姐看着隔壁桌的亲子互动时,眼神那般的羡慕和哀伤。社会上常常把这样的组合家庭中,前妻的孩子定位为受害者,后妈就是那个心怀不轨的魔女,而后妈的孩子势必是阴险狡猾的;丈夫愚昧又昏庸,坐拥虚位的一家之主。看那些童话故事,往往是这样设定的,但现实生活中却未必如此。

我想凡对"后妈"二字有挟带特殊情感解释的,都代表着很落后且低级、极为不公平的一种思想,有着差劲的文化水平。文明社会里的人却没有理性思考。赵家的态度和孩子们的反应都是能够"理解"的,但并不代表就该被谅解、接受。

我认为既然已结为一家,就应该要有基本的尊重才对。突然反思到,冠冕堂皇地说着这话的我,是不是也有点过于自我中心和理想主义呢?的确,我们每个人都应该学会换位思考。不仅仅是因为公平性,更多的是因为这会直接或间接地伤害到他人。

不负责任的言论和刻板印象需要被淘汰,尤其家庭更应该被守护好才对。于人于己出发,我们能否学着站在他人角度去想呢?身为家庭中的一员,不论是什么角色,都应该给孩子们身教,从自己做起,才是个负责任的大人啊!

11. 上海 · 精诚所至,金石为开

[访谈背景]

在准备访谈时,我便在思考,正所谓"家丑不可外扬",从《乡土中国》的分析就可以看出,在家庭观念非常强烈但强调中庸隐忍的中国,面对一个有联系但又不属于自己核心家庭内部的人,"后妈"话题的深入调查涉及太多的家族尊严、家

族关系、人情来往，后妈们往往很难推心置腹也很难把握话语尺度，保护自己、家人以及调查者。因此我最后还是决定以陌生人为访谈对象。

我开始在知乎、百度知道、贴吧、论坛发帖寻找愿意接受访谈的后妈群体，同时通过查找相关后妈经历倾诉的帖子，私信联系楼主、作者，希望他们能够接受访谈。尽管有不少的后妈拒绝了访谈请求，但也有不少后妈通过讲述自己的经历给予我鼓励与支持，其中，一位在上海的年轻后妈，非常耐心地与我进行了近一个月的电子邮件沟通交流，并且由于沟通比较开心，她最终愿意再根据一些问题进行面对面的深入交流。

出于访谈对象的隐私保护要求，接下来将以铃兰、老公、小太阳、前妻、婆婆分别代指访谈对象、访谈对象老公、继女、继女的亲生母亲、访谈对象婆婆。铃兰现在是31岁，年龄不算大，同时也并不是高学历、高收入，三年前嫁给现在的老公成为后妈，初婚。继女年龄还比较小，铃兰出现时是五岁半，成为铃兰继女时大概是6岁，现在8岁。铃兰是被现在的老公追到的，老公三年多前结束一段婚姻，是前妻要求离婚的，并且最开始是由前妻抚养孩子，铃兰结婚之后主动要求将孩子接回来，婚姻关系属于正常的二次婚配。她一结婚就相当于有了一个非亲生的六岁的孩子，但是一直都有要孩子的打算，也跟家人商量过，同时不断跟小太阳传达会有弟弟妹妹的信息。小太阳对铃兰的态度从最开始的排斥拒绝到依赖，现在能够很好地相处。

[访谈内容]

铃兰几乎是在众叛亲离的背景下依旧选择跟老公结婚的。当时的铃兰虽然也有28岁了，但也不是真正意义上嫁不出去的大龄剩女，因此她要嫁给一个结过婚还有孩子的男人，家里是非常反对的，她的母亲没有要聘礼、没有来参加婚礼、没有准备嫁妆，只说丢了祖宗的脸，而朋友也持保守态度。婚后，由于前妻工作太忙一直将孩子全托在幼儿园，铃兰提议将小太阳从前妻那边接回来，更是让朋友都反对。按照铃兰的话说，就是"在一片口水和质疑中从名义性后妈转变为实质性的后妈——任重道远！"

其实铃兰本身对后妈这个群体也是抱有矛盾的态度的，或许是受到小时候看的《白雪公主》等童话故事的影响，内心对后妈群体其实是排斥的，而现在成为后妈群体中的一员之后对自身行为、他人眼光更加敏感，也因为家庭和朋友的不支持也让她曾经自我怀疑过。她曾经也因为自我怀疑而重度抑郁，但是不愿意吃副作用巨大的抗抑郁的药，最后是自己挣脱出来——你觉得自己是什么，那你就是什么。如果自己都觉得自己是保姆，又有什么资格让别人认为自己不是保姆？改变不了别人，就改变自己。改变不了别人，只能改变自己，做好自己！摆正心态之后，铃兰能够更加积极地面对自己的身份。

小太阳被接回来之后，面对爸爸家里的一个陌生女人，孩子自然是排斥、矫情和敏感的。更何况，小太阳从两岁不到父母就离婚，由于前妻工作忙，她两岁起一直在幼儿园寄宿，所以敏感内向，安全感低，起床要哄也正常，但是会比一般小孩子娇气，达不到她的要求就会一直重复一句话，然后还是达不到就哭着说想妈妈（小太阳叫前妻妈妈，铃兰也主动让小太阳叫自己阿姨）。铃兰只能够不断地安慰她，同时跟她解释自己做法的原因，还绝对不能够贬低前妻。

铃兰跟我分享了一个她记录过的很有趣的情节——

小太阳："阿姨，你怎么样才能和爸爸离婚。"

铃兰："他也不爱我，我也不爱他的时候"……"不过因为夫妻对对方有责任，我们也不一定离婚。"

小太阳："阿姨，求求你和爸爸离婚吧。"

铃兰："为什么啊？"

小太阳："这样爸爸就能和妈妈在一起了。"

铃兰："宝贝，几年前爸爸没和我结婚，但他也没和妈妈在一起了，不是因为阿姨他们才分开的，是因为他们自己，妈妈不爱爸爸了。"

小太阳："你不是说不爱有责任吗？"

铃兰："他们非常不爱了，但是他们会一直爱你的！"

小太阳："那也不要你和爸爸结婚，我想给爸爸找一个漂亮的阿姨！"

铃兰："既然你都不要我和你爸爸结婚了，我们就没有关系了，明天早上让爷爷送你。"（爷爷跟他们住一起）

铃兰："不，你还是暂时和爸爸在一起吧！"

或许小太阳本身的的确确对铃兰是没有感情的，但是有着需求，铃兰用自己的实质性的作用证明自己对小太阳的重要性，也是最开始的一步。之后，由于小太阳安全感很低，经常要求和铃兰一起睡，在睡前，她们经常就各种问题聊天，在这个过程中，铃兰更加了解孩子，而孩子也更加信赖理解铃兰，后来小太阳越来越黏她，生活学习离不开铃兰。但是始终，孩子都不叫铃兰为妈妈，铃兰也明白，"妈妈"只是一个代号，强迫小太阳只会让所有人不开心，她将自己定位为大朋友，尊重前妻的自尊心，尊重小太阳对前妻的所有爱与依赖，主动提出不用叫"妈妈"。慢慢地，小太阳会将所有的心事都告诉她，丢脸的事绝对不会告诉爸爸妈妈，害怕他们会不爱她，不要她！在铃兰的努力下，小太阳开始逐渐接受她了——小太阳画的《我的一家》，画了前妻、婆婆、老公和铃兰。

为什么这么尽心尽力？铃兰表示她最大的私心就是，如果能将小太阳的性格塑造好，那么她会有一个好的生活，不会成为混混或是泼妇，纵使以后长大了不爱她不孝顺她，但是她相信孩子会感激自己，她的老年生活就不会沉浸在为老公处理家长里短的争论中。

在与老公的关系上，说实话，如果不是因为要嫁给二婚的他，铃兰也不会白白成为一个后妈，不会与家人闹翻，因此会比较好强，在结婚初期的争吵不断之后，铃兰问自己——"结婚是为了要离婚的吗？"——不是——那为啥用不是的方法过？"你凶我就受呗，你打我就躲呗！"另一方面，其实前妻离婚的原因实际是把老公给甩了，前妻非常漂亮并且能力很强，铃兰一直相信：如果不是她强硬离婚，告诉老公从来没爱过，爱上了别人的话，老公不会离婚。这是铃兰在处理三人关系中纠结、痛苦的源泉。所以铃兰内心也比较自卑，不怕自己苦，就怕前妻比自己好，小太阳因为还小，所以经常会拿铃兰与前妻作对比，也会常常刺痛铃兰。铃兰的不自信与老公不浪漫的直性子，经常会让铃兰的危机感更加强烈，否定自己，因此，她最终选择以直接的方式表达自己的感受——"老公，其实我不是想跟她比。是因为我不自信，我真的没她好看。我怕她又来找你。虽然你和我分析了很多你不会再要她的原因。但是女人很多时候不需要讲那么多大道理，我想你抱抱我，说爱我，我就满足了"。当然，除此之外，老公也会因为顾及铃兰的家庭地位，在宠孩子的时候常常主动申请铃兰的同意，但这样很容易让小太阳认为铃兰在阻挡爸爸爱自己，也容易造成一些不良习惯，所以铃兰会尊重老公对小太阳的宠爱，只要不溺爱，也会主动思考如何与老公在孩子面前塑造一个更加密不可分的形象。至于铃兰、老公、前妻的关系，铃兰与老公自然是要相伴终身的人，同时她老公极力要求铃兰为他再生个孩子，证明她老公的的确确是爱着铃兰的，而铃兰与前妻，铃兰自己的定位是——一个不怎么亲热的朋友，她们会隔一段时间见面，聊聊小太阳。铃兰感谢她在小太阳的面前始终站在自己一边，她感谢铃兰能够真心对孩子。至于老公与前妻，离婚板上钉钉，而老公也多次强调和分析没有再在一起的可能，前妻现在也看不上老公。

至于婆媳关系，由于铃兰老公本身年龄就比较大，还二婚带孩子，所以在谈恋爱的时候婆婆对她是相当好——每天喊她去吃饭（铃兰与婆婆住相邻小区），催促自己的儿子每天陪她，去铃兰的宿舍打扫洗衣服，为铃兰准备新鲜水果零食什么的，但是结婚之后，毕竟还是媳妇的身份，所以还是会有矛盾，比如家务劳动等，而在后妈层面，则是对孩子的教育理念问题，婆婆自然也会担心自己孙女是不是受虐待，铃兰的想法是——老年人的教育理念和年轻父母的本来就不一样，而我们不可能改变老人的观念，所以需要尊重和接受，不要阻挡老年人爱自己的孙辈，反正每天也就那么一小会儿，私下里会教育小太阳，奶奶那样是因为爱你才宠你，但是不能因为爷爷奶奶爱你，你就可以肆意妄为。

除了家庭认同，更多的是社会舆论和邻里间带来的压力。铃兰带着小太阳出门总会有热情的邻居问这问那，问小太阳好不好带、问前妻和铃兰还联不联系、问和小太阳关系怎么样，还有在背后偷偷议论铃兰是不是虐待了小太阳，甚至还有人直接问小太阳有没有被铃兰打……这些议论不仅仅让铃兰非常有压力，同时还会阻碍小太阳对铃兰的接纳进程。

现在的铃兰已经重新上班，并且开始打算新的造人计划，而小太阳也在慢慢长大，家庭依然会出现各种各样的问题和矛盾，但是，都是越来越和睦。

在与铃兰交谈之后，我深深感受到我面前这位伟大的初婚后妈的巨大能量。在争取访谈对象的过程中，我也了解到其他处境较好的后妈的故事，她们都是因为不装假不做作，相信一份付出会有一份回报，真心实意对孩子好，不图什么。而这一切，也印证了一句话——精诚所至，金石为开。

但另一个层面，一方面从他人的角度出发，由于孩子跟后妈没有血缘关系，大家对父母的定位还是亲生父母的形象，而按照惯例来说没有血缘关系的两个人是很难相处的（夫妻、婆媳）；同时，血缘关系无法消逝，所以亲生父母如何管教自己的孩子永远比后妈更加容易被接受和理解；而从后妈本身的角度来说，孩子作为前任的象征符号存在，容易引起隔阂心理，特别是当后妈有了自己的孩子，的确很难保证真正的一视同仁。作为家庭的后入者，在社会舆论背景压力下，后妈的一举一动都变得格外瞩目和敏感。

的确，做后妈太难，可是从铃兰的事例中我们可以发现，从被排斥，到因为类似于保姆被需要,到感受到真心被肯定,"后妈"这个污名是可以在一个个真实的案例中得到平反的。

12. 浙江台州·为了生活的继续

[访谈背景]

天台县位于浙江省东中部,在台州市下属所有县中经济靠后,并且是佛教天台宗的祖庭,又是道教南宗祖庭——桐柏宫的所在。这样一个经济落后并且深受道教和佛教影响的地方注定是传统和保守的,所以即使在全国离婚率年年升高的大背景下,小县城保持着它的传统。

许女士(38岁)是天台县一名普通的妇女,与前夫育有一儿一女,现在女儿18岁,儿子15岁,虽说家庭完整,但生活并不美满。吴先生是一名大货车司机,而许女士从未接受过教育,大字不识几个,所以一直靠打打零工维持生计,一家的收入并不高,所以一家四口只能挤在一个租来的小平房里。可是吴先生极度嗜好抽烟喝酒,光这两项就耗费了家庭收入不小的一部分。吴先生脾气不好,还有家庭暴力的倾向,许女士遭受暴力其实已久,但只能默默忍受。更关键的是儿子在五六年前查出了下肢萎缩,经过两年,从原来走路一瘸一拐已经发展成完全丧失行动能力,原本就微薄的收入又需要负担儿子的医药支出,而照顾弟弟也成了姐姐的责任。

上天并不怎么怜惜不幸的人,雪上加霜的事情发生了,吴先生于三年前急性病病逝,留给许女士一个烂摊子——一个破碎的家庭。可是生活还得继续,也就有了后来的家庭重组。

许女士也是经人介绍,两年前(36岁)通过正常的二次婚配进入男方家庭,男方也属再婚,第一次婚姻属于倒插门,后因种种原因与前妻离婚,与前妻育有一子,离婚后抚养权归爸爸,该子现在18岁,与许女士之女同龄,双方婚后并没有再生育新的孩子。

访谈时间:2015年6月14日 18:00—19:00

访谈方式:非面对面访谈(电话访谈)

[访谈内容]

因王女士系许女士的亲阿姨,对其情况比较了解,并且一些情况不适合直接采访所以我首先采取的是间接采访。在拨通王女士的电话，我在表明来意之后，访谈也是很快进入了正题，王女士向我描述道"她啊，是我的几个外甥辈里最不幸也是最辛苦的一个，我姐姐有两女一子，儿子最小，她是大姐，因为家境并不怎么好，所以她从小就跟着父母干活，学也没有上过，我姐姐宠爱小女儿和儿子，所以只给小女儿和儿子上过学，应该说，她作为大姐，也是牺牲最多的一个，本该给他找个好点的对象，却也不尽如人意……"当讲到这里时，从王女士的声音中我也听出了，其实王女士觉得即使她只是作为一个阿姨，都为许女士的当时以及后来的遭遇感到不幸，过了一会儿，她开始继续陈述许女士的经历，也就是前面访谈背景提到的部分，其实听完的当时我自己都觉得，许女士的种种遭遇虽说不是世界上最痛苦的，但至少对她来说也应该是很难以承受的，所以我当时心中产生了两种情感，一种是替她惋惜，当代的社会我们一直在强调和追求公平，可谁能抗拒老天的安排，老天为什么给了其他人幸福，而不给许女士一个更加安定平稳的人生；另外一种是佩服，即使是面对这么不公平的遭遇，她还是能够忍住，咬咬牙坚持下来，挺不容易的。

当我问及现在再婚后许女士的生活是否获得了幸福和美满时，王女士也是深深地叹了一口气后又开始接着讲许女士的故事，一听到她的叹息，我就预感她后来的生活并没有想象中的那样甜蜜，预感马上在随后得到验证。虽说是再婚了，但是现任丈夫对许女士并不是很好，也没有把她的儿女视为己出，特别是对她那个下半身因萎缩丧失行动能力的儿子（在前文忘了提及，她儿子早因丧失行动能力从学校退学，女儿也是完成初中后就没有再继续学业），他觉得那是一个累赘，光吃不做，而且不是不想做，而是做不了，连带着对许女士态度都冷淡了，同居几个月后因为丈夫的工作性质要求而分居至今（丈夫是码头公司的包工头，算是一个小小的管理人员，需要随着公司四处去跑，现在被安排在宁波，年薪5—6万，工作量不大，但是目前需要常驻宁波），许女士并没有随丈夫去宁波，因为毕竟带着儿女特别不方便，所以选择留在天台县。之前讲到现任丈夫对她并不是很好，两人在经济上都保持独立，丈夫并不会定期给许女士汇一些生活费，只会给自己的儿子汇一些学费和生活费，所以许女士都需要自己赚取生活费来支持柴米油盐的支出。现在许女士在县城里的某宾馆担任着清洁工的工作，一个月1900元，和女儿共同住在一个租来的小房间里，话说穷人家的孩子早当家，许女士的女儿在初中毕业后也尝试着在县城里找些工作，最终只能找到在一间水管厂里当个监管工的工作，厂里采用日班和夜班两班轮流的机制，并没有像医院或者其他单位一样的三班轮流、八小时工作制,所以一般上一次班就是连着工作 12 个小时,日薪 100 元,而儿子就寄养在他外婆家,由外婆照顾起居。

  基本了解了许女士现在的情况后,我向王女士道完谢,整理了一下思绪,接着再拨通了许女士的电话,来亲自与许女士进行交流。表明来意以后,我需要对许女士进行采访,其实当真正问到问题时,我自己的内心都是挺不好意思的,因为感觉像是在揭人家的伤疤,谁知许女士给我的回答更是让我惊讶。她并没有觉得自己命不好,可能因为是一直生活在农村,也没有受到什么教育,对"命"也没有什么概念吧,而且她一路描述下来挺平淡的,并没有抱怨什么,她说原来丈夫的去世可能确实带给她挺大的冲击,但是她知道她还有两个孩子,特别是儿子需要她的照顾,她自己总得生活下去,她的儿子也要生活下去,生活总要继续,重组个家庭希望有个依靠,虽然又再一次失望了,她并没有怎么融入新的家庭,或者说她也没有那个时间,只有几个月的相处时间便分居至今,其实男方的父母还是可以接受的,只是男方的儿子好像并不怎么接受,每次的招呼打得也挺勉强的,其他时候也并不怎么讲话。(对此其实我认为主要的原因是她的继子也已经是成人的年纪,在思想等方面自己开始独立,有自己的想法,即使不认同这位后妈,但至少最起码的打招呼等还是要做的,虽然不是心甘情愿)我觉得其实家庭中只要有人并不是那么情愿接纳她的话,那么相处起来总是会容易产生些问题。当我问到她觉得现在有什么困难和打算,她谈到其实最担心的还是下半身瘫痪的儿子,特别是现在的男方不接纳他,使她感觉处于一个两难的处境,她也在尽最大努力使他们接受,或者想托自己母亲一起帮忙照顾儿子,同时表示如果男方实在不能接受,但她也不可能放弃自己的孩子,当然还是希望能够通过很好的交流和协商解决这问题。聊到这儿其实已经挺晚了,许女士又表示自己现在手头有点事儿,需要去忙,我赶紧表示感谢,匆匆结束了这次访谈。真心希望她能够顺利解决这些问题,希望她接下来的日子能够顺利吧。

  平凡的女人,经历着贫穷,日子本就不易,又先后遭遇儿子瘫痪,前夫病逝,再婚后却也没有得到家庭的温馨,继子并不是很接受她,而且丈夫长驻宁波而分居已久,丈夫也没有对她有任何的经济援助,完全需要她自己打点零工来继续生活……我从没觉得上天对人公平过,可是在知晓事件前从不知道原来上天可以对人这么不公平。与他人的不幸相比,自己的平凡和平常其实已经是最大的幸运了。

13. 浙江绍兴·她就在那儿

[访谈背景]

他是我的邻居，该唤我一声姐，我知道他很多事情，很近。而知道不等于了解，了解是一件太过艰难的事。我知道他有个后妈，挨过骂，说过狠话，然后日复一日地相处着，而究竟是怎样的相处，我知之甚少，也懒于深知，离得很远。直至此次开启调研，才踟蹰着走向他。

[访谈内容]

2015年6月20日，趁着端午假期，我回到浙江绍兴老家。晚上6点，按照之前在微信中的约定，我来到他的书房与其进行面对面的交流。

他的书桌上放着高中物理与几本参考书，对于这个高二的男孩来说，放假的娱乐性所剩无几。寒暄了一会儿与我的过去太过类同的教育现状，我们进入正题。

"嗯，你还记得第一次见到这个妈妈是什么时候吗？"我小心地询问。

"小学三年级的时候。"他微微侧着头回忆。并不像电视剧里演的那样，爸爸在某一天带过来一个陌生女人就塞给儿子一个妈妈，真实的情况比这复杂得多。他的妈妈在他刚上小学时因为丈夫承包鱼塘生意失败背了一屁股债而选择了出走。"离家出走，是真的，离家出走了啊。"他笑着说出这句话，窗外正在飘雨。连同他的回忆，湿漉漉的。

他的爸爸用了三年的时间还清了欠款，此时虽然不能说年轻力壮，但是35岁也不是一个适宜打光棍的年纪。于是家里人都劝其再婚，村中也不乏牵线之人。正是在这种情况下，爸爸通过他人介绍认识了他的新妈妈，这个新妈妈也有过一个家庭，并生育了一个女儿，离婚后女儿判给了丈夫，她一身轻装来到他的面前。他说他还记得那时，她稍微蹲下身子看着他，拿出一把糖果，她问："吃吗？"而他转过身走掉了。

"你的意思是，一开始你不能接受她是吗？"

他咬了下手指："你知道，这个情况是陌生的。与其说是严肃的不接受，不如说是不知所措。就是，嗯，感觉怪怪的。"

"那从你第一次看到她，到之后的朝夕相处，在这近8年的相处中，这种怪异感应该被时间消除了吧。"他点头。我于是追问:"如果以'很好''好''一般''差''很差'为标准来衡量你们现在的关系,你会勾选哪个选项呢?"

"这不好说。我是说,情感这事不好做如此简单的评价。"

"同意。那么可以请你和我分享几个你们相处的故事吗?当然,不需要什么多么生动有趣的故事,具体的几个生活细节就成。"

他闭上眼去叩响记忆之门。我环顾他的书房。书桌上放着台式电脑,耳机像是新买的,右侧是大大的书架,堆放着学习所需用书,仔细一看,还混有一些侦探书漫画书与围棋入门书。他突然开口:"我和她吵过蛮多架的。"

吵架的原因常常是他想要买东西。以高中住校联系不便为由,他要买手机,她拒绝,认为影响学习;以网上学习更便利为由,他要买电脑,她拒绝,认为电脑的使用弊大于利;以发展个人兴趣为由,他要学围棋,她拒绝,认为不务正业这个大可以放到大学中进行。类似的争吵还有很多,他热切似火,吵吵嚷嚷,她却把自己冷成一盆水,当场淋下。我在隔壁听过这种扯嗓子的战争,我奶奶常会评一句:"哎,这妈妈连个小东西都不给他买。"

现在,我站在这个书房,我知道奶奶的说法错了。她确实在他提出要买这买那时选择了拒绝,但并不专制,能随时调整。不给买手机,然后在每周五下午提前收摊去校门口眼巴巴地望着他将他接回家;认为围棋无用,但还是睁一只眼闭一只眼地让他用她给的零花钱去买了围棋入门的相关书籍;原先否决了买电脑的要求,却还是在反复思量后买了电脑,同时从他口中得到了"一定好好利用它学习"的保证。

"她每天睡得很少。"他说。他爸爸在投资失利后,又搞起了蔬果肉等东西的买卖,俗称小贩。她进到这个家之后,便加入了卖菜这个行当。这个行当第一需要的是拼命,早上赶早场集市,下午赶晚场市集,平时要进货与处理货品,很是辛苦;第二需要的则是精明,一斤茭白如何卖?既要考虑进价成本利润,也要善于与同一区域的其他商贩进行比拼,所以几角钱是几单生意的角逐。据负责我家买菜重任的奶奶言,她是个很有商业头脑的女人。"做事蛮拼的",于是睡得很少,于是她从之前的XL号变成了如今的M号。她为何如此拼?她攒的钱花在了何处?我看着他,没问,他知道的,一清二楚。

回忆渐渐丰满,呈现碎片化。他站起来,盯着我,说:"啊,你记不记得,她还教训过你呢。"我不解。他笑,指指自己的脚。他的脚和常人不太一样,是不自然的外八字,不能合拢,走不快,走起来像唐老鸭,不礼貌的说法叫"残疾人",是出生不久后一场持续不退的高烧所留下的后遗症。有人给取了绰号：小拐子（取笑他是瘸子）。我听得多了，也就跟着叫。一次找他借漫画，在他家门口"小拐子，小拐子"地叫，她忽然出现，带着明显的怒气，质问我为什么要这样叫她的儿子，知不知道这样很不尊重别人，下次绝对绝对不可以这样，吓得我立马改了口。他说："我其实自己都不介意了，她偏偏那么介意。"

谈话进行了快三个小时，我站起身告别。

"谢谢你。"我伸手。

"谢谢你。"他握住了我的手。

当我要走出门的时候，他的声音响起："刚才那个评判关系好差的选择题，我还是不想做。因为，怎么说呢？她，就在这里啊。我，已经习惯她在这里了。"

他是一个心思细腻敏感的少年，还带点身体残疾，被亲生母亲所弃。然后，她进来了。不能说她为他的生活射入了一道光，但确实弥补了母亲的缺席。从谈话中可以发现，她并没有做什么了不起的努力，该骂则骂，该维护就维护，没有被后妈这个身份所捆绑，就是一个再普通不过的妈妈形象。8年的相处，她已习惯做他的妈妈，他也早已习惯她在身边，这种不需要好坏评判的关系，或许才是正常的相处模式。

他现在身心健康，学业优秀，我很感谢这位妈妈。

此次访谈对象中的后妈在进入新家庭后没有再生育或许是她与继子相处自然的重要原因之一，那么，倘使后妈又孕育了一个新生命，这种和谐这份融洽还是否能够延续呢？

14. 湖南 · 家庭婚姻破灭，孩子买单

【访谈背景】

小陈，17岁，湖南人，今年刚刚经历高考。父母实际分居多年，去年正式离异，目前与母亲住在一起。父亲是某医院院长，并有多处的生意股份，在外与一女子同居，目前已经再婚。小陈继母只有23岁，今年怀孕流产。母亲来自外地，父亲曾是母亲实习时的老师，不顾父母反对嫁到外地，离婚后得到了原来房子和宾馆的股份，不再到医院工作。

访谈方式：微信、电话等

[访谈内容]

小陈和我以前住在同一个小区,我们小学的时候就认识。同时小陈也是我中学的学妹,所有老师都是一个班子,所以在小陈高考成绩出来不太理想之后和我谈了很久。虽然不是正式访谈,但是她第一次对我就父母关系问题进行了表达。

在我这么多年看来,小陈是一个非常优秀的女生。因为长相漂亮、成绩突出、又会跳舞,一直是我们学校炙手可热的"女神"。小学就听说老师特别偏爱她,因为她考试成绩从来没有跌下前五,是所有人里面拿到全年级第一名最多的学生。现在还有小学老师说起她的事就感叹,这个孩子真是不得了,家长群里面也几乎都知道她。

然而就是这么个从小都完美的女生,在高二的时候成绩突然下降,本是北大种子选手的她高考成绩出来后只是刚好上了一本线。而从小寄住在她家里面的表姐却顺利地上了清华大学。表姐的成功与目前自己的失败,家庭的种种不和谐,让看似完美的她实际出现了很多危机。

首先,父母都是医生的富裕家庭生活并没有那么美满。父亲从小对她非常严厉,经常让她罚跪。母亲与父亲原来是自由恋爱,后来因为忙逐渐感情变淡基本不在一起吃饭,初三过后,父亲几乎不回家住。而这些事情从来不会从小陈口里面说出来,她总是在外人面前保持完美的形象,甚至还告诉别的朋友父母谈恋爱的浪漫经过。同时她也和各路的男生追求者周旋,始终把自己保持在话题中心。

另外,小陈父母离婚的一个重要的理由就是小陈的父亲想要一个儿子,而母亲好像不能生孩子了。并且据说她的母亲从小就告诫她不能比男生差,什么都要第一。一直以来小陈没有让妈妈失望,家长会上无论是谁都会向她的母亲投来羡慕的目光。而高中成绩的下降是小陈没有想到的,也许一直依靠比同龄人都心理成熟的优势一直保持着自己的步调,而严酷的高三使所有孩子都成长了起来,她的优势却没有了,加上家庭的负担,仅仅凭借她良好的天资并不足以使她保持成功。她认为,父亲本来答应的高三毕业正式离婚,因为她的成绩下降而提前了。

冬天回家的时候,曾经被老师叫去和以前的同学一起给学弟学妹们介绍高考经验。小陈和我一样是文科,加上我们本来就很熟,高考成绩出来以后,小陈自然找到我问填志愿的事情,并且我们陆续通过电话和微信聊到了很多她的近况。

小陈父母离婚的事情和继母怀孕的事情我的父母已经告诉我了。我从来不问小陈的家庭情况,因为小陈看起来很随和,但是如果被问到关键问题的话,她也不会生气倒是会圆滑地岔开话题,最终什么也问不到。但是这一次小陈好像有跟我坦白心迹的趋向,她跟我聊到要和在一起一年多的男朋友怎么办时有点表现出了弱势,似乎男友考上了很理想的大学,想要跟她分手但是没有说出来,敏感的她感觉到了这一点不知道应该怎么做。

她明显有了要和他分手的心理倾向,我没有给她意见只是跟她说按自己想的来。她表现得有点心情低落,我问了她最近的打算,有没有准备去哪里玩。她说刚从日本回来,买了很多东西,回来送给我礼物。我问她爸爸给的钱吗?她说是的。我又问最近家里人身体还好吗?(以前经常去她家里玩受到不少照顾)她说都还好,就是那个人(继母)流产了搞得晦气。我问你恨她吗?她说:"她贱她的,我没有那么闲,我用我爸的钱,她生不出儿子只能我用了。"

然后我转换了话题,问她期待大学生活吗?她说非常想上大学,想离开父母,不想管他们的事情了。大学可以自由地去生活,又有父母给钱,不是很好吗?她这样说着,像是在开玩笑。

难以想象一直以来保持模范生形象的她竟然在说起继母的时候这么失态。即使是从小和她一起长大的我也有点惊讶。我不是没有看到她做"坏"事的样子,即使在"欺负"别的同学的时候她从来不自己上前骂脏话、也不会动手。据说,她和继母几乎不见面,继母跟我们同龄,比起长辈更像是同辈人。而她在同辈人中间有着很高的"权威",即使成绩下降也改变得不多。

然而她也是父母失败婚姻的受害者。小陈的高压生活是我不能想象的,即使对于每个人来说都有一定的家庭问题。小陈的努力从发自对父母关系的不安,到认为是维持父母关系的条件,又到对身边所有事物的控制欲。我非常担心小陈的大学生活。对于漂亮又多才多艺的小陈来说,大学到底是天堂还是地狱?失去了一切光环,有着更多优秀的同龄人的更广阔的世界又是否是小陈的乐园?

优越的家庭条件似乎没能够填补人心的空洞,婚姻和孩子是爱情的结晶,而当爱情不再,婚姻和孩子都成了绊脚石。这时候大人的婚姻破灭就由孩子买单。长时间的犹豫不决、利弊权衡更是形成了孩子心中的沉重负担。

15. 安徽·一样温暖的家

【访谈背景】

王女士，安徽马鞍山人，今年38岁。在她29岁时，二婚成为后妈。重组家庭，婚后育有一子，有一继女。

在王女士29岁时，与前夫离婚，嫁给了现在的这个带着女儿的丈夫。继女今年14岁，王女士和现任丈夫结婚时继女只有5岁。

王女士在29岁时因为与前夫性格不合，很难继续和睦相处下去，于是两人离婚，无子。婚后，经介绍，认识了现任的丈夫。对方虽然带了一个女儿，但是由于对方比较稳重踏实，工作稳定，两个人彼此印象很好，继续发展，最终成为夫妻。刚认识的时候孩子只有五岁，王女士那个时候也才29岁，自己又没有孩子，对这个女孩很喜欢，心里把她看作自己女儿。

访谈时间：2015年6月3日

访谈方式：电话采访

【访谈内容】

王女士结婚后一年，生了一个男孩。我询问她，有了自己的孩子以后，对继女的态度情感有变化嘛？她回答："没有的。其实芒果（继女小名）一直是我女儿，亲生的感觉，这个不会变。虽然她现在也不大，才14岁，也知道我是后妈什么的。我觉得本质上是因为我们两个从心底里互相接受了对方。我觉得这就是缘分吧，嗯，缘分。我当初年龄也不大，29岁，结了一次婚，没有孩子。见到这个5岁的小女孩，跟着爸爸哎，心里很怜惜，我感觉这就是命运让我们经历的事情，所以我很喜欢她，这就是我的女儿。"（王女士在说这段话的时候，语气平缓自然，微微激动，但是一直很温柔地叙述）

"其实在你之前，上一次问我这种问题的时间是我下决定结婚前的时候。那个时候把一切都想通了。不是很纠结，稍微难的时候就是要嫁她爸爸的时间，考虑了要当后妈，怎么当，会不会吃力不讨好，该怎么对待她，但是因为她年龄比较小，心机也不是很重，结婚前相处得不错，顾虑就小了很多。"王女士说。

我问王女士在和继女相处上，有没有遇到过问题或者自己为难的地方，她说

"有是有的，但是很多时候是自己想通了处理起来就好了。""刚开始的时候，是想怎么样让她接受我并且很好地和我相处。她亲生妈妈离开马鞍山了，所以平时见面很少的。我和她说我就是她妈妈，像自己孩子一样地照顾，其实并没有很多烦恼。"

儿子的出生是在结婚一年后，6岁的继女也觉得很开心，多了一个弟弟。因为家庭条件很优越，王女士一家四口经常出去旅游，带两个孩子都出去见识见识和玩一玩。继女正在上初中，从小学到初中，王女士也是一直紧跟着她的学习步伐，差了的科目要赶紧问原因找补救，对于继女学习上一切要求都满足，就是希望她可以成绩出众，考上理想的大学。她曾经问过继女，和自己相处感觉怎么样，继女的回答让她很感动："她说，朋友一样的妈妈。我觉得妈妈你做的比我亲妈妈还要好。和你一起又可以做朋友又可以做女儿。"

王女士是全职太太，因为需要带两个孩子，同时丈夫的工作收入很高，家庭物质条件很优越，自己也很乐意在家忙事情。也正是因为丈夫是家里的经济支柱，所以家里的事情都是以丈夫为中心，在家庭关系中，也是以丈夫为核心。

王女士说，当初结婚的时候，其实除了对丈夫感觉很好，稳重上进以外，还有就是丈夫的态度让她很满意。她和丈夫相差5岁，两人在结婚前，丈夫就明确地说了，以后会很珍惜这段婚姻的，更会帮王女士在女儿和家人面前做好工作，给她的新生活减少阻力。在以后的生活里，也会充分信任王女士。"夫妻间最怕的就是没有沟通，出现矛盾。我和我丈夫就出现过，一些问题没有共识，然后就会矛盾很大。有的时候他在外打拼，比较忙，我也会觉得他对家里照顾不上，家庭责任感不强。但是，他对我很尊重，没有不信任我。包括在对待孩子的问题上。"

作为一名后妈，王女士认为后妈这个群体在家庭角色中可能比较弱势，特别是在一些护着前任孩子的家庭里，社会的舆论也不好，丈夫的作用是最重要的。如果连丈夫都不能帮助自己，协调家庭关系，那么后妈这个位置很尴尬很难解决。

在整个谈话过程中，王女士都很配合，语气温柔，态度很随和，也可以感受出来她很乐意与别人谈论她的家庭，她对这个家庭也是充满着爱，对自己的继女没有逃避感，反而对她们的关系充满着骄傲。据牵线人介绍，王女士平时的生活很悠闲，主要也就是为了孩子的学习和成长而操心，家庭关系很和睦，这也表现在王女士的外表上，她看上去很年轻，脾气也很好。

从和王女士的聊天中，我发现了几个关键点。

"丈夫的作用""家庭经济条件""继子女的年龄"与"性格及再婚后是否生子"。

首先，来谈谈"丈夫的作用"。在王女士的对话里，第一，"丈夫"名词本身出现的次数很多；虽然后妈的话题里，丈夫本身就是一个连接点，但是王女士的谈话里，每一段话、每一段回答中都会说到丈夫，从这里可以看出来两人的感情比较和睦。

第二，王女士在谈到和女儿关系的时候，也是重点提到了两个方面。先是丈夫做好了事先的开导引导工作；其次是丈夫的核心作用，丈夫在家中不会过于偏袒任何一方。

第三，说到家庭关系时，王女士坦诚地认为，对于后妈而言，丈夫的作用是最重要的，丈夫作为一个爸爸和丈夫的两个角色，甚至可能还有儿子的角色，这样多重的身份角色下，是否可以从容地恰当地处理好这样复杂的关系。

接下来，"家庭经济条件"。王女士在结婚后是全职的太太，不用担心家里的经济问题。抛开女性经济地位与家庭地位方面的考量，单看家庭经济状况与后妈和继子女的关系，因为家庭经济条件优越，王女士在学习生活中可以满足继女的各种合理要求，这也一定程度上使二者关系更为融洽。同时，王女士一家人会经常出去旅行，这种消费享受式的娱乐更是容易拉近王女士与继女的关系。

其次，"继子女的年龄与性格"。王女士自己也承认，继女的乖巧与无心机是二者能一直很好相处的重要原因。因为王女士刚进入这个家庭时，继女年龄比较小，才5岁，加上和亲生母亲联系不多，继女内心对于后妈，并没有社会中对于后妈的污名化的概念。在她心里，王女士是个新妈妈，是第二个妈妈，并没有预置的坏形象，内心也不排斥。

再次，"再婚后是否生子"。在王女士的案例里，再婚后生子并没有影响到她与继女的沟通。但是对于普遍的广大的案例，我并不能推出"再婚后生子"与"后妈和继女关系"的正负性。但是，通过对王女士案例背后深入的了解，可以得出，王女士结婚后生子，对于她的丈夫以及双方的大家庭来说，是个关系润滑剂。王女士生子也让双方家庭更快地接受了夫妻双方，特别是减少了男方家庭可能有的不安定感和排斥感。

16. 河南·后妈难当

[访谈背景]

继母，即生父再婚后的妻子或父亲的继配，又称后母、后妈。一直以来，继母在东西方文化中常常被认为是恶毒的,是虐待继子,离间和破坏家庭关系的一类人。文学作品也大多将后妈塑造成反面角色,罕有歌颂其形象的。然而事实是否如此,继母是否都是这样丑恶的?笔者对一位继母进行了较深入的访谈,并了解到了其身边继母群体的真实生活状况。该访谈报告谨为那些被"污名"的继母翻案,让公众认识到继母中还有很多,甚至大多数都是善良的母亲。

访谈对象许女士的家庭目前有四口人。许女士和她的丈夫,许女士的继子、亲子各一名。许女士今年50岁,在当地一家企业做会计,38岁的时候认识并嫁给了现在的丈夫刘先生。刘先生今年63岁,因原配妻子去世而与许女士结婚,当时自己已51岁,携有一个17岁的儿子,名小超。刘先生与许女士结婚后,又生一子,化名小越,今年11岁。

访谈对象:河南省焦作市某位继母许女士和她的姐夫舒先生

访谈时间:2015年5月16日15~17时

访谈方式:微信语音

[访谈内容]

笔者与许女士联系后,首先介绍了本次访谈的目的并出示了笔者的访谈提纲,同时对隐私问题的询问可能造成的对许女士的伤害表示了歉意。浏览过访谈提纲后,许女士同意接受此次采访。笔者在表达了感激之后,与许女士约定在周六下午,用微信语音的方式进行访谈。

笔者了解到,许女士今年50岁,38岁的时候才初次结婚。究其结婚较晚的原因,许女士说自己早年总是太挑剔,故一直没能成婚,最后经人介绍认识了现在的丈夫刘先生。当时他的原配妻子去世,自己带着17岁的小超(化名)生活,条件不算好。但是许女士鉴于自己的年纪,没办法只好凑合进入了这样的家庭。在结婚之后,许女士和丈夫很快就生了一个男孩儿,叫小越(化名)。

在问到婚后的生活状况时,许女士有些哽咽,她表示总体而言自己这几年过得很不幸福,最大的问题是同继子关系的恶化和丈夫的不作为。继子小超近几年对自己相当排斥,有时候对自己大骂甚至动手。丈夫不能担起家里担子,遇到问题就离家出走来逃避责任,把所有的问题都抛给自己解决。许女士说自己全心全意地为这个家庭付出,但是丈夫和小超从来不感谢自己,不为自己着想。长此以往,许女士感到很伤心,觉得生活得很累很辛苦。

许女士认为造成现在这种情况的原因主要在于丈夫。在她看来，丈夫应该是调节家庭关系的一个纽带，在继母和继子面前放大对方的优点和好处，缩小对方的缺点和失误，不过于偏重继子和继母中的某一方。如果丈夫能够担当起这样的作用和责任，三方的关系就能和谐融洽。

但是在自己的家庭中，丈夫的处事态度消极逃避，责任感很差。并且总是把小超看得太重，对自己却很不在乎，对自己的付出完全不给予肯定。近几年小超对自己很不尊重，甚至打骂自己。丈夫对此视而不见，从来不维护和安慰自己，也不对小超进行批评教育，完全没有尽到一个丈夫在家庭关系的调节与平衡中应尽的责任。

此外，许女士表示，对于二人婚后的孩子小越，丈夫也没有尽到父亲的义务，造成了小越成长中父爱一定程度的缺位。许女士觉得这是自己对孩子的亏欠。

在谈到自己同继子小超的关系时，许女士有说不完的委屈。她表示自己知道小超缺乏母爱，所以刚刚进入家庭的时候，对小超照顾得无微不至，帮他找工作和还债，提供创业基金。再加上自己本身具有的幽默感和亲和力，继子小超同自己的关系十分亲密，甚至好过了同他的父亲。

然而几年之后，不知道什么原因，小超对自己的态度突然间180度大转变。许女士觉得小超毕竟还小，并没有怪责他，还是一如既往地照顾和疼爱他。但是过了一两年之后，许女士发现小超对自己的排斥和敌意有增无减，对自己的伤害变本加厉，这让自己觉得很受伤很难过。于是开始疏远小超，以至于到现在二人的交流只是过一下场面应付礼数。

在问到小超后来态度转变以至于产生敌意的原因时，许女士猜测应该有三个。第一，小超听了外面人的一些闲话，对自己产生了偏见和误会。第二，小超本身性格过于自私，不知感恩和满足。第三，自己丈夫的态度消极逃避，无法缓和双方矛盾，撑不起家里的天空。在这三个原因中，许女士尤其强调了后两个。她表示自己的朋友也有类似的情况：自己的一个同学王女士也是继母，她对家庭全身心付出，但是丈夫对她的态度十分冷淡，甚至在王女士生病的时候也不加问候和照顾。对继子，王女士可以说是百般呵护，但是继子却不感恩，言行举止还不断伤害她。短时间内王女士还能包容，但是长期这样王女士觉得非常难过。

后来，我们聊到了对未来生活的期待，许女士表示自己对和丈夫与继子的关系的改善不抱希望，只是想尽自己所能把小越顺利地带大，让他成长成才。同时，她表示自己已经开始坚持锻炼身体，在小越将来长大住校之后争取多去旅行，缓解这些年来巨大的生活压力和心理创伤。

最后，笔者询问了许女士对于继母这个群体的认知。许女士觉得继母一直以来都是一个弱势群体，承受着社会上异样的眼光。她觉得人们习惯于说世界上最辛苦的工作是母亲，但其实继母是比母亲更辛苦的工作。对于这样的观点，她做了以下具体的解释。

首先，在中国，女人融入一个新的家庭很困难，会遇到很多排斥和矛盾。新媳妇都必须经过一个艰难的长期的"奋斗"过程才能在家庭里取得一定的地位。作为继母而言，这个过程就更困难曲折：她们面对的新家庭里面的各种关系都更加复杂，更加不好处理，受到的外界压力也更多。"总是在分享利益的时候把媳妇排斥在外；而当家庭有难时，媳妇就成了要承担这份责任，冲在最前面的家里人。"这种情况对于继母尤甚。

其次，对于继子，继母所能采取的态度只有百般宠爱，一旦对孩子稍微吵嚷两句，继母会受到很多人的指责。继母对继子的疼爱只有比生母做得好上数倍，才有可能得到周围人的认可。其实继母作为母亲，也有一种天生的母性，对孩子有一种本能的照顾和爱，不会对继子怀有敌意。但是外人只能看见继母对孩子的严厉和苛待，看不到继母的温柔和付出。

最后，继母在家庭里面想要立足，想要维护好家庭关系尤其需要格外的"宽容"。以后的社会，继母会越来越多，而且继母可能会越来越难做。但是现在的人心里只有自己的利益，不像从前那么淳朴，对继母只知道一味地索取和要求，不知感恩和回报。继母只能更加的"宽容"忍耐，才能勉强维系家庭关系。

在结束了对许女士的访谈之后，笔者又采访了她的姐夫舒先生，了解他对于继母这个群体的认识。

舒先生表示，继母是人类社会的自然产物，她们的出现使一个不完整的家庭得以完整。继母弥补了一个妻子、母亲、儿媳的缺位，理应受到家庭和社会的认可和尊重。从姐夫的角度看，许女士的确是尽到了责任，应该得到丈夫和继子的接纳、尊重和感谢。

访谈结束之后，看着满满的录音资料，笔者感到了深深的担心。可能许女士的经历只是个案，但是确有很多类似的情况发生在她的身边，也许反映了继母这个复杂群体的其中一面。社会中固然有部分继母的所做所为不为人齿，可是还有许多继母像许女士一样，毕生所愿不过是一个温暖的家。她们将自己的一切心血付诸家庭，回报的却是丈夫的冷漠和继子的排斥，甚至还要承担邻里的闲言碎语，社会的异样眼光，她们的内心定然有无数的纠结和委屈。

17. 云南·无法触碰

[访谈背景]

此次访谈对象是父亲单位里的一个同事，为了能够了解报道对象的生活，我选择前往其家中进行访谈。

此次我采访的是林阿姨，公务员，36岁时通过正常二次婚配成为后妈，经历过一次失败婚姻，2011年离异，没有携带子女进入新家庭。她有一个继女小雨，现17岁。两人之间的关系，属于隔了玻璃的"很好"。

林阿姨在家里长辈的介绍下，与现在的丈夫二次婚配，她表示自己再婚的重要原因是感觉自己生活没有了依靠，在离婚诉讼中，她得到了共同财产中的一套房子，但亲生儿子选择了与父亲生活，她特别害怕自己下班回到家中，看着空荡荡的房子而不知所措，这段令人惶恐的孤独使其没有过多抗拒父母为她做媒找到了现在丈夫。谈及现在的丈夫，林阿姨的面孔上没有多余的表情，只是简单地说了一句"可靠"。由于自己朝九晚五的公务员生活，加上丈夫经常出差，所以家务与照看小雨的担子都落在她的肩上，并且现在小雨高三，不住校，需要她每天早上送小雨上课，晚上接小雨回家，两人的接触时间比父亲与女儿的时间多。

整个采访过程因为先有父亲的沟通，并且加上父亲与林阿姨多年同事关系，使得林阿姨在言谈举止上都较为放松，以一种聊天的态度完成了此次访谈，戒备心与禁忌较少，所以谈话的内容的真实性较强。

[访谈内容]

我：林阿姨现在生活状态怎样，感觉忙吗？

林：还好，单位上的事情不多，就是早上得早起送小雨，下班后做做饭收拾一下，晚上看看电视。

我：不忙的时候或者周末会和小雨聊聊天吗，抱以一种试图增进感情的目的？

林：有的，因为离婚了，丈夫不太想让我接触儿子，我有些时候就想着把这个女儿当作亲生的，尽量与她多沟通。

我：和她交流的过程中会感觉有什么障碍吗？

林：有的，自从两年前来到这个家里，她可能因为较为成熟了，不能像小孩子那样容易接受一个新妈妈，一直都只是叫我"阿姨"，这样每次沟通的开始都是"阿姨"，说实话，我心里就有一种隔阂的感觉，但大家心情好的时候，我也不太在意这些，比如晚上一起看看综艺、电视剧，她也会靠在我身上，和我说笑。进入高三以来，她似乎又不太愿意和我说话，每天虽然接送她，但也仅限于基本的生活需求交流，马上高考了，我怕她压力大，想和她聊聊，但也基本上就是几句她就把话题结束了，希望高考结束了能好一点吧。

我：你希望高考结束了以后的"好"一点，是指哪方面？

林：我打算考完了带她出去玩玩，她爸也挺赞成的，其实我并不是想着要好到她能叫我"妈"或是怎样，只是希望她不仅仅能把我当作开心时一个陪伴或者分享的人，也能在失望、难过或者面对成长疑虑时能多和我说说，现在我和她的关系就好像是开心时大家说说笑笑，保持尊重，但就是隔着一层玻璃，没办法深入交流，给人把握不住的感觉，她不开心时这种感觉更加明显了。当然我也理解她的想法，就像我刚刚说的，她都这么大了，怎么可能就轻易地接受我这样一个"后妈"，她马上上大学了，想到以后可能接触的机会越来越少，我还是挺难过的。

我：您有其他和您情况类似的朋友吗？

林：有一个朋友，但是她是带着自己的孩子进入别人的家庭的，那孩子能与她的继女相处很好，所以她和继女的关系好像有个中介，更为圆满一些。

我：您对后妈这个群体有怎样的认知，或者态度？

林：后妈挺难当的，特别是继子女年龄大了的，想对他（她）好，也没有太多的机会，不再像小孩子那样能抱在怀里沟通。

我：您丈夫会专门和您说与小雨沟通的事吗？

林：他自己也太忙了，并没有过多干涉我和小雨的相处，本身经历过父母离婚的孩子往往就会对父母产生一种封闭的情绪，也不会和她爸多说什么，但我看小雨还是有几个很要好的朋友能分享心事，也许我以后能从侧面去和小雨的朋友了解一下小雨的心理状况。

我：您觉得整个社会对后妈这个群体的态度怎样？

林：后妈后妈，名字就不好听，大家都说整个社会对后妈的认知往往形成一种刻板的印象，但我觉得自己好像体会不到这样的感觉，特别是在单位这样的小群体里，大家都知道我有一段不幸的婚姻，加上又一个人进入到新的家庭，大家都对我比较同情和理解，经常在办公室里也会有人关心小雨，问我和小雨的关系怎样啦，要不要一起带她到哪里玩啦。所以我想大家现在对"后妈"这种现象的宽容与理解比以前好多了吧。

我：您觉得为什么大家逐渐理解了这个群体？

林：我觉得最主要的原因可能是现在离婚率越来越高了吧，这种现象也普遍了，以前是一旦后妈对孩子不好，家庭有什么矛盾，媒体就会大肆渲染，现在好像少见了很多；还有现在大家经济条件都比以前好了，以前一个家庭来了一个新的外来成员，可能会存在着心理抵触，有抢夺家庭资源这些担忧，当然也有可能是我生活的社会圈子比较狭小，大家都比较理解我，可能农村啊情况要复杂一些。

结束采访后，我颇为感慨：林阿姨从言行举止以及对婚姻的看法都是很保守与传统，在寻求依靠的基础上组成了第二次家庭，找到了丈夫这个依靠后，她似乎更在意自己安分地尽到一个"后妈"对继女的关爱义务，而在进一步与继女沟通上似乎动力不足也信心不够，同时继女小雨也因为自己经历过父母离婚，对家庭的沟通有所抗拒，导致继母与继女之间表面上关系很好，但分享空间狭窄，甚至只像一个住在自己家里的"阿姨"与"女儿"的关系。我认为在这样的关系中，亲生父亲应该承担更多的沟通中介人责任，从本次访谈中可以看出父亲在帮助母女关系上还没有太突出的表现。

同时，从此次个案访谈中，我也对后妈现象有了进一步认识：

（1）后妈只是一个家庭中的角色，要研究后妈在整个家庭中的行为、地位、认同感不能仅仅从后妈角度去看问题，如丈夫的态度、继子女的心态与年龄等都成为变量；

（2）虽然在我们的文化结构中存在"后妈污名化"这种传统现象，但其对社会体现的文化功能仅仅停留在人们心目中的呆板印象，甚至可以说"后妈污名化"已经成为一种文化滞后，并不很符合现今情况，后妈现象伴随着女性经济独立，离婚率增高的背景下，似乎越来越普遍和被理解，"后妈文化"可能在经历着变迁与更新。

18. 四川·思想的桎梏

[访谈背景]

本次后妈个案访谈的对象是我的姑妈,四川人,我父亲家里三姊妹中的二姐,如今51岁,现在生活在一个重组家庭之中,有两个孩子。姑妈在2000年和原配离婚,次年与现在的丈夫结婚,两人属于普通的二次婚配,不过两人是旧好,但是因为父母家庭的原因最后分开各自成家,后来因为感情不和等问题又各自离婚重新组成家庭。在重组家庭的时候,姑妈37岁,有一个13岁正要读初中的女儿,而再婚对象(后被我称作"胡伯伯")也带着一个与姑妈的女儿同年的儿子,再婚以后二人没有再次生儿育女。

姑妈在婚后继续从事着县城下属镇政府的公务员工作,而胡伯伯则是该县某局的领导,后来调任某国企的老总,如今处于半退休状态。两人婚后关系和睦,也没有和继子女发生严重的冲突,反倒是随着时间的推移,一家四口的关系愈发和睦。

[访谈内容]

姑妈出生在四川乡下,其家里可以算是世代农民(奶奶爷爷后来在供销社工作,家庭条件改善),早在学生时代便与胡伯伯相识,后来两人相恋,但是被爷爷奶奶等人反对(奶奶嫌弃胡伯伯个子不高并且家庭条件并不优越)于是被拆散,然后经人介绍与姑爹结婚,并且有了一个女儿。可是后来因为姑爹不思进取,一直做着的公交司机工作也难以给家里提供很好的环境,并且又有家庭暴力的倾向,二人便离婚了,姑妈为了给女儿更好的未来而争取到了抚养权。离婚后又碰巧得知胡伯伯由于感情不和的原因也离了婚,两人慢慢旧情复燃,(那个时候胡伯伯已经在当地混出了一定的名堂因而两人的感情并没有被奶奶他们反对)重新组成了家庭一起生活至今。

再婚并且重新组建家庭以后,姑妈和胡伯伯为了给两个孩子缓冲的机会,所以让刚上初中的两个孩子住校,其中姑妈的女儿就在县一中读书,胡伯伯的儿子在成都的一所私立学校住读,每周只有周末回家,这样就减少了生活中发生矛盾冲突的几率,但是又不是完全缺乏交流,在每周一点点积累起来的相处中,姑妈和继子也就慢慢地亲密起来,姐姐和胡伯伯也同样如此,到现在的话甚至都可以听到他们之间很亲昵的称呼例如"老爸"或者"老杨"之类,从旁人看来都会觉得这样的家庭关系其实是让人感觉很舒服的。

其实进入新家庭后姑妈并没有特别多苦恼,可能这也和她的性格有关,她从小生活在乡下,家里也是放养的状态,性格就会比较开朗,甚至比较像男性的性格特点,比较大大咧咧的,所以不会像小说或者影视作品中妖魔化后妈那样和继子过不去。反倒是说因为平时两个孩子都住校,难得周末回家所以才会给他们更多的关怀,因此和继子之间的关系一直都不差。可能在家庭中比较困扰(或者说稍微有些困扰)的事情就是会害怕自己不小心对两个孩子不公平:一方面自己可能会有意无意地偏袒自己的女儿一点,另一方面还是会觉得胡伯伯会不会更偏爱他自己的儿子,不过后来很多年发生的事情都证明了这样的担心是多余的,家里的两个孩子都顺利地考取了一本院校,也在毕业后先后赴欧洲深造如今在银行中从事工作,能够过上不错的生活,这些都表明在这样的重组家庭之中两个孩子并没有因为继父继母的原因而受到不同的对待。姑妈也认为自己在孩子成长的过程中做到了一个合格母亲应该做的事情,没有什么值得后悔的。在对于未来的看法上,由于两个孩子都已经学有所成并且有了各自的工作,已经和父母分开居住,所以在生活方面对孩子都没有什么好担心的,当然到这个阶段就像很多普通的父母一样开始关心孩子的终身大事的问题,这些是让他们比较担心的。

在刚组建成家庭的时候,继子对姑妈的态度其实并不如想象的那么好,因为他性格相对比较内向孤僻,在面对继母和继母的家庭成员的时候可能会比较难以沟通,所以一直难以和姑妈他们交心,但是后来中学时期因为住校等原因而性格逐渐变得开朗,再加之姑妈对他非常好,所以后来也很好地相处了下去。

对于其整个家庭生活模式来说,姑妈家其实是比较西式和民主的,因为姑妈和胡伯伯二人性格都比较随和,对孩子采取的是比较放养的态度,只要不学坏,其他的成长方式都由孩子自己决定,因而如今在家庭生活中,大家都可以站在平等的地位上来进行相处和交流,甚至相互之间直呼其名也没有关系,这其实是在传统的东方社会很少见的。

姑妈自己作为一个后妈,她认为后妈这个群体是早就存在的,可能在以前有一些后妈做出过对继子女不好的事情从而导致整个后妈群体受到了污名化对待,同时在文学作品和电视电影中制作者也似乎有意将后妈塑造成心狠手辣、没有人性的形象,从而让很多人尤其是小孩子有了后妈都是坏人的错觉,因此导致家庭重组以后亲子关系的问题。

其实后妈这个群体是千百年来一直都有的，但是在不同的地区受到了不同的对待，在我们国家受到了太多的污名。其实后妈被污名化这件事情的原因是多样化的，但是大多看来不外乎传统"妇道"思想的桎梏、少部分后妈的负面行为和她们成为后妈的原因等，但是要看到的是在如今婚姻爱情自由度越来越高的时代，离婚与再婚已经是越来越平常的一件事情，后妈这个群体也会越来越大，社会上有必要摆正对这个特殊群体的态度，不能以偏概全，更不应该直接从公众舆论上歧视她们，如果能够做到这些的话，也许后妈们的境遇会好很多吧。

19. 河北·"奶奶家""爸爸家"与"我的家"

[访谈背景]

后妈张阿姨今年 47 岁，成为后妈时 27 岁，是正常二次婚配。后妈婚姻次数为 2 次，进入新家庭后育有一女。继女楠楠姐今年 24 岁。

往事如烟。楠楠是我小学时的学姐，她和我邻居家的月月姐同岁且同班，我比她小两岁。小时候因为我经常在月月姐姐家里玩，所以和楠楠姐也逐渐熟悉了。

据村里人说，楠楠姐的爸爸妈妈在她四岁的时候因为感情不和而离婚了，后来楠楠姐便一直和爷爷奶奶住在一起。两年过去楠楠姐便有了一位后妈张阿姨，楠楠的爸爸和后妈单独住在一个院子里（已经和楠楠姐的爷爷奶奶分家），并且生育了一个小女儿（叫小阳）。而楠楠姐和爷爷奶奶、叔叔婶婶住在一个院子里（楠楠的叔叔婶婶都是乡里的初中老师，只有周末回村里住）。我和月月姐周末去楠楠姐的奶奶家里找她玩，偶尔会看到她在帮着奶奶揉面、蒸馒头，而那时七八岁的我只会烧开水。每次我和月月姐去找楠楠姐的时候，楠楠姐总会特别开心，这不是因为她可以借机不帮奶奶干活了，而是干完活后奶奶便会出去找人聊天，而往往在这时候，楠楠姐会给我们炫耀她的亲生母亲给她买的东西。记得楠楠姐有一次从柜子的最里面拿出她装衣服的一个小包袱，她撩开上面的几件衣服，居然拿出了几个非常精致的便签本，那是她妈妈去学校看她时给她买的。那时的我并不太懂事，只是羡慕楠楠姐的礼物，并不曾想到楠楠姐小心翼翼地藏着礼物，心中会有多少复杂的情感。

在我儿时的印象里，有两件关于楠楠姐的事情给我的印象最深刻。有一次，我们三个都在月月姐家里写作业，月月姐提到楠楠姐的作文被老师表扬了，我便摆出卖萌的样子，拉着楠楠姐的手求她把作文让我看看。看到楠楠姐难为情的样子，月月姐说："楠楠可能没带作文，下次再给你看。"结果，楠楠姐看着我失望的样子，对我说："可以给你看，但不要告诉我奶奶。"我毫不犹豫就应承下了。十几年过去了，我并不能把作文一字不落地记住，只记得那篇作文的题目让我很震惊，题目是"我有两个妈妈"，而楠楠姐作文说的"两个妈妈"一个指的是她的亲生母亲，一个是她的婶婶。楠楠姐一直和叔叔婶婶住在一个院子里，婶婶是老师，平时应该待她不错，所以，楠楠姐才会在作文里赞美婶婶吧。当时看完作文，我似乎明白楠楠姐瞒着奶奶的原因了，作文内容或许是真假掺杂的，但是不让家长看的作文必定是包含着最隐晦的秘密。

记得那是一个初夏的午后，农村里的人们都有午睡的习惯，我去找月月姐玩，却发现楠楠姐在月月姐的房间里小声地哭泣，我不知道该怎么办，只会问楠楠姐怎么了，可是她却只是低声啜泣。月月姐把桌子上的两块山楂糖递给我，说是楠楠姐拿来的。我毫不客气地吃了糖果，却还是不知道到底发生了什么事。后来，楠楠姐的奶奶到月月家来把楠楠姐领走了，我才从月月姐的口中得知，原来是楠楠姐的婶婶和奶奶因为土地的问题发生了争吵，并且好像也把楠楠姐牵涉了进去，而具体的原因月月姐也并不清楚。现在想来，楠楠姐在当时的情况下，失去了所有家人的爱和支撑，只能到同学家里寄身，而她竟然还买了两块山楂糖，这糖是不是在楠楠最孤独无助的时候给了她一个安心的理由让月月姐"收留"她？楠楠姐似乎小小年纪便体会到了我所不能明白的世界的冷暖，我无法想象当楠楠姐看到这糖被当时不懂事的我毫不犹豫地贪心地吃掉时，心中是何等滋味。

十几年过去了，楠楠姐和月月姐初中毕业之后就到社会上打拼了。现在她们都已经结婚了，而且楠楠姐已经有了自己的女儿。自从我全家搬到市里后，我和她们联系的机会就变少了。现在我在杭州，而楠楠姐在老家河北，所以我也只能通过qq的方式和楠楠姐聊天了，其实也算叙叙旧。

[访谈内容]

当我和楠楠姐开始聊天时，其实我都不知道如何开口。倒是楠楠姐十分热情，询问我在浙大的学习、生活情况，适应不适应之类的，好像我还是从前那个什么也不知道的小毛孩。在聊天的过程中，渐渐地我们又逐渐找到了过去那种熟悉的感觉，我得知楠楠姐和姐夫都在县城里上班，而且楠楠姐现在竟然和自己的亲生母亲住在同一个小区！

当我问到楠楠姐过年回不回老家时，楠楠姐说："奶奶家里人太多，过年太乱。孩子太小，不方便带回去。"当时我很诧异，县城和老家的车程不过半个小时，楠楠姐为什么过年都不回家呢。于是我换了话题，开始八卦她的情史，楠楠姐说她和姐夫是上班时认识的，算得上是日久生情。楠楠姐给我看了姐夫的照片，姐夫长得不高，面庞清秀，丝毫没有已经结婚生子的一家之主的威严之态。我责备楠楠姐朝我秀恩爱，楠楠姐说，她现在有女儿、有丈夫、有妈妈，"上有老、下有小"对她来说是最幸福的事。而她最大的希望是女儿可以健康平安地长大，她和丈夫会给女儿一个温馨幸福的家，一个无忧无虑、天真快乐的童年。听到楠楠姐对女儿满满的宠爱之情，我心中百感交集，竟不知道该怎么往下接了。我从亲情入手，引到当年奶奶、婶婶对楠楠姐的照顾，楠楠姐说，过去的都过去了，她也知道奶奶爷爷把她养大不容易，只是两位老人家有时候太过固执，不太讲情面。当初她带姐夫认家门的时候，两个老人家还有爸爸和张阿姨都看不上姐夫，说话时处处带刺，觉得姐夫家里穷，人也不灵透，结果闹得很不愉快。姐夫也就不愿意去楠楠姐老家，而楠楠姐则因为维护姐夫和家里人闹僵。其实，楠楠姐的爷爷奶奶的脾气，我也有所耳闻。两位老人虽然一手把楠楠姐带大，但是随着楠楠姐年龄的增长，和两位老人之间的隔阂也越来越多。"奶奶家"曾经也是楠楠姐的家，但现在楠楠姐却离那个家越来越远了。

谈到楠楠姐的后妈张阿姨生的小女儿小阳的情况时，楠楠姐说她在老家的时候，并不怎么上"爸爸家"去，爸爸脾气不太好，也没怎么管过她，而后妈虽然曾经带着她和小阳一起到小阳的姥姥家里（在吉利村）去玩过一次，但是小阳比楠楠姐小六岁，而且楠楠姐初中住校，初中毕业后就工作、结婚了，所以她和小阳也不怎么接触。这是楠楠姐第一次和我说起张阿姨，楠楠姐说："小孩子谁会喜欢有一个后妈呢，不过后来其实也谈不上喜欢或不喜欢什么的。"在楠楠姐眼中，张阿姨算不上是一个苛刻严厉的后妈，那次去小阳的姥姥家，应该算得上是和后妈的一次亲密接触。只是因为分家过的缘故，在平常日子里，张阿姨也不怎么到爷爷奶奶家里来，楠楠姐跟着爷爷奶奶住，所以和张阿姨也没说过多少话。虽然在村里人看来，张阿姨和楠楠的爸爸日子过得还不错，也不见她和楠楠的爷爷奶奶有什么冲突，逢年过节张阿姨也按照村里的礼仪孝敬长辈，两家人日子各自过得都算平静。可是对楠楠姐来说，张阿姨与她虽不算陌生但也不是特别亲近，因为她既很少体会到后妈给她的压力、薄待，也很少体会到后妈给予她的浓浓母爱。关系的疏离似乎让楠楠姐觉得张阿姨在她的生活里是个关系并不怎么紧要的人。

其实，联系楠楠姐和张阿姨之间重要的一个牵线人本应该是楠楠姐的爸爸，但是，楠楠姐往往只有在要学费的时候才会到爸爸的家里去，而对于楠楠姐的生活和学习状况，楠楠姐的爸爸似乎并不是十分在意，加上农村里重男轻女的思想多一些，楠楠姐也没有被寄予改变家庭命运的期望。看似楠楠姐身上来自家人的压力变小了，但这无形中却减少了楠楠姐与爸爸沟通交流的次数。楠楠姐感受不到来自父亲的关注，其实在一定程度上也就感受不到来自父亲的爱。对于父亲，楠楠姐说："小时候有点怕。不过好像那时候大家都怕爸爸。"的确也是，当时一起玩的女孩儿都是喜欢妈妈而害怕爸爸，大家平时在一起，互相影响之下或许更会加强这种认同感。然而，就像楠楠姐所说的，她毕竟和我们不一样，爸爸娶了后妈之后，她就更不愿意到爸爸那里去了。虽然表面上，楠楠姐和爸爸、张阿姨之间没有什么矛盾冲突，但从前面"楠楠姐在婶婶和奶奶吵架的时候，找到的依靠是月月姐而不是自己的爸爸"这一事实来看，爸爸与张阿姨在楠楠姐心中的隔阂程度便一目了然了。

现如今，楠楠姐自己都成为妈妈了。谈起做妈妈的感受，楠楠姐说："一个字'累'呗！"虽然嘴里说着累，但楠楠姐还是滔滔不绝地讲着女儿的一切趣事，从她的话语中我可以感觉到初为人母的楠楠姐心中无限的幸福和喜悦。女儿的一哭一笑都牵动着她的心，平时女儿由姥姥和奶奶带着，但楠楠姐下班回来第一件事就是抱抱她的小女儿。楠楠姐似乎想把自己没有得到过的完整的母爱都补给女儿，"当了妈才知道养孩子有多不容易。女儿是我们家的大活宝，常常一家人都围着她转。"看到楠楠姐有了自己的小家而且生活得很幸福，我既开心又有点难过。因为我明白楠楠姐其实一直有心结，爸爸和张阿姨对她的冷淡、爷爷奶奶对她的不理解、叔叔婶婶也有自己的小家很多时候顾不上她、楠楠姐最终还是和自己的亲生母亲生活在了一起，而老家里的人又无法接纳她的母亲、她的丈夫……虽然楠楠姐选择了和母亲、丈夫、女儿一起过自己的小日子，但是她无法回避她还有儿时的一个家，还有抚育她的爷爷奶奶、生育她的父亲、同父异母的妹妹小阳和继母张阿姨。血缘的亲疏与实际关系的亲疏在楠楠姐的生命中是一个复杂的、纠缠多年的难题。

楠楠姐虽然有一位继母，但是却不曾和继母生活在一起而是和爷爷奶奶住在一起。继母对楠楠姐既不是关怀备至也不是苛刻严厉。继母的存在只是让本来就不怎么亲密的父女关系显得更加疏远。而父亲与爷爷奶奶又始终无法走进楠楠姐的内心。血缘上的至亲在生活中却变得逐渐疏离。对生活的冷暖的品味、对母爱的渴求恐怕是楠楠姐儿时最深刻的记忆。

谁应该对楠楠姐缺失的母爱负责呢？继母的"不伤害、不亲近"策略是否合适？父亲把自己的女儿交给爷爷奶奶抚养，看似让女儿避免了与后妈一起生活的尴尬，但女儿由此缺失的父爱又如何补偿？爷爷奶奶对孙女的爱会一成不变吗？面对出嫁的孙女对老家的疏离和逃避，受伤的会是谁呢？"奶奶家""爸爸家"与"我的家"还能和睦、融为一体、成为一家人吗？

20. 四川 & 山东·两位后妈的共性

[访谈背景]

本次访谈涉及两位女性以及与之相关的两个家庭，不可否认她们在关键的部分有着很大的分别，但如果我们真正了解了她们各自的经历，就会发现所有显而易见的外表下面足以令人感动的共性。因为某些特殊原因，其中之一由我的一位同学代为完成，而另一部分则是我与这位女士的继子交流所得。感谢他们的真诚。

基本信息如下：

	翁女士	李女士
年龄	42 岁	49 岁
地区	四川	山东
职业	汽车销售	旅游销售
成为后妈的年龄	25 岁	26 岁
婚姻次数	1 次	1 次
进入家庭的方式	正常二次婚配	正常二次婚配
家庭孩子情况	之前单身，婚后并无生育	之前单身，婚后育有一子
继子年龄	17 岁	24 岁
与继子关系	很好	很好

访谈对象：翁女士、邵同学

访谈时间：2015年6月直接或间接采访

访谈方式：QQ、微信、现场交流

[访谈内容]

"后妈"这一称谓或概念是存在于其与继子女的关系之中的，离开了这种关系，其自身实际上也就并不存在了。所以本次访谈的重点也是在作为后妈的女性与继子女之间的关系之上，并从这一视角出发，进而探讨与整个家庭以至周边的社会环境之间的关联。

翁女士在25岁与丈夫相识之时，继子刚满周岁；如今，昔日的婴儿已经变成了少年，正在当地一所知名高中就读。十几年来的成长经历实在不是一次简短的谈话就可以表达清楚的，其间翁女士的心路历程也自然一言难尽，但从交流中不难看出，她是一位富于浪漫气息的女性。与丈夫的相识以至最终的结合，都完全出于纯粹的"爱情"，似乎没有考虑现实层面一切琐碎的细节。在她的眼里，自己的身份就是妻子和母亲，根本不存在"后妈"的概念。"从那时起，他是我的孩子，而我是他的母亲，就这么简单。"而一直以来，她和继子的关系也始终亲密无间。有时他们会谈到将来，在充满幻想而又躁动不安的年纪，儿子总会不时迸发出奇妙的设想，这时她总是几乎毫无保留地给予他最大的支持。

"妈我想做历史学家。"

"那就去做喽！"

"我想当导演。"

"当喽！"

而这位内心体验复杂又细致的少年也能察觉继母微妙的情绪变化，并报以充分的理解和安慰，十几年间的一点一滴，就是这样过来的。当然，不愉快的事情也是有的，这主要来自翁女士与丈夫的身体状况。两人的健康状况都不理想，不但身体不好，丈夫甚至有严重的抑郁倾向，这使得他不得不长期接受治疗；同时近年来工作上频繁出现的事故和问题，也让翁女士时常有力不从心之感。但她与继子的关系却始终如一，她虽然觉得艰难却也从来不曾后悔。

"人生就是这样，没有什么值得后悔的。"

而李女士与之相比就有明显的不同，这种不同首先来自于个人的精神气质。李女士实际上是一个内心传统的人，按照当时的情况，自己年龄已经相对偏高，环境因素要求她尽早解决个人问题。经人介绍，她认识了现在的丈夫，并最终步入了婚姻。彼时丈夫身边尚有一岁的幼子，这个孩子后来变成了我的同学。虽然他现在已不再是未成年人，但听他讲述自己与继母之间的关系，仍然可以提供有益的信息，就当做与之前的对照了。从他的话里，大致可以得到这样的结论：李女士的身上具有一切中国传统女性所具有的美德（纯正的美德，并非女性主义或女权主义者所极力排斥的所谓封建糟粕），她为人温和，从来不曾见她发脾气，即便遇到确实让她难过的事情，也只是平静地讲，但更多的时候是什么也不讲。而我的同学每每留心观察，却总能发现她微妙的情绪变化。可以说李女士是那种愿意把一切事情放在心里，自己慢慢消化的人。同样的情形发生在我同学的身上，他与继母的关系甚至比父亲还要亲密得多。从高中以来，他就离家就读于寄宿学校，一年之中只有两三个月是在家里度过的。平时在学校，与他联系最多的家人就是继母，生活上的嘘寒问暖与关怀备至，总是能让他露出欣慰的笑容。而李女士也对继子的未来寄予深切的希望，在丈夫和孩子之间，我相信她的热情和心血是更为倾向于后者的。李女士婚后育有一子，但两个孩子对她而言似乎没有实质性的区别，"后妈"这个概念在她的印象中仿佛也被消解了。这位同学的兄弟如今已经工作，但两人之间仍然保持密切的交流和联系。在背后默默付出的李女士无疑是这个和谐家庭关系的轴心。

　　在人们的常识或成见之中，继母与继子女之间的关系通常是断裂的、难以弥合的，似乎有种先天的对立倾向。但从本次访谈所涉及的两位女性身上分明就看不到这种矛盾，这作为一种结果就已经充分证明了一切并非无法调和，甚至有些问题根本就是人们自己创造出来又加诸自己之上的枷锁。当然可以认为上述案例在众多相似的经历之中具有某种特殊性，而这种特殊性足以为我们探寻重组家庭如何建立良好的家庭关系提供有益的借鉴。无疑，真诚是她们共同的特点，真诚地迎接爱情，同时也真诚地承担责任，以及随之而来的生活中的一切，尽管这有时需要付出难以想象的艰辛。不管两位女士经历过怎样不为人知的内心体验，她们已经成功地做到了这一点，并与家人建立了良好的关系和纽带。虽然构成和谐婚姻关系的条件因人而异，有时很难清晰地表述，而继母与继子女之间的关系则更为隐秘而微妙。但这种印象更多的是来源于外部既定认知的介入，对于当事者而言，如果真的能够做到真诚相待，一切又有什么分别呢？

第二章
海外清音：异国他乡的继母剪影

1. 德国·跨国重组家庭的后妈

〔访谈背景〕

任女士，45岁，山东省人，经历2次婚姻，已经成为后妈12年，目前定居在上海。

任女士是我的远房表姑，因而我对其家庭情况比较了解；45岁的任女士，不仅拥有一段跨国婚姻，同时还是一名22岁德国女孩的后妈。趁着端午节假期，我与任女士取得联系并委婉地表达了访谈请求，任女士与其丈夫愉快地接受了访谈。

任女士27岁时与第一任丈夫张先生结婚；张先生是任女士大学同学，两人大学毕业后一同到上海工作，并于1997年5月结婚；同年10月，张先生因车祸不幸去世。随后，任女士一直独自生活。2002年，任女士在工作中结识现任丈夫Thomas，两人于2003年在德国注册结婚。

继女Sophia为Thomas与其德国前妻所生，两人于2001年（Sophia 8岁时）离婚；随后，Sophia跟随其父亲生活。

基本信息 BASIC INFORMATION		
1. 中文名 Name in Chinese 任女士	2. 英文名 Name in English Mia	3. 性别 Gender 女
4. 年龄 Age 45岁	5. 国籍 Nationality 中华人民共和国	6. 居住地 Location 上海市

续表

基本信息 BASIC INFORMATION		
7. 学历 Degree 大学本科	8. 婚姻 Marriage 已婚	9. 职业 Occupation 翻译
婚姻经历 EXPERIENCE OF MARRIAGE		
婚姻次数：2 次 第一次婚姻：27 岁 1997 年，与前夫张先生登记结婚，同年 10 月，前夫张先生因车祸不幸去世 第二次婚姻：33 岁 2002 年，在工作中结识现任丈夫 Thomas 2003 年，与德籍男子 Thomas 注册结婚，婚后育有一名混血男孩 Yuri 后妈进入家庭方式：正常二次婚配		
基本信息 BASIC INFORMATION		
1. 中文名 Name in Chinese 托马斯	2. 英文名 Name in English Thomas	3. 性别 Gender 男
4. 年龄 Age 49 岁	5. 国籍 Nationality 德意志共和国	6. 居住地 Location 上海市
7. 学历 Degree 学士	8. 婚姻 Marriage 已婚	9. 职业 Occupation 外企高管
婚姻经历 EXPERIENCE OF MARRIAGE		
婚姻次数：2 次 2001 年，与德国前妻离婚，女儿 Sophia 随其到中国工作、生活 2003 年，与任女士注册结婚，婚后育有一名混血男孩 Yuri		
基本信息 BASIC INFORMATION		
1. 中文名 Name in Chinese 索菲亚	2. 英文名 Name in English Sophia	3. 性别 Gender 女
4. 年龄 Age 22 岁	5. 国籍 Nationality 德意志共和国	6. 居住地 Location 德国柏林
基本信息 BASIC INFORMATION		
1. 中文名 Name in Chinese 尤里	2. 英文名 Name in English Yuri	3. 性别 Gender 男
4. 年龄 Age 10 岁	5. 国籍 Nationality 德意志共和国	6. 居住地 Location 上海市虹口区

访谈时间：2015 年 6 月 22 日晚上

访谈方式：互联网（QQ 视频访谈）

【访谈内容】

访谈是通过 QQ 视频形式进行的,任女士比较热心地回答了我的问题,整个过程比较轻松顺畅;但由于 Sophia 目前在德国读书,所以没有采访到她。现将访谈内容整理如下:

我:姑姑是怎样和 Thomas 认识并在一起的?

任女士:我们是在工作中认识,Thomas 他们公司和我当时的公司有合作;一起工作了一段时间,感觉他人很好、很有责任心,也比较欣赏他,后来就很自然地在一起了。

我:你在了解他的情况后,有犹豫吗?

任女士:我对于他离异的事情倒是没什么犹豫,反而是对他外国人的身份比较犹豫,因为家里人似乎不太能接受我可能要嫁到德国的事情。

我:你和 Thomas 结婚前,有和 Sophia 交流过吗?

任女士:有接触过,我们交往了一段时间后,会有意识地带 Sophia 一起出去玩;刚开始时候,Sophia 的英文不是很好,而我并不会讲德语,所以交流起来比较麻烦,需要 Thomas 翻译转达;但 Sophia 是非常懂事的小女孩,我们相处得也还愉快。

我:那结婚以后,你们之间除了语言问题,还有其他问题吗?

任女士:我和 Thomas 结婚的时候,Sophia 的英文已经蛮好了,交流没什么问题;再就是小孩的教育问题,我后妈的身份和中国式教育观念不是很方便去教育 Sophia,所以一般是 Thomas 比较费心,他负责孩子的教育问题,我负责孩子的生活。

我:Sophia 是怎样称呼你的?

任女士:她一直叫我 Mia,在国外这样称呼很正常的。

我:Yuri 和 Sophia 相处得怎么样?你在教育时,会有差别吗?

任女士:我们要小孩的时候就跟 Sophia 讨论过了,她也表示希望有个弟弟妹妹;因为在中国,她的朋友比较少,所以比较希望有个弟弟妹妹一起玩。Sophia 比 Yuri 大很多,会主动去照顾 Yuri,相处得还不错,Sophia 在德国读书还会每周跟 Yuri 视频聊天,回中国也会给 Yuri 带礼物。Sophia 和 Yuri 的教育问题一直是 Thomas 比较费心,Thomas 会尽量地做到平等地对待两个小孩,Sophia 成年后,我们会给她很多自由,比如回德国读大学也是她自己决定的;Sophia 一直都是很懂事、很成熟、很有想法的女孩，也不需要我们怎么教育。

我：现在社会上很多人对后妈是有误解的，你怎么看？

任女士：我也看过国内一些家庭题材的电视剧、电影，我觉得很多时候他们扭曲了后妈这一群体，或者说是错把个性当成共性而放大化；其实，作为后妈，我会尽自己的能力去照顾 Sophia、对她好，让整个家庭的氛围更和谐，我相信很多后妈也是这样子的；生活不是电视剧，平淡的幸福才是最好的。我觉得随着社会发展，大家对后妈问题的接受程度越来越高，毕竟每个人都有追求幸福的权利，离婚再婚也是很正常的选择，这些在欧美国家已经比较普遍了。

在访谈中，由于语言问题 Thomas 并没有讲很多，只是静静地听我和任女士的对话；从他们的对话和眼神交流中，可以看出他们真的很恩爱。

从任女士和 Thomas 的访谈中以及和他们平时交往中，我觉得这个家庭能够和谐幸福主要有以下几个原因：一是继女 Sophia 成熟懂事，使得她与后妈任女士、Yuri 能够友好相处；二是 Thomas 作为两个小孩的父亲不偏不倚，Yuri 和 Sophia 都得到平等的爱；三是任女士作为后妈的智慧，比起后妈的身份，她更像 Sophia 的朋友，任女士给予继女 Sophia 爱与关怀，同时给予她自由选择的权利，只是作为朋友和长辈给予指导与帮助；四是这个家庭国外文化背景，Thomas 一家总体上来讲比中国式重组家庭更开明，而且 Thomas 和任女士都受过高等教育，并且 Thomas 是德国人，使得这个家庭在面对再婚、继母等问题上更开明和开放。

2. 韩国·当父母原来是这么累的一件事情

[访谈背景]

韩国家庭法律咨询所称，再婚夫妻两人决定离婚的第一个原因是经济问题，第二是子女问题。夫妻俩都把子女带来，或是只有一方带来子女，尽管有程度上的差异，但其本质都是一样的，那就是能否对亲生子女和继子女做到一视同仁的问题。对身体和精神都在成长中的青少年子女，问题则更加严重。因为他们认同感的形成过程非常吃力，很难接受新家人和新的家庭整体的现实。此外，也会出现只是悉心维持夫妻之间的纽带关系，而忽视了严重的子女问题的情况。在这种情况下，子女们将负担难以承受的压力。更有甚者，为了保护自己的家人，选择极端手段的可能性也将提高。

但是，即使再婚家庭成功做到家庭内部和睦，问题仍然存在——社会偏见依然存在。特别是带着子女再婚的夫妇们，为了避免被揭露是再婚家庭的孩子而使孩子受到伤害，也意味着需要凡事小心。这种社会偏见和消极的视角是再婚家庭的束缚，制造了巨大的干扰。

此次采访，我找了高中同学（这个家中的长子）的家人们，他们爽快地同意了我的采访请求。以下是受访者信息：

受访者信息		
年龄	性别	宗教
41岁	女	基督教
教育水平	居住地	职业
高中毕业	大韩民国首尔市芦原区	家庭主妇
经济实力	子女	
中产	24岁长子，18岁次女（两个都是丈夫的孩子）	

访谈时间：2015年6月19日

访谈方式：在各自的家中通过电话及kakaotalk（韩国的聊天应用）

［访谈内容］

（一）采访后妈

问：介意我问您的年龄吗？

答：没关系。我41岁。

问：您是在什么时候来到这个家庭的？来到这个家庭时丈夫与他前妻的孩子多大了？

答：我29岁的时候再婚的。那时老公有两个孩子（一个儿子、一个女儿）。

问：之前有过结婚的经历吗？

答：有过，27岁的时候离婚了。

问：您是怎么认识现在的丈夫并与他结为夫妻的呢？

答：离婚之后在做社会福利活动的时候认识的。

问：您和现在的丈夫有孩子了吗？在之前的婚姻里有过孩子吗？（与前夫的孩子和您一起在现在的家庭中生活吗？）

答：现在我们两个没有孩子。我们两个计划是不再生育子女。

问：您和现在的丈夫与他前妻的孩子关系怎么样？

答：现在的丈夫因为已经跟前妻断绝联系了所以知道的不是很多。孩子们渐渐长大了也开始走得近一些。

问：在来到这个家庭之前，您有想过会遇到什么样的困难吗？

答：丈夫生意失败，就离婚了。年纪轻轻就离婚，一切都很迷茫。因为当时对离婚的偏见，尤其是对离婚女性的概念很负面，非常辛苦。我和前夫没有孩子，也没有达到一人独立生活的经济条件，在娘家逗留了两年，那是段孤独而痛苦的时间。

问：在日常的生活中有因为继母的身份遇到过什么困难或烦恼的事情吗？怎么看待继母的身份？

答：我和前夫没有孩子，在婚后多了两个孩子。那时候又是大儿子的青春期，所以看都不看我一眼，大概是不想承认吧……在意周边的时间都没有，因为成为妈妈的自己得不到承认而感到很痛苦。

问：您认为在进入这个家庭之后，家庭生活和睦吗？

答：再婚的丈夫与我年龄差异很大。因此，我与丈夫和丈夫的前妻的孩子只有17岁和23岁的年龄差，并不大。再婚后老公前妻的孩子们不接受我为母亲。叫我一声妈妈，花了近3年的时间。再婚不知不觉13年了。现在长子已经成人，和二女儿也有了很多感情，但刚开始因为孩子们流了很多眼泪。打也不行，也不能说得过狠了，心里承受了很多。从来没抚养过孩子的我成为青春期敏感的孩子们的妈妈的过程确实是忍受痛苦的一段时光。目前，我和丈夫决定不生孩子，为了成为孩子们的好妈妈做更多的努力。那时候没想到要和孩子更好地相处，也没想到要成为孩子们坚实的支柱，但是现在心里很坚定地觉得这是我的孩子。前妻去世后，现在的丈夫和我互相磨合，对彼此的信赖和爱情，正让我们像初婚一样幸福地生活着。

再者，最近看待再婚的视角和以前相比也有很多的变化。周边也看到很多再婚家庭，再婚家庭的反对意见也比以前少了，导致偏见少了，这也减少了很多困难。

问：您在进入这个家庭之前，身边的亲戚朋友有没有给您提供意见？

答：离婚之后在娘家的时候，和娘家人，特别是跟妈妈交流了很多。因为担心我一个人孤独，建议我再婚。我父亲也去世了，现在妈妈独自生活，她对我说："如果你遇到了好的人，要彼此长久地陪伴生活下去，就算周边有了更好的人也是……"比起忠告或是意见，她对我说了很多安慰的话。

问：您对今后的婚姻生活有怎样的期待？

答：今后像现在这样一步步走向对方，更深入地了解对方。和孩子们一起度过幸福的晚年，真正地作为母亲被认可。要用心努力吧！哈哈。

（二）采访继子女

问：方便告诉我你的年龄吗？

答：18岁。

问：知道新妈妈的年龄吗？新妈妈是什么时候来到这个家庭的？

答：当然了，知道是41岁。嗯……我上幼儿园的时候来的。

问：知道新妈妈结过几次婚吗？

答：知道，以前离过一次婚。

问：新妈妈是怎么来到这个家庭？她来之前有自己的孩子吗？

答：我初中以后度过了青春期才敞开了心扉……所以有些晚了，并不是很清楚。妈妈以前也没有孩子，现在孩子只有我和哥哥。

问：与新妈妈的关系怎么样？

答：小时候年纪太小了很难接受新妈妈，只想着去世的亲生母亲。现在才逐渐敞开心扉。

问：你觉得在新妈妈来到这个家庭之后，你的生活有怎么样的改变？

答：当时太小，没有感觉。但是青春期的哥哥不接受妈妈的情况，我也从小就那么觉得。现在表面上表现不出来，但是爸爸出去工作时，妈妈在照顾家里，对妈妈有感激之情。

问：有没有想过新妈妈来之后会与她产生矛盾？实际生活中和新妈妈的关系怎么样？在你眼中新妈妈是个怎么样的人？

答：因为一直很理解我们所以没有冲突。她平时常常先听从我们的意见，没有强制要求过什么。因为现在是忙于公益活动的人，所以我们为自己的妈妈感到骄傲。

问：你认为新妈妈来到家庭之后，家庭生活和睦吗？新妈妈和爸爸关系好吗？新妈妈和爷爷奶奶相处得怎么样？

答：首先我们的爷爷奶奶是没反对过的。因为本来我的生母就是去世了，好像更不会反对了。现在除了担心新妈妈和爸爸年龄差很大之外没有什么很大的障碍了。我和哥哥的青春期过去之后，也逐渐承认了新妈妈，我们一直抗拒妈妈，她却没对我们发过一次火，现在对这个特别感激。现在好像已经充分和睦了，新妈妈和爸爸关系很好，我和哥哥也在努力对新妈妈好。

问：在你的印象中，继母或者后妈是什么形象的？

答：可以说是培养了我十多年的妈妈。当然各个家庭情况不同，但是我们的新妈妈对待我们像亲生子女一样。她当时说，如果不是像亲生母亲那样照顾我们的话，不能在一个屋檐下生活的话，会独立搬出去生活。但现在我想感谢她如此负责地照顾我们。

通过这次访谈，我想，相较于年轻时的再婚，由于他们已经经历过一段相当长时间的夫妻生活，若撇开和丈夫前家庭子女之间的矛盾不说，可以说在各方面看上去都是很好的家庭了。虽说如此，但由于丈夫失去了妻子，孩子们失去了亲妈妈，这些对于他们来说都是无法抹去的痛苦。所以对于孩子们而言，接受新妈妈是一个艰辛的过程。如果子女们和后妈能相互体谅，相互给予更多的关心和爱，那么他们将会和普通家庭一样，有一个更美满更幸福的家庭。

这次采访的对象是我高中朋友的家庭。起初，跟他提起后他便爽快地答应了。虽然一开始后妈对于家族史的问题非常警惕，但我能感受到她接受采访时真诚的态度，对此我表示非常感激。知道她为了让孩子们能真正把她当成亲妈妈而做出的努力时，我倍受感动。我再次深刻地感受到"当父母原来是这么累的一件事情"这句话的意义。通过这次采访我学到了很多。

再婚生活中遇到的问题和在初婚生活中遇到的问题是不一样的。所以针对不同类型的再婚家庭，不管是对于个人还是对于家族而言，再婚家庭的准备教育是很有必要的。

虽然对于再婚家族而言，要想和初婚家族一样依靠感情的纽带是很困难的，但这恰恰却是最重要的课题。在解决有关再婚家庭的问题中最重要的裁定是正确的教育，无力感的减少和夫妇关系的强化。为此需要家族之间进行共同商谈。

以再婚家庭为对象形成一个能够相互合作的小集体也是一个不错的方法。大部分的再婚家庭都有一个共同特征，就是不希望被大家知道他们是一个再婚家庭。所以就算需要接受教育，大多数人面对这些公开的教育系统还是秉持着犹豫不决的态度。考虑到这样的特性，建立一些匿名的或是比较容易接触的在线商谈系统是很有必要的。

最后，其实在社会上我们最需要改变的是要给再婚家庭更多真挚的关心。在我们的社会里，仍然保留着许多对再婚家庭的偏见。这些都是由于对继母有先入为主的成见或者对再婚持否定的眼光造成的。为了消除对继母不好的成见，新闻或电视剧等大众媒体对刻画有关再婚家庭的正面形象是很重要的。我们有必要给大家呈现出如何恰当解决现实性问题和矛盾的样板以及和睦、健康家庭的模板。

3. 韩国·后妈访谈记录

[访谈背景]

我来中国已有 4 年，此次采访的是一起在中国留学的同学。她今年 24 岁。她的后妈，47 岁左右，再婚已有一年多时间。这是她后妈的第二次婚姻，她的后妈还有一个 11 岁的女孩子，她将这个小女孩也一起带入了新家庭。因为后妈年纪较大，所以并不考虑与她的父亲生育一个新的孩子。在她家中，她还有一个 26 岁的哥哥。

据她介绍，因为她后妈以前的老公去世了，她爸爸的朋友介绍他们认识，便走到了一起。目前，她和哥哥与后妈的关系还有些尴尬，但她很想与后妈相处得融洽一些。她和后妈之间并没有什么矛盾，就像认识一个阿姨，关系不远不近，所以不会出现什么冲突。再者，她爸爸再婚时，她已经成年了，所以她也不需要这个后妈的抚育，她毕业后可以选择回爸爸家住也可以自己住，比较自由。但是她不会长时间住在爸爸家里，因为她觉得自己住更舒服。后妈也不会管她是否去找她的妈妈。对她而言，后妈只是爸爸的配偶。她并没有见过后妈的父母，但是她听说后妈只有妈妈。

[访谈内容]

我：你好，感谢你同意我的采访。

对方：你好。

我：请问一下，你的后妈现在是几岁？

对方：不太清楚，46、47 岁左右。

我：你的爸爸再婚了多长时间？

对方：一年多时间。

我：你的后妈是结婚了几次？

对方：我知道的是总共两次。

我：你的后妈有女儿吗？就是继子女？

对方：有的，一个小女孩子，她是11岁。

我：请问一下，你的后妈是怎么和你爸爸再婚的？

对方：听爸爸说，我后妈的第一个老公去世了，然后和爸爸再婚了。

我：他们是怎么认识的？

对方：爸爸的朋友给他们介绍的。

我：后妈和她的女儿关系怎么样？

对方：很好的，两边都看得出来，很爱的感情。

我：家庭成员与后妈的关系怎么样？

对方：还不错，因为两边都有距离所以不会出现矛盾。

我：那有没有想过和后妈处好关系？

对方：没有，我觉得有点距离最好。

我：你对继子女有什么感觉？

对方：一般般？有点尴尬，就是感觉她是远房的亲戚妹妹一样，我想和她关系近一点，但是她的年纪还很小，所以我就送给了她几个礼物。

我：后妈的女儿喜欢你吗？还有你的爸爸？

对方：她很喜欢我们，因为原来她家里只有一个人，但是现在有哥哥，还有姐姐，所以她很喜欢我们。还有我觉得她很喜欢爸爸，因为她想快点叫"爸爸"。

我：你和后妈有什么困难和烦恼吗？

对方：没有什么困难和烦恼，因为和她不怎么说话，也不怎么一起做事情。

我：现在和爸爸关系怎么样？

对方：我感觉比没再婚前变远了。因为以前我的爸爸是就我和我的哥哥在身边，所以对我们话有点多，每周电话打过来，问我学习怎么样或者吃饭怎么样，等等。但是现在如果我不给他打电话，他也不给我打电话，有时候让我感觉到自由，有时候我又感觉他对我不怎么关心。

我：哦，你自己想一下10年后你和爸爸的关系会怎么样？

对方：我觉得慢慢会出现我和爸爸的隔阂，因为我觉得爸爸现在有新的家庭，所以爸爸会把更多的关注放在那里。还有以前是，因为没人给爸爸关心，所以我会打电话给他，或者买衣服给他。但是现在有人会给爸爸更大的关心。

我：现在你住在学校，但是你马上要毕业了，那毕业以后你会去爸爸家住吗？

对方：不一定。因为我妈妈在韩国，我哥哥在中国，也没有和爸爸一起住。所以我可以选择。

我：你的妈妈在韩国那应该叫后妈不叫妈妈吧？

对方：当然，她不是我的妈妈，就是爸爸的配偶，如果爸爸强迫我叫后妈"妈妈"的话，我应该不会去看他。

我：你见到过后妈的父母或者知道他们什么吗？

对方：没有见到过，所以我也不知道。只听说后妈只有妈妈。

我：你的妈妈和后妈对对方怎么看？就是你的妈妈怎么看后妈，后妈怎么看你的妈妈？

对方：应该没什么意见，因为她们也没见过。

我：感谢你来回答我的采访。

对方：哪有，没事的。再见。

通过采访，我发现她对后妈并没有意见，她不是喜欢后妈，也不是讨厌后妈，只是承认后妈是爸爸的配偶，仅此而已。她的爸爸再婚以后，她现在还在学校里住，她哥哥也是结婚以后就搬出去了，所以现在爸爸家里只有三个人。她毕业以后也不会选择在爸爸家里长住，所以也不会碰到她的后妈很多次。

现在她爸爸的关注点都在后妈和后妈的孩子身上，这让她和她的哥哥有点失望，他们认为，作为亲生子女，自己的父亲应该给自己多一些关心。

我以为每个家庭都有一样的想法，都对后妈反感。但是我采访的这个学生的想法给了我很大的影响。如果我的家庭出现这种情况，我想我会很讨厌后妈，因为我会觉得后妈过来抢我的爸爸。除了这个原因，我也会反感，因为如果我的爸爸妈妈婚姻破裂，我不知道自己该去哪里。离婚这个事情对孩子很不好。我记得采访的时候，她的眼睛都红了，因为她想起了这种不好的感觉，我觉得很对不起她，同时也很感谢她来回答我的提问。

4.美国·持续的冲突

[访谈背景]

以下是该家庭的基本信息：

卷四：殊方剪影——不同地域的继母剪影

后妈信息					
名字	年龄	成为后妈时的年龄	婚姻次数	专业	
伊莎贝尔（Isabel）	43 岁	30 岁	1	艺术学	
原配妻子信息			丈夫信息		
名字	年龄	专业	名字	年龄	专业
杰基（Jackie）	47 岁	教育学	卢克（Luke）	56 岁	法律
继女信息			继子信息		
名字	年龄	年级	名字	年龄	年级
安娜（Anna）	16 岁	中学	本（Ben）	10 岁	小学

[访谈内容]

（一）后妈家庭情况

伊莎贝尔是一名成功的摄影师，她和有名的衣服品牌合作。她自己是个有责任心的人，非常认真地工作。她是个安静的人。她不太喜欢做饭，可是喜欢干净。她毕业于纽约大学，她的专业是艺术学。毕业以后她找到一份工作——摄影师的助手。她开始学习摄影和拍照，终于她掌握了这种技能。1998 年，她跟卢克谈恋爱。她爱上了卢克，所以很想跟他的子女和妈妈建立良好的关系。孩子们一开始并不喜欢她，婆婆也是。但是她没放弃，继续寻找方法来维持他们稳定的关系。

（二）丈夫家庭情况

卢克是一名成功的律师。毕业以后他就开始工作，他当了检察员的助手，五年以后他跟他的大学同学一起创办了律师事务所。1983 年，卢克参加了一个圣诞节晚会。他的朋友把卢克介绍给杰基。他们互相喜欢上了对方。一年以后他们结婚了。他发展他的商业，工作越来越多地占用了他的时间。孩子们出生之后，他并没有改变他的生活方式。他的老婆疑心他变心了。十二年以后他的老婆忍受不住，终于提出和他离婚。卢克同意了和平离婚，但有一个条件：父亲可以继续看望孩子们。

（三）原配妻子的情况

杰基出生在波士顿。上完中学以后上了大学。毕业以后她在中学工作。她觉得自己适合出版业，所以她最后的工作是出版者。1984 年她跟卢克结婚了，一年以后她生了女儿——安娜。当年，她停了工作，做了家庭主妇。1990 年她生了儿子——本。她对儿子有很高的要求，也非常注意教育方面。她让女儿和儿子培养各种各样的能力。教育是她的首要任务。离婚以后她非常难过，因为她认为，幸福对她的孩子是最重要的，所以她答应卢克一起继续养育孩子。可是在他们的相处中存在好多问题。离婚之后，杰基嫉妒卢克和伊莎贝尔的关系，所以一开始她不喜欢伊莎贝尔。但是伊莎贝尔经常和她示好，杰基总是不接受。1998年，她被确诊为癌症。第一次治疗成功了，她的病好了。但是1999年再次复发，她尝试过了化疗，但是效果并不好。所以她决定和孩子们度过最后的时光。她渐渐稳定了和伊莎贝尔的关系。杰基知道伊莎贝尔代替自己照看孩子们，所以她想帮伊莎贝尔稳定和孩子们的关系。终于安娜（女儿）与伊莎贝尔建立了良好的关系。伊莎贝尔像她的姐姐，而不是第二个妈妈。2000年杰基去世了。

（四）继子女情况

安娜和本有完全不一样的性格。安娜是一名具有创造性的女生，她喜欢画画，她在学校参加儿童上演的戏剧。安娜是个不爱闹的孩子，她喜欢独自打发时间。本是个很聪明的孩子，他喜欢问爸妈问题，有时候这些问题很有趣，在他身边发生的事情，他都看成儿戏。本喜欢招惹他的姐姐，他很喜欢捉迷藏。本认为他自己是魔法师。卢克和杰基离婚以后，安娜很难过，同时她也非常担心。因为本当时比较小，不太了解情况，所以没有那么担心。孩子们很喜欢老爸，喜欢跟他相处。安娜刚开始不喜欢后妈，每次相见都会吵架。妈妈告诉孩子们自己的病情，安娜非常担心。妈妈请安娜缓解跟伊莎贝尔的关系。终于安娜和伊莎贝尔成为好朋友。伊莎贝尔好像她的姐姐。母亲去世后孩子们搬回了老爸的家。

伊莎贝尔开始做家务事，她尽力帮孩子们。她学会了做饭，学会了做孩子喜欢吃的菜，认真照顾他们……家庭关系已经没有了之前的纠纷。孩子们的生活过得正常，他们继续读书。本参加学校的戏剧，他同时对橄榄球非常感兴趣。安娜想毕业后在艺术学院上学，她明年高考……

5. 乌克兰·当后妈好吗？

[访谈背景]

访谈时间：2015年6月12日—6月25日

访谈方式：通过家里成员对后妈的认知来整理访谈（用skype）

家庭基本信息：

后妈基本信息			
名字	年龄	成为后妈的年龄	婚姻次数
安娜	33 岁	29 岁	1 次
进入家庭方式	家庭孩子情况	后妈与继女关系	
正常婚配	一开始没有自己的孩子,进入新家庭以后生了孩子(男,现在2岁)	好	
丈夫信息		继女信息	
名字	年龄	名字	年龄
罗马	40 岁	烈拉	15

[访谈内容]

(一)后妈的故事

安娜是专业的心理医生,她很有责任感,喜欢干净,是比较安静的人。高中与大学都是优秀毕业生,所有的邻居和认识她的人都说她人很好,但是因一些原因到27岁没结婚。大学四年级(21岁)跟男朋友开始住在一起,但因为男朋友不急着结婚,两人对自己的未来有点不确定。就安娜的对象来说,他人比较乱,自私,不太会为别人去想,但他们还是相处了5年。分手的原因是安娜的对象去国外工作,而且听邻居和家人说他们俩确实不合适。分手以后安娜一直忙着工作,两年没谈恋爱。

(二)丈夫的家庭情况

他在政府工作,22岁的时候结婚了,25岁有了女儿。妻子生孩子后身体越来越差,孩子六岁的时候,母亲发现了骨癌。那一段时间家庭很不容易,因为十年前在乌克兰对这种癌症没有特别的了解,家庭经济情况不允许他们去国外看病,因此他们只能基本维持母亲的身体。孩子才七岁时,就已经很懂事。孩子看母亲这种情况也很难过,所以陪母亲做些简单的事情,最后一直照顾她,喂她吃东西。父亲压力很大,自己也很不容易,有空闲时间就陪妻子。孩子八岁的时候母亲去世了,奶奶搬到他们家里照顾孙女和儿子。

妻子死亡后,父亲和孩子情况都没那么好,首先是父亲因为工作很忙,没时间跟孩子交流而且也不知道怎么去交流。总的来说,父亲压力太大,因此他决定去找心理医生帮他解决生活中的问题。父亲也想带女儿去找心理医生聊天,女儿不想。

但父亲每周一两次去找心理医生。

　　罗马和安娜通过很多的沟通和交流变成了好朋友。过了一段时间后，父亲跟医生确定了关系，父亲跟女儿和妈妈说了关于他有女朋友的情况，并且想他们住在一起。他们的想法，罗马的母亲表示支持，因为她为自己的儿子和孩子着想。她的想法是儿子还年轻，不应该一个人，其次小女孩还是需要有后妈（母亲）。对于女儿来说情况没那么好。因为后妈进入新家庭的时候孩子十一岁，也算是懂点事，所以有点不接受新女人在家里，因此两人决定不着急结婚。

　　（三）后妈进入新家庭以后

　　后妈自己不急于跟孩子去交流，而是让孩子适应一下新的生活。所有家里的事情安娜都做得很好，做饭、洗衣服，照顾他们俩。一开始有些困难和烦恼，女孩子倒没做什么坏事，只是偶尔会跟后妈说些不礼貌的话，比如："你不是我真正的妈，我自己来做什么什么事"或者"我已经不小了，自己可以来解决问题"。跟父亲的关系也有点变了，不怎么听话，特别有自己的想法，很固执。有时候不会去做些让她做的事情，会假装等。

　　对安娜来说，她理解女孩子的行为，所以没有委屈，也没有生气，她表示很耐心。因为安娜认为吵架或者去跟她聊天不但没有用，反而可能把这件事弄得更糟糕，那一段时间她对自己说"只要过去就好"。

　　丈夫反而一直想去骂女儿，因为后妈对孩子很好，很耐心，所以罗马觉得女儿的行为太没礼貌，而且不尊重他自己。所以他一看到女儿做了或者说了什么就会吵起来。但是如果新妻子在的话，她一直会让丈夫停止，会保护孩子，因为觉得丈夫不够耐心。

　　对丈夫和后妈之间的关系来说没什么特别的变化，他们天天晚上聊天，妻子会帮他处理一些心理学的问题。虽然丈夫比妻子大十岁，但丈夫很尊重新妻子，很多事情会听她的，问她意见。后妈表现得很好，他们俩没怎么吵架，两个人对彼此很耐心。对女儿行为的问题，他们平时会去讨论，妻子会按照专业的想法去介绍为什么女孩这么做。

　　我觉得因为后妈的努力和心理学专业的知识和技巧，这家人的关系早晚会变得融洽起来。

　　后来女孩子习惯了后妈。第一原因是继女的年龄有助于接受后妈。因为女孩十二岁的时候比较敏感，也需要有一个成人的朋友帮她介绍或者解决一些问题。第二是因为后妈无论什么对她都很好，所以渐渐地继女的想法变了。她们俩慢慢开始了交流。

后妈跟其他家庭各成员的关系都没问题，丈夫的母亲跟新妻子的想法基本上一样，所以她们之间的关系没什么问题。

后妈发现自己怀孕了以后，她和丈夫不知道怎么跟女儿说这件事情，怕女儿的行为又会变得不好。但女孩子表示家里会加入新的成员很开心，开始很照顾后妈。这段时间她们俩交流很多。丈夫看着自己女儿对后妈的关心，他跟女儿的关系也变了很多，两人开始交流。

现阶段的生活状态还不错，后妈生孩子后，继女帮后妈看孩子，照顾他们。后来，继女要上高中了，弟弟去上幼儿园。现在继女跟后妈的关系没什么问题，继女把后妈当成好朋友，也会跟她讲一些秘密。

（四）家庭中继女及其他亲戚的反应

继女也明白在其他家庭中其他后妈肯定没那么好，因为我们社会中对后妈这个群体的认知也不少。社会中有很多案例，比如继女跟后妈之间的关系非常不好，后妈对继子女态度很差。继子女对后妈的态度很不好，这种情况也有很多。所以按照这些案例，继女和丈夫能比较一下，因为他们家庭还是一个意外。

其他亲戚对后妈以及后妈这个群体的态度表现得很不一样，认识他们很长时间的人表示支持，觉得很幸运能遇到安娜；有一些亲戚觉得他们家庭关系那么好是因为后妈的专业，她可以懂得每个人的心理，并且很好地去和他（她）们沟通交流。

我个人对后妈群体有两个想法，首先，是社会中有好人也有坏人，好家庭可以出坏人也可以出好人，坏家庭也一样。其次当好后妈或者当坏后妈这都是要看人的经验，生活中做出什么事，每个人有自己的选择。

参考文献

董晓倩:《网络暴力:伪真相下一种情绪左右的舆论——以"史上最毒后妈"为例》,《新闻世界》2010年第10期。

[美]欧文·戈夫曼:《污名——受损身份管理札记》,宋立宏译,商务印书馆2009年版。

晋珊珊、李燕临:《影视剧中继母形象分析》,《东南传播》2013年第12期。

李静蓉:《论魏晋时期的继母子关系》,《株洲师范高等专科学校学报》2005年第1期。

李娟:《文化透视下韩国古代家庭小说的"继母"形象》,《当代韩国》2008年第4期。

刘文典:《齐俗训》,《淮南鸿烈集解》卷11,中华书局1989年版。

陆吉星:《重塑"继母"新形象——评电视剧〈幸福来敲门〉》,《电影评介》2011年第12期。

鹿忆鹿:《不能翻身的后母角色——从二十四孝到灰姑娘故事中的后母》,《广西梧州师范高等专科学校学报》2003年第2期。

马藜:《影视剧中后母形象的文化分析》,《电影评介》2008年第3期。

仝品生:《民族文化中的"后母"意像及其成因分析》,《云南财贸学院学报(社会科学版)》2008年第5期。

王静:《汉代家庭结构中"继母"文化及其地位探析》,《牡丹江师范学院学报(哲学社会科学版)》2015年第5期。

王盛慧、李红艳:《从"最毒后妈事件"看网络舆论的作用》,《新闻界》2008年第4期。

王竹英:《从定势角度看童话故事中继母形象的误导作用》,《语文学刊》2012年第1期。

吴益民:《新闻报道中"继母"形象的叙事分析——以近年来相关媒体报道为研究对象》,《飞天》2010年第16期。

[法]西蒙娜·德·波伏娃:《第二性》,陶铁柱译,中国书籍出版社1998年版。

许智银:《汉代后母的形象》,《文史杂志》2004年第4期。

章立明:《经典童话中继母形象对青少年性别社会化的影响探析》,《山东女子学院学报》2011年第4期。

张婷、张素萍:《浅析网络舆论暴力成因——以"后妈虐童"事件为例》,《福建师大福清分校学报》2009年第2期。

张紫晨:《中日两国后母故事的比较研究》,《民族文学研究》1986年第2期。

赵秀林:《敦煌变文〈舜子变〉中的后母形象解析》,《衡水学院学报》2009年第2期。

赵艳丽:《民间故事中继母角色的刻板印象分析》,《金田》2014年第8期。

朱圣明:《西汉初年"继母"与"亲母"法律地位的比较研究——以〈张家山汉简·二年律令〉为视角》,《中国社会经济史研究》2011年第2期。

Bettelheim B., "Transformations: The Fantasy of the Wicked Stepmother" in Elliott Oring (ed.), Folk Groups and Folklore Genres: A Reader. Logan: Utah State University Press, 1989.

Ceglian C. & Gardner S., "Attachment style and the 'wicked stepmother' spiral", Journal of Divorce and Remarriage, Vol.34, No.1-2 (2000).

Christian A., "Contesting the Myth of the 'Wicked Stepmother: Narrative Analysis of an Online Stepfamily Support Group", Western Journal of Communication, Vol.69, No.1 (2005).

Claxton-Oldfield S. & Butler B., "Portrayal of stepparents in movie plot summaries", Psychological Reports, Vol.82, No.3 (1998).

Claxton-Oldfield S., "Deconstructing the myth of the wicked stepparent", Marriage and Family Review, Vol.30, No.1-2 (2000).

Dainton M., "The Myths and Misconceptions of the Stepmother Identity: Descriptions and Prescriptions for Identity Management", Family Relations: An Interdisciplinary Journal of Applied Family Studies, Vol.42, No.1 (1993).

Levin I., "The Stepparent Role from a Gender Perspective", Marriage and Family Review, Vol.26, No.1-2 (1997).

Miller J., "Mirror, Mirror: Negative Effects of Stereotyped Characters in Children's Plays", American Theatre, Vol.9, No.8 (1992).

Planitz J. & Feeney J., "Are Stepsiblings Bad, Stepmothers Wicked, and Stepfather Evil? An Assessment of Australian Stepfamily Stereotypes", Journal of Family Studies, Vol.15, No.1 (2009).

Salwen L., "The Myth of the Wicked Stepmother", Women & Therapy, Vol.10, No.1-2 (1990).

附　录：
60个家庭样本信息来源（天涯论坛帖子）

1.《818 我做后妈的日子》

2.《我 22 岁就当了十岁小孩他后妈》

3.《和老公的女儿吵架，做后妈的真不易》

4.《我做后妈的这四年》

5.《从今天起，当个恶毒的后妈吧》

6.《后妈的标配行为~那些年虐过我们的后妈~~有后妈的孩纸或者孩子后妈进》

7.《后妈不让我亲妈参加我的婚礼，如此狗血的事情居然也会发生在我身上》

8.《后妈非要给我爸生个孩子，冒着我爸被丢掉工作的风险，愚昧无知还是母性?》

9.《818 单亲家庭中那些 JP 的后爹后妈吧。我忍无可忍了》

10.《继母把我虐打得浑身是伤，我该报复她吗?》

11.《开贴八一八我家的狗血剧情，拥有真爱的后妈和战神一样存在的姐姐》

12.《无敌继女——后妈必读》

13.《后妈再求助：元旦夜赶走 10 岁继子，不知道是对是错?》

14.《我和后妈的七年：看我是怎么对付后妈的》

15.《家有痴儿——一个基督徒后妈的辛酸和无奈》

16.《母亲们，面对强劲对手，你将如何保障作为一个母亲的权力?》

17.《后妈的肾保住了我的命！妈：我一定会好好孝敬你》

18.《告诉我，该怎样当个好后妈?》

19.《后妈真的这么难做吗?》

20.《做后妈的这两年　28 岁女人的点点滴滴》

附　录：60 个家庭样本信息来源（天涯论坛帖子）

21.《我希望女儿多与我寡嫂亲近，我老婆（女儿后妈）很不高兴》

22.《抱离婚门大腿来说说我的后妈生活，后妈也是有爹妈疼的，尼玛悲催的后妈没有》

23.《我是后妈》

24.《二婚中年女，当了不到一个月的后妈，兼八装修各种劳心各种事版主手下留情》

25.《做过后妈和正在做后妈的 JMS 进来聊聊……》

26.《整天被装小白兔的继女虐，我这个后妈该如何狠毒起来?》

27.《我是后妈让我嫁表弟的那个 LZ，原帖被扎了》

28.《高三女生求助～后妈要生孩子了 T_T》

29.《万能的天涯帮帮我吧，结婚是让亲妈上台还是让后妈上台……》

30.《前天，我把后妈给打了，把她打了一脸血》

31.《一颗想要好好当后妈的心，怎样由热变凉》

32.《为人后妈、为人妻的无奈……》

33.《后妈和爸爸婚姻中出现小三，后妈求救，我该帮忙吗》

34.《我后妈刚刚吼我：你这熊孩子，我当初就不该生下你!!》

35.《我是后妈》

36.《闲来无事，我的成长史暨后妈打脸史开 8～》

37.《818 我的后妈……欢迎有后妈的筒子进来吐槽》

38.《即将成为后妈，我该不该抚养前妻留下的 3 岁孩子呢，求过来人给予意见》

39.《我就是传说中的后妈，继子结婚时》

40.《念叨一下做后妈的那些事儿……》

41.《现在这个社会当后妈实在是太难了》

42.《我后妈带来的女儿骂了我叔叔我爸听不下去就说了她一句，现在后妈要离婚》

43.《树洞！我是后妈我觉得继女不是我 LG 的种，谁来骂醒我》

44.《后妈真难当吗？有经验的姐妹们进来八一八》

45.《我是准后妈，我苦啊》

46.《披着马甲八一八这些年我是如何把小三上位的后妈和孩子废掉的》

47.《后妈不易做！他的孩子一定要和我们住一起嘛?》

48.《我和后妈大吵一架,结果她肚子里的试管婴儿流产了,现在她要去告我》

49.《818 我的 JP 后妈、公主病妹妹、猪头三老爸、腹黑老公、还有包子楼主自己》

50.《看隔壁帖有感,做为一个后妈谈谈自己的感受和经历》

51.《我为什么恨我那个二奶后妈?!!》

52.《给孩子找个"后妈"可行么》

53.《我的腹黑极品后妈!这才是真实的后妈面目!求安慰~》

54.《多了个后妈少了个亲爸》

55.《重点大学 30 多岁漂亮女研究生当小三准备当后妈!》

56.《有多少人经历过这样的奇迹 后妈捐肾给我待我比亲妈都好!!!》

57.《不想嫁给离异有孩男当后妈了》

58.《二十七岁后妈的婚姻生活》

59.《我是个后妈,跟老公的小孩怎么相处?》

60.《后妈打了继子一耳光,这个 10 岁的孩子该拿他怎么办》

后记一：一期一会

朱 月

这是一次一期一会的幸运。

我是幸运的。2015年那一年，我即将毕业，为毕业论文而忙碌奔波，选导师，选课题。幸而得遇刘志军老师的这一课题，顿觉眼前一亮，即使尚未着手，脑海中却不住地有灵感喷薄而出。于是，找资料，做调研，跑数据，忙得充实。我至今都记得，刘老师在看过我的开题报告后给予我的嘱咐和期待，那份信任和肯定，让我第一次对发表有了念想。

转眼便到了2015年的下半年，刘老师突然发给我一份后妈的去污名化研究访谈个案，都是第一手资料，我粗粗扫了一下，近200个案例，100多万字。我十分讶异又异常惊喜，"后妈"这一身份目前在社会上依然属于较为敏感的话题，针对这个话题，要进行实地调研并获取翔实的访谈资料实则不容易。由此，这些案例就变得弥足珍贵。虽然那时我已毕业，从事的是与社会学全然不相关的工作，不过依然葆有那份对研究的热情，促使我毅然决然地投入到原论文的补充完善工作中去。

整理的过程于我而言，是痛并快乐着的。一开始充满信心和热情的我，在看到1000多页的word文档时，头便开始止不住地疼，光从头至尾浏览一遍都颇费功夫，更别提一个一个地细看并整理。接下来的日子，我不断重复着"阅读—笔记—阅读—笔记"的流程，案例的分类总让我这个强迫症患者举棋不定，总觉得不是很完美，一遍遍推翻重来，欲哭无泪。不过，这些原生案例虽多，却并不枯燥，相反更比电视剧都精彩，受访者们的悲欢离合也牵动着我这个读者的心，让我时而快乐、时而悲伤、时而感怀……看到最后一页，竟还有些空落落的感觉。感谢这些可爱的研究者们，没有他们，就没有研究的完善，也没有这些精彩，衷心感谢！

原论文修改完毕，最终也得以发表。论文发表后，刘老师和我都不愿这些原生案例至此沉眠于文档之中，于是，将这些案例整理发表的工作被提上日程。我初整案例时，将它们粗粗地分了十二类，但考虑到名目众多，凌乱且无条理，于是一改再改，修改版本越积越多，加上我的工作也日渐繁重，这一事便像被青石阻击了的流水，逐渐搁置。而这一耽搁，便又是许久。再回首时，我对此感到很遗憾。如果能早一步完成，这些明珠也能早一步璀璨在阳光之下。与此同时，我一直都非常感谢刘志军老师的信任、理解和支持。

  好的灵感总显得难能可贵。当我有一日再次重新整理这些案例时，脑海中文字的图样逐渐成型，最终变成了现在诸位所看到的分类模样。整理完成后那种抑制不住的激动心情，我至今都记得。而那时，距我毕业已有三年之久。那种学术给人带来的快乐，是其他所无法比拟的。诚然这个分类依旧不够完善，但我已将自己的考量尽付其中，所有心血只为这"一期一会"的相遇。

  当我拿到编辑的修改意见，再次修改文本内容时，我又一次学习到了什么叫用词的客观性。因为工作的缘故，日常生活中我格外关注人文性思考，而这恰恰容易影响研究的科学性。也非常感谢编辑用心给予的建设性意见，让我颇有醍醐灌顶之感，修改也变得更为有效。

  我是幸运的。我一直很感激能够遇上这样一次尝试的机会，让我得以"采庶子之春华，忘家丞之秋实"。而我所做的，不过是将这些描摹继母现代生活图卷的文字展现在诸位眼前，并提供我的思考与探索。这一研究领域的论文数量不算多，相关学术著作更是缺少，这一点我在一开始进行课题研究时就深有体会。我所期望的，便是能够为这一领域的研究添砖加瓦，更重要的是为"后妈"这一群体的去污名化之路贡献一点点微弱的光亮。

  因为不再从事社会学相关工作，或许之后都不会再有这般机遇。于我而言，一期一会，难得一遇，世当珍惜。

  我是幸运的，还能够为本书撰写后记，将我这一路点滴洋洒出来。最后的最后，祝所有家庭都能够幸福。我们的努力，如能以尘雾之微补益山海，荧烛之末光增辉日月，便已足矣。愿绽一枝花，人间无数春。

朱　月

二〇一九年八月六日

于宁波凉月夜

后记二：一花一世界

刘志军

正如多数同年代朋友所经历的那样，笔者小时候也听闻过不少关于后妈的故事，当时幼小的心灵充满着对于妖魔化的后妈形象的畏惧。但限于生活圈子的窄小，身边并没有现实中的后妈让我有机会去观察了解，因此，这样的畏惧一直停留在想象当中。成年以后，走入社会，才逐渐接触到了现实生活中的继母们，我惊奇地发现，她们原来与其他的妈妈们并没有根本的差别。我不禁疑惑，小时候大人们讲述的为什么总是恶毒后妈的故事？这是后妈们在改变，还是社会变了？

正是怀着这样的疑惑，我希望能通过阅读一个个鲜活的故事，来了解后妈群体那真实的世界。2014年底，我拟定了以继母为主题的本科毕业论文选题，朱月同学选择了这样一个题目，并开始了初步的文献研读和调查。2015年3月，电影《灰姑娘》上映，关于后妈的话题引发网络热议，这进一步触发了我们做大范围个案调查的热情。随后的5月份，这样的想法终于借着上全校大类课《文化人类学》的机缘得以实现。这是一个有着来自浙江大学不同院系的185名优秀学生的大课堂，学生们源自五湖四海，还有部分是外国留学生。笔者拟定了访谈提纲，请每个学生寻找自己身边的继母或准继母，据此开展个案访谈，聆听她们的故事，感受她们的内心世界。集体的力量总是很强大，短短的一个月，同学们就完成了对185个继母或准继母的访谈，并整理了对话记录，提交了各具特色的个案材料。这些案例，除8%来自于网络平台之外，其余均取材于访谈者的周边生活（78%来自熟人好友，13%来自亲戚，1%为自身所在家庭），可信度很高，是非常宝贵的来之不易的第一手资料。

基于这些访谈材料，辅以在天涯论坛中采集的60个与继母相关的帖子，我与朱月同学合作撰写了题为《继母的当代类型、身份认同与社会认知》的论文，后在

《浙江大学学报》（人文社科版）发表。然而，论文的篇幅终究有限，相对于总字数超过 100 万的众多鲜活丰满的故事而言，一篇 1 万来字的论文不能反映其万一。因此，我们便筹划着精选其中部分案例结集出版，期冀让更多的人通过阅读她们的故事来了解、理解和体会当今后妈们的现实生活与本原形象。筹划过程中，因机缘巧合，我们有幸得到人民出版社编辑曹春博士的指导和帮助，得以顺利成书。在此，我们要提出特别的感谢，感谢她慧眼识珠并给予了热情的鼓励和支持！

由于书本容量的限制，我们很遗憾不能将所有收集到的案例录入本书，只能分类做了筛选，选取其中的 100 个案例呈现给读者。但其余未入选的 85 个案例，也都各有特色，可圈可点，我们期待今后还有机会将这些遗漏的珍珠串成美轮美奂的项链，奉献在大家面前。

最后入选本书的继母案例，其原始材料取自 100 位同学的访谈记录，这里特别列出他们的名字（按中文姓氏拼音排序），以表谢忱：

白安琪、白马卓嘎、包涵、陈俊仪、陈莎莎、陈夕梅、陈宣宏、次仁玉珍、戴以壮、邓丝雨、董琳、董婉玲、方锶烨、冯一帆、葛超宇、顾佳文、顾康吉、官予欣、哈桑、何慧秀、贺之晏、胡俊素、黄梦瑶、姜琴、金志林、赖鑫贝、蓝诗雨、李宏怡、李齐、李雪梅、李钟润、林伽、刘虹池、刘思雨、刘馨怡、柳基雄、陆吉瑾、栾博文、罗柯娇、吕博浩、吕悦、麻丹瑜、毛汪蕾、潘蕾、亓力、祁梦雨、邱意淳、沙媛、沈燕、沈政宇、舒喆、苏格兰、孙多佳、孙凯妮、汤银峰、童谣、涂意竺、汪晨阳、王辰阳、王琳娜、王雨琦、魏中杰、吴宛庭、席金林、谢晓烨、邢隽清、徐欢、徐庭娴、徐哲、严陈歆、严文玲、杨丹、杨琳惜、杨舒婷、杨宇洲、姚诗佳、姚晓岚、叶琛欣、叶佳宁、尤佳楠、袁秀佳、张超、张浩森、张苏、张唯、张晓婷、张宗华、章水龙、赵皓月、赵天娜、郑金佩、郑罗颖、郑梦洁、郑志远、钟淑均、周梦竹、周歆梦、朱谦艺、朱薛友、竹洁儿。

这里，尤需感谢的是朱月同学！没有她的热情参与、全力投入和执着坚守，本书就不会如现在这个样子呈现在读者面前。

当然，最需感谢的，还是本书 100 位主角。佛云，"一花一世界、一叶一菩提"，她们坦诚公开的个人生活与内心世界，为读者们打开了认识人性、体悟人生的一扇扇门！

从 2015 年夏季组织个案访谈，到之后写作论文，精选个案，汇编成册并做归纳整理，至今已走过了五个年头。工作虽断断续续，执念却从未停歇。人生充满变

后记二：一花一世界

数，社会理应包容。近期热播的《哪吒之魔童降世》有一句台词，"人心中的成见是一座大山，任你怎么努力都休想撼动"。这句台词，击中了千千万万观众柔软而无奈的心，也折射了普罗大众要移除这座大山的热望。纵观古今中外，所有的群体性偏见和成见，都是遮蔽人们视线和心灵的烟尘和乌云，它们都应随着现代文明曙光的照射，成为历史云烟。

愿尘埃落定、烟消云散，还她们一个天朗气清的世界！

刘志军

二〇一九年八月二十日

于浙江大学启真湖畔

责任编辑：曹 春 汪 逸
封面设计：汪 莹

图书在版编目（CIP）数据

她们的世界：100位继母的访谈故事／刘志军，朱月等 著．—北京：
　人民出版社，2020.5（2024.6重印）
ISBN 978-7-01-021474-0

I.①她… II.①刘… III.①女性-访问记-中国-现代 IV.①K828.5

中国版本图书馆CIP数据核字（2019）第238281号

她们的世界
TAMEN DE SHIJIE
——100位继母的访谈故事

刘志军 朱月 等 著

人民出版社 出版发行
（100706 北京市东城区隆福寺街99号）

北京中科印刷有限公司印刷　新华书店经销

2020年5月第1版　2024年6月北京第2次印刷
开本：710毫米×1000毫米 1/16　印张：24.5
字数：503千字

ISBN 978-7-01-021474-0　定价：98.00元

邮购地址 100706　北京市东城区隆福寺街99号
人民东方图书销售中心　电话（010）65250042　65289539

版权所有·侵权必究
凡购买本社图书，如有印制质量问题，我社负责调换。
服务电话：（010）65250042